Welten im Kalten Krieg

5. Grenzen überschreiten

Um 1855	Grosse europäische Auswanderung in die USA
Ab 1870	Beginn der ersten italienischen Einwanderung in die Schweiz
Ab 1880	Einwanderung in die Schweiz erstmals höher als Auswanderung aus der Schweiz

1914–1945	Einwanderungsbeschränkung in die Schweiz

6. Die Welt, ein globales Dorf?

1914

45	Aufteilung Deutschlands in vier Besatzungszonen
45	Gründung der Vereinten Nationen (UNO)
45	Abwurf der ersten Atombomben
49	Gründung der NATO
55	Gründung des Warschauer Pakts
56	Ungarnaufstand
57	Gründung der Europäischen Wirtschaftsgemeinschaft (EWG)
61	Bau der Berliner Mauer
64	Direktes Eingreifen der USA in den Vietnamkrieg
72	Erstes Abrüstungsabkommen zwischen USA und UdSSR
90	Wiedervereinigung Deutschlands
91	Auflösung der Sowjetunion

1948–1974	Zweite italienische Einwanderung
1955	Zustimmung der Schweiz zur Internationalen Konvention über das Flüchtlingswesen
1970	Schwarzenbach-Initiative
1979	Schweizer Asylgesetz

1989	Fall der Berliner Mauer
1990	Entwicklung des World Wide Web

1945

1991	Golfkrieg um Kuwait
Ab 1991	Verstärkung der Globalisierungsprozesse
1992	Gründung der Europäischen Union (EU)
1992	Erster Erdgipfel in Rio de Janeiro Gründung der Welthandelsorganisation (WTO)
1999	Protestkundgebungen gegen die Globalisierung in Seattle
2001	Anschlag auf das World Trade Center in New York
2003	Irakkrieg: Sturz Saddam Husseins
2004	EU-Osterweiterung

1991

MENSCHEN IN ZEIT UND RAUM 9

VIELE WEGE – EINE WELT
Erster Weltkrieg bis Globalisierung

Regula Argast, Alexandra Binnenkade, Felix Boller, Peter Gautschi

Autorinnen und Autoren	Regula Argast Alexandra Binnenkade Felix Boller Peter Gautschi
Konzept	Felix Boller Peter Gautschi Albert Tanner
Entwicklung	Pädagogische Hochschule der FHNW, Institut Forschung und Entwicklung
Lektorat	Renate Fischer Jan Hodel
Projektleitung	Otto F. Beck Renate Fischer Peter Gautschi
Fachberatung	Sibylle Reinfried Albert Tanner Hans Witzig
Begleitkommission	Ewald Boss Rudolf Hadorn Felix Meier Li Mülchi Anne-Käthi Spielmann Blumenthal Therese Wyder
Gestaltung und Satz	Bernet & Schönenberger, Zürich
Karten, Grafiken	CAT Design, Hünenberg

 Dieses Lehrwerk wurde mit dem Worlddidac Award 2008 für innovative und pädagogisch wertvolle Lehrmittel ausgezeichnet.

Das Werk und seine Teile sind urheberrechtlich geschützt. Jede Verwertung in anderen als den gesetzlich zugelassenen Fällen bedarf der vorherigen schriftlichen Einwilligung des Verlages.

© 2008 Schulverlag plus AG
6. unveränderte Auflage 2016

Art.-Nr. 83194
ISBN 978-3-292-00667-7

Liebe Schülerin, lieber Schüler

Das Geschichtsbuch «Viele Wege – eine Welt» führt dich in die Zeit vom Ersten Weltkrieg bis zur Globalisierung. Es gibt dir einen Einblick in vergangene Ereignisse, die unser Leben heute immer noch stark prägen. Damit du dich darin zurechtfindest, zeigen wir dir zu Beginn, wie die Bände der Reihe «Menschen in Zeit und Raum» aufgebaut sind.

Quellen

Im Buch begegnen dir verschiedene Materialien wie Bilder, Grafiken, Karten und Texte. Diese Spuren der Vergangenheit werden auch Quellen genannt. Sie zeigen dir, wie wir zu unserem Geschichtswissen kommen. Und sie weisen darauf hin, woher die Autorinnen und Autoren dieses Buches ihre Informationen bezogen haben. Oft zeigen die Quellen aber auch eine andere Blickrichtung auf als die Texte des Autorenteams. Das führt dich dazu, dir immer wieder die Frage zu stellen, welche Sichtweisen betont und welche weniger stark berücksichtigt sind. Die Textquellen sind farbig gedruckt. Alle Quellen sind kapitelweise nummeriert.

Texte des Autorenteams

Die Texte der Autorinnen und Autoren laufen meist über den unteren Teil der Seiten. Du erkennst sie auch an der schwarzen Schrift. Sie verknüpfen die Quellen miteinander und machen aus der Vergangenheit Geschichte. Auch die meisten Bildlegenden sind vom Autorenteam verfasst. Zwar sind alle Aussagen der Verfasser und Verfasserinnen wissenschaftlich abgestützt. Dennoch gibt es einen Spielraum für Gewichtungen. Deshalb spiegeln diese Texte auch die persönliche Meinung und den Stil der einzelnen Autorinnen und Autoren wider.

Sechs Kapitel

Die Schreibenden haben aus dem behandelten Zeitabschnitt sechs wichtige Themen ausgewählt. Du findest je ein Thema in einem Kapitel. Alle Kapitel sind wie folgt aufgebaut:

Inhalt betrachten

Ein Einstiegsbild ermöglicht dir eine erste Begegnung mit dem Inhalt des Kapitels. Anschliessend findest du ausgewählte Materialien, die dich ebenfalls zu einer ersten Betrachtung des Themas einladen.

Methoden erlernen

Diese Seiten zeigen dir, mit welchen Methoden du Materialien der Vergangenheit besser verstehen und daraus sinnvolle Informationen gewinnen kannst.

Wissen erarbeiten

Dann folgt der Hauptteil, in dem du das Wichtigste zum Thema erarbeiten und dir Wissen aneignen kannst. Er beginnt immer mit einer Seite, die dir einen Überblick verschafft.

Aus den vielen Quellen, die in diesem Teil immer oben auf der Seite stehen, erfährst du etwas über die behandelte Zeit und ihre Menschen.

Die Texte der Autorinnen und Autoren, die unten auf der Seite stehen, lassen aus einem Thema ein zusammenhängendes Ganzes entstehen.

Am Ende jedes Abschnitts in diesem Teil findest du leichtere und schwerere **AUFGABEN** zum Gelernten.

Ein Portfolioauftrag **P** am Schluss dieses Teils zeigt dir, wie du dich selbstständig mit dem Thema des Kapitels beschäftigen kannst.

Thema ausweiten

Im letzten Teil des Kapitels findest du zusätzliche Materialien, die das Thema ausweiten. So kannst du dir selber weitere interessante Zusammenhänge erschliessen.

Weitere Informationsmöglichkeiten

Am Schluss des Buches findest du ein Glossar. Dort sind schwierige Begriffe und Fremdwörter erklärt. Die im Glossar aufgeführten Wörter sind im Text mit einem Asterisk (*Sternchen) markiert, wenn sie das erste Mal vorkommen. Im Glossar gibt es auch Begriffe, die ==gelb markiert== sind. Das sind historische Grundbegriffe des 20. Jahrhunderts. Du solltest sie kennen und in eigenen Worten erklären können.

Im vorderen Buchdeckel sind die wichtigsten Daten zu den Ereignissen, die in diesem Buch behandelt werden, in einer Zeittafel zusammengestellt. Sie gibt dir einen zeitlichen Überblick. Im hinteren Buchdeckel zeigt eine Weltkarte, wo um das Jahr 2000 wie viele Menschen wohnten. Sie gibt dir einen räumlichen Überblick.

Wir wünschen dir bei der Beschäftigung mit Vergangenheit, Gegenwart und Zukunft viel Vergnügen und einen grossen Lernerfolg.

Inhalt

1. Blick zurück über drei Generationen — 6

Inhalt betrachten

Kultur: Was bedeutet mir meine Familie? — 8
Herrschaft: der Kampf um das Frauenstimmrecht — 10
Wirtschaft: die Einführung des Supermarkts — 12

Methoden erlernen

Fotografie: Gewaltsamer Abtransport von Menschen — 14

Wissen erarbeiten

Blick zurück über drei Generationen — 18
   Sich einen Überblick verschaffen — 19
   Kultur, Wirtschaft und Herrschaft: drei Perspektiven — 22
   Grabe, wo du stehst! — 26
   🅿 Dokumentation über drei Generationen — 29

Thema ausweiten

«Alles ist mir immer im Auge.» — 30

2. Zwischen Demokratie und Diktatur — 34

Politisches Engagement am Vorabend der Diktatur — 36
Gelebte Demokratie: Jugendpolitik in der Schweiz — 38

Karte: Kriegsopfer — 40

Zwischen Demokratie und Diktatur — 42
   Der Erste Weltkrieg — 43
   Von der russischen Revolution zur stalinistischen Diktatur — 46
   Das Scheitern einer Demokratie: die Weimarer Republik — 50
   Der kurze Weg in die nationalsozialistische Diktatur — 54
   Vom Rassenwahn zum Völkermord — 56
   Vom Eroberungskrieg zum Vernichtungskrieg — 59
   Die Schweiz im Zweiten Weltkrieg — 62
   Zur Sicherung des Weltfriedens: die UNO — 66
   🅿 Prospekt für ein Jugendbuch — 67

Jugend unter der Diktatur des Nationalsozialismus — 68
Was ist Rassismus? — 71

3. Der Traum vom besseren Leben — 74

Dagobert Duck, die reichste Ente der Welt — 76

Text: Immer gewinnen — 78

Der Traum vom besseren Leben — 80
   Wiederaufbau, Wohlstand und Ölkrise — 81
   Massenkonsum und der «American Way of Life» — 84
   Massenmotorisierung, Energie und Umwelt — 88
   Soziale Sicherheit — 90
   Von der «alten» zur «neuen» Frauenbewegung — 93
   «Man hat Arbeitskräfte gerufen, und es kommen Menschen.» — 96
   🅿 Bericht über eine Reise — 99

Faszination Auto — 100
Mode in den 1950er und 1960er Jahren — 104

4. Welten im Kalten Krieg — 108

Mauerbau und Mauerfall — 110

Karikatur: Hilfe, ich werde verfolgt! — 112
Lied: Oh Amerika — 114

Welten im Kalten Krieg — 116
   Ein eiserner Vorhang geht nieder — 117
   Elemente des Kalten Krieges — 118
   Alltag im kommunistischen Ungarn — 120
   Stellvertreterkrieg in Vietnam — 122
   Phasen des Kalten Krieges — 126
   Kalter Krieg in der Schweiz — 128
   🅿 Mindmap zum Kalten Krieg — 131

Den Frieden gewinnen? — 132
Ein Platz spiegelt die Geschichte Chinas — 134
Freiheit! — 138

5. Grenzen überschreiten — 142

Eine weite Reise — 144
Ankommen und bleiben — 146

Statistik: Ausländerinnen und Ausländer in der Schweiz — 148

Grenzen überschreiten — 150
   Menschen wandern — 151
   Wer ist ein Flüchtling? — 154
   Die Schweiz: von der Auswanderung zur Einwanderung — 156
   Warum wandern Menschen? — 159
   Integration — 162
   🅿 Porträt eines Menschen — 165

Kavithas «Kavi» Jeyabalan — 166
Sadiye aus der Osttürkei — 168
Schweizergeschichten — 170
Kinder im Dunkeln — 172

6. Die Welt, ein globales Dorf? — 174

Die ganze Welt in einem Dorf — 176
Jeans – eine Hose reist um die Welt — 177
Arundhati Roy — 178
Klaus Schwab — 179

Internet: Fairer Handel — 180
Umgang mit aktuellen Meldungen: Der Darfur-Konflikt — 182

Die Welt, ein globales Dorf? — 186
   Von der zweigeteilten zur einen Welt? — 187
   Internationale Wirtschaft — 188
   Ansätze zu einer Weltregierung — 191
   Information und Mobilität — 194
   Nachhaltige Entwicklung — 196
   Kulturelle Globalisierung — 199

Die Google-Geschichte — 202
Greenpeace — 204
Wir können etwas verändern — 206
🅿 **Zukunftswerkstatt: die Vergangenheit kennen, die Zukunft denken, die Gegenwart gestalten** — 209

Glossar — 210

Inhalt betrachten · Methoden erlernen · Wissen erarbeiten · Thema ausweiten

1. Blick zurück über drei Generationen

Welche Personen und Gegenstände kannst du auf der Fotografie erkennen?

Was könnte das Bild darstellen? Stelle Vermutungen an, ob und wie die abgebildeten Menschen miteinander verwandt sind.

Was erfährst du aus dem Bild über die Menschen und den Ort, wo sie wohnen?

Wer könnte das Bild aufgenommen haben? Zu welchem Zweck oder aus welchem Anlass könnte es aufgenommen worden sein?

Was möchtest du die Menschen auf der Fotografie fragen?

Mach ein Bild deiner Familie.

Gestalte mit Fotografien aus Zeitschriften das Bild deiner Familie in 30 Jahren.

Suche ein Bild einer typischen Schweizer Familie und ein Bild einer typischen chinesischen Familie.

Mach eine Zeichnung oder gestalte eine *Collage, auf der zehn wichtige Gegenstände deines Lebens oder deiner Familie festgehalten sind.

Spielt die abgebildete Szene, und zwar die fünf Minuten, bevor die Fotografie gemacht wird, dann den Moment der Aufnahme und anschliessend die fünf folgenden Minuten.

Spielt eine Familie, die eine Familienfotografie machen will, die sich aber nicht einig wird, wer wo stehen oder sitzen soll.

Ihr seid eine Familie. Stellt (vielleicht mit unterschiedlichen Kleidern) verschiedene Bilder dar: eine coole Familie, eine harmonische Familie, eine zerstrittene Familie, eine gleichgültige, frustrierte Familie, eine glückliche Familie usw.

Inszeniert ein Tischgespräch in einer Familie. Einige Mitglieder möchten ein Familienbild machen, andere sind dagegen.

Kultur: Was bedeutet mir meine Familie?

Jugendliche im Gespräch

Alexandra: Was ist für euch schön daran, eine Familie zu haben?

Olivier: Also, ich finde es schön, nach Hause zu kommen, und dann ist jemand da. Meine Mutter ist eigentlich zu Hause, wenn ich komme. Das ist schon wichtig. Wenn ich eine eigene Familie hätte, würde ich das auch wollen.

Ramajana: Ja, das finde ich auch. Zu Hause ist immer jemand für einen da.

Sabina: Aber es muss doch nicht die Mutter sein! Es kann ja auch der Vater schauen – bei uns kocht auch mein Vater.

Ramajana: Du hast Recht, sagen wir so: Hauptsache, jemand ist immer zu Hause!

Christian: Also, mein Vater ist oft zu Hause, wir haben ja einen Hof, da sind immer beide daheim. Und ich kann euch sagen, ich geniesse es sehr, wenn mal KEINER da ist, wenn ich mal das Haus für mich allein habe!

Alexandra: Welche Funktion hat eurer Ansicht nach die Familie, ganz allgemein?

Sabina: Ich denke, dass es wichtig ist, eine gute Familie zu haben. Denn es ist schön, nach Hause zu gehen und sich dort erholen zu können. Ich habe aber ein wenig Angst, dass es immer weniger Familien gibt. Einerseits die Zeit, man will frei sein, andererseits das Geld. Kinder sind immer teuer, haben hohe Ansprüche. Vielleicht wollen sie ein Instrument spielen lernen, dann muss man das Instrument mieten oder sogar kaufen und die Stunden bezahlen. Ich finde, es fehlt auch an politischen Mitteln. Die Familien sollten besser unterstützt werden. Es sollten mehr Krippen eingerichtet werden, damit auch die Frauen arbeiten können. Wichtig ist auch, dass es mehr Teilzeitarbeitsstellen gibt, sodass sich die Eltern die Hausarbeit und die Arbeit teilen können. Höhere Familienzulagen, vor allem im Aargau, wären auch nicht schlecht.

Olivier: Wo ich etwas schwarz sehe, ist bei der Erziehung der Kinder, das heisst, dass beide Elternteile arbeiten und das Kind schon in jungen Jahren auf sich allein gestellt ist. Doch das muss jeder für sich allein entscheiden können. Für mich wird die Familie immer sehr wichtig sein! Die Familie ist einfach etwas Spezielles, niemand hat genau die gleiche.

Christian: Wahrscheinlich wird die Familie in Zukunft auch sehr wichtig sein. Wenn man die Familie vor einem Jahrhundert ansieht, bemerkt man sofort, dass der Vater die Hauptperson war, der «König». Heute ist das Verhältnis eher freundschaftlich. Man ist nicht zu verklemmt zu seinem Vater. Man kann nicht voraussehen, was die Familie in der Zukunft für einen Stellenwert haben wird. Ich nehme an, in Zukunft wird man vor den Eltern keine grosse Achtung mehr haben.

Ramajana: Heute ist die Familie der Ort, an dem ich Rückhalt habe. Manchmal streiten mein Vater und ich, und manchmal ärgert mich mein kleiner Bruder, oder meine Mutter will etwas von mir wissen, was ich nicht erzählen mag – aber es sind Vertrauenspersonen – ausserdem ist es auch eine finanzielle Stütze … Ich glaube, dass die Familie in der Zukunft immer mehr an Wichtigkeit verlieren wird. Denn ich glaube, dass man in der Zukunft immer mehr mit Neuem/Modernerem «vollgestopft» wird und dass dadurch die Familie immer mehr in den Hintergrund tritt. Ich kann mir schon vorstellen, dass die Familie noch wichtig sein wird, das ist einfach so, aber dass man einfach viel weniger miteinander unternimmt, weil man viel zu beschäftigt ist mit sich selbst.

Olivier: Ich denke nicht. Die Familie wird auch in Zukunft einen grossen Stellenwert haben. Ich kann mir auch vorstellen, dass in Zukunft immer noch sehr viel Zeit für die Familie eingesetzt wird. Sei es zum Beispiel an Weihnachten oder an einem Geburtstag.

Christian, Olivier, Ramajana und Sabina, Schülerinnen und Schüler einer 9. Klasse in Zofingen, im Gespräch mit Alexandra Binnenkade, 2003.

3 «Manchmal haben die Eltern auch einfach Recht.»

Eltern sind ein Reizthema. Jeder hat was zu erzählen, alle Eltern nerven, und zwar meistens aus dem gleichen Grund: Zimmer aufräumen. Ein Aufheulen geht durch die Gruppe. «Es kann ihnen doch egal sein, wie mein Zimmer aussieht! ICH muss doch drin leben! Ich fühle mich NICHT WOHL in einem aufgeräumten Zimmer!», ereifert sich Olivia. Sie sei nun halt unordentlich. Und vor allem im Vergleich mit ihrer Schwester komme sie ziemlich schlecht weg, die ist nämlich super ordentlich und erwachsen und vernünftig und fast schon so wie die Eltern, obwohl sie erst 16 ist; als Olivia einmal mit ihr im H & M war, meinte die auch die ganze Zeit: Oh, das ist doch zu eng und zu durchsichtig und also einfach genau wie die Eltern. Sowieso immer dieses Rumgemeckere an den Klamotten! Man trägt jetzt halt tief sitzende Hosen! «Nur weil sie die Hosen bis zum Kinn hochgezogen haben ...» Sonya vermutet gar, dass ihre Eltern früher ihr Zimmer auch nicht aufgeräumt haben. [...] Okay, Eltern können nerven. Sind sie auch peinlich? [...]

Noëmi: Wenn sie versuchen, cool und jung zu sein!

Olivia: Eltern können so Möchtegerns sein! [...]

Ramon: Manchmal haben die Eltern auch einfach Recht. Aber das kotzt mich dann an.

Johanna: Genau. Und irgendwie ist es auch gut, wenn die Eltern eingreifen, wir sind in einem Alter, wo wirs halt schon nicht so ganz checken manchmal. Dann hassen wir sie zwar wieder dafür, aber das ist schon gut so.

Michèle Roten: *Generation 13. Reportage über Dreizehnjährige.*
«Tages-Anzeiger-Magazin», 30. November 2004.

4

	Innerhalb der Familie			Ausserhalb der Familie		
			1,0 sehr wichtig			
			1,1			
		Mutter	1,2			
		Vater	1,3			
			1,4	Guter Freund	Gute Freundin	
			1,5			
		Bruder	1,6			
Oma (Mutter)	Schwester		1,7	Freundesgruppe		
Opa (Mutter)	Haustier		1,8			
Oma (Vater)	Opa (Vater)		1,9			
			2,0 wichtig			
Tante	Onkel		2,1			
Cousine	Cousin		2,2	Mitschüler	Mitschülerin	
			2,3			
			2,4			
			2,5			
			2,6	Jugendliche Nachbarn		
	Stiefvater		2,7	Eltern von Freundin	Berufskollegin	
			2,8	Chef	Chefin	
			2,9	Trainer		
	Stiefmutter		3,0 weniger wichtig	Trainerin	Arzt	Erwachsene Nachbarn
			3,1	Klassenlehrer		
			3,2	Klassenlehrerin		
			3,3	Fachlehrer	Fachlehrerin	

Die wichtigsten Menschen. Umfrage bei 720 deutschen Jugendlichen im Alter von 13 bis 18 Jahren, 2001.
Jürgen Zinnecker et al.: *null zoff & voll busy. Die erste Jugendgeneration des neuen Jahrhunderts.* Opladen: Leske und Budrich, 2002.

Herrschaft: der Kampf um das Frauenstimmrecht

Lärm machen. Beim «Marsch nach Bern» am 1. März 1969 pfiffen rund 5000 Frauen mit Trillerpfeifen den Bundesrat «wach», um auf ihre Forderung nach Gleichberechtigung aufmerksam zu machen. Gleichzeitig ging eine Delegation mit der *Resolution ins Bundeshaus. Kurz darauf trat Emilie Lieberherr ans Mikrofon: «Keiner der Bundesräte hatte den Mut, uns zu empfangen.»

Frauen an der Landsgemeinde. An der Landsgemeinde Hundwil im Kanton Appenzell Ausserrhoden vom 30. April 1995 wird die Annahme der revidierten Kantonsverfassung beschlossen. Seit 1989 sind in Appenzell Ausserrhoden auch Frauen im «Ring» zugelassen und wahlberechtigt.

Inhalt betrachten

Der Marsch aufs Bundeshaus

Dennoch fühlten sich die Zürcherinnen, welche am 1. März 1969 nach Bern fuhren, als kleines verlassenes Häuflein. So viele hatten sich unter verschiedenen Vorwänden gedrückt. Doch schon auf dem Berner Bahnhof stieg die Stimmung. Er wimmelte von unternehmungslustigen Frauen. Man hörte Baseldeutsch (städtisches und ländisches), Schaffhauserisch, Französisch (vor allem Neuenburgisch), sogar Italienisch und natürlich viel Berndeutsch. So zog man durch die Strassen der Stadt Helene von Mülinens [Bern] wie auf Flügeln der Sympathie. Der Anblick des Bundesplatzes aber verschlug vielen Demonstrantinnen fast den Atem; manche weinten. Er war voll von Menschen – schätzungsweise viertausend.

Im roten Mantel bestieg Emilie Lieberherr die vorbereitete Tribüne, Trommelwirbel erklangen; dann hielt sie eine kraftvolle Ansprache, in der sie sagte, dass die Frauen nicht als Bittende, sondern als Fordernde für ihr Recht vor dem Bundesrat stünden. Ein paar junge Randalierer wollten ihr dann das Mikrofon entreissen; aber sie hielt es *souverän mit der linken Hand fest, wehrte die Störenfriede mit der Rechten ab und redete so gelassen weiter, als stünde sie bereits im Ratssaal. «C'est une véritable Frau Helvetia», rief eine Welsche begeistert. Dann wurde die Resolution in allen vier Landessprachen verlesen.

«Wir Schweizerinnen hier auf dem Bundesplatz fordern das volle Stimm- und Wahlrecht auf eidgenössischer und kantonaler Ebene. Die Konvention zum Schutze der Menschenrechte und Grundfreiheiten des Europarates darf erst dann unterzeichnet werden, wenn dieser Vorbehalt nicht mehr nötig ist. Die Gleichstellung der Geschlechter ist eine wichtige Voraussetzung für die Verwirklichung der Menschenrechte. Sämtliche vorgeschlagenen Vorbehalte stellen die Glaubwürdigkeit unseres Landes als Rechtsstaat und Demokratie in Frage. Wir fordern deshalb alle gutgesinnten Politiker und Bürger auf, das Frauenstimmrecht im Bund, den Kantonen und allen Gemeinden so rasch als möglich zu verwirklichen.»

Sprechchöre ertönten, Verse von Maria Aebersold wurden gelesen. Der Himmel war strahlend blau, die Fahnen flatterten, und mit einem Mal hatte das Ganze den Charakter eines Volksfestes. Die von den Zürcherinnen verteilten Abzeichen enthielten kleine Pfeifchen, und nun wurde der Bundesrat wachgepfiffen.

Susanne Woodtli: *Gleichberechtigung.* Frauenfeld: Huber, 1975.

Die Natur der Frauen?

Die Natur hat den beiden Geschlechtern ganz verschiedene Aufgaben und Ziele zugewiesen und hat sie dementsprechend mit verschiedenen Eigenschaften ausgestattet. Der Mann ist der körperlich Stärkere, dem im Kampfe mit der Umwelt die Gründung und Erhaltung von Haus und Hof, die Beschützung der Familie, aber auch der Gemeinschaft, des Staates, selbst unter Opferung seines Lebens, zugewiesen wurde. Er musste aber auch mit den entsprechenden geistigen Eigenschaften, klarem, logischem Denken, Energie und in Bezug auf das Gemüt mit mehr Festigkeit, sogar Härte ausgestattet werden; er soll der Leitende, der Befehlende sein. [...] Ganz anders die Frau, die in ihren Zielen und Eigenschaften ja nicht etwa minderwertig, aber anderwertig von der Natur begabt worden ist. Ihr hohes Ziel ist die Reproduktion, nichts Geringeres als die Erhaltung des Menschengeschlechtes mit allem, was damit zusammenhängt. Dieser überragenden Aufgabe entsprechend sind ihr Körperbau mit seinen Funktionen, aber auch ihre seelischen Eigenschaften angepasst. Mit Recht hat man den Satz geprägt: Nur wegen ihrer Eierstöcke ist die Frau das, was sie ist. Ihr Gemüt ist die Güte, die Milde, die Nachsicht, das Verständnis für die Kleinen und Kleinsten, nicht aber der Kampf!

Alfred Labhard in den «Basler Nachrichten», 25. Januar 1946, im Zusammenhang mit der kantonalen Abstimmung zur Einführung des Frauenstimmrechts vom 16. Juni 1946 (abgelehnt).

1.	Waadt		1959	1. Februar
2.	Neuenburg		1959	27. September
3.	Genf		1960	6. März
4.	Basel-Stadt		1966	26. Juni
5.	Basel-Landschaft		1968	23. Juni
6.	Tessin		1969	19. Oktober
7.	Wallis		1970	12. April
8.	Luzern		1970	25. Oktober
9.	Zürich		1970	15. November
	Schweiz		1971	7. Februar
10.	Aargau		1971	7. Februar
11.	Freiburg		1971	7. Februar
12.	Schaffhausen		1971	7. Februar
13.	Zug		1971	7. Februar
14.	Glarus		1971	2. Mai
15.	Solothurn		1971	6. Juni
16.	Bern		1971	12. Dezember
17.	(Jura, noch Teil des Kt. Bern)			
18.	Thurgau		1971	12. Dezember
19.	St. Gallen		1972	23. Januar
20.	Graubünden		1972	5. März
21.	Schwyz		1972	5. März
22.	Uri		1972	5. März
23.	Nidwalden		1972	30. April
24.	Obwalden		1972	24. September
25.	Appenzell Ausserrhoden		1989	30. April
26.	Appenzell Innerrhoden (durch Bundesgerichtsentscheid)		1990	27. November

Einführung des Frauenstimm- und -wahlrechts in der Schweiz, kantonal und eidgenössisch.

Wirtschaft: die Einführung des Supermarkts

Einkauf ohne Zeitverlust, Zürich 1948. Wer würde heute noch mit dem Hinweis auf Selbstbedienung für sein Geschäft werben? In den 50er Jahren war das noch anders. Die frühesten Selbstbedienungsläden waren etwas Fremdes. Kundinnen wurden nicht mehr von einer Angestellten über die Ladentheke hinweg bedient. Sie suchten sich neuerdings ihre Waren selbst heraus. Die junge und elegante Frau, die sich «ohne Zeitverlust» selbst bedient, wirbt für das moderne «amerikanische» System. Und sie zeigt, wie einfach die Selbstbedienung ist. Denn viele wollten zunächst nichts von diesem neuen Einkaufen wissen.

Das amerikanische System

Es soll keiner sagen, er hätte sich gleich daheim gefühlt in den Selbstbedienungsläden! Man hat ja die Sachen gar nicht gefunden! Grosse Geschäfte hat es ja schon lange gegeben, die «Rheinbrücke» zum Beispiel hatte immer schon viele Dinge. Aber das war noch mit Bedienung! In den neuen Selbstbedienungsläden musste man sich allein zurechtfinden. Immerhin waren die Preise noch angeschrieben. [...] Klar, sie [die Gemüse] waren gross, die waren frisch. Unser Consumverein hier im Quartier hatte damals oft alte Ware, weil er teurer war als die andern und dann bekam er das Gemüse nicht rechtzeitig los. Mutter hat dann den heruntergeschriebenen Salat gekauft, weil sie fand, das reicht für uns. Wir haben deshalb immer wieder gestritten. Die Migros hat die Preise unten behalten und war trotzdem frisch. Das ging über die *Quantität, nicht die Qualität.

Trotzdem, die bedienten Geschäfte sind mir lieber. Die Verkäuferinnen wissen wenigstens Bescheid! Und wie oft habe ich etwas eingepackt, bei dem ich mich dann zu Hause gefragt habe, wozu ich es denn gekauft habe. «Man weiss nie, vielleicht kann ich das einmal brauchen», habe ich im Laden gedacht. Und Dinge gekauft, die ich gar nicht wollte. Aber das war ja gerade das amerikanische System!

80-jährige Baslerin in einem Gespräch mit Alexandra Binnenkade, 28. Januar 2003.

Vorteile der Selbstbedienung

Die Selbstbedienung mit ihren technischen und wirtschaftlichen Vorteilen kommt gleichzeitig der heutigen geistigen Einstellung des sehr selbstständig denkenden und aktiven Käufers entgegen:

Rasche Bedienung	=	Zeitersparnis
Kein passives Warten	=	Eigenes Handeln und Sichbewegen im Laden
Übersichtliche Auswahl	=	Ruhige Prüfung und Entscheidung durch Käufer selbst
Steigerung des Umsatzes pro Verkaufsperson	=	Etwa 15 Prozent höhere Verkaufsleistung als in den Bedienungsläden
Gesteigerter Umsatz	=	Rationellere Betriebsführung, immer frische Qualität
Attraktive Warenfülle	=	Anreiz zu zusätzlichen Käufen
Sachliche Abwicklung des Einkaufs	=	Kein «Ladenklatsch»

Eine Brücke in die Zukunft. Jubiläumsbroschüre des «Brückenbauers», 1955.

14 Samstag ist Männertag

An einem Samstag zählen wir 40 Prozent männliche Kunden. Die Männer nehmen es fast noch genauer als ihre Frauen; wenn sie einmal den *S-Laden betreten haben, prüfen sie alle Artikel in männlicher Gründlichkeit, aber ohne zu knausern – die Erfahrung zeigt, dass die von den täglichen Sorgen um das Haushaltsbudget weniger beschwerten Ehemänner grosszügig einkaufen. Manche Überraschung auf dem Familientisch stammt aus dem Portemonnaie des Vaters! Und die Hausfrau ist nicht unglücklich über diese Schonung des Haushaltungsgeldes!

Eine Brücke in die Zukunft. Jubiläumsbroschüre des «Brückenbauers», 1955.

16 Die Ware flirtet

Man lässt die Ware gewissermassen selbst sprechen, sich selbst anbieten und mit dem Kunden «flirten». Die Ware wurde nun zum *Initiator, während der Verkäufer nur dann noch einen direkten Kontakt mit dem Kunden hat, wenn er um Auskunft gebeten wird. Ansonsten verhandelt er mit dem Kunden nur noch durch die ausgelegte Ware [...] Dadurch hat aber die Selbstbedienung den Verkäufer nicht ausgeschieden. Sie veranlasst ihn vielmehr von der «Bühne» abzutreten und hinter dieser im Lager oder Laden selbst als «Regisseur» zu arbeiten.

Walter Riethmüller: *Selbstbedienung und wie sie zum Erfolg führt.* Berlin: Gehlen, 1953.

17 Selbstbedienung ist zerstörerisch

Selbstbedienung, überspitzte *Rationalisierung und Mechanisierung werden zur Folge haben, dass in den kaufmännischen Berufen ein Kampf bis aufs Messer entsteht und dass die Not der Arbeitslosigkeit in zahlreichen rechtschaffenen und bescheidenen Familien Einkehr halten wird. [Deshalb ist es notwendig], dass sich alle Detaillisten, alle Angehörigen des Gewerbestandes im Kampfe gegen die Selbstbedienungsläden solidarisch erklären und die Massnahmen ergreifen, die eine Weiterentwicklung des Selbstbedienungsladens in der Schweiz verunmöglichen.

«Schweizerische Gewerbezeitung», Dezember 1948.

Shoppingcenter Emmen, 1975. Heute ist das Bild eine Selbstverständlichkeit. Doch es bringt alles auf den Punkt, was 1975 der Inbegriff des Neuen und Modernen war. Eine junge Frau verstaut ihre Einkäufe in der Tiefgarage des vor kurzem eröffneten Shopping Centers Emmen im Kofferraum. Shoppingcenter wurden in Amerika erfunden. Sie lagen nicht im Zentrum, sondern ausserhalb der Städte. Was mit der Selbstbedienung begonnen hatte, setzte das Einkaufszentrum fort. Weil verschiedene Geschäfte an einem Ort vereint waren, sparten die Kundinnen und Kunden Zeit. Gleichzeitig sollte Einkaufen zum Erlebnis werden. Entsprechend wurden die «Center» gestaltet. Eine weitere Neuheit waren die Einkaufswagen – zu Beginn der Selbstbedienung kaufte man nur mit einem Metallkörbchen ein. Das amerikanische Lebensgefühl, die Lust am *Konsum klangen im Namen «Shoppingcenter» mit. Die Einkaufszentren veränderten die Konsumgewohnheiten in Europa nachhaltig. Aber sie setzten voraus, dass jemand über ein Auto verfügte. Das war noch keine Selbstverständlichkeit. Attraktiv war diese neue Konsumform vor allem für die jüngere Generation. Ältere Menschen, sparsame Kunden und diejenigen, die kein Auto hatten, kauften weiterhin lieber im Dorf oder in der Innenstadt ein.

Fotografie: Gewaltsamer Abtransport von Menschen

Gewaltsamer Abtransport von Menschen, 1943. Während des Zweiten Weltkrieges trieben die deutschen Besatzer von Warschau Jüdinnen und Juden zusammen. Die meisten der in und um Warschau lebenden jüdischen Menschen, insgesamt rund 400 000, wurden ins Warschauer *Getto umgesiedelt. Es war ihnen verboten, mehr als 25 Kilogramm ihrer Habe mitzunehmen. Sie durften das Getto unter Androhung der Todesstrafe nicht mehr verlassen. Am 19. April 1943 erhoben sich etwa 60 000 Menschen im Warschauer Getto gegen die deutschen Besatzer. Die *Nationalsozialisten beschlossen darauf, das Warschauer Getto zu zerstören. Wer nicht während des Aufstandes starb, wurde in die Vernichtungslager Treblinka oder Maidanek verschleppt und dort getötet.
Die Fotografie stammt aus dem Bericht des SS- und Polizeiführers Jürgen Stroop, den er unter anderem an Heinrich Himmler sandte.

Die Fotografie bietet einen anschaulichen Blick in die Vergangenheit wie kaum ein anderes Medium. Betrachterinnen und Betrachter erhalten auf Anhieb einen Eindruck, wie es früher gewesen sein könnte. Fotografien erschliessen die Vergangenheit und liefern alltagsgeschichtliche Erkenntnisse. Wie wohnten die Menschen, wie kleideten sie sich? Wie sahen Städte, Häuser, Fabriken aus?

Fotografien sind aber keine neutralen Abbilder vergangener Wirklichkeit. Sie zeigen immer nur einen Augenblick. Als Betrachterin oder Betrachter weiss man nicht, was vor oder nach der Aufnahme geschah. Erschiesst der Mann das Kind, auf das er mit dem Gewehr zielt, oder erschiesst er es nicht? Fotografien zeigen immer nur einen Ausschnitt. Was ausserhalb dieses Ausschnittes geschieht, muss man erraten.

Auf Fotografien fehlen zudem Geräusche, Gerüche und Temperaturen. Oft entsteht aber erst dadurch ein Eindruck einer Situation. Ausserdem fehlt auf vielen alten Fotos die Farbe. Auch dadurch wird es schwieriger, sich eine Vorstellung von der vergangenen Wirklichkeit zu machen.

Und schliesslich gilt es daran zu denken, dass bei jeder Aufnahme jemand einen bestimmten Winkel gewählt und das Bild arrangiert hat. Auch diese Form ist Teil der Aussage, die ein Bild macht.

Fotografien können ganz Verschiedenes abbilden. Entsprechend kann man sie in Gruppen einteilen.

Eine wichtige Gruppe sind die Personenbilder, auf denen eine einzelne Person oder mehrere Menschen dargestellt sind. Oft werden Menschen in einer bewusst gewählten Haltung und an einem bewusst gewählten Ort fotografiert.

Landschaftsbilder sind wertvoll, weil sie zeigen, wie eine Gegend zu einem bestimmten Zeitpunkt aussah, wie der Mensch mit der Landschaft umging und sie veränderte.

Auf Ereignisbildern sind einmalige, ganz besondere Vorkommnisse aus der Geschichte festgehalten. Der Inhalt dieser Bilder lässt sich nicht verallgemeinern. Wer ein Ereignisbild betrachtet, kann also nicht daraus schliessen, zu jener Zeit sei es immer und überall so gewesen, wie auf dem Bild dargestellt. Ereignisbilder zeigen immer nur Einzelfälle.

Alltagsbilder eignen sich für einen Blick zurück in die persönliche Vergangenheit. Wie kleideten sich die Menschen, was assen sie, wohin gingen sie in die Ferien? Diese Bilder finden wir besonders oft bei unseren Verwandten und

Protest der Mütter und Grossmütter der Plaza de Mayo, Buenos Aires (Argentinien), Dezember 1979. Die Plaza de Mayo ist ein wichtiger Platz im Zentrum von Buenos Aires, der Hauptstadt Argentiniens. 1979 war Argentinien schon seit drei Jahren eine Militär*diktatur. Das Pressebild, das kurz vor Weihnachten 1979 aufgenommen wurde, zeigt die «Mütter und Grossmütter der Plaza de Mayo». Sie trugen weisse Kopftücher mit den Namen verschwundener Kinder. Hebe de Bonafini, die Vorkämpferin dieser Bewegung, riskierte mit dieser Aktion wie die anderen Frauen ihr Leben. 1983 gaben die militärischen Machthaber ihre Herrschaft nach dem verlorenen Krieg um die Falkland-Inseln und den anschliessenden Massenprotesten ab. Unter der Diktatur waren Zehntausende von Menschen, darunter Tausende von Kindern «verschwunden». Eine der ersten Amtshandlungen des neuen Präsidenten Alfonsin war die Einsetzung der «Nationalen Kommission über das Verschwinden von Personen». Ihr Auftrag war, eine Grundlage zur Versöhnung mit der Vergangenheit zu schaffen.

Bekannten. Auch was bei diesen Fotografien auf den ersten Blick wie ein zufälliger Schnappschuss aussieht, ist oft arrangiert.

Fotografien können nicht nur nach dem Gegenstand unterschieden werden, den sie abbilden, sondern auch nach ihrem Zweck. Sie können zum Beispiel für Produkte werben, Reiseeindrücke vermitteln oder wissenschaftliche Ergebnisse veranschaulichen.

Fotografien eignen sich ganz besonders, Menschen anzusprechen und zu berühren oder auch in eine bestimmte Richtung zu beeinflussen. Fotografien werden deshalb oft zu *Propagandazwecken verwendet.

Fotografien sind wie alle Bilder *subjektiv, und zwar aus doppeltem Grund. Erstens ergänzen alle Betrachterinnen und Betrachter in ihrem Kopf ein Bild auf ihre Weise und denken sich Farben, Geräusche und die Umgebung dazu.

Zweitens wählen alle Fotografinnen und Fotografen genau den Ausschnitt, der ihnen gerade gefällt. Manchmal werden Fotografien auch nach der Aufnahme noch verändert oder sogar *manipuliert.

Bei allen Fotografien ist es wichtig zu wissen, wer oder was auf dem Bild zu sehen ist und wer es wann und wo fotografiert hat. Die Suche nach diesen Zusatzinformationen kann spannend, aber auch aufwändig sein. Bei manchen Fotografien gelingt es einem aber auch nicht, die Fotografin oder den Fotografen, den Ort oder den Zeitpunkt ausfindig zu machen.

Anleitung
Es ist notwendig, beim Interpretieren von Fotografien systematisch vorzugehen. Folgende sechs Schritte sind im Umgang mit Fotografien sinnvoll (eine mögliche Antwort ist jeweils angefügt):

1. Was ist auf der Fotografie 18 abgebildet? Welche Personen und Gegenstände kannst du erkennen?
   Als Erstes fällt mir der Knabe im Vordergrund rechts auf. Er hat die Hände erhoben. Hinter ihm richtet ein Soldat sein Gewehr auf den Knaben. Mit dem Knaben kommt eine Reihe von Menschen aus dem Hintergrund des Bildes. Die einen schauen zum Soldaten mit dem Gewehr, die andern in die entgegengesetzte Richtung. Einige haben Taschen dabei, andere tragen grosse Bündel oder einen Rucksack. Auch hinter den Menschen sind Soldaten.
2. Von welchem Standort aus, mit welchen Mitteln hat der Fotograf die Aufnahme gemacht?
   Er stand bei der Aufnahme etwas höher als die abgebildeten Menschen.
3. Was fühlst du beim Anblick des Bildes? Woran erinnert dich das Bild?

Fall der Berliner Mauer. Am 9. November 1989 erklärte die Regierung der DDR (Deutsche Demokratische *Republik), dass die Bürger der DDR ab sofort ungehindert ausreisen könnten. Damit konnten die Ostdeutschen erstmals seit dem Bau der Mauer 1961 ohne Einschränkungen nach Westberlin und nach Westdeutschland reisen. Die Regierung der DDR hatte den Beschluss sehr kurzfristig gefasst. Die Grenzbeamten waren unvorbereitet und vom plötzlichen Ansturm überrascht. Wagemutige Menschen aus Ost und West setzten sich auf die Mauer und begannen sie abzubrechen. Die Polizisten aus West- und Ostberlin bemühten sich, die Lage nicht ausser Kontrolle geraten zu lassen. Menschen hätten von der Mauer stürzen oder im Gedränge verletzt werden können. In aller Eile wurden Durchgänge in die Mauer gebrochen. Viele Ostdeutsche nutzten die neue Freiheit für einen Ausflug nach dem Westen, der lange so nahe, aber doch unerreichbar gewesen war.

Auf dem Bild ist die Angst der Menschen zu erkennen. Sowohl der Knabe mit den erhobenen Händen als auch der Knabe in der Mitte des Bildes haben für mich einen ängstlichen Gesichtsausdruck, so als würden sie jetzt dann gleich geschlagen. Auch die Frau vorne links blickt unsicher zum Soldaten mit dem Gewehr. Soldaten und Zivilisten gehören wohl nicht zur gleichen Partei und sind Gegner oder sogar Feinde. Mir scheint, als würden die Menschen irgendwohin getrieben. Die Soldaten holten sie vielleicht aus den Häusern, und nun müssen sie hier weg.

4. Was könnte das Bild darstellen? Hast du Vermutungen dazu oder weisst du dank der Bildlegende Genaueres? Was erfährst du dank des Bildes über die Vergangenheit?
   Das Bild zeigt gemäss Bildlegende den Abtransport von Menschen aus Warschau 1943. Die Fotografie zeigt also vermutlich Menschen, die aus ihren Verstecken zu Sammelplätzen getrieben werden. Danach wurden sie wohl abtransportiert. Die meisten der abgebildeten Menschen sind wohl durch die Nationalsozialisten getötet worden.

5. Was kannst du über die Fotografie sagen? Welchem Zweck diente wohl das Bild?
   Es handelt sich um ein Ereignisbild. Wahrscheinlich wurde die Fotografie nicht von einer Jüdin oder einem Juden aufgenommen. Die hatten grosse Sorgen und Ängste und deshalb weder Zeit noch Lust noch die Möglichkeit, eine Fotografie zu machen. Das Bild ist also nicht aus der Perspektive der Opfer, sondern aus der Perspektive der Täter aufgenommen worden. Vielleicht wurde ein Fotograf beauftragt, das Bild zu machen, um den Erfolg der deutschen Soldaten zu zeigen. Vielleicht hat es ein Soldat gemacht, um sich später mit seiner Schreckenstat brüsten zu können.

6. Was möchtest du auf Grund der Fotografie über die Vergangenheit wissen? Was möchtest du zur Fotografie selber wissen? Bestätigt sie, was du schon über diese Zeit weisst? Suche Informationsmaterial, das dir Antworten auf deine Fragen geben kann. *Recherchiere beispielsweise im Internet. Oder lies den Text «Zwischen Demokratie und Diktatur» (ab Seite 42).
   Ich möchte wissen, wer genau die abgebildeten Menschen sind. Zum Beispiel: Lebt der abgebildete Knabe noch? Wie ging das Leben des Soldaten mit dem Gewehr weiter?

Übe das oben vorgestellte Vorgehen im Umgang mit Bildern an den Fotografien 19, 20 und 21.

Kriegsmobilmachung in der Schweiz.
Wer die beiden jungen Leute sind, die am 2. September 1939 auf dem Viktoriaplatz in Bern unter einem Baum sassen, ist nicht bekannt. Einiges lässt sich aus ihren Kleidern, ihrem Schmuck, ihrer Sitzhaltung erraten. Paul Senn, der Fotograf, wollte nicht eine bestimmte Person porträtieren. Er hat die Stimmung bei der Mobilmachung eingefangen.

Blick zurück über drei Generationen

Wer aufmerksam seine Gegend und seine Zeit wahrnimmt, erkennt vieles, das in die Ferne und in die Vergangenheit weist. Diesen Spuren kann man nachgehen und die Geschichten von Menschen, Gegenständen, Häusern oder Landschaften entdecken. Der Blick in die Ferne und in die Vergangenheit beginnt bei dir. Je nachdem, welche Fragen du stellst, wirst du unterschiedliche Ausschnitte einer Gesellschaft kennen lernen: ihre wirtschaftlichen und kulturellen Veränderungen oder die Art und Weise, wie Macht in ihr ausgeübt wird.

LERNZIELE

1. Du kannst drei Zeitabschnitte im 20. Jahrhundert nennen und mit Jahreszahlen abgrenzen.
2. Du kennst drei Blickwinkel, unter denen du Vergangenheit betrachten kannst.
3. Dir ist klar, dass Betrachtungen der Vergangenheit immer von ganz konkreten Fragen ausgehen.
4. Du kannst die Geschichte einer Familie über drei Generationen verfolgen.
5. Dir ist bewusst, dass Vergangenes sowohl ganz aus der Nähe als auch im Überblick betrachtet werden kann.
6. Du weisst, dass Gegenstände und Orte eine Vergangenheit haben und Geschichten «speichern» können.

ZEITLICHE ÜBERSICHT

1914–1918	Erster Weltkrieg
1917	Russische Revolutionen
1922–1936	Entstehung mehrerer Diktaturen in Europa
1939–1945	Zweiter Weltkrieg
1945	Gründung der UNO
1948	Erklärung der Menschenrechte
1948–1991	Kalter Krieg
1957	Gründung der Europäischen Wirtschaftsgemeinschaft (EWG)
1967	Gründung der Europäischen Gemeinschaft (EG)
Um 1968	1968er-Bewegung
1989	Fall der Berliner Mauer
1991	Auflösung der Sowjetunion
Ab 1991	Verstärkung der Globalisierungsprozesse
1992	Gründung der Europäischen Union (EU)

RÄUMLICHE ÜBERSICHT

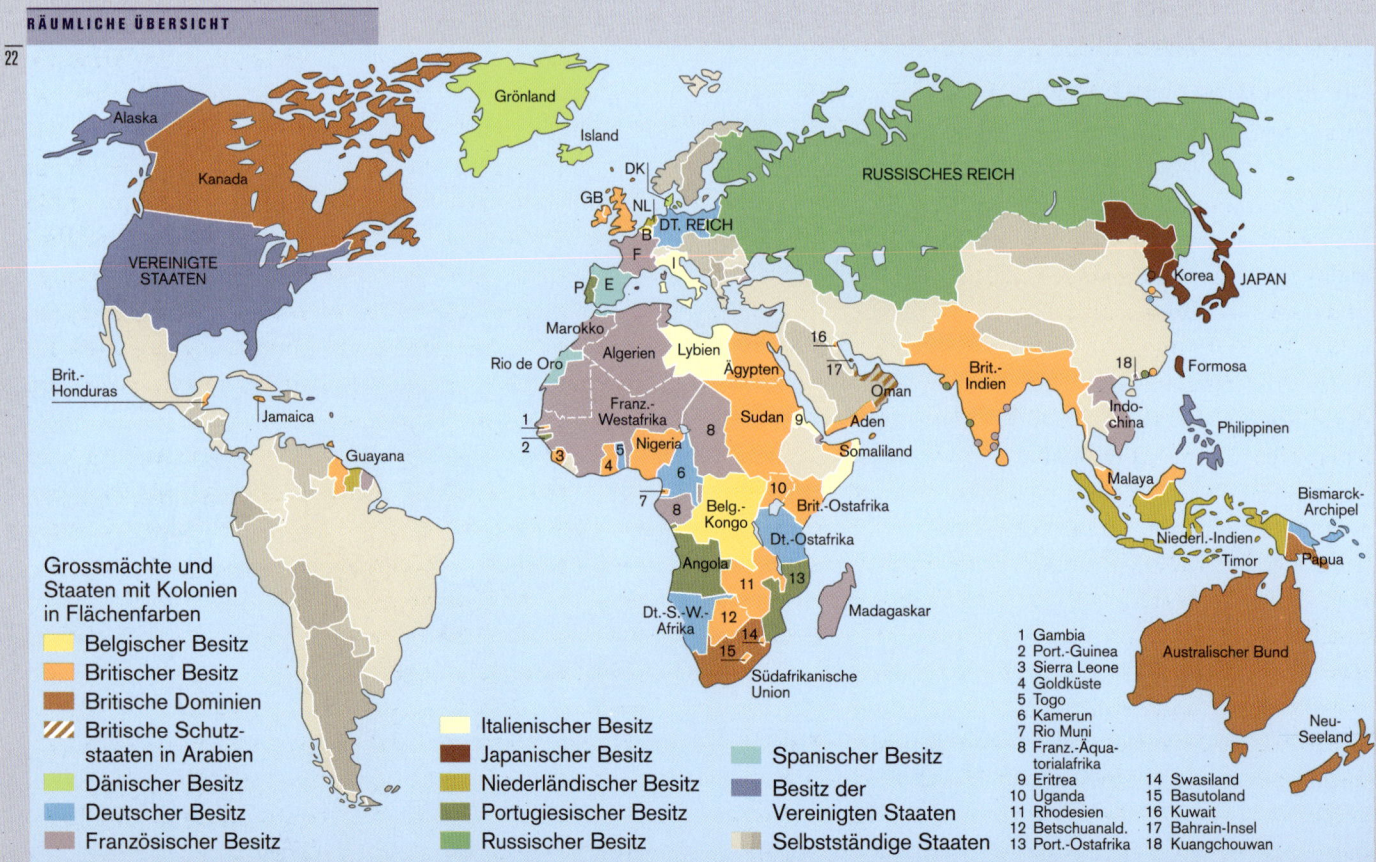

Weltkarte 1914. Die Karte zeigt die politische Aufteilung der Welt vor dem Ersten Weltkrieg. Sie unterscheidet sich stark von den Karten, die die Welt am Ende des 20. Jahrhunderts darstellen.

Krieg: 1916, Verdun, Frankreich. Ein Soldat wird erschossen. Ungeschützt rennt er in eine Maschinengewehrsalve. Mutig, aber ohne Aussicht auf Erfolg führt der französische Offizier seine Männer zu einem Angriff auf deutsche Verteidigungsstellungen vor der französischen Stadt Verdun an. Sie war die letzte Festung der Franzosen. Soldaten beider Seiten lagen sich in den Gräben gegenüber. Von Zeit zu Zeit wagte eine Seite einen sinnlosen Sturmlauf auf die Verteidigungsstellungen der Gegenseite. Die Gefechte dauerten monatelang. Täglich starben Tausende von Soldaten. Grund für die hohe Zahl der Opfer waren die technischen Neuerungen. Neue Waffen wie das Maschinengewehr, Kampfgas und Flammenwerfer und neue Befestigungsanlagen mit Stacheldraht veränderten den Krieg. Im 19. Jahrhundert war es noch auf den Mut des Einzelnen angekommen. Angesichts dieser Waffen, gegen die sie gänzlich ungeschützt waren, war die Tapferkeit des Offiziers und seiner Männer sinnlos. Im 20. Jahrhundert wurde mit Hilfe der Technik vieles rationeller, einfacher. In der Industrie und auch im Krieg.

Sich einen Überblick verschaffen

In jedem Jahrhundert gab es besonders wichtige Ereignisse, die dem Jahrhundert gleichsam den Stempel aufdrückten. Jedem Jahrhundert kann man gewisse Schlüsselbegriffe, Bilder und bestimmte Jahreszahlen zuordnen. Dies ermöglicht einen Überblick über das Geschehen in dieser Zeitspanne. Das gilt auch für das 20. Jahrhundert.

*Historikerinnen und Historiker bestimmen die Jahrhunderte nicht immer mathematisch anhand der Zahlen (z. B. 1901 bis 2000), sondern manchmal auch aufgrund von Entwicklungen und Gemeinsamkeiten, die sie beobachten. Einige von ihnen sehen das 20. Jahrhundert als «kurzes» Jahrhundert. Sie vertreten die Meinung, dass es 1914 mit dem Ersten Weltkrieg begonnen hat. Die Ursachen für diesen ersten «modernen» Krieg reichen noch ins 19. Jahrhundert zurück. Deshalb rechnen sie die Zeit vorher noch zum 19. Jahrhundert. Nach 1918 veränderten sich die Verhältnisse in Europa und Russland grundlegend. Das 20. Jahrhundert begann nicht nur später, es endete auch früher: Ab 1989 löste sich die Sowjetunion und mit ihr der kommunistisch geprägte Ostblock auf. Damals begann eine verstärkte *Globalisierung, die bereits dem 21. Jahrhundert zugerechnet wird.

Dieser Band handelt vom 20. Jahrhundert ab 1914 und dem Übergang ins 21. Jahrhundert. Wie kann man sich eine Vorstellung vom 20. Jahrhundert machen? Was hat sich in dieser Zeit ereignet? Es ist einfacher zu verstehen, was Menschen damals erlebten, wenn man sich in diesem Zeitraum orientieren kann.

Zeitenstrahl

Einen guten Überblick über einen bestimmten Zeitraum verschafft ein Zeitenstrahl oder eine Zeittafel. Das heisst, wichtige Ereignisse oder Zeitabschnitte werden in der richtigen Reihenfolge mit den entsprechenden Jahreszahlen aufgezeichnet. Ein Beispiel für eine Zeittafel findet sich im vorderen Buchdeckel. Es gibt Historikerinnen und Historiker, die das 20. Jahrhundert in drei Abschnitte unterteilen:

Die Zeit zwischen 1914 und 1945 bezeichnen sie als das Zeitalter der Katastrophen. In diesen Jahren herrschte in Europa und im Pazifik Krieg. Millionen von Menschen wurden getötet. Es war auch eine Zeit, in der Diktatoren an der Macht waren, zum Beispiel in Italien, Deutschland, Österreich, Portugal, Spanien und der Sowjetunion. Nicht nur die Kriege, auch der Verlust an ==Demokratie== war für die Menschen katastrophal.

Darauf folgte das Zeitalter der Gegensätze von 1945 bis 1991. Die zwei Supermächte Sowjetunion und USA kämpften gegeneinander um den Vorrang in der Welt. Dieser Konflikt spaltete die Welt in einen West- und in einen Ostblock. Oder anders gesagt: Es gab nun einen *kapitalistischen und einen *kommunistischen Teil der Welt. Immer mehr Menschen verinnerlichten diesen weltpolitischen Gegensatz. Kommunistinnen und Kommunisten hielten gegen die Kapitalisten und Kapitalistinnen zusammen und umgekehrt. Andere nennen dieselben Jahre auch Zeitalter des Aufbruchs. In afrikanischen und asiatischen Ländern befreiten sich die Menschen von der kolonialen Herrschaft Europas (==Emanzipation==). Für sie begann in der zweiten Hälfte des Jahrhunderts eine neue Zeit.

Völkerrecht: 14. November 1945, Beginn der Gerichtsverhandlungen gegen prominente Nationalsozialisten in Nürnberg, Deutschland. Die Angeklagten haben sich von ihren Bänken erhoben. Soeben sind die Verhandlungen am Nürnberger Gerichtshof eröffnet worden. Die Soldaten bewachen insgesamt 24 ehemals hohe und höchste Repräsentanten des Deutschen Reiches, unter ihnen Hermann Göring, Rudolf Hess, Joachim von Ribbentrop, Wilhelm Keitel, Ernst Kaltenbrunner und Alfred Rosenberg. Sie waren der Verbrechen gegen den Frieden und die Menschlichkeit angeklagt. Die Aufnahme vermittelt den Eindruck von Klarheit und Ordnung. Und darum ging es auch. Die Einsetzung eines internationalen Gerichts war etwas vollkommen Neues und ein wichtiges Zeichen. Die Richter beurteilten Tatbestände, die im internationalen Völkerrecht neu waren. Die Verhandlungen hatten ein hohes symbolisches Gewicht. Aus diesem Grund ist die Fotografie auch sehr wichtig. Nach einem Jahr sprachen die Richter zwölf Todesurteile und sieben Haftstrafen aus. Drei Angeklagte kamen frei.

Das Zeitalter der Globalisierung begann 1991. Dieser dritte Abschnitt des 20. Jahrhunderts bildet gleichzeitig die Brücke ins 21. Jahrhundert.

Schlüsselbegriffe

Schlüsselbegriffe bezeichnen die wichtigen Elemente einer Zeit in konzentrierter Form. Diese Schlüsselbegriffe bieten neben dem Zeitenstrahl eine zweite Möglichkeit, sich die wichtigsten Ereignisse und Entwicklungen dieser Zeit zu merken. Wer weiss, was die Schlüsselbegriffe bedeuten, und wer die Begriffe mit Personen, Ereignissen und Entwicklungen verknüpfen kann, der ist fähig, sich ein Bild des 20. Jahrhunderts zu machen.

Das 20. Jahrhundert gilt als das Jahrhundert der Diktaturen, der Gewalt, des Krieges und der *Ideologien. Das Jahrhundert war geprägt von der russischen Revolution, von Nationalsozialismus und Stalinismus, von den beiden Weltkriegen und von unzähligen anderen Konflikten.

Auf der anderen Seite aber war das 20. Jahrhundert auch die Zeit, in der viel Positives entstanden ist. So setzte sich im Verlauf des 20. Jahrhunderts in vielen Ländern die Demokratie als Staatsform durch. In der *UNO-*Charta der Menschenrechte wurden im Jahr 1948 demokratische Rechte zum internationalen Standard erklärt. Neben vielen weiteren persönlichen und politischen Rechten gehören beispielsweise die Gleichberechtigung der Frauen und Männer oder das Verbot von Rassismus dazu.

Zu einer Demokratie gehört neben der Freiheit der Menschen auch die Sicherheit. Ein Teil davon ist die soziale Sicherheit. Im 20. Jahrhundert richteten viele Staaten Fürsorgeeinrichtungen für ihre Bevölkerung ein wie zum Beispiel eine Altersrente oder eine Mutterschaftsversicherung. Zusammen mit anderen sozialen Diensten werden diese Einrichtungen als soziale Errungenschaften bezeichnet. Die Bezeichnung macht deutlich, dass diese Leistungen nicht selbstverständlich sind und die Menschen lange um sie kämpfen mussten.

Ein weiteres Merkmal des 20. Jahrhunderts ist die Geschwindigkeit. Alles wurde schneller, zum Beispiel im Verkehr oder in der Kommunikation. Diese Veränderungen prägten die Menschen stark. Die Menschen nahmen Distanzen anders wahr und reisten immer schneller von einem Ort zum anderen. Die Erde schien zu schrumpfen.

Eine wichtige Rolle spielten dabei die Medien. Heute verfügen wir in der Schweiz mit grosser Selbstverständlichkeit über Fernsehen, Radio, Telefon und Computer, und wir fotografieren und filmen. Doch diese Erfindungen sind noch nicht sehr alt. Lange waren die entsprechenden Geräte sehr teuer und für die meisten Menschen unerschwinglich.

Auch die Stromversorgung, die in weiten Teilen der Welt vorhanden ist, gilt als Zeichen des Fortschritts und hat den Alltag und die Kommunikation stark verändert.

Die Schlüsselbegriffe Diktaturen, Krieg, Gewalt, Ideologien, Völkerrecht, Massen, Freiheit, Demokratie, soziale Errungenschaften, Emanzipation, Fortschritt, Medien, Beschleunigung und Energie sind neben dem Zeitenstrahl ein zweites Element zur gedanklichen Erschliessung des 20. Jahrhunderts.

Ideologien: Sommer 1934, Mittagessen auf dem Feld, Sowjetunion. Der Augenblick ist friedlich und entspannt. In Kreisen sitzen Frauen und Männer um grosse Picknicktücher auf einem Stoppelfeld. Im Hintergrund liegen die fertigen Getreidegarben. Wer im Kreis sitzt, sitzt gleichberechtigt. Die Arbeiterinnen und Arbeiter wirken fröhlich. Hätte das Bild einen Ton, wäre bestimmt Gelächter zu hören. Ein zufälliger Schnappschuss? Nein: eine bewusste Zurschaustellung einer *Weltanschauung. Denn die Aufnahme zeigt nicht nur eine ländliche Szene. Sie bildet auch in vorteilhafter Weise ein Gesellschaftsmodell ab. Das Bild vermittelt, dass sowjetische sozialistische Landarbeiterinnen und Landarbeiter gemeinsam arbeiten. Arbeit, Gemeinschaft und Gleichheit sind zentrale Werte dieser Gesellschaft. Dargestellt ist auch ein Wirtschaftsmodell: Privatbesitz und Konkurrenz sind aufgehoben. Der Staat sorgt für alle und alle sorgen für den Staat.

Bilder

Im Wissensteil dieses Kapitels sind zehn Fotografien abgebildet. Sie dokumentieren wichtige Ereignisse seit 1914. Alle sind mit Begriffen verbunden, die im vorangehenden Abschnitt aufgezählt sind. Die Bilder sind zum grossen Teil sehr berühmt, weil sie für eine ganze Epoche oder eine bestimmte Ansicht stehen. Sie gehören zu den Erinnerungen, die viele Menschen haben, die das 20. Jahrhundert erlebt oder studiert haben. Sie sind daher ebenfalls ein wichtiges Element für die Gliederung des 20. Jahrhunderts.

Mindmap

Als Orientierungshilfe zum 20. Jahrhundert kann man im Kopf nach und nach so etwas wie eine gedankliche Karte (auf Englisch: Mindmap) entwickeln. Auf dieser Karte sind dann die wichtigsten Ereignisse, Schlüsselbegriffe und Bilder des 20. Jahrhunderts angeordnet. Eine gedankliche Karte ist auch eine gute Merkhilfe. Eine solche Mindmap kann man auch aufschreiben oder aufzeichnen. Wie man das macht, wird im Portfolioauftrag zum Kapitel «Welten im Kalten Krieg» auf Seite 131 beschrieben. Einige Zahlen, Bilder und Begriffe, die Teil jeder Mindmap zum 20. Jahrhundert sein sollten, stellt dieser Kapitelteil vor.

Überblick und Detail

Bilder, Begriffe oder Ereignisse kann man folglich, wie gerade beschrieben, zu einer Übersicht anordnen. Oder man kann sie einzeln genauer untersuchen. Manchmal sind ja gerade die Details interessant. Manchmal muss man ein Ereignis auch aus der Nähe betrachten, um es besser zu verstehen. Dieses Buch schildert in einigen Abschnitten grössere, allgemeine und weltweite Abläufe und Zusammenhänge. Andernorts bietet es aber auch Einblick in die Erlebnisse einzelner Frauen, Männer und Kinder. Dieser Wechsel der Beobachtungsperspektive macht die Auseinandersetzung mit Raum und Zeit lebendig. Ausserdem hilft er, die Geschehnisse der Vergangenheit besser zu verstehen. Einzelne Ereignisse werden in einen grösseren Zusammenhang gestellt und erklärt. Und einzelne Beispiele können anschaulich machen, was allgemeine Entwicklungen für das Leben der Menschen bedeuteten.

AUFGABEN

1. *Nenne drei Schlüsselbegriffe, die das 20. Jahrhundert kennzeichnen.*
2. *Es gibt verschiedene Arten, wie Menschen die Dauer des 20. Jahrhunderts angeben. Nenne zwei Möglichkeiten und grenze das Jahrhundert mit Jahreszahlen ab.*

Emanzipation: 28. August 1963, Martin Luther King: «Ich habe einen Traum», Washington D.C., USA. In der Linken hält der Redner einige Blätter, mit der Rechten winkt er der Menschenmenge zu. Die Aufnahme betont den Zusammenhang von Handlung und Rede. Wichtig ist nicht nur, was King tut, sondern auch, was er sagt. Der Redner wie auch die meisten Zuhörerinnen und Zuhörer sind schwarz. In diesem Augenblick war diese Tatsache wichtig. Der Redner stand im Lincoln Memorial in Washington. Es ist das Denkmal desjenigen Präsidenten, der für die Aufhebung der Sklaverei steht. «I have a dream», rief Martin Luther King, der berühmte Anführer der schwarzen Bürgerrechtsbewegung, den Menschen zu. «Ich habe einen Traum, dass meine vier Kinder eines Tages in einer Nation leben werden, in der sie nicht nach ihrer Hautfarbe, sondern nach ihrem Charakter beurteilt werden.» Die Lebensbedingungen, die Schulausbildung und die Lebensaussichten waren damals für Schwarze ungleich schlechter als für Weisse. Die Fotografie zeigt, dass viele Menschen Martin Luther King unterstützen. Sie bezeugt nicht nur friedliche Unterstützung. Die Menschenmenge verkörpert auch eine Macht. King sprach im August 1963 nicht nur von Freiheit, sondern auch vom «Wirbelwind einer Revolte». Fünf Jahre später wurde Martin Luther King ermordet.

Kultur, Wirtschaft und Herrschaft: drei Perspektiven

Die Ereignisse der Vergangenheit sind manchmal nicht nur weit weg, sondern auch sehr vielfältig. Deshalb ist es schwierig, herauszufinden, was tatsächlich wichtig war und ist. Es ist auch nicht für alle dasselbe wichtig. Um Ereignisse der Vergangenheit zu ordnen, kann man gezielte Fragen zu bestimmten Bereichen stellen. Oder anders gesagt: Man kann die Vergangenheit oder die Gesellschaft unter einem ganz bestimmten Blickwinkel betrachten. Drei wichtige Blickwinkel oder Perspektiven sind Kultur, Wirtschaft und Herrschaft.

Drei Perspektiven zu haben heisst, aus drei verschiedenen Blickwinkeln oder auf drei verschiedene Arten dasselbe anschauen, aber jedes Mal etwas anderes in den Mittelpunkt stellen. Die Bereiche Kultur, Wirtschaft und Herrschaft können solche Perspektiven sein. Es sind wichtige Bereiche einer Gesellschaft. Selbstverständlich stehen sie nicht für sich allein. Sie beeinflussen sich gegenseitig und verändern sich in diesem Zusammenspiel laufend.

Wir können also eine Gesellschaft aus dem Blickwinkel der Kultur, der Wirtschaft oder der Herrschaft betrachten. Wir schauen immer dasselbe an (die Gesellschaft), stellen aber bei der Betrachtung immer etwas anderes in den Mittelpunkt (entweder Kultur, Wirtschaft oder Herrschaft). So können wir unterschiedliche Fragen stellen und den Gegenstand unserer Betrachtung besser aufteilen, ordnen und verstehen.

Kultur

Kultur ist der weiteste der drei Begriffe. Nicht alle verstehen dasselbe unter Kultur. Die einen finden, es sei bereits eine Form von Kultur, dass Menschen überhaupt in einer Gesellschaft leben. Für andere ist die Gesellschaft die Voraussetzung für Kultur. Sie denken an Kunst, Religion und Wissen, also an das, was eine Gesellschaft hervorbringt.

In diesem Buch wird der Begriff Kultur ganz weit gefasst. Kultur kann man sich als eine Sprache vorstellen. Die Sprache gibt es schon auf der Welt, bevor wir selbst auf der Welt sind. Die Sprache verändert sich durch unseren Gebrauch. Ähnlich verhält es sich mit der Kultur. Kultur ist schon da, wenn wir zur Welt kommen und Kultur verändert sich mit uns und durch uns.

Der Begriff «Kultur» bezeichnet das, was Menschen tun. Das entspricht dem ursprünglichen Sinn des Wortes im

Freiheit: 11. Februar 1990, Freilassung von Nelson Mandela, Victor Verster Prison in Paari, Südafrika. Nelson Mandela und seine Frau Winnie strecken die Fäuste in die Luft – ein Zeichen des Sieges und des Freiheitskampfes. Die Menschen jubeln ihnen zu. 27 Jahre nach seiner Inhaftierung durch die weisse südafrikanische Regierung kam das berühmteste Mitglied des Afrikanischen Nationalkongresses, ANC, endlich frei. Mandela war Vertreter einer Bewegung gegen die *Apartheid, die gesetzlich verankerte *Diskriminierung der schwarzen Bevölkerung in Südafrika. Seine Frau Winnie hatte während seiner Inhaftierung weiter gegen das Apartheidsystem gekämpft. Sie kam selbst ins Gefängnis und erfuhr die Gewalt der ANC-Gegner immer wieder am eigenen Leib. 1991 wurde sie angeklagt, kriminelle Handlungen begangen zu haben – die Grenzen zwischen Täterin und Opfer verschwammen. Dieses Bild wurde zu einem Bild der Hoffnung. Mandelas Schritte wurden mit den Schritten Südafrikas in eine neue Zeit gleichgesetzt. «Freedom is indivisible» – Freiheit ist unteilbar, glaubte Mandela. Später schrieb er: «Als ich aus dem Gefängnis trat, war es meine Mission, die Unterdrückten und die Unterdrücker zu befreien.» 1994 wählten die Südafrikanerinnen und Südafrikaner, Weisse und Schwarze, Nelson Mandela zum Präsidenten eines «neuen Südafrikas».

Lateinischen. «Cultura» heisst Bebauung, Bestellung, Pflege, beispielsweise in der Landwirtschaft. Das Wort heisst auch, etwas lernen, sich aneignen, über etwas nachdenken. Kultur bestimmt, wie Frauen und Männer, wie Erwachsene und Kinder ihr Leben gestalten, wonach sie sich orientieren.

Auf der Seite 8 diskutieren Sabina, Christian, Ramajana und Olivier darüber, was Familie für sie bedeutet. Dieses Interview ist ein Beispiel dafür, was es heissen könnte, sich aus der Perspektive von Kultur mit Gesellschaft zu beschäftigen. Man hätte mit den vier Jugendlichen auch ein Interview über die Schule führen können, über ihre Freizeitgestaltung oder über ihre Meinung zur Religion. Oder man hätte sie fragen können, welche Bräuche sie kennen oder selbst leben oder wie und wo sie wohnen.

Es könnte auch jemand recherchieren, wie sich in den letzten 50 Jahren die Mode und die Bedeutung von Kleidung verändert hat. Oder man kann auch der Frage nachgehen, weshalb ein bestimmter Film gedreht wurde und wer ihn sich angesehen hat. Welche Bedeutung hat für diese oder jene Menschen das Lesen bestimmter Bücher oder das Hören einer bestimmten Musik? Weil der Begriff Kultur so weit ist, können sehr viele Fragen zu diesem Bereich gestellt werden.

Wirtschaft

Wer unter dem Stichwort Wirtschaft Fragen stellt, erfährt zunächst etwas über den Handel: Wer kaufte und verkaufte welche Güter und Dienstleistungen? Handel war nie nur auf den kleinen Raum eines Dorfes oder einer Stadt beschränkt. Die Waren wurden auch in andere Regionen und Länder transportiert, wenn sie sich dort gut verkaufen liessen. Oder man führte Rohstoffe ein, die man für die Herstellung von Waren benötigte. So entstanden Handelsverbindungen, die sich über die ganze Erde erstreckten und sich auf das Leben vieler Menschen auswirkten.

Die Wirtschaft verläuft nicht gleichförmig. Es gibt Krisen, Einbrüche und Aufschwünge. Diese Entwicklung der Wirtschaft wird auch als Konjunktur bezeichnet. Geht es der Wirtschaft gut, spricht man von einer Hochkonjunktur. Geht es ihr schlecht, spricht man von einer *Rezession. Die wirtschaftliche Lage beeinflusst das Handeln von einzelnen Menschen, aber auch von ganzen Gesellschaften und Staaten.

Wer sich mit der Wirtschaft beschäftigt, kann nach den Menschen fragen, die die Wirtschaft in Gang halten. Dann erfährt man beispielsweise etwas über die Arbeitsbedingungen von Menschen. Wie war früher das Verhältnis zwischen Arbeitgebern und Arbeitnehmerinnen? Die Fabrikherren im 19. Jahrhundert konnten zum Beispiel ihre Arbeiterinnen

Fortschritt: 20. Juli 1969, Landung auf dem Mond. Normalerweise geben Porträts eine ganz bestimmte Person in ihrer Einmaligkeit wieder. Doch hier ist nicht zu sehen, wer hinter dem Visier des Schutzanzugs steckt. Selbst der Fotograf, der sich im Visier spiegelt, ist nicht persönlich erkennbar. Das Bild zeigt fast «den Menschen» an sich. Nicht einem bestimmten Astronauten, sondern der Menschheit ist es gelungen, auf dem Mond zu landen. Doch ganz beliebig ist der Dargestellte auch nicht. Deutlich erkennbar ist die US-Flagge auf seinem linken Oberarm. Dieses Detail ist wichtig. Denn es belegt einen Vorsprung. Der Astronaut Edwin Aldrin, von Neil Armstrong fotografiert, steht dafür, dass es Amerika als erster Nation gelungen war, Menschen auf den Mond zu transportieren. Auch wenn es friedvoll aussieht – das Bild entstand vor dem Hintergrund des Kalten Krieges. Der Wettlauf auf der Erde hatte sich im Weltall fortgesetzt. Acht Jahre zuvor war der Russe Juri Gagarin als erster Mensch im Weltall gewesen. Diesen Rückstand wollte die US-Regierung nicht auf sich sitzen lassen. In aller Welt verfolgten die Menschen die spektakuläre erste Mondlandung live am Fernsehen mit. Live! In der Direktübertragung deutete sich an, dass die Medien im 20. Jahrhundert historische Ereignisse nicht nur dokumentieren, sondern sie auch prägen würden.

und Arbeiter von einem Tag auf den anderen entlassen und Kinder zu billigsten Löhnen in ihren Fabriken beschäftigen. Am Ende des 20. Jahrhunderts gab es in den meisten europäischen Ländern Kündigungsfristen, und die Kinderarbeit war verboten. Dazwischen lag eine lange Geschichte der Arbeiterbewegung mit Streiks und zähen Verhandlungen.

Auch die Berufe haben sich verändert. Man kann zum Beispiel der Frage nachgehen, wie Geräte und Technologien die Arbeit beeinflusst haben. Hat die Erfindung der Dampfmaschine oder des Computers Arbeitsabläufe verändert? Gab es früher Berufe, die es heute nicht mehr gibt? Gibt es heute Berufe, die es früher noch nicht gab? Postkutschenfahrer gibt es heute nur noch im Film oder als Touristenattraktion. Dass eine Frau statt eines Mannes die Post austrägt, war lange Zeit etwas Undenkbares. Was bedeutete es früher, diese Berufe auszuüben? Was bedeutete es zu Beginn des 20. Jahrhunderts, Bäuerin, Coiffeur oder Fabrikarbeiterin zu sein? Was bedeutete es an dessen Ende?

Ein weiterer Aspekt von Wirtschaft sind die Vorstellungen darüber, wie Wirtschaft funktionieren soll. Soll sie nach *marktwirtschaftlichen oder nach *planwirtschaftlichen Grundsätzen organisiert sein? Wer darf bestimmen, nach welchen Regeln Waren produziert werden? Wer bestimmt die Höhe der Löhne? Im Verlauf des 20. Jahrhunderts führte die Schweiz eine Arbeitslosenversicherung und das System der Altersvorsorge ein. Wie kam es dazu?

Wirtschaftliche Entwicklungen haben auch in der Umwelt Spuren hinterlassen: Wo befinden sich Fabriken, wo wurden Häuser, Strassen und Schienen gebaut? Weshalb befinden sie sich ausgerechnet an diesem Ort? War es selbstverständlich, dass sie hier gebaut wurden, oder haben Menschen dagegen protestiert? Es ist kein Zufall, dass Städte häufig an Wasserläufen und wichtigen Verkehrswegen liegen. Fabriken wurden vor allem dort gebaut, wo Energie zur Verfügung stand. Wasser, Energie und Verkehrswege sind wichtige *Ressourcen für die Wirtschaft. Auch der Mensch ist eine wichtige Ressource, denn er stellt seine Arbeitskraft zur Verfügung.

Herrschaft

Beim Blickwinkel der Herrschaft stehen Machtbeziehungen im Vordergrund. Macht bedeutet, seinen Willen durchsetzen zu können. Wenn wir die Gesellschaft aus dem Blickwinkel der Herrschaft betrachten, wollen wir also wissen: Wer kann in einer Gesellschaft Macht ausüben und wer nicht? Und aus welchem Grund ist es den einen möglich und den anderen nicht? Gibt es Einschränkungen der Macht? Oft benutzen wir für Herrschaft auch den Ausdruck Politik.

Wissen erarbeiten

Energie: 1. Juli 1946, Atombombentest im Bikini-Atoll, Südpazifik. Die Explosion ist gewaltig. Pilzförmig steigt Wasser in die Luft. Das Bild mit dem in die Mitte genommenen Wasserpilz und den bewegten Palmen im Vordergrund ist auf den ersten Blick sehr ansprechend. Auf den zweiten ist der mächtige, den Himmel fast vollständig ausfüllende Pilz beängstigend gross. Das US-Militär testet im Bikini-Atoll eine Atombombe. Die Bewohnerinnen und Bewohner der Insel mussten dafür ihre Heimat verlassen. Vertreter der US-Marine sowie Wissenschaftlerinnen und Wissenschaftler waren anwesend. Sie untersuchten die Folgen der Atomexplosion. Das Bild verbindet den militärischen Aspekt eines Massenvernichtungsmittels mit der Vorstellung einer «sauberen» Energiequelle unter der Kontrolle der Wissenschaft – den Atomkraftwerken. Seit der Mitte des 20. Jahrhunderts konnte Energie in grossen Mengen produziert werden. Diese Möglichkeit veränderte den Umgang mit Energie nachhaltig.

Die Schweizer Frauen beispielsweise erhielten erst 1971 das Stimm- und Wahlrecht auf Bundesebene. Einzelne Kantone gewährten den Frauen das kantonale Stimm- und Wahlrecht sogar noch später. Viele Männer – aber auch Frauen – behaupteten, dass sich Frauen für die politische Mitbestimmung nicht eignen würden. So begründeten sie ihre Ablehnung gegenüber dem Frauenstimmrecht.

Das Geschlecht ist folglich ein Merkmal, das in Machtbeziehungen eine Rolle spielen kann. Aber auch die Hautfarbe, die Religion, die politische Gesinnung, die gelebte Sexualität, der soziale Stand, die Staatszugehörigkeit oder das Alter können in Machtbeziehungen eine Rolle spielen.

Machtverhältnisse lassen sich zwischen einzelnen Menschen beobachten, wie zum Beispiel in einer Familie oder in einer Partnerschaft. Sie bestehen aber auch zwischen verschiedenen Interessengruppen, beispielsweise zwischen Arbeitgebern und Arbeitnehmern. Auch zwischen Staaten bestehen Machtverhältnisse, zum Beispiel zwischen Eroberern und Kolonien.

Wenn es um Herrschaft geht, spielt auch der geografische Raum eine Rolle. Es gibt zwar so genannt «natürliche» Grenzen, wie zum Beispiel einen Flusslauf oder eine Bergkette. Doch Grenzen werden immer von Menschen festgelegt und von Menschen verteidigt. Die Eigenschaften eines Gebietes können Grund für einen Krieg sein. Gibt es dort Rohstoffe, Süsswasser, landwirtschaftlich nutzbaren Boden oder einen Zugang zum Meer?

Wer Macht hat und wer nicht, wird schliesslich auch daran deutlich, wer innerhalb eines Landes die Ressourcen nutzen darf. Wer hat Zugang zu Wasser? Wer verfügt über den fruchtbaren Boden oder über Wohngebiete? Wer darf nur in bestimmten Gebieten wohnen und wem steht es frei, sich niederzulassen, wo er will? Wie werden Güter verteilt?

AUFGABEN

3 *Aus welchen drei Blickwinkeln können wir Vergangenheit betrachten?*

4 *Zähle drei Beispiele aus deinem Leben auf, wann du an kulturellen Aktivitäten teilnimmst.*

5 *Formuliere drei Fragen, die dir zu wirtschaftlichen Erkenntnissen verhelfen.*

6 *Nenne fünf Gründe, wieso Gesellschaften bestimmten Menschen keine politische Mitbestimmung gewährten oder gewähren.*

7 *Welche Vorteile hat die Unterscheidung zwischen Kultur, Wirtschaft und Herrschaft?*

8 *Formuliere zu deinem Wohnort je eine Frage, die kulturelle, wirtschaftliche und politische Angelegenheiten betrifft.*

9 *Welches ist deine Meinung zum Stimm- und Wahlrechtsalter 16?*

Gewalt: 11. September 2001, die brennenden Twin Towers, New York, USA. An einem der beiden New Yorker Twin Towers (Zwillingstürme) ist eine Explosion zu sehen, aus dem andern steigt Rauch hoch. Der Grund für dieses Unglück ist auf dem Bild gar nicht zu erkennen. Doch die meisten wissen es auch ohne den sichtbaren Beweis: Am 11. September 2001 steuerten Terroristen zwei Passagierflugzeuge in das Wahrzeichen der amerikanischen Grossstadt. Sie wollten nicht nur Menschen töten und Schaden anrichten. Sie wollten auch ganz gezielt ein Bild schaffen, das diese Gewalt und die Verletzlichkeit der US-Gesellschaft zeigte. In den Stunden und Tagen nach der Tat strahlten die Fernsehsender die Bilder der brennenden Twin Towers immer wieder aus. Das Bild brannte sich ins Gedächtnis der Menschen ein, die fassungslos vor den Bildschirmen sassen. Das Bild wurde selbst zur Gewalttat. Einige sagen, die Terroristen hätten dank den Bildern die Wirkung ihrer Tat vervielfachen können und die Fernsehsender hätten ihnen dabei unfreiwillig sogar geholfen. Andere meinen, gerade die Wiederholung hätte bei der Verarbeitung dieser schmerzhaften Erfahrung geholfen.

Grabe, wo du stehst!

«Grabe, wo du stehst!» ist der Name einer internationalen Bewegung. Diese Bewegung will zeigen, dass Geschichte im Alltag der Menschen beginnt. Die Aufforderung zu graben, spielt auf die Archäologie an. Das ist die Wissenschaft, die nach den Spuren und Überresten von menschlichem Leben sucht. Die Bewegung fordert uns alle dazu auf, in einem übertragenen Sinn zu graben. Gemeint ist, die Vergangenheit und die Geschichte unserer unmittelbaren Umgebung zu erforschen. Archäologische Ausgrabungen erregen oft viel Aufsehen. Aber dort zu graben, wo jemand zufällig gerade steht, verspricht auf den ersten Blick wenig Erfolg. Doch mit dem Blick einer Archäologin oder eines Archäologen entdeckt man im eigenen Alltag spannende Geschichten und Zusammenhänge.

Alltagsarchäologie

Archäologinnen und Archäologen graben im Allgemeinen ganz gezielt an Orten, an denen sie Überreste alter Kulturen zu finden hoffen. Sie stossen dabei gelegentlich auf kostbare Gegenstände wie Schmuck, Statuen, Texttafeln, Geschirr, ja sogar auf ganze Häuser oder Städte.

So genannte Alltagsarchäologinnen und -archäologen, die genau da graben, wo sie gerade stehen, finden eher unscheinbare Dinge: zum Beispiel ein Paar alte Schuhe, Hochzeitsfotos, einen Geldbeutel mit Münzen, die nicht mehr gültig sind, ein Trambillett, Werkzeug, Geschirr, einen Schlüssel. Oder sie gehen spazieren und sehen alte Eisenbahnschienen, entdecken die Überreste eines Bunkers oder schauen sich eine alte Steinbrücke genauer an. Diese Überreste, Gegenstände und Dinge können Geschichten erzählen. Natürlich erzählen nicht die Gegenstände selbst die Geschichte. Aber Menschen haben Erinnerungen, die mit diesen Gegenständen verknüpft sind. Solche Gegenstände sind auf ihre Weise genauso kostbar wie die Museumsschätze in den Glasvitrinen. Viele Familien besitzen solche Gegenstände. Es sind eigentliche Familienschätze, die ein Stück Familiengeschichte erzählen.

Einer der ersten, der «grub, wo er stand», war ein Schwede. Er war unterwegs in der Umgebung, in der er wohnte. Auf einmal fielen ihm die vielen Fabrikgebäude auf, an denen er schon seit Jahren vorbeigefahren war, ohne auf sie zu achten. Zufällig hatte er einen Fotoapparat dabei. Also begann er, Bilder von diesen Fabriken und der Umgebung zu machen.

Medien: Sommer 1964, Projekt «Gulliver», Expo Lausanne, Schweiz. Die Neugier war gross. Die Frau, die an der Expo von 1964 in Lausanne Umfrageergebnisse bearbeitete, führte die *Technologie der Zukunft vor. Eine Zukunft, die die Schweiz massgeblich mitgestaltete. 1950 war die Schweiz neben England das einzige europäische Land, in dem an einer Universität ein Computer eingesetzt wurde. In den späten 60er Jahren hielten die ersten Computer Einzug in Universitäten, Verwaltungen und Betriebe. Was die neugierigen Zuschauerinnen und Zuschauer an der Expo sahen, war ihnen zwar vielleicht schon bekannt, alltäglich waren Computer jedoch nicht. Bis auch Schulen, Haushalte und Büros über Personalcomputer verfügten, vergingen weitere 20 Jahre. 1989/1990 entwickelte Tim Berners-Lee am *CERN in Genf die Grundlagen fürs «World Wide Web» – und verhalf dem Internet damit zum Durchbruch. Im Verhältnis zur Bevölkerungszahl waren in der Schweiz zu Beginn des 21. Jahrhunderts mehr Computer im Einsatz als in allen anderen europäischen Ländern.

Er fuhr zu den Fabriken hin, ging hinein und fotografierte und zeichnete sie. Er befragte Menschen, die ihm von der Arbeit und vom Alltag in der Fabrik erzählten. Er suchte nach Informationen über die Vergangenheit und fand schon bald viel über die Region heraus, in der er wohnte. Die Geschichte seines Wohnorts wurde lebendig.

Wie beginnen Geschichte und Geografie?

Wie beginnt Geschichte? Geschichte beginnt mit einer Frage. Eine Frage hat immer mit den Menschen zu tun, die sie stellen. Fragen an die Vergangenheit haben auch mit dem Heute zu tun. Mit Fragen erkundet man die Vergangenheit. Man nimmt Menschen in ihren Beziehungen und Tätigkeiten in den Blick. Je nachdem, welche Fragen man stellt, erfährt man etwas über ausserordentliche Zeiten oder über den unspektakulären Alltag. Man kann die Vergangenheit von reichen und armen Menschen, von Frauen und Männern, von Kindern und Erwachsenen, von Mehrheiten und Minderheiten, von Mächtigen und Ohnmächtigen erforschen. Man lernt *Mentalitäten, *Traditionen und Ideen kennen. Man schaut Menschen bei der Arbeit zu und erfährt etwas über die Bedingungen im Kleinen und im Grossen, unter denen sie arbeiten. Man sieht Zusammenhänge zwischen Veränderungen in der internationalen Politik und dem Leben Einzelner.

Wie beginnt Geografie? Geografie beginnt mit einem Blick. Die Menschen leben in einer Umwelt. Die Menschen nutzen diese als Ressource und bewegen sich in ihr. Sie gestalten ganz unterschiedliche Lebensräume. Sie hinterlassen Spuren, die in der Landschaft sichtbar sind, oder verändern ganze Landschaften.

Doch die Gestaltungsmöglichkeiten der Menschen sind begrenzt. Sie sind immer auch abhängig von den Bedingungen der Umwelt. Geografie erforscht eine Beziehung: Wie beeinflussen Menschen ihre Umwelt und wie werden sie von ihrer Umwelt beeinflusst?

Selber graben

«Grabe, wo du stehst!» kann ein spannendes Experiment sein. In Gegenständen sind Erinnerungen, Bilder, Geschichten und Gefühle gespeichert. Solche Gegenstände kann man zum Beispiel im Museum finden. Dort sind die Gegenstände geordnet und die Museumsmitarbeiterinnen und -mitarbeiter haben ihre Geschichte bereits aufgezeichnet. Bei einem Museumsbesuch kann man über die ausgestellten Gegenstände und ihre Geschichte nachdenken. Man kann aber auch Gegenstände in der eigenen Umgebung finden und daraus selber eine Ausstellung machen zu Themen aus Kultur, Wirtschaft oder Herrschaft.

1. Blick zurück über drei Generationen

Massen: Juni 1967, Monterey Pop Festival, «Music, Love and Flowers». Janis Joplin steht in einem beigen Anzug mit ihrer Band auf der Bühne. Darunter steht der Slogan des Monterey Pop Festivals, das an einem Juni-Wochenende im Jahr 1967 in der Nähe von San Francisco stattfand. Janis Joplin war die erste und lange einzige Rocksängerin. Sie war bekannt für ihre wilden, ungehemmten Auftritte. Sie verkörperte als Person und bei ihren Auftritten den Willen zu weiblicher Selbstbestimmung. Mit ihrem ungebändigten Lebenswandel, dem Drogenkonsum und der Sozialkritik war sie eine typische Vertreterin der 68er-Bewegung. Sie kritisierte ironisch die Konsumgesellschaft, als sie sang «Oh Lord, won't you buy me a Mercedes-Benz?». Sie starb 1970 im Alter von 27 Jahren an einer Überdosis Heroin. Am Monterey Pop Festival schaffte Janis Joplin den Durchbruch, ebenso wie der schwarze Rock-Gitarrist Jimi Hendrix, der ebenfalls 1970 an einer Überdosis Schlaftabletten starb. Das Monterey Pop Festival war das erste Open-Air-Rockkonzert überhaupt. Der Eintritt war kostenlos. Es kamen 200 000 Menschen. Das Festival war einerseits ein Symbol für die Hippie-Bewegung in Kalifornien, andererseits ein Vorbild für zahlreiche weitere Open-Air-Konzerte. Dies gilt besonders für das weitaus berühmtere Woodstock-Festival im Jahr 1969, an dem Janis Joplin bereits als Star auftrat.

«Grabe, wo du stehst!» kann weiter heissen, sich zu Hause in der eigenen Familie umzublicken und Fragen zu stellen. Wie war es damals, als die Grosseltern jung waren? Was für Kleider trug der Grossvater damals? Was für einen Beruf wollte die Grossmutter erlernen? Welche Musik hörten die Eltern, als sie in die Schule gingen? Worauf hofften sie und wovor hatten sie Angst? Wie sah die eigene Strasse, das Dorf, die Stadt vor 50 Jahren aus?

Wenn man über drei Generationen zurückblickt, geht man vom eigenen Wissen und den eigenen Erinnerungen aus und erforscht das Wissen und die Erinnerungen der Eltern und Grosseltern. All diese Erinnerungen zu erfragen und zu erforschen heisst, am Faden der eigenen Familie in der Zeit zurückgehen. So kann man Dinge und Geschehnisse der Vergangenheit verstehen und nachempfinden, auch wenn sie zeitlich weit entfernt scheinen.

AUFGABEN

10 *Was tun Archäologinnen und Archäologen? Beschreibe deren Tätigkeit in zwei Sätzen.*
11 *Was werden Archäologinnen und Archäologen in 100 Jahren von dir finden? Nenne vier Gegenstände.*
12 *Begründe kurz, wieso Geschichte und Geografie immer auch mit dem Heute zu tun haben.*
13 *Nenne zwei Beispiele, die zeigen, wie Menschen die Umwelt beeinflussen. Nenne zwei Beispiele, die zeigen, wie die Umwelt das Leben der Menschen beeinflusst.*
14 *Denke über das Sprachbild «Grabe, wo du stehst!» nach. Was tut man, wenn man gräbt, welches könnten die Gefahren dabei sein? Was könnte man dabei finden?*
15 *Wie beurteilst du die Einschätzung, das 20. Jahrhundert sei das Jahrhundert der Extreme gewesen? Hältst du es für angemessen, es auch als dasjenige von Fortschritt, Freiheit und Emanzipation zu bezeichnen?*
16 *Welche Bedeutung hat das Bild vom Nürnberger Prozess (Abb. 24, Seite 20) deiner Ansicht nach heute?*

Wissen erarbeiten

Dokumentation über drei Generationen

Wie haben deine Grosseltern und deine Eltern früher ihr Leben gestaltet? Welche Ereignisse prägten damals ihren Alltag? Wo und wie haben sie seinerzeit gewohnt, gelebt, gearbeitet? Dieser Portfolioauftrag will dich zu einem ganz persönlichen Blick zurück über drei Generationen ermuntern. Du sollst erkunden, wie von dir ausgewählte Menschen ihre Zeit erlebt haben. Deine Dokumentation, die deinen eigenen Blick zurück über drei Generationen belegt, verhilft dir dann zu einer zentralen Einsicht: Das, was andere Menschen in anderen Zeiten und anderen Räumen gemacht oder erfahren haben, hat auch dein heutiges Leben beeinflusst. Du bist Teil einer Gesellschaft, die dich prägt und die du prägen wirst.

Portfolioauftrag

Aufgabe

Für dein Portfolio sollst du eine Dokumentation über Menschen aus drei Generationen zusammenstellen. Du zeigst auf, wie sich die Veränderungen der Welt in deiner Familie oder deiner Bekanntschaft gespiegelt haben.

In deiner Arbeit sollen Menschen aus deiner eigenen Zeit, aus der Zeit deiner Eltern und aus der Zeit deiner Grosseltern vorkommen. Sie soll auch aufzeigen, wie sich die nähere und weitere Umgebung dieser Menschen verändert hat.

Vorgehen

1. Überlege dir zuerst, wie du deinen Blick zurück über drei Generationen gliedern willst. Vielleicht ordnest du deine Arbeit entlang eines Zeitenstrahls an, oder du machst thematische Kapitel (Wohnort, Berufe, Freizeit), oder du schreibst eine Erzählung.
2. Überlege dir, wie du deine Erkenntnisse darstellen möchtest. Du kannst deine Erkenntnisse in einem Heft oder in einem Ordner, auf CD-ROM oder auf der eigenen Homepage, vielleicht sogar in einem Film festhalten.
3. Entwirf eine kleine Projektskizze, in der du dein Arbeitsvorhaben verdeutlichst: Wie lautet der Titel deiner Arbeit? Welche Menschen willst du beschreiben? Welche Fragen interessieren dich besonders? Wo und von wem bekommst du Informationen oder Hilfe? Wann und wie lange arbeitest du am Projekt? Wem zeigst du die Dokumentation? Du kannst diese Projektskizze mit einer Arbeitsgruppe besprechen.
4. Suche die Informationen für deine Dokumentation. Deine Erkenntnisse müssen für kritische Leser und künftige Forscherinnen nachprüfbar gemacht werden. Wenn du zum Beispiel Texte aus anderen Unterlagen abschreibst, musst du sie in Anführungszeichen setzen und die Herkunft der Informationen angeben.
5. Bringe deine Erkenntnisse in die gewählte Form.
6. Du machst deine Arbeit nicht nur für dich selber. Die Menschen, mit denen zusammen du den Blick zurück gewagt hast, haben Anrecht und Interesse, deine Dokumentation zu sehen. Besprich mit ihnen, ob sie einverstanden sind, wenn du die Arbeit ins Familienarchiv legst, in der Klasse vorstellst oder sogar als Beitrag bei einem Wettbewerb einreichst.

Hinweise

▶ Nicht alle Menschen können oder wollen einen Blick zurück in die eigene Familie werfen. Und nicht alle Menschen können und wollen von ihrer Vergangenheit erzählen. Das müssen alle Beteiligten respektieren. Es gibt genügend andere Möglichkeiten, einen Blick zurückzuwerfen. Vielleicht leben in der Umgebung Menschen, über die du schon lange mehr erfahren wolltest.

▶ Deine Dokumentation könnte nach folgenden drei Gesichtspunkten beurteilt werden:
  – Darlegung des Themas: Ist die Dokumentation interessant und fesselnd? Merkt man der Arbeit an, dass sie von dir ist? Hast du verschiedene Seiten des Themas beleuchtet? Lernt man als Leserin, als Leser Neues dazu?
  – Vorgehensweise: Ist die Dokumentation klug geplant und aufgebaut? Haben die kopierten Unterlagen einen Titel und weiss man, woher sie stammen? Sind Textausschnitte, Bilder und Grafiken, die aus anderen Büchern stammen, kenntlich gemacht? Wurde die Arbeit rechtzeitig abgegeben?
  – Form: Ist die Sprache verständlich? Ist der Text gut gegliedert? Sind gestalterische Hilfsmittel anregend eingesetzt? Gibt es einen guten Anfang und einen überzeugenden Schluss?

«Alles ist mir immer im Auge.»

Als die Kambodschanerin Anne Khong 1979 mit ihren fünf Kindern das Flüchtlingslager in Thailand erreichte, war sie bereits seit fünf Jahren auf der Flucht vor den Roten Khmer. Ihr Mann war während der Flucht verhaftet und getötet worden. Anne Khong war schon immer politisch aktiv gewesen. Im Flüchtlingslager setzte sie sich für andere Witwen ein, indem sie versuchte, ihnen die Ausreise in ein sicheres Land zu ermöglichen. 1980 konnte sie mit ihren Kindern in die Schweiz ausreisen. Seither lebt die Familie hier. Die Erinnerungen an die Flucht sind ein wichtiger Teil der Familiengeschichte. Im Folgenden wirft nicht die jüngste Person einer Familie einen Blick über drei Generationen zurück. Zu Wort kommt jemand aus der mittleren Generation: die jüngste Tochter von Anne Khong. Sie hat die Flucht als Kind erlebt und als Erwachsene niedergeschrieben. Sie ist mittlerweile selbst Mutter eines Sohnes.

Eine Familie flieht

Mein Leben in Kambodscha

1970 wurde ich in Phnom Penh in Kambodscha geboren. Bis zu meinem vierten Lebensjahr verbrachte ich eine glückliche und unbeschwerte Kindheit, sowohl in meiner Geburtsstadt als auch in Battambang, wo mein Vater als Primarschulinspektor tätig war und in diesem Bereich die ganze Provinz unter sich gehabt hatte. Meine Mutter arbeitete als stellvertretende Direktorin einer Import- und Exportfirma. Dank ihrer Position konnte sie den Reis billig beziehen und ihn zum Selbstkostenpreis an alle Lehrer (sie waren damals vom Staat sehr schlecht bezahlt), Angestellten und deren Verwandte abgeben. Ihre Freizeit opferte sie für wohltätige Zwecke. [...] Sie bekleidete das Amt der Vizepräsidentin des Frauenvereins in Kambodscha und trat auch andern Wohltätigkeitsvereinen bei. [...] Als die Roten Khmer bald die Macht übernehmen konnten, wurden die Intellektuellen vom Stadtpräsidenten über die Ereignisse und die Pläne der Roten Khmer informiert. Meine Mutter gedachte ihrer Mutter und ihrer acht Geschwister und konnte sich aus diesem Grund nicht für eine sofortige Ausreise entschliessen. Als sie sich dann doch noch dafür entschloss, wollte mein Vater nicht. Er war überzeugt, dass die Menschen nicht fähig wären, den Plan der Roten Khmer zu verwirklichen.

Danach überstürzten sich die Ereignisse. Eine Gruppe der Roten Khmer beschlagnahmte unser Haus im Jahr 1975. Zu unserem Glück befand sich unter ihnen ein enger Verwandter einer unserer Angestellten. Dieser verriet aus Dankbarkeit meiner Mutter gegenüber den Plan seiner Truppe. Diese wollte unsere ganze Familie umbringen. In dieser Nacht flüchteten wir aus dem Haus und hofften Thailand zu erreichen. In den Nächten war die Erde unser Bett und der Himmel unser Dach.

Doch die Grenze war zu streng bewacht. Während zwei Jahren war die Familie auf der Flucht. Anne Khong und ihr Mann standen auf einer so genannten Todesliste. Eltern und Kinder litten grossen Hunger. Sie konnten selten

Kambodscha liegt zwischen Vietnam, Laos und Thailand. Die Mehrheit der Menschen, die dort leben, nennt sich Khmer. Die Roten Khmer wollten mit ihrem Namen zeigen, dass sie dem Kommunismus nahestanden. Sie wehrten sich zunächst gegen die langjährige Kolonialherrschaft in Kambodscha. Später ergriffen sie selbst die Macht und unterdrückten die eigene Bevölkerung. Seit 1993 ist Kambodscha ein demokratisches Königreich.

Die drei Generationen: Anne Khong und ihre Töchter Lina und Linda. In der Mitte der Sohn von Linda.

länger als einige Tage oder Wochen am selben Ort bleiben. 1977 wurden sie erkannt. Da die Eltern nicht ohne die Kinder flüchten wollten, schlugen sie eine Fluchtmöglichkeit aus. Daraufhin wurde der Vater verhaftet und erschossen. Die Mutter entkam wenig später nur durch Zufall der Ermordung durch die Roten Khmer. Nach wie vor wurde Anne Khong von den Roten Khmer gesucht. Deshalb entschloss sie sich nach einigen Monaten, mit ihren Kindern an die thailändische Grenze zu fliehen.

Unterwegs verlor meine Mutter drei meiner Geschwister. Sie kehrte zurück, suchte sie vergebens an der Grenze und machte sich mit meinem Bruder und mir wieder auf den Weg. Wie durch ein Wunder fanden wir meine drei Geschwister vereint an der thailändischen Grenze wieder. Dort mussten wir wegen Kämpfen von einem Lager zum anderen flüchten, bis die humanitären Hilfsorganisationen uns fanden. Diese brachten uns nach Kao I Dang an der thailändischen Grenze. Meine Mutter führte die Kambodschaner dorthin, half beim Aufbau und arbeitete dort als Vize-Lagerchefin der ersten Sektion (Lager). Später arbeitete sie als Sekretärin für die *humanitären Hilfsorganisationen. Neben ihrer Arbeit gründete sie in Kao I Dang einen Witwenverein. In einem Film bat sie die verschiedenen Länder, die Witwen mit ihren Kindern aufzunehmen, um ihnen eine bessere Zukunft zu ermöglichen. Dank diesem Film konnten viele ins Ausland, einige auch in die Schweiz ausreisen.

Zwei Schweizer, die dort gearbeitet hatten, ermöglichten uns die Einreise in die Schweiz. Die ersten drei Monate verbrachten wir im Flüchtlingsheim in Gebenstorf. Im Oktober 1980 brachte man uns nach Gränichen. Wir beherrschten am Anfang die deutsche Sprache nicht, wussten sehr wenig über die Schweiz, deren Bevölkerung, deren Kultur, deren Tradition und deren Glauben. Aus diesem Grund wurden wir in den Ferien von unserer Mutter zu ihren Freunden geschickt, Schweizer, Deutsche, Österreicher sowie Engländer, welche überall in der ganzen Deutschschweiz verteilt lebten. Diese nahmen uns abwechslungsweise auf, sodass wir die Gelegenheit hatten, fast jedes Mal eine andere Familie kennen zu lernen. Sie akzeptierten unsere fremde Art, erfuhren von unseren Leidensgeschichten und halfen uns, über die Vergangenheit hinwegzukommen. Sie lehrten uns, ihre Welt kennen zu lernen, und manche von ihnen gaben uns zusätzlichen Deutschunterricht. Um den Glauben kennen zu lernen, besuchten wir die christliche Kirche (die Kambodschaner hatten damals noch kein eigenes Kulturzentrum). Wir wurden getauft und konfirmiert. Von aussen gesehen lief alles sehr gut. Wir waren gut *integriert. Doch in unserem Innern sah es anders aus. Wir mussten mit unseren Kriegserlebnissen, dem Fremdsein, dem Familienverlust, dem Leben in zwei verschiedenen Kulturen, unserer Traurigkeit usw. fertig werden.

Die Entstehung des Problems

Im 18. Jahrhundert war Kambodscha nicht viel mehr als eine siamesische Aussenprovinz, deren Könige von Bangkok gewählt und gekrönt wurden. Gleichzeitig mussten sie aber die Oberherrschaft Vietnams anerkennen. Die anhaltende Bedrohung durch Siam und Vietnam veranlasste den König schliesslich, die Franzosen um Schutz zu bitten. Kambodscha wurde französisches *Protektorat. [...]

Am 9. November 1953 erhielt das Land von Frankreich die Unabhängigkeit und bei der *Indochina-Konferenz 1954 wurde zugleich die *Neutralität bestätigt. [...]

Die zunächst erfolgreiche Neutralitätspolitik war infolge der Verschärfung des Vietnamkonflikts immer schwieriger aufrechtzuerhalten. Das Eindringen der Nordvietnamesen und Vietkong in den dünn besiedelten Nordosten liess sich nicht verhindern. So wuchsen die Spannungen zu Südvietnam, Thailand und den USA. 1969 begannen die Amerikaner auch kambodschanisches Gebiet zu bombardieren. 1970 stürzte General Lon Nol [den regierenden Staatschef] Sihanouk. [...]

Das Schweizer Fernsehen bereitet eine Einstellung vor für den Schulfernsehfilm von Lekha Sarkar: *Anne Khong und ihre Familie. Ein Leben zwischen Kambodscha und der Schweiz.* Er wurde 2003 vom Schweizer Schulfernsehen mit Unterstützung des Lehrmittelverlags des Kantons Aargau gedreht.

Die Roten Khmer, welche vor allem junge Bauern *rekrutierten, verschärften ihren Kampf gegen Lon Nol. Am 17. April 1975 marschierten die Roten Khmer in Phnom Penh ein. Alle Städte wurden nach und nach leer geräumt. Die neue Regierung etablierte sich zunächst unter dem Staatschef Sihanouk. Im April 1976 trat er zurück. Khieu Samphan wurde Staatsoberhaupt, Pol Pot Regierungschef. Unter der neuen Regierung wurden vermutlich mehr als zwei Millionen Menschen, vor allem gebildete, reiche oder in Verdacht stehende, umgebracht.

Situation in der Schweiz

Die Schweiz gehört zu den Aufnahmeländern, welche bereits im Jahr 1979 Flüchtlinge aus Kambodscha aufgenommen haben. Heute, 20 Jahre später, leben hier ca. 2500 anerkannte Flüchtlinge aus Kambodscha. Sie haben sich dank ihren Betreuern, Hilfswerken, Gemeinden und anderen freiwilligen Helfern grösstenteils gut in der Schweiz integrieren können. Aber sie sind vielen Belastungen ausgesetzt. [...]

Die erste Generation (bei der Ankunft bereits erwachsen) fand bald nach dem Durchgangsheim eine Arbeitsstelle, sodass sie ihre Familie selbst ernähren konnte. Viele der jungen Erwachsenen nutzten gar die Gelegenheit, sich weiterzubilden und einen Beruf zu erlernen. Nach der Berufsbildung mussten sie sich in der Arbeitswelt behaupten und sich dem Tempo und der Arbeitsleistung anpassen. Dadurch konnten sie sich vom Krieg nicht erholen. [...] Auch die schlechte wirtschaftliche Lage der letzen Jahre brachte etliche Kambodschaner in finanzielle Nöte. Entweder sie verloren ihre Arbeitsstelle, oder sie mussten sich mit gekürzten Pensen oder Löhnen zufrieden geben. Dies betraf vor allem Hilfsarbeiter, Putzpersonen und andere Hilfskräfte ohne erlernten Beruf oder mit schlechter Ausbildung. [...]

Neben diesen Problemen beschäftigen sie sich auch mit den Sorgen über ihre eigene Zukunft, vor allem, wenn sie älter werden. Sie fragen sich, wohin sie gehen sollen. Das Altersheim kommt für sie nicht in Frage, da viele von ihnen die Sprache nicht gut beherrschen, nicht an die Schweizer Küche gewöhnt sind und ihren Glauben dort nicht ausüben können. [...]

Viele [der zweiten Generation] kennen und halten sich mehr oder weniger an die kambodschanische Kultur und Tradition. Viele leben bis zu ihrer Heirat noch bei den Eltern. Leider ist es für die zweite Generation sehr schwierig, einen Lebenspartner zu finden. [...]

Die Kinder der dritten Generation wurden hier geboren und haben deshalb fast die gleichen Chancen wie die Schweizer Kinder. Sie beherrschen die in ihren Wohnkantonen gesprochene Sprache, haben die gleichen Schulbildungs- und Berufschancen usw. Trotzdem ist es für sie nicht so einfach, weil sie von ihren Eltern die kambodschanische Mentalität, Denkweise und Lebensvorstellungen übernommen haben. Dies trifft vor allem die Mädchen sehr hart. Sie bekommen von den Eltern Verbote und fragen sich, warum sie nicht in den Ausgang können oder bestimmte Dinge nicht tun dürfen. Sie wissen, dass dies mit der Tradition zusammenhängt, verstehen aber meistens den Grund sowie die Folgen ihres Handelns in der kambodschanischen Gesellschaft nicht. [...] Neben den Schwierigkeiten zu Hause, in der Schule und am Arbeitsplatz müssen viele von der dritten Generation sich mit dem *Rassismus und somit auch mit der eigenen Identität, dem Ursprung und der Geschichte auseinander setzen.

Rückblick

Heute setzen sich Lina Khong und ihre Familie für ein «Khmer Kultur- und Sozialzentrum» ein. Die etwa 2500 hier lebenden Kambodschanerinnen und Kambodschaner wünschen sich einen gemeinsamen Treffpunkt, einen festen, ruhigen Ort, an dem sie sich austauschen, gegenseitig unterstützen, gemeinsame Feste feiern und ihre Religion ausüben können. Weil ihr dieses Zentrum sehr wichtig ist, hat Lina Khong eine Studie darüber verfasst, sich mit der Geschichte ihrer Familie und derjenigen der Kambodschanerinnen und Kambodschaner auseinander gesetzt.

Ich entzifferte die kambodschanischen Bücher (Ich war in Kambodscha zwar mit fünf Jahren bereits in der zweiten Klasse, habe aber dafür die erste Klasse übersprungen. Da ich danach insgesamt nur noch ein paar Stunden Kambodschanischunterricht erhielt, beherrsche ich meine Sprache schriftlich wie ein Erstklässler.), las Literatur über Kambodscha in Französisch und in Deutsch und befragte viele schweizerische und kambodschanische Personen über das Land und die Leute.

Auf diese Weise habe ich sehr viel erfahren und kann meine alten Bilder mit den neuen vergleichen, Lücken schliessen und korrigieren. [...] Ich habe eine gute Vorstellung über die Identität meiner Landsleute und meine eigene (erhalten).

Lina Stocker-Khong: *Notwendigkeit und Realisierbarkeit eines Khmer-Kultur- und Sozialzentrums in der Schweiz.* Zürich, 2000. Diplomarbeit an der Hochschule für Soziale Arbeit.

37 Wer waren die Roten Khmer?

Die Roten Khmer waren eine Widerstandsbewegung, die bis 1968 nur etwa 2000 Anhänger umfasste. [...] Die Führer der Roten Khmer wollten eine völlig neue kambodschanische Gesellschaft aufbauen. Ihr Merkmal sollte die absolute Gleichheit aller Kambodschaner sein. Alle Unterschiede zwischen den Menschen sollten verschwinden. In der neuen kambodschanischen Gesellschaft gab es keinen Privatbesitz und keine persönlichen Ausweispapiere mehr, auch das Geld wurde abgeschafft. Das neue Kambodscha sollte eine landwirtschaftliche Gesellschaft sein und vom Reisanbau leben. Die Industrie sollte auf ein Minimum reduziert werden, Schulen, Universitäten, Zeitungen, Fernsehen galten als völlig überflüssig. Auf diese Weise wollte das neue Kambodscha das erreichen, was bisher weder die Sowjetunion, China noch Vietnam geschafft hatten: die vollkommene kommunistische Gesellschaft. Damit würde sich Kambodscha wie einst das längst vergangene grosse Khmer-Königreich an die Spitze aller Völker stellen und vor allem den verhassten Nachbarn Vietnam übertrumpfen.

Peter Gautschi, Helmut Meyer: *Vergessen oder erinnern?* © Lehrmittelverlag Zürich, 2001, S. 72f.

In die Steinzeit bombardieren

38 Die Roten Khmer, die sich jetzt «Kommunistische Partei von Kampuchea» nannten, (verlegten) ihr Hauptquartier in die viel unzugänglichere Provinz Ratanakiri. [...] Hier trafen die Roten Khmer auf gesellschaftliche Verhältnisse, die nach der *marxistischen *Terminologie dem Urkommunismus entsprachen oder ihm doch sehr nahe kamen. [...] Dennoch blieben die Roten Khmer völlig abseits vom politischen Geschehen und wären möglicherweise in Bedeutungslosigkeit versunken, wenn das Land vom Vietnamkrieg unbehelligt geblieben wäre. [...]

Anfang 1973 versuchten die Roten Khmer ihr Territorium auszudehnen und begannen mit der Einführung landwirtschaftlicher *Kooperativen, der Unterdrückung des Buddhismus, der Bildung von Jugendorganisationen, [...] der Vernichtung der Volkskultur und der Verordnung einheitlicher Kleidung. Die Folge dieser Massnahmen war die Flucht von 20 000 Kambodschanern nach Südvietnam. Gleichzeitig fingen die USA einen Bombenkrieg bisher nicht gekannten Ausmasses gegen Kambodscha an. [...] Später bezeichneten viele Journalisten die Roten Khmer wegen des von ihnen verübten *Genozids und ihrer Brutalität als «Steinzeitkommunisten», aber ernsthafte Studien gehen davon aus, dass das «Bombardieren in die Steinzeit» in [US-Präsident Richard] Nixons und [Aussenminister Henry] Kissingers geheimem Krieg ebenso viele Opfer kostete, bei der Anklage als Kriegsverbrecher aber immer nur von Pol Pot und niemals von Henry Kissinger die Rede war.

Karl-Heinz Golzio: *Geschichte Kambodschas.* München: C. H. Beck, 2003.

Interview mit Ieng Sary

39 **Spiegel:** Welches ist nun der Preis an Menschenleben, den Sie dafür bezahlt haben?

Ieng Sary: Während des Krieges hat unsere Seite mindestens 600 000 Mann verloren, hinzu kommen noch die Verwundeten und Invaliden. Die ersten Monate nach der Befreiung von Phnom Penh waren sehr hart. 2000 oder 3000 Personen sind während der Evakuierung der Stadt gestorben, und einige Tausend sind auf den Reisfeldern gestorben.

Spiegel: Aber Flüchtlinge erzählen, dass Sie auch Hunderttausende hingerichtet haben. [...]

Ieng Sary: Nur die Schwerstverbrecher sind abgeurteilt worden. [...] Warum sollten wir denn all die Leute umgebracht haben? Wir brauchen unheimlich viele Arbeitskräfte, um das Land wieder aufzubauen.

Spiegel: Die Flüchtlinge erzählen in der Tat, dass Sie Leute zur Zwangsarbeit *deportiert haben.

Ieng Sary: Aber nein, wie sollen denn die Leute arbeiten, wenn sie dazu gezwungen werden? Wir haben die guten Ergebnisse einfach erzielt, weil die Leute die Notwendigkeit der Arbeit einsehen und wie die revolutionären Führungskräfte und Soldaten ein gutes Beispiel geben und mit ihnen arbeiten.

Ieng Sary, ehemaliger Aussenminister der Roten Khmer, in einem Interview mit der deutschen Zeitschrift «Der Spiegel», Nr. 20, 1977. Später, 1996, wechselte Ieng Sary die Seiten. Er wurde begnadigt und beteiligte sich 1996 an der neuen, demokratischen Regierung von Staatsoberhaupt Hun Sen.

2. Zwischen Demokratie und Diktatur

Wie heisst dein Lieblingsbuch und wovon handelt es?

Welche Bücher haben den Verlauf der Geschichte beeinflusst?

Wann ist ein Buch ein gefährliches Buch?

Unter welchen Umständen würdest du mithelfen, öffentlich Bücher zu vernichten oder zu verbrennen?

Skizziere das Bild auf ein Blatt Papier und zeichne zu einzelnen Menschen, zum Beispiel zum Knaben mit der Mütze am linken Bildrand, Denk- oder Sprechblasen.

Entwickle einen Comic mit mindestens sechs Bildern, in dem du die Vorgeschichte der dargestellten Bücherverbrennung erzählst.

Spielt zu zweit ein Gespräch zwischen zwei Zuschauern der Bücherverbrennung. Die eine Person findet die Bücherverbrennung wichtig und nötig, die andere Person findet sie falsch und gefährlich.

Spielt eine Familie am Mittagstisch. Es klopft und Soldaten wollen eure Bücher abholen, um sie zu verbrennen.

Zwei Jugendliche haben das letzte Exemplar eines verbotenen Buches, das ihnen viel bedeutet. Sie versuchen es in Sicherheit zu bringen. Spielt die Szene.

Politisches Engagement am Vorabend der Diktatur

1 **Und Richard lebt auch nicht mehr**

Wir haben selten so viel Taschengeld verdient wie in der Woche vor den Wahlen. Die waren froh, wenn ihnen jemand die Flugblätter verteilte. Wir lungerten dann immer vor der grossen Druckerei in der Karl-Liebknecht-Strasse herum; da druckten sie alle: die *Roten und die *Sozis, die vom Düsterberg und die *Nazis. Manchmal fingen die Prügeleien bereits auf dem Hof an; eine Menge Flugblätter sind auf die Art schon versaut worden. Uns war es egal, für wen wir sie austrugen; der Preis: ein Groschen pro hundert, war bei allen der gleiche.

Mit der Zeit wurden wir dann allerdings auch gewitzter. Hatten wir zum Beispiel einen Stoss von den Sozis gekriegt, holten wir uns jetzt auch noch einen von den Roten oder den Nazis dazu und steckten den Leuten so jedes Mal gleich zwei Blätter in den Kasten.

Heini sagte, das wäre reeller, dann hätte man doch eine Vergleichsmöglichkeit. Am besten wäre ja, sagte Heini, man steckte den Leuten von allen Sorten eins in den Briefschlitz. Aber das ging nicht, mehr als hundert unter jedem Arm waren nicht zu schaffen auf einen Schwung.

Heinis Gegenspieler war Richard. Richard hatte abstehende Ohren und einen sehr dicken Kopf; doch das täuschte. Richard sagte, das ginge nicht; man könnte nicht für alle arbeiten, so was wäre stuppig. Richard arbeitete nur für die Roten. Natürlich hatte er dann hinterher oft nicht mal halb so viel kassiert wie wir. Aber das machte ihm nichts aus «Ich kann wenigstens ruhig schlafen», sagte er.

Aber *wir* schliefen auch ruhig, und Heini sagte, Richard redete bloss so, weil er zu unbegabt wäre, um unter jedem Arm hundert zu tragen. [...]

Vater hat meistens vergessen, dass Wahlsonntag war. Weil er unter Ebert manchmal Arbeit gehabt hatte, wollte er immer die Sozis wählen. «Die sind noch am anständigsten», sagte er.

Aber sonntags war er oft müde und hat sich hingelegt und ist abends erst aufgewacht, und dann war er zu kaputt, um sich noch anzuziehen.

Richards Vater sagte, ich sollte ihn früher wecken; ihm wäre es egal, Vater könne ruhig die Sozis wählen, aber wenn er gar nicht wählte, dann kriegten die Nazis die Stimme.

Vater sagte, das wäre Unsinn. «Die Nazis sind Sauigel», sagte er; «die wählt sowieso keiner. Im übrigen sollen die ihre blöden Wahlen doch werktags machen und einem nicht auch noch den einzigen Tag vermasseln, an dem man mal richtig ausspannen kann.»

Richard sagte, er hätte nichts gegen Vater, aber wenn alle so dächten, das wäre schlimm.

«Wieso», sagte ich, «er ist doch prima.»

«Prima», sagte Richard, «nützt gar nicht; auf 'm *Kien muss er sein.»

Richard war genauso alt wie ich, doch er wusste in so was besser Bescheid. Aber bald wusste ich auch Bescheid; und abends gingen wir jetzt immer auf Tour und kratzten die Naziplakate ab von den Zäunen. [...]

Vater sagte, ich sollte mich raushalten aus so was. Aber Richards Vater hatte ein Sprichwort, und das hiess: «Brot wird auf der Strasse gebacken.»

Ich sagte es Vater; aber Vater fand, das wäre ein albernes Sprichwort.

Mit der Zeit kriegten wir immer häufiger die Hucke voll. Wir hatten jetzt Schlagringe, mit denen konnte man auch allerhand machen. Richard war besser dran als ich; ich hatte immer Angst, was abzukriegen. Richard hatte nie Angst, allerdings war er auch breiter als ich.

Unsere Schule in Weissensee war damals ganz neu; die Kommunisten und die Sozis hatten sie zusammen gebaut, und unsere Eltern hatten alle was dazugegeben. Wir hatten Lebenskunde statt Religion und ein Schüler*parlament, das Lehrer absetzen konnte. Jede Klasse hatte ihren Abgeordneten. Unserer ist Richard gewesen.

Viele wollten, dass Heini Abgeordneter würde. Aber Heini war zu klug, er redete zu viel. Richard redete längst nicht so viel. Das kam daher, weil sein Vater auch nicht viel redete. Aber er hatte eine gute Nase, er wusste genau, wenn ein Lehrer nicht *koscher war; und dass unser Turnlehrer in der *SA war, das roch er schon, als alle noch darauf geschworen hätten, Herr Franke wäre ein Sozi.

Richard holte mich früh immer ab; und eines Morgens standen alle Kinder aufgeregt vor der Schule, und niemand ging rein; und als wir rankamen, da war auf dem Dach eine Nazifahne gehisst.

Die Lehrer sagten, wir sollten nach Hause gehen, und sie gingen auch selber nach Hause. Aber wir gingen nicht, wir standen alle vorm Tor, und Richard ballte die Fäuste, und auf einmal fing er an, ganz laut und hoch die *Internationale zu singen; und wir sangen auch alle mit. Es klang wunderbar, wir waren über vierhundert Kinder, viele hatten Tränen in den Augen, weil es so schön klang, und die Leute, die dazukamen und mitsangen, hatten auch Tränen in den Augen; aber vor Wut.

Dann kam unser Rektor. Er stellte sein Fahrrad an die Mauer und fragte, wer mit raufkäme, die Fahne vom Dach runterholen. Wir wollten alle mit rauf; aber er nahm nur die Klassenvertreter.

Wir anderen blieben draussen vorm Tor und sahen zu, wie sie reingingen, und durch das grosse Fenster im Flur konnte man sehen, wie sie die Treppe raufstiegen.

Auf einmal sah man eine Menge Schaftstiefel die Treppe runtergerannt kommen, und ein paar von Unseren fielen die Stufen runter. Aber dann fielen auch ein paar von den SA-Leuten die Stufen runter, und auf einmal ging die Dachluke auf, und Richard kam raus; man konnte seinen dicken Kopf mit den abstehenden Ohren deutlich erkennen.

«**Erst Essen dann Miete.**» Kommunistische Fahnen mit Hammer und Sichel hingen 1932 neben den Hakenkreuzfahnen der Nationalsozialistischen Partei in einem Berliner Hinterhof dicht nebeneinander. Die politische Propaganda setzte sich bis in das Privatleben der Menschen fort. Vor der Machtergreifung Adolf Hitlers kämpften die politischen Parteien in Deutschland um die Stimmen der Wählerinnen und Wähler. An Versammlungen, auf der Strasse, in Schulen und Betrieben, im Radio und in den Zeitungen – überall warben die Parteien für ihre Ziele. Die Anliegen der Menschen in diesem Hinterhof waren wohl dieselben. Doch um diese Anliegen zu verwirklichen, setzten sie auf gegensätzliche Parteien.

Wir fingen jetzt wieder an, die Internationale zu singen, und während wir sangen, balancierte Richard zum Fahnenmast hin.

Gerade als er ihn erreicht hatte und die Schnur aufknoten wollte, tauchte der Kopf eines SA-Mannes in der Dachluke auf.

Wir hörten gleich auf zu singen und schrien so laut, wie wir konnten.

Aber Richard dachte, wir wollten ihn anfeuern; er winkte uns zu, und dann priemte er weiter an dem Fahnenmast rum.

Da war der SA-Mann aus der Luke heraus. Wir erkannten ihn alle, es war Herr Franke, der Turnlehrer. Er balancierte jetzt auch zu dem Fahnenmast hin.

Aber nun hatte Richard die Schnur endlich los, und der Lappen kam runter. Richard riss ihn ab und drehte sich um; da sah er Herrn Franke.

Herr Franke ging langsam und mit hochgezogenen Schultern auf Richard zu.

Richard konnte nicht an Herrn Franke vorbei, aber er hatte keine Angst, man sah es. Er hielt mit beiden Händen den Lappen fest, und plötzlich duckte er sich und rammte Herrn Franke den Kopf in den Bauch.

Sie fielen beide hin und hielten sich an der Planke fest, die zum Fahnenmast führte. Herr Franke kam zuerst wieder hoch. Richard hielt noch immer den Lappen fest, mit der anderen Hand versuchte er jetzt, Herrn Franke an die Beine zu kommen.

Da trat Herr Franke ihm auf die Hand, Richard schrie auf, er rutschte ab, er verwickelte sich in der Fahne, jetzt blähte auch noch ein Wind diesen Fetzen auf, Richard griff um sich, er überschlug sich, jetzt noch mal, jetzt kullerte er die Dachschräge runter, jetzt kam die Kante, und dann schoss Richard, in die Fahne gewickelt, wie eine knatternde rote Fackel runter und in den Hof.

Wir schrien wie die Wahnsinnigen; wir rannten hin und wickelten ihn aus; wir bespuckten die Fahne und heulten und traten auf ihr herum; aber Richard war tot.

Da wollten wir reinrennen und Herrn Franke und die anderen SA-Männer auch totmachen. Aber gerade da fuhren draussen die Polizeiautos vor; die *Schupos sprangen ab, sie hatten die Sturmriemen runter und kamen alle zu uns in den Hof reingerannt.

Zum Glück lagen von der Baustelle her noch Steine herum. Die schnappten wir uns; wir warfen eine Bresche in die Schutzleute rein und rannten weg.

Viele haben sie dann aber doch noch gekriegt. Den Rektor und unsere Obleute haben die SA-Männer gleich mitgenommen. Wir anderen blieben noch eine Weile weg von der Schule; aber dann kam eine Karte, auf der stand, Schulstreik wäre ungesetzlich, und da mussten wir doch gehen.

Richards Vater haben sie dann auch abgeholt.

«Ich wusste, dass es kein gutes Ende mit ihm nehmen würde», sagte Vater; «so *radikal darf man nicht sein.»

Ich schwieg.

Wolfdietrich Schnurre: *Als Vaters Bart noch rot war.* Neuausgabe © Berlin: Berlin Verlag, 1996.

2. Zwischen Demokratie und Diktatur

Gelebte Demokratie: Jugendpolitik in der Schweiz

Jugendparlamente als «Schweizer Exportprodukt»? Die Gattin des damaligen US-amerikanischen Präsidenten Bill Clinton und spätere Senatorin sowie Aussenministerin der Vereinigten Staaten, Hillary *Clinton, liess sich am 31. Januar 1998 mit den Kindern des Luzerner Kinderparlaments fotografieren. Sie warb damit für sich selbst und für das Luzerner Projekt.

Luzerns Kinderparlament beeindruckte Hillary Clinton

«Mit spitzbübischem Lächeln» habe sie sich zu den Luzerner «Ratsmitgliedern» gesetzt, hiess es fast euphorisch zum Besuch Hillary Clintons vom Wochenende am Vierwaldstättersee. Der Rat bestand aus Schulkindern; sie bilden eines der wenigen Kinderparlamente in Europa.

Ehe Hillary Clinton den uralten Raddampfer «Uri» bestieg, versicherte sie, sie wolle das Luzerner Modell zu Hause zur Nachahmung empfehlen. [...]

Die Herzen der kleinen Politikerinnen und Politiker hatte sie im Nu erobert. Zwar habe sie gezuckt, meinte sie, als ihr ein Stoffaffe zum Schrecken ihrer Leibwächter haarscharf am Kopf vorbeigeflogen sei, doch dann erfuhr sie, dass man im Kinderrat Redeerlaubnis nur dann erhält, wenn einem der Stoffaffe zufliegt. Sie wolle es mit Blick auf die mangelnde Rededisziplin im US-Kongress dem in Davos anwesenden Kongresssprecher erzählen, versprach sie. [...]

Solch ausgeprägte Mitbestimmung passt allerdings nicht allen. Gegen die vierjährige Anlaufphase des Kinderparlaments hatten die *Rechten im Grossen Stadtrat, dem «erwachsenen» Stadtparlament, viele Gründe genannt. «Alibiübung», «Ort der Nachwuchsrekrutierung für linke und grüne Parteien»; schliesslich gebe es ja auch keine eigenen Parlamente für Frauen, Raucher oder Brillenträger, hiess es vor Jahresfrist.

Dennoch setzten die kinderfreundlicheren Ratsmitglieder die Idee durch, und zwar nicht nur für das Kinder-, sondern auch für ein Jugendparlament, wobei als Trennung in etwa eine Altersgrenze von 14 Jahren vorgesehen ist. Das Jugendparlament, das erstmals vor zehn Tagen tagte, weist als erstes eine eigene Finanzkompetenz auf und kann selbstständig über ein beschränktes Budget verfügen. Einzig das «Motionsrecht», mit dem es den Grossen Stadtrat zur Behandlung eines politischen Themas hätte zwingen können, hat man ihm verweigert.

Beat Leuthardt, Basel, in der «Frankfurter Rundschau», 2. Februar 1998.

Mein Engagement im Jupa (Jugendparlament)

25. April 1998

1. Kantonale Jugendsession in St. Gallen

Schon wochenlang freute ich mich auf diesen grossen Tag. Eifrig hatte ich bei den arbeitsintensiven Vorbereitungen mitgeholfen. Hinter der Organisation der Session steckte ein grosser Berg Arbeit. Ich war unter anderem verantwortlich für das Erstellen von Feedbackbogen, Organisieren des Mittagslunches durch Naturalien-Sponsoring und half beim Versenden von Einladungen. Die Teamarbeit gefällt mir super gut. Vor allem habe ich viele neue Erfahrungen dazugewonnen und tolle Erlebnisse gehabt.

Endlich war es so weit! 5 Uhr Tagwache. Am Bahnhof St. Gallen traf ich meine Kolleginnen und Kollegen. Alle freuten sich riesig. Nachdem Martin und ich frühmorgens alle Naturalien abgeholt oder eingekauft hatten, war es Zeit. Der Startschuss für die 1. kantonale Jugendsession fiel. Ganz herzlich begrüssten ein Kollege und ich die 200 Gäste.

Anschliessend fanden sich die Jugendlichen in 13 verschiedenen Workshops ein. Das Angebot reichte von Jugend-

Erste St. Galler Jugendsession 1998. Im Saal des Grossen Rates, dem St. Galler Parlament, sassen an diesem 25. April 1998 für einmal nicht die erwachsenen Politikerinnen und Politiker. Jugendliche aus dem ganzen Kanton nahmen ihre Plätze ein und debattierten über Anliegen, die ihnen wichtig waren.

arbeitslosigkeit über Radio zum Thema Sekten. Sogar eine Zeitung von und für Jugendliche entstand. Ich leitete den Workshop Solarenergie. Im Grossen und Ganzen war mein Workshop gut angekommen. Schön fand ich vor allem, dass ich die Teilnehmenden zur Weiterarbeit bewegen konnte. Unser Ziel ist, einen Infostand in der Stadt St. Gallen auf die Beine zu stellen. Am Nachmittag standen Austausch und Begegnung mit Politikern sowie das Vorstellen von Projekten auf dem Programm. Als krönender Abschluss wurde am Abend der zwölfköpfige Jugendrat gewählt.

Sicherlich wird mir das warme und offene Klima unter uns Jugendlichen noch lange in Erinnerung bleiben. Die Jugendsession ist ein Ort der Begegnung unter Jugendlichen. Auch die Stimmung war einzigartig. Manchmal schallte ein herzhaftes Gelächter durch den ganzen Grossratssaal. Ich hörte viele begeisterte Ausrufe wie: «Isch da lässig! Chunsch nögschmol au wieder?» Andererseits wünschte ich mir zeitweise, eine Jugendsessionteilnehmerin zu sein und den Tag einfach stressfrei zu geniessen. Denn die ganze Verantwortung und das Hin und Her als Organisationskomitee-Mitglied waren schon eine Belastung. Manchmal machte mir auch die Müdigkeit zu schaffen. Trotzdem beteilige ich mich gern bei der Organisation der zweiten Session. Es fasziniert mich, wie wir Jugendliche begeistern konnten. Viele sagten: «Das nächste Mal helfen wir gerne mit!»

Ramona Germann: *Warum engagieren sich Jugendliche im Jugendparlament?* Diplomarbeit, St. Gallen: Kantonsschule am Brühl, 1998.

Jugendpolitik in der Schweiz

23,2 Prozent der Schweizer Bevölkerung sind unter 20 Jahre alt. Jedoch nur 0,9 Prozent der 15- bis 19-jährigen Jugendlichen sind in einer politischen Partei oder Vereinigung aktiv. Kinder und Jugendliche werden als Minderheit behandelt. Von den politischen Entscheiden sind die meisten direkt und am nachhaltigsten betroffen, können diese aber nicht beeinflussen. Einerseits fehlen die Kompetenzen und andererseits das Interesse der heranwachsenden Generation. [...]

Viele Jugendliche engagieren sich für Tierschutz, Umweltschutz usw. Eigentlich sind Jugendliche politisch aktiv, jedoch möchten sie ihr Engagement nicht als politisch titulieren, da für sie Politik ein Schimpfwort ist. Sie verachten die Politik, die täglich in der Tagesschau präsentiert wird. Die meisten setzen Politik mit langweiligen Verhandlungen und ergebnislosen Gesprächen gleich. Für sie steht Handeln im Zentrum. Projekte werden begrüsst. Die meisten Jugendlichen betreiben Politik, sind sich aber dessen nicht bewusst. [...]

Jugendparlamente betreiben hauptsächlich Politik im Sinne von «Politik von der Jugend für die Jugend». Als gemeinsames Ziel aller Jugendparlamente gilt die Realisierung eigener Projekte und die Funktion als «staatskundliche Lehranstalt». Wichtig ist vor allem auch der Dialog zwischen Jugendlichen und politischen Instanzen.

Ramona Germann: *Warum engagieren sich Jugendliche im Jugendparlament?* Diplomarbeit, St. Gallen: Kantonsschule am Brühl, 1998.

Karte: Kriegsopfer

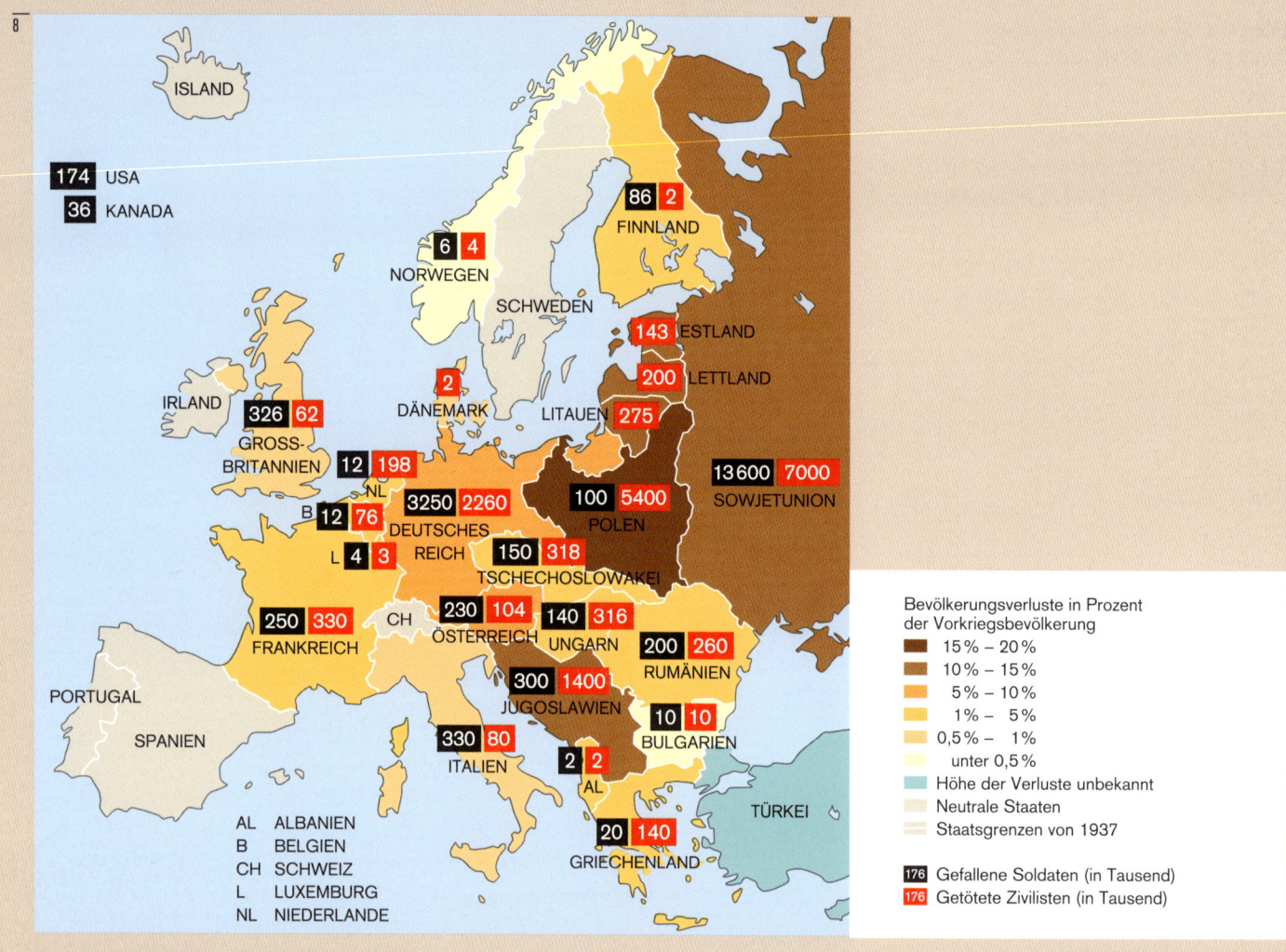

Bevölkerungsverluste in Europa während des Zweiten Weltkrieges, in Prozent der Vorkriegsbevölkerung und in absoluten Zahlen (in Tausend).

Karten stellen Wissen über Räume dar. Das betrifft geografisches Wissen, also Wissen über Lage, Ausdehnung und Beschaffenheit von Gebieten. Karten können aber auch Wissen über Ereignisse und über Menschen in bestimmten Gebieten darstellen.

Aber anders als in Bildern oder Texten, wo die Menschen einen Namen, ein Gesicht, einen Wohnort und eine Geschichte haben, erscheinen sie auf Karten oft nur als Zahlen oder Symbole. Es ist manchmal schwierig, sich die Menschen oder Ereignisse vorzustellen, die mit diesen Symbolen dargestellt werden. Der grosse Vorteil von symbolischen Darstellungen ist allerdings, dass auf einer einzigen Karte viele Informationen vermittelt werden können. Für dieselbe Information wären sonst eine ganze Reihe von Bildern oder mehrere Seiten Text nötig. Um Karten verstehen zu können, muss der Betrachter oder die Betrachterin neugierig sein und über einfache Kenntnisse der Kartenkunde verfügen.

Karten können nach verschiedenen Gesichtspunkten eingeteilt werden.

Man kennt historische Karten und Geschichtskarten. Historische Karten sind Karten, die in der Vergangenheit erstellt wurden. Sie dienen uns als historische Quellen. Geschichtskarten dagegen sind Karten über die Geschichte. Sie zeigen ein Gebiet in der Vergangenheit nach heutigem Wissensstand.

Ein weiteres Unterscheidungsmerkmal können die Themen sein, die in den Karten behandelt werden. Es gibt zum Beispiel Karten zur Wirtschaft, zur Herrschaft, zur Kultur.

Weiter können Karten entweder statisch oder dynamisch sein. Bei statischen Karten ist nur der Zustand an einem bestimmten Zeitpunkt abgebildet. Dynamische Karten zeigen eine Entwicklung über einen grösseren Zeitraum.

Karten können sich ausserdem auf die Vermittlung einer einzigen Aussage beschränken, z. B. die Anzahl Opfer eines Krieges. In diesem Fall spricht man von einfachen Karten. Von einer komplexen Karte spricht man, wenn darin viele verschiedene Informationen enthalten sind.

Methoden erlernen

Anleitung

Karten müssen entschlüsselt werden. Damit man beim Betrachten von Karten ihre Bedeutung versteht, empfiehlt es sich, systematisch vorzugehen. Dabei sind folgende fünf Schritte sinnvoll (eine mögliche Antwort ist jeweils angefügt):

1. Welche Gegend wird mit der Karte abgebildet? Zeige auf der Karte, wo du jetzt gerade bist. Überlege zudem, wie viel Zeit du aufwenden müsstest, um mit einem ausgewählten Verkehrsmittel bis zu bestimmten abgebildeten Orten zu gelangen.
   Die Karte zeigt Europa. Ich befinde mich in der Schweiz, dem hellen Gebiet mitten in der unteren Hälfte der Karte, wo «CH» steht. Mit dem Auto braucht man etwa 30 Stunden bis zur Südspitze von Portugal. Mit dem Flugzeug dauert es knapp drei Stunden bis nach Griechenland. Mit dem Zug dauert es etwa drei Tage bis zur Nordspitze von Norwegen.

2. Worum geht es in der Karte? Erkläre, was du aus der Karte erfahren kannst, und nenne den Titel der Karte.
   Der Titel der Karte lautet «Bevölkerungsverluste in Europa während des Zweiten Weltkrieges, in Prozent der Vorkriegsbevölkerung und in absoluten Zahlen». Ich erfahre aus der Karte, wie viele Menschen während des Zweiten Weltkrieges in den verschiedenen Ländern starben. An der Einfärbung des Landes erkenne ich, dass beispielsweise in Polen zwischen 15 und 20 Prozent der Bevölkerung umkamen, das heisst, dass etwa jeder fünfte Mensch in Polen während des Zweiten Weltkrieges starb. Damit verlor Polen prozentual am meisten Menschen. In absoluten Zahlen ausgedrückt heisst das: 100 000 polnische Soldaten und 5,4 Millionen Zivilisten starben. In der Sowjetunion sind die absoluten Zahlen noch viel höher. Dort starben über 13 Millionen Soldaten und sieben Millionen Zivilisten.

3. Was kannst du über die Karte sagen? Um welche Art von Karte handelt es sich? Stimmen wohl die Zahlen, die in der Karte stehen?
   Es handelt sich um eine Geschichtskarte, die zeigt, in welchen Gegenden am meisten Menschen wegen des Krieges starben und wo sie verschont blieben. Es ist eine statische Karte, weil nur ein Augenblick abgebildet wird, nämlich der Zeitpunkt am Ende des Krieges. Eigentlich ist es eine einfache Karte, weil die Zahl der Opfer dargestellt wird. Allerdings kann man sie auch als komplex bezeichnen, weil erstens die absoluten Zahlen von gefallenen Soldaten, zweitens die absoluten Zahlen von gefallenen Zivilisten und drittens der Prozentanteil der Getöteten gemessen an der Vorkriegsbevölkerung dargestellt wird. Wahrscheinlich stimmen die Zahlen schon, sie stehen ja in einem Schulbuch. Da haben sicher mehrere Leute die Zahlen überprüft. Ich selber kann aber nicht sicher sein, dass alles stimmt, weil ich keine andere Informationsquelle dazu habe. Ich müsste vielleicht im Internet oder in einer Bibliothek nachforschen, ob es dazu andere Zahlen gibt.

4. Kannst du ausgewählte Einzelheiten erklären? Stellen sich dir auf Grund der Karte bestimmte Fragen? Formuliere auch mögliche Antworten auf deine Fragen.
   Bei den neutralen Staaten Schweden, Island, Irland, Schweiz, Spanien und Portugal sind keine Bevölkerungsverluste aufgeführt. Offenbar hat die Neutralität dazu beigetragen, dass diese Länder grösstenteils vom Krieg verschont blieben. – Wieso hat Polen derart grosse Verluste erlitten? Vielleicht gab es während des Krieges in diesem Gebiet zu unterschiedlichsten Zeiten besonders viele Kämpfe. Vielleicht lebten hier auch viele Juden, die bekanntlich durch die Nationalsozialisten systematisch getötet wurden.

5. Suche Unterlagen, die deine Vermutungen bestätigen oder widerlegen. Suche Material, um deine Fragen zu beantworten. Stelle deine Fragen jemandem, der sich im Thema auskennt. Oder lies den Text «Zwischen Demokratie und Diktatur» (ab Seite 42).

Wende das beschriebene Vorgehen bei der folgenden Karte an.

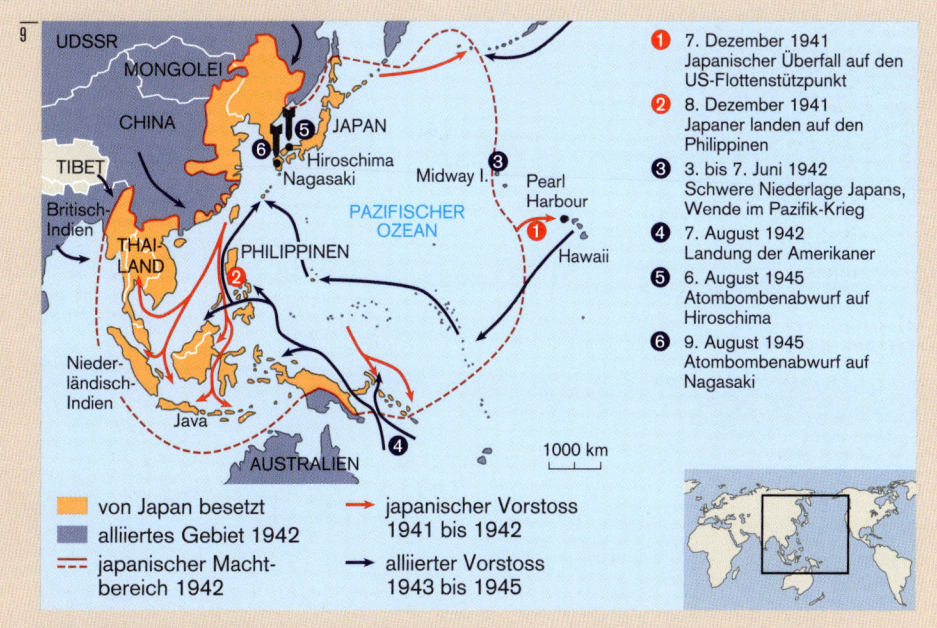

❶ 7. Dezember 1941 Japanischer Überfall auf den US-Flottenstützpunkt
❷ 8. Dezember 1941 Japaner landen auf den Philippinen
❸ 3. bis 7. Juni 1942 Schwere Niederlage Japans, Wende im Pazifik-Krieg
❹ 7. August 1942 Landung der Amerikaner
❺ 6. August 1945 Atombombenabwurf auf Hiroschima
❻ 9. August 1945 Atombombenabwurf auf Nagasaki

von Japan besetzt
alliiertes Gebiet 1942
japanischer Machtbereich 1942
japanischer Vorstoss 1941 bis 1942
alliierter Vorstoss 1943 bis 1945

Der Zweite Weltkrieg im Fernen Osten: Machtbereiche, Kampfhandlungen, zentrale Ereignisse.

Zwischen Demokratie und Diktatur

Nach dem Ersten Weltkrieg brachen in den alten europäischen Kaiser- und Zarenreichen wie Deutschland und Russland Revolutionen aus. Die Bevölkerungen forderten mehr Mitbestimmungsrechte in Politik und Gesellschaft. Demokratische und sozialistische Regierungen gelangten an die Macht. Doch schon bald zerstörten faschistische, nationalsozialistische und kommunistische Diktaturen die demokratischen Einrichtungen in über zwanzig europäischen Staaten. Die Beschäftigung mit vergangenen Demokratien und Diktaturen stärkt das Bewusstsein für heutige Formen von Mitbestimmung und Unterdrückung.

LERNZIELE

1. Du bist in der Lage, wichtige Merkmale von Demokratien und Diktaturen zu nennen.
2. Du kannst beschreiben, wie die Revolution in Russland ablief und was sie bewirkte.
3. Du weisst, wie die Nationalsozialisten ihre Diktatur errichteten.
4. Du hast dir ein Bild vom Leben der Menschen in Demokratie und Diktatur erarbeitet.
5. Du hast einen Überblick über den Verlauf des Ersten und des Zweiten Weltkrieges.
6. Du erkennst die Zusammenhänge zwischen nationalsozialistischer Ideologie, Zweitem Weltkrieg und Völkermord.
7. Du kannst Gründe aufzählen, wieso die Schweiz im Grossen und Ganzen von Kriegshandlungen verschont geblieben ist.
8. Du kennst die Ziele und Aufgaben der UNO.

ZEITLICHE ÜBERSICHT

1914–1918	Erster Weltkrieg
1917	Revolutionen in Russland
1918	Revolution in Deutschland
1918	Ende der Monarchie in Österreich-Ungarn
1919	Pariser Friedenskonferenz (Versailler Vertrag)
1919	Beginn der Weimarer Republik in Deutschland
1929	Zusammenbruch der New Yorker Börse (schwarzer Freitag)
1929	Beginn der Weltwirtschaftskrise
1933	Ernennung Adolf Hitlers zum deutschen Reichskanzler
1933	Ende der Weimarer Republik
1938	Reichspogromnacht
1939–1945	Zweiter Weltkrieg
1942	Wannseekonferenz
1942	Schliessung der Schweizer Grenzen für jüdische Flüchtlinge
1945	Bedingungslose Kapitulation Deutschlands

RÄUMLICHE ÜBERSICHT

Staatsformen
- Parlamentarische Demokratien
- Sozialistische Diktatur
- Faschistische Diktaturen
- Autoritäre Regime und Militärdiktaturen
- 1926 Jahr der Errichtung einer Diktatur bzw. eines autoritären Regimes
- — Ausdehnung des Deutschen Reiches vor Kriegsbeginn

❶ März 1936 Besetzung der entmilitarisierten Zone des Rheinlandes
❷ März 1938 «Anschluss» Österreichs
❸ Oktober 1938 Einmarsch im Sudetenland
❹ März 1939 Errichtung des Protektorates Böhmen und Mähren Unterstützung der Unabhängigkeit der Slowakei
❺ März 1939 Forderung der Rückgabe Danzigs
❻ März 1939 Einmarsch ins Memelgebiet

B BELGIEN
CH SCHWEIZ
CSR TSCHECHOSLOWAKEI
L LUXEMBURG
NL NIEDERLANDE

Staatsformen in Europa und die Expansion des nationalsozialistischen Deutschland 1933–1939.

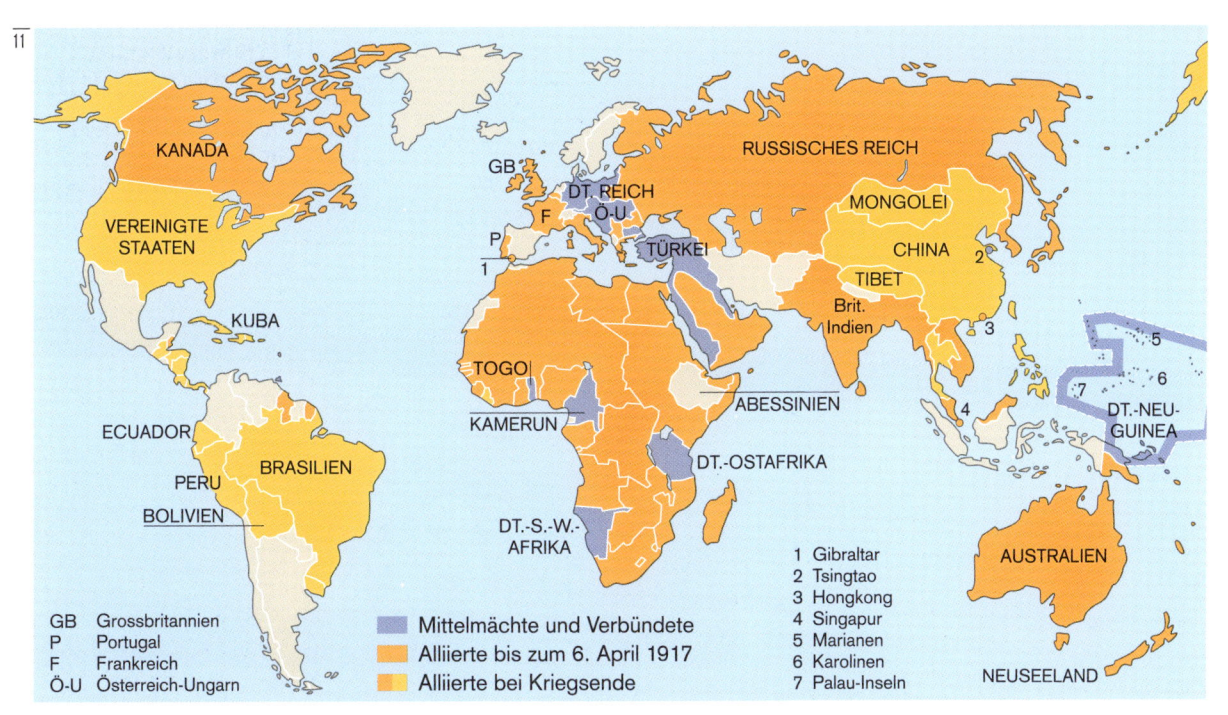

Mächtegruppierungen im Ersten Weltkrieg. Der Erste Weltkrieg forderte rund 10 Millionen Tote und 20 Millionen Verletzte. Wie sein Name sagt, handelte es sich um die erste kriegerische Auseinandersetzung, die auf der ganzen Welt zu Kämpfen zwischen gegnerischen Truppen führte.

Der Erste Weltkrieg

Der Erste Weltkrieg begann 1914 nach einer Reihe von Kriegserklärungen mit dem Angriff deutscher Armeen auf Belgien und Frankreich. Nach anfänglichen Erfolgen wurden die angreifenden Truppen kurz vor Paris gestoppt. Deutsche und französische Soldaten verschanzten sich in Schützengräben und kämpften jahrelang auf engstem Raum gegeneinander. Gleichzeitig kämpften im Osten deutsche und russische Truppen in einem aufreibenden Krieg, in dem beide Seiten viele Gebiete eroberten und wieder verloren. Die Revolution in Russland trug dann dazu bei, dass die deutschen Soldaten an dieser Front siegten. 1917 traten die USA gegen Deutschland und seine Verbündeten in den Krieg ein. Deutschland musste sich der wachsenden Übermacht seiner Gegner beugen und *kapitulieren. Der Erste Weltkrieg kostete Millionen Menschen das Leben und hatte grosse politische Auswirkungen.

Kriegsausbruch

Am 28. Juni 1914 ermordete ein bosnisch-serbischer Attentäter in Sarajewo den österreichischen Thronfolger Franz Ferdinand und seine Frau. Durch dieses Attentat verschärften sich die bereits bestehenden Spannungen zwischen Österreich-Ungarn und Serbien. Österreich-Ungarn, zu dem verschiedene Völkergruppen gehörten, hatte grosse Schwierigkeiten innerhalb seines Gebietes. Viele dieser Völker wollten sich von Österreich lösen und in einem eigenen Staat leben. Serbien, das nicht zu Österreich-Ungarn gehörte, unterstützte diese Unabhängigkeitsbestrebungen genauso wie Russland. Beide Länder wollten Österreich-Ungarn schwächen, das riesige Gebiete umfasste.

In Österreich war die Empörung über das Attentat gross. Viele Menschen verlangten ein energisches Vorgehen gegen Serbien. Österreich-Ungarn stellte dem serbischen Staat deshalb verschiedene Forderungen. Nachdem Serbien diese nicht vollständig erfüllt hatte, erklärte Österreich-Ungarn am 28. Juli Serbien den Krieg.

Daraufhin mobilisierte Russland, das Serbien unterstützte, seine Armeen. Diese Massnahme alarmierte Deutschland, das mit Österreich-Ungarn verbündet war. Deutschland erklärte am 1. August Russland, und am 3. August auch Frankreich den Krieg. Deutsche Truppen marschierten in das neutrale Belgien ein. England, das im Bündnis mit Russland und Frankreich stand, erklärte daraufhin am 4. August Deutschland den Krieg.

Das Attentat in Sarajewo hatte also zu einer Kettenreaktion geführt: Zuerst erklärten sich verschiedene Staaten den Krieg, und danach marschierten Armeen in fremde Länder ein. Der Erste Weltkrieg hatte begonnen. Auf der einen Seite standen die *Alliierten unter der Führung von Frankreich, England und Russland. Auf der anderen Seite die so genannten Mittelmächte mit Österreich-Ungarn und Deutschland.

In Stahlgewittern

Wir sind nicht gewillt, diesen Krieg aus unserem Gedächtnis zu streichen, wir sind stolz auf ihn. Wir sind durch Blut und Erinnerungen unlöslich verbunden [...]. Wir brauchen für die kommenden Zeiten ein eisernes, rücksichtsloses Geschlecht. Wir werden wieder die Feder durch das Schwert ersetzen [...], sonst treten uns andere in den Dreck. Wir haben aus der Revolution gelernt [...]. Uns leite über alles Niederträchtige hinweg unsere grosse Idee: Das Vaterland.

Ernst Jünger: *In Stahlgewittern*. Stuttgart: Klett-Cotta, 43. Auflage 2003.

«Ausflug nach Paris: Auf Wiedersehen auf dem Boulevard.» Die fröhlich winkenden Soldaten haben optimistisch und herausfordernd ihr Ziel auf die Waggonwände geschrieben: Paris. Das Bild könnte ein privates Erinnerungsbild sein, genauso gut aber auch ein Propagandabild. Im August 1914 dokumentierten Bilder wie dieses Kriegsbegeisterung und Selbstsicherheit.

Krieg im Westen

Die deutsche Militärführung wollte es vermeiden, gleichzeitig im Westen und im Osten zu kämpfen. Deshalb strebte sie einen schnellen Sieg gegen Frankreich an. Sie startete daher nicht einen Angriff auf die starken Verbände an der deutschfranzösischen Grenze. Stattdessen marschierten die deutschen Truppen in das neutrale Belgien ein. Von dort versuchten sie, schnell nach Paris vorzustossen. Doch der Plan ging nicht auf. Schon Ende September 1914 konnten die französischen Truppen die deutschen Angreifer kurz vor Paris stoppen. Der deutsche Versuch, Frankreich mit einem schnellen Angriff zu besiegen, war gescheitert. Jetzt gruben sich die Truppen in Schützengräben ein. Es kam zu einem so genannten Stellungskrieg.

Die Soldaten lebten nun monatelang in Gräben und Unterständen, oft wenige hundert Meter von ihren Gegnern entfernt. Die Gräben waren mit Stacheldraht gesichert, und mit Maschinengewehren wurden die Angriffe der gegnerischen Soldaten abgewehrt. Da keine der beiden Seiten grosse Geländegewinne erzielte, wurden immer schrecklichere Waffen in immer grösserem Ausmass eingesetzt. Die Front reichte von der belgischen Küste bis an die Schweizer Grenze. Mit Tausenden von Kanonen wurde Tag und Nacht auf ein oft nur wenige hundert Meter breites Ziel geschossen. Ganze Gebiete wurden zu toten Schlammlandschaften, wo Tausende von Soldaten qualvoll starben. Allein bei Verdun starben 400 000 deutsche und französische Soldaten, 800 000 wurden verletzt. In der Schlacht wurden Flugzeuge und Panzer eingesetzt, später auch Giftgas.

Krieg im Osten

Der Krieg tobte nicht nur im Westen, sondern auch im Osten. Die russischen Armeen hatten gleich nach Kriegsbeginn erhebliche Gebietsgewinne gemacht. Sie wurden aber von den deutschen Truppen zurückgeschlagen. Die Soldaten bekämpften sich nicht nur aus Gräben heraus, sondern oft im offenen Feld. Dabei gab es sehr viele Tote.

In Russland führte die lange Dauer des Krieges zu Lebensmittelknappheit und zu sozialen und politischen Spannungen. 1917 entluden sich diese Spannungen in der Februar-Revolution. Für viele russische Soldaten war der Ausbruch der Revolution willkommener Anlass, um aus den Schützengräben zu fliehen. Die inneren Unruhen hinderten die russische Armeeführung an der Fortführung des Krieges. Die deutsche Regierung konnte im Friedensschluss von 1918 harte Bestimmungen durchsetzen. Russland als Kriegsverlierer musste auf weite Gebiete an der Ostsee und an seiner Westgrenze verzichten. Russland verlor auch die Ukraine und damit eine wichtige Quelle von Getreide und Rohstoffen.

Seekrieg

England besass auf dem Meer eine militärische Übermacht. Daher konnte England kurz nach Kriegsbeginn gegen Deutschland eine Seeblockade verhängen und die Nordsee zum Sperrgebiet erklären. Es sollte kein Schiff mehr deutsche Häfen anlaufen und Nahrungsmittel und andere Güter bringen können. Weil ausserdem viele Bauern als Soldaten an der Front kämpfen mussten und keine Lebensmittel produzieren konnten, hatte die deutsche Bevölkerung immer weniger zu

Westfront. Das in der Schlacht bei Verdun 1916 zerstörte Fort Vaux, fotografiert am 26. April 1917. Ganze Gebiete verwandelten sich im Granathagel in Schlammlandschaften, in denen hunderttausende von Soldaten qualvoll starben.

15 In Schützengräben

Als wir dann durch einen engen hohen Graben weiter vordrangen, bot sich unseren Augen plötzlich ein furchtbarer Anblick. Da lagen an einer Stelle, von einer Mine zerrissen, etwa acht Alpenjäger, Elitesoldaten Frankreichs. Ein hoher, blutiger Haufen völlig zerschmetterter Menschenleiber, Tote und Verwundete, oben ein Leichnam ohne Kopf und Oberkörper, darunter Lebende mit abgerissenen und zerschmetterten Gliedmassen. Mit blutenden, todestraurigen Augen sahen sie uns an [...]. Heraus aus dem Graben, um dem Haufen aus dem Weg zu gehen, konnten wir nicht. Uns krampfte sich das Herz zusammen, als wir mit unsern Nägelstiefeln hinüberstiegen, aber wir mussten.

Philipp Witkop: *Kriegsbriefe gefallener Studenten.* München: Langen Müller, 1928.

essen. Im Winter 1916/17 kam es zu einer grossen Hungersnot. Insgesamt verhungerten in Deutschland während des Krieges etwa 800 000 Menschen.

Die Armeeführung Deutschlands reagierte auf die englische Seeblockade mit dem U-Boot-Krieg. Deutsche Unterseeboote versuchten, die Schiffe der Alliierten zu versenken. Die deutschen U-Boote griffen dabei auch Handelsschiffe an, die Kriegsgüter nach Europa brachten. Damit trafen die deutschen U-Boot-Angriffe auch die USA, die seit Beginn des Krieges England und seine Verbündeten unterstützt hatten. Als die deutsche Regierung den uneingeschränkten U-Boot-Krieg ankündete, erklärte US-Präsident Woodrow Wilson im April 1917 Deutschland den Krieg. Daraufhin kamen jeden Monat rund 250 000 amerikanische Soldaten nach Europa. Mit dem Kriegseintritt der USA gewannen die Alliierten ein entscheidendes militärisches Übergewicht, dem die Truppen der Mittelmächte nichts entgegensetzen konnten.

Kriegsende

Zwar versuchten vor allem die deutschen Generäle Hindenburg und Ludendorff im Frühling 1918, im Westen durch eine Grossoffensive einen Sieg zu erlangen. Ihre Einheiten wurden aber im Sommer 1918 immer mehr zurückgedrängt. Im September 1918 forderten die beiden Generäle deshalb, dass die deutsche Regierung mit den Alliierten einen Waffenstillstand aushandeln sollte. Dies bedeutete das Eingeständnis der Niederlage Deutschlands. Die Generäle überliessen die schwierigen Kapitulationsverhandlungen den Politikern. Der amerikanische Präsident Wilson hatte nämlich schon während des Krieges klar gemacht, welche Richtlinien künftig in Friedenszeiten gelten sollten: Freiheit und Selbstbestimmungsrecht der Völker, Berücksichtigung des Willens der Völker beim Festlegen neuer Grenzen, Gründung eines Völkerbundes. Die USA verlangten, dass eine demokratisch gewählte Vertretung des deutschen Reichs den Waffenstillstand mit den Alliierten aushandelte.

Ende Oktober 1918 sollte die deutsche Hochseeflotte trotz nahender Kapitulation zu einem letzten, wohl aussichtslosen Kampf auslaufen. Da weigerten sich die Matrosen, den Befehlen zu gehorchen. Sie meuterten. Dieser Aufstand breitete sich auf ganz Deutschland aus. Am 9. November 1918 riefen die Aufständischen in Berlin die Republik aus. Am gleichen Tag *dankte Kaiser Wilhelm II. ab und ging ins Exil. Das Ende des deutschen Kaiserreichs war gekommen.

AUFGABEN

1. *Erkläre, wieso die Ermordung des österreichisch-ungarischen Thronfolgers zum Angriff Deutschlands auf Belgien führte.*
2. *Nenne Folgen der englischen Seeblockade und des deutschen U-Boot-Krieges im Ersten Weltkrieg.*
3. *Welches Ereignis führte am Ende des Ersten Weltkrieges zu Aufständen in Deutschland?*
4. *Stelle nach der Lektüre des Textes von Ernst Jünger (Quelle 12, Seite 44) einige Vermutungen zu seiner Person an.*
5. *Was hätte wohl ein Soldat, der in Abbildung 13 im Eisenbahnwagen zu sehen ist, gedacht, wenn er den Krieg überlebt und die Fotografie gesehen hätte?*

Bäuerin am Rednerpult in Sowjetrussland, 1927. Das Bild ist Programm. Am Rednerpult, da, wo sonst nur Männer sprechen – Politiker und hohe Würdenträger – steht eine Frau. Sie gehört nicht einmal der Oberschicht an. Sie ist Bäuerin. Diese Rednerin verkörpert Gleichberechtigung. Die Fotografie wirbt für eine neue Gesellschaft, in der Stand oder Geschlecht keine Rolle spielen.

Von der russischen Revolution zur stalinistischen Diktatur

In der Februarrevolution von 1917 zwang die Bevölkerung der russischen Hauptstadt Petrograd den Zaren zum Abdanken. Gerechtigkeit, Gleichheit, Freiheit, allgemeines Wohlergehen und Demokratie sollten die Grundlage des künftigen Zusammenlebens bilden. Doch die Revolutions- und Bürgerkriegswirren machten diese Hoffnungen zunichte. Stalin führte Russland in eine *totalitäre Diktatur.

Februarrevolution

Februar 1917. Der Erste Weltkrieg dauerte schon bald drei Jahre. Der dritte Kriegswinter war hart, die Versorgungslage in der damaligen russischen Hauptstadt Petrograd, dem heutigen Sankt Petersburg, schlecht. Am internationalen Frauentag protestierten die Petrograder Frauen gegen die hohen Brotpreise. Ihr Protest bildete den Auftakt zur Februarrevolution. Einen Tag später legte die Hälfte der Arbeiter ihre Arbeit nieder. Sie forderten das Ende des Krieges, höhere Löhne und die Aufteilung des Bodens unter die Bauern. Zar Nikolaus II., der Russland regierte, setzte Truppen gegen die streikenden Arbeiter ein. Sie sollten den Protest der Arbeiter niederschlagen. Doch die Soldaten weigerten sich, ihre Gewehre auf die eigene Bevölkerung zu richten, und liefen zu den Aufständischen über. Durch den Zusammenschluss gewannen die Arbeiterinnen, die Bauern und die Soldaten eine grosse Macht. Der Zar hatte keinen Rückhalt mehr in der Bevölkerung und sein Machtmittel, die Armee, verweigerte ihm die Gefolgschaft. Nur eine Woche nach dem Aufstand trat er zurück.

Provisorische Regierung

Die Revolutionäre waren sich über das weitere Vorgehen nicht einig. Die bürgerlichen Kräfte setzten eine provisorische Regierung ein, um zumindest vorübergehend die Führung des Landes sicherzustellen. Gleichzeitig bildeten die radikaleren Revolutionäre im ganzen Land Ausschüsse, in die Arbeiter und Arbeiterinnen sowie Soldaten ihre Vertreter wählten. Diese Ausschüsse hiessen *Sowjets. Der Petrograder Sowjet wollte bei den Entscheidungen der Regierung mitreden. Es war unklar, wer Russland in Zukunft auf welche Weise regieren sollte.

Genauere Vorstellungen besass der russische Revolutionär und Anführer der *bolschewistischen Partei, Wladimir Iljitsch Uljanow, genannt Lenin. Seine Partei hatte schon seit ihrer Gründung das Ziel verfolgt, die Zarenherrschaft mit einer Revolution zu stürzen. Als Gegner des Zaren hatte Lenin vor dem Krieg auf den Verhaftungslisten der russischen Polizei gestanden und war in die Schweiz geflohen. Jetzt, nach dem Sturz des Zaren, kehrte er nach Petrograd zurück. Gemeinsam mit seinen Mitstreiterinnen und Mitstreitern, den Bolschewisten, wollte er schrittweise seine Vorstellung einer kommunistischen Gesellschaft in Russland verwirklichen. Im Kommunismus sollten alle Menschen gleichberechtigt über Güter und über Produktionsmittel wie Arbeitskraft, Maschinen und Rohstoffe bestimmen. Es sollte keine privaten Fabrikbesitzer oder Geschäftsinhaber mehr geben. Alles sollte allen gehören.

Wissen erarbeiten

17 Was bringt die Revolution Neues?

Was bringt die Revolution also Neues; wie verändert sie unsere tierische russische Lebensweise; wird sie in der Finsternis des Volkslebens viel Licht verbreiten?

Seit dem Ausbruch der Revolution hat es schon zehntausend Fälle von «Lynchjustiz» gegeben. Die Demokratie richtet ihre Sünder auf folgende Weise: In der Nähe des Alexandermarktes wurde ein Dieb erwischt; die Menge verprügelte ihn sofort und stimmte darüber ab, wie man ihn hinrichten solle, durch Ertränken oder Erschiessen. Man entschied sich für das Ertränken und warf den Mann in das eiskalte Wasser. Er schaffte es aber, wieder aufzutauchen und an das Ufer zu schwimmen. Da ging einer aus der Menge hin und erschoss ihn. [...]

Allerlei kleine Leute, die sich an der neuen Macht ergötzen, behandeln den Bürger wie einen besiegten Feind, d. h. genauso, wie die Polizei des Zaren ihn behandelt hat. Sie brüllen jeden an, sie brüllen wie die Polizeiposten in Konotop oder Cuchloma (Städte in der Provinz). Das geschieht im Namen des «*Proletariats» und der «sozialen Revolution», ist ein Sieg unserer Vertierung und vertieft weiter unsere Primitivität, an der wir bei lebendigem Leibe verfaulen.

Maxim Gorki, russischer Schriftsteller und Revolutionär (1868–1936), in einem Petrograder Zeitungsartikel, 20. Dezember 1917.

Oktoberrevolution

Nach Lenins Ansicht brauchte es zur Verwirklichung dieser Ziele nach der Februarrevolution eine zweite, eine sozialistische Revolution. Mit dieser zweiten Revolution wollten Lenin und die Mitglieder seiner Partei die Reichen von der politischen Macht ausschliessen. Denn die Bolschewisten waren überzeugt, dass die Reichen und Besitzenden nur ihre eigenen Interessen verfolgen und die Interessen der Arbeiterschaft vernachlässigen. Deshalb durften nach der Vorstellung Lenins nur noch Menschen aus den ärmeren Bevölkerungsschichten in den Sowjets vertreten sein: die Arbeiterinnen, die Arbeiter und die Soldaten. Sie würden im Interesse der Arbeiterklasse die Gesetze erlassen und gleichzeitig das Land regieren.

Trotz der Februarrevolution verschlechterte sich im Sommer 1917 die wirtschaftliche Lage Russlands weiter. Die Menschen waren enttäuscht, dass noch immer Hunger und Armut ihren Alltag bestimmten. Anstatt sich für die Bevölkerung einzusetzen, hatte die provisorische Regierung einen Grossangriff im Krieg gegen Deutschland unternommen. Auch Lenin war mit der provisorischen Regierung nicht einverstanden. Er forderte «Frieden, Land, Brot und Freiheit» und entsprach damit genau den Wünschen der kriegsmüden und hungrigen Bevölkerung. Lenin plante, die provisorische Regierung zu stürzen und den Kommunismus in Russland einzuführen. Er und seine Mitstreiterinnen und Mitstreiter nutzten die Gunst der Stunde: In der Nacht vom 24. auf den 25. Oktober 1917 stürmten die «Roten Garden», die Truppen der Bolschewisten, den Sitz der provisorischen Regierung. Kaum jemand leistete Gegenwehr, die Oktoberrevolution verlief fast reibungslos. Weil der Sturz der provisorischen Regierung so leicht gelang, prägte Lenin später den Ausdruck «mit der Strassenbahn zur Weltrevolution».

Bürgerkrieg

Einen Tag nach der gelungenen Revolution, am 25. Oktober 1917, fand in Petrograd ein Treffen der Arbeiter- und Soldatenausschüsse (Sowjets) aus ganz Russland statt (Sowjetkongress). Diese wählten eine neue Regierung und Lenin zum Regierungschef. Ausserdem beschlossen sie die sofortige Aufteilung des Bodens unter die Bauern. Für die privaten Landbesitzer hatte das zur Folge, dass sie ihre Ländereien ohne Entschädigung den Bauern und Arbeitern abtreten mussten. Und schliesslich bot der Kongress den Mittelmächten die sofortige Aufnahme von Friedensverhandlungen an. Einige Wochen später beschloss der Sowjetkongress die Bildung von Betriebsräten in den Fabriken. Das bedeutete, dass nicht mehr der Fabrikbesitzer über die Herstellung der Waren, die Arbeitszeiten und den Lohn bestimmte, sondern die Arbeiterinnen und Arbeiter gemeinsam.

Die Russinnen und Russen wählten auf Anfang 1918 auch eine Versammlung, die für Russland eine neue Verfassung erarbeiten sollte. Bei der Wahl erhielten die anderen sozialistischen Parteien aber mehr Stimmen als die bolschewistische Partei Lenins. Die anderen Parteien wollten in Russland eine *parlamentarische Demokratie einführen. Die Bolschewisten wollten ihre Macht aber nicht abgeben und lösten die Versammlung gewaltsam auf. Schliesslich liessen die Bolschewisten durch den Sowjetkongress, wo sie die Stimmenmehrheit besassen, im Sommer 1918 eine Verfassung nach ihrem Willen verabschieden.

«Schule und Arbeit»: Kinderumzug auf dem Urizki-Platz in Petrograd.
Am 1. November 1918 feierte die bolschewistische Regierung Russlands den ersten Jahrestag der Revolution. An den Feiern nahmen auch viele Kinder teil. Das war für Russland und für den Beginn des 20. Jahrhunderts ungewöhnlich. Die Bolschewisten wollten zeigen, dass ihnen die Jugend wichtig war. Die Kinder waren die Zukunft. Vor allem auch für sie wollten die Revolutionärinnen und Revolutionäre eine gerechte Gesellschaft schaffen. Dies hatte auch Auswirkungen auf die Schule. Das Schlagen von Schülerinnen und Schülern wurde verboten. Statt mit Noten beurteilten die Lehrkräfte mit Gutachten die Leistungen der Kinder. Es sollten selbstverwaltete Schulen eingerichtet werden, wo auch Kinder ab 12 Jahren mitbestimmen durften. Die Schulbildung sollte auf die spätere Arbeitstätigkeit vorbereiten.

Mit diesem Vorgehen lösten die Bolschewisten einen Bürgerkrieg aus. Während fast dreier Jahre lieferten sich die politischen Gegner erbitterte und grausame Kämpfe. Ausländische Truppen unterstützten die «Weissen» in ihrem Widerstand gegen die Bolschewisten. Die Regierungen von Frankreich und England befürchteten nämlich, die bolschewistische Revolution könne auf weitere Länder Europas übergreifen. Schliesslich siegten die Soldatinnen und Soldaten der «Roten Armee» über die «Weissen».

Kriegskommunismus

Um ihre Herrschaft zu festigen, errichteten die Bolschewisten eine Einparteiendiktatur: Die Kommunistische Partei war jetzt die einzige Partei, die zugelassen war. Die Bolschewisten hatten die Alleinherrschaft. Sie schalteten ihre politischen Gegner systematisch aus und kontrollierten das gesamte öffentliche Leben. Wer politisch nicht der gleichen Meinung war, wurde verfolgt und eingesperrt oder sogar hingerichtet. Zeitungen, die über Missstände berichteten, wurden verboten. Die Versorgungslage im Land war katastrophal. Im Winter 1921/22 hungerte und fror ganz Russland. Seuchen brachen aus und viele Menschen starben. Der Krieg, Missernten und das Zwangssystem des *Kriegskommunismus waren dafür verantwortlich.

Nach dem Bürgerkrieg erkrankte Lenin schwer. Josef Wissarianowitsch Dschugaschwili, genannt Stalin, stieg zum Generalsekretär, das heisst zum obersten Geschäftsführer der Kommunistischen Partei auf. Nach Lenins Tod im Jahr 1924 gelang es ihm in harten Kämpfen innerhalb der Partei, seine Machtposition zu festigen. Ab 1929 baute er das bestehende Zwangssystem zu einer totalitären Diktatur aus. Stalin setzte sich zum Ziel, den wirtschaftlichen Rückstand Sowjetrusslands aufzuholen, den der Kriegskommunismus verursacht hatte.

Planwirtschaft

Die Wirtschaft sollte von nun an allein vom Staat geplant und bestimmt werden. Diese Wirtschaftsform wird Planwirtschaft genannt. Ein Bauer konnte zum Beispiel nicht mehr selber bestimmen, wie viel und welche Produkte er produzieren wollte. Alles wurde von einer zentralen Verwaltung aus geregelt. Der Staat entwickelte Fünfjahrespläne, in denen die jeweiligen Produktionsziele festgelegt wurden. Für die jeweils nächsten fünf Jahre wurde bestimmt, wie viel Erdöl gefördert, wie viel Kohle abgebaut oder wie viel Stahl produziert werden sollte. Die Arbeiterinnen und Arbeiter waren deshalb einem enormen Leistungsdruck ausgesetzt. Sie mussten möglichst schnell und viel produzieren, durften in den staatseigenen Betrieben nie fehlen und wurden bestraft, falls ihnen ein Fehler unterlief. Denn schliesslich sollten sie die Vorgaben des Fünfjahresplans erfüllen.

Um die Erträge der Landwirtschaft zu steigern, vertrieb Stalin die Gross- und Mittelbauern von ihren Höfen und nahm ihnen ihr Land. Er sperrte sie in Straflager oder liess sie nach Sibirien zur Zwangsarbeit deportieren. Tausende von ihnen starben allein auf dem Transport nach Sibirien. Die übrigen Bauern mussten sich in landwirtschaftlichen Produktionsgenossenschaften (Kolchosen) zusammenschliessen und durften nicht mehr in eigener Regie und Verantwortung ihr Land bewirtschaften. Stalin fasste etwa 15 Millionen

Die Elektrizität kommt in die russischen Dörfer, 1925. Die einfache Kleidung und der bescheidene Wohnraum machen deutlich: Der Mann und die Frau, die mit grosser Aufmerksamkeit eine Lampe installieren, leben auf dem Land. 1920 hatte die «staatliche Kommission zur Elektrifizierung Russlands» ein symbolträchtiges Projekt begründet. Elektrisches Licht sollte in allen Dörfern Russlands verfügbar sein und die Vorteile und Errungenschaften der modernen sowjetischen Regierung sichtbar machen. Licht bedeutete Aufklärung, Hoffnung, eine neue Zeit. Das Elektrifizierungsprogramm sollte auch helfen, die grossen Unterschiede zwischen Stadt und Land zu überwinden.

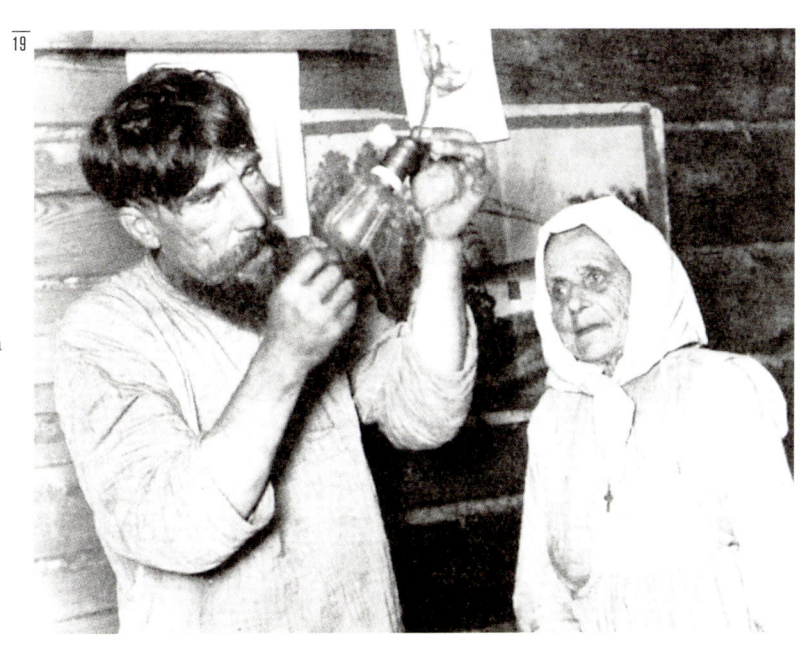

Bauernhöfe zu Kolchosen zusammen. Die Bauern waren verzweifelt, sie durften nicht mehr selber über ihr Land bestimmen. Aus Wut und weil ihnen die Lage ausweglos erschien, liessen manche ihr Vieh schlachten. Andere vergruben ihre Getreidevorräte. Deshalb führte die Umorganisation der Landwirtschaft statt zur Steigerung der Produktion zunächst zu einer starken Abnahme der landwirtschaftlichen Erträge und zu einer grossen Hungersnot im Jahr 1932. Der erzwungene Zusammenschluss der landwirtschaftlichen Betriebe brachte Millionen von Menschen den Tod.

Totalitäre Diktatur

Gegen Ende der 1930er Jahre stieg Sowjetrussland zu einer bedeutenden Industriemacht auf. Es entstanden neue Industrie- und Bergbaugebiete, in denen Zwangsarbeiterinnen und -arbeiter für minimale Löhne arbeiten mussten. Stalin sperrte über drei Millionen Russinnen und Russen in Straflager und zwang sie zum Bau von Eisenbahnen und Kanälen. In diesen Lagern lebten die Sträflinge wie Sklaven unter menschenunwürdigen Bedingungen. Mangelnder Arbeitseifer und Arbeitseinsatz wurden mit Gewalt bestraft. Seine Terrorherrschaft festigte Stalin unter anderem dadurch, dass er politische Gegnerinnen und Gegner zu Hunderttausenden durch den Geheimdienst bespitzeln, verhaften und ermorden liess. In Schauprozessen wurden vermeintlich Schuldige zur Abschreckung der übrigen Bevölkerung vorgeführt und zum Tode durch Erschiessen verurteilt.

Gleichzeitig schürte Stalin mit einer geschickten Propaganda den Hass gegen die besitzende Klasse in anderen Ländern. Die Vorstellung von einem gemeinsamen Feind stärkte den Zusammenhalt innerhalb der russischen Gesellschaft und spornte die Menschen zu Höchstleistungen an. Allmählich verbesserten sich im Vergleich zur Zarenzeit für einen grossen Teil der Bevölkerung der Lebensstandard und die Bildungschancen. Viele dieser Menschen standen trotz der Unrechtsherrschaft hinter Stalin und seiner Diktatur. Seine unglaubliche Machtfülle gab Stalin bis zu seinem Tode im Jahr 1953 nicht mehr aus der Hand.

AUFGABEN

6 *Was versprach Lenin den Unzufriedenen 1917 in Russland?*

7 *Wer regierte Russland vor und nach der Februarrevolution und nach der Oktoberrevolution?*

8 *Worin unterschied sich die Februarrevolution von der Oktoberrevolution?*

9 *Zähle vier Merkmale aus der russischen Geschichte zwischen 1917 und 1939 auf, die den Weg in die Diktatur aufzeigen.*

10 *Was erfährst du aus der Quelle 17 über den russischen Alltag im Jahr 1917? Wie könntest du nachprüfen, ob Gorki wahre Begebenheiten schildert oder ob er sie erfunden hat?*

11 *Beschreibe, wie deine ideale Gesellschaft aussieht. Gibt es einzelne Punkte aus Russland zwischen 1917 und 1939, die du auch in der Schweiz verwirklichen möchtest?*

Rosa Luxemburg (1871–1919) war sozialistische Politikerin und führende Theoretikerin des linken Flügels der Sozialdemokratischen Partei Deutschlands (SPD) vor 1918. Rosa Luxemburg war massgeblich an der Gründung des Spartakusbundes (Gruppe, die für eine radikale sozialistische Demokratie eintrat), der Unabhängigen Sozialistischen Partei Deutschlands (USPD) und der Kommunistischen Partei Deutschlands (KPD) beteiligt. Luxemburg kämpfte für eine sozialistische Demokratie. Sie lehnte sowohl die parlamentarische Demokratie als auch den diktatorischen Parteizentralismus von Lenin ab. Rosa Luxemburg verbüsste wegen ihres politischen Engagements mehrere Gefängnisstrafen. Am 15. Januar 1919 wurde sie zusammen mit ihrem Mitstreiter Karl Liebknecht von rechtsradikalen deutschen Militärs ermordet. Das Bild zeigt Rosa Luxemburg 1907 in ihrer Berliner Wohnung.

Das Scheitern einer Demokratie: die Weimarer Republik

Nach dem Ersten Weltkrieg musste der deutsche Kaiser abdanken. Die Revolution führte in Deutschland aber nicht wie in Russland zu einer kommunistischen Diktatur, sondern zur Einführung einer parlamentarischen Demokratie. Doch die harten Friedensbedingungen, schwere wirtschaftliche Krisen und ein tiefer Graben zwischen rechten und linken Parteien schwächten das Vertrauen der Bevölkerung in die Demokratie. Die antidemokratischen Parteien der Nationalsozialisten und der Kommunisten gewannen immer mehr Wählerinnen und Wähler.

Gegen Ende des Ersten Weltkrieges war Deutschland in Aufruhr. Matrosen der deutschen Kriegsflotte und deutsche Soldaten *desertierten, Arbeiterinnen und Arbeiter legten ihre Arbeit nieder. Zusammen eroberten sie Städte in ganz Deutschland. Sie forderten die Umwandlung des deutschen Kaiserreiches in eine demokratische Republik. Im November 1918 erreichten die Aufständischen Berlin. Kaiser Wilhelm II. musste abdanken.

Die deutschen Frauen und Männer standen nun vor der Aufgabe, in Deutschland die Demokratie einzuführen und aufzubauen. Sie wählten zu diesem Zweck eine Nationalversammlung. Diese trat wegen der unsicheren politischen Lage aber nicht in der Hauptstadt Berlin zusammen, sondern in Weimar. Dies gab der Weimarer Republik ihren Namen.

Die Weimarer Verfassung

Die Nationalversammlung verabschiedete die demokratische Verfassung des deutschen Reiches. In dieser Verfassung wurden die Grundrechte der deutschen Bürgerinnen und Bürger und die Organisation der Republik festgehalten. Die über 20-jährigen Bürgerinnen und Bürger wählten ihre Vertreterinnen und Vertreter ins Parlament, das Reichstag hiess. Sie wählten auch den Reichspräsidenten.

Einer der wichtigsten Grundsätze der «Weimarer Verfassung» war die Trennung der Staatsgewalt in drei Teilgewalten: die Exekutive (ausführende Gewalt, Regierung), die Legislative (gesetzgebende Gewalt, Parlament) und die Justiz (Recht sprechende Gewalt, Gerichte). Diese drei Gewalten kontrollierten sich gegenseitig. Auf diese Weise sollte verhindert werden, dass die einzelnen Gewalten zu viel Macht anhäuften. Die Regierung bestand aus dem Reichspräsidenten, dem Reichskanzler und seinen Ministern (Exekutive). Der Kanzler und die Minister wurden vom Reichspräsidenten ernannt oder entlassen. Der Reichspräsident ernannte auch das Reichsgericht (Justiz) und war Oberbefehlshaber der Reichswehr.

Artikel 48 der Weimarer Verfassung sah vor, dass der Reichspräsident so genannte Notverordnungen erlassen konnte, wenn die öffentliche Sicherheit in Gefahr war. Damit konnte der Reichspräsident für eine bestimmte Zeit die Kontrollfunktion des Parlaments auflösen und die Grundrechte der Bürgerinnen und Bürger ausser Kraft setzen. In diesem Fall erlangte der Reichspräsident die Stellung eines Alleinherrschers – trotz Demokratie. Der Artikel 48 der Weimarer Verfassung war nur für Ausnahmefälle vorgesehen. Doch er sollte für die spätere Entwicklung Deutschlands äusserst folgenreich werden.

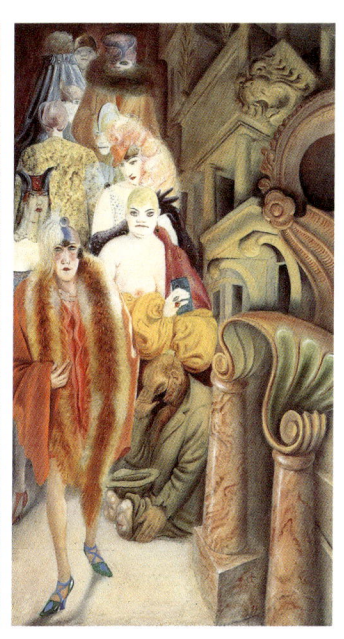

«Großstadt», Triptychon von Otto Dix, 1928. Ein Triptychon besteht aus drei Bildtafeln. Ursprünglich fand sich diese Bildform fast ausschliesslich in Kirchen. «Großstadt» ist gewiss kein Altarbild. Otto Dix hat es in kritischer Absicht gemalt.

Der Reichstag verabschiedete zahlreiche Gesetze, die das alltägliche Leben der Menschen verbesserten. Zum Beispiel wurde der Achtstunden-Arbeitstag eingeführt oder ein Mitspracherecht der Arbeiterinnen und Arbeiter in den Betrieben. Damit sollte die Demokratie auch in den Fabriken Einzug halten. Kinder erhielten ein Grundrecht auf Erziehung, Schutz, Fürsorge und Pflege; sie besassen nun das Recht, eine Grundschule zu besuchen.

Doch die innenpolitische Lage der Weimarer Republik blieb trotz Einführung der Demokratie instabil. Die innere Zerrissenheit dieser noch jungen Repulik zeigte sich auch daran, dass innerhalb von 14 Jahren die Regierung 16-mal wechselte, also jeweils nach rund acht Monaten.

Die Goldenen Zwanziger Jahre

Die Zeit nach dem Ersten Weltkrieg war nicht nur politisch, sondern auch kulturell eine Zeit des schnellen Wandels. Und die Gesellschaft der Weimarer Republik war zutiefst gespalten. Zum einen entwickelte sich eine reiche Kunst- und Kulturszene und es entstand ein grosser Freizeit- und Vergnügungsbereich. Andererseits herrschte noch immer grosses Elend. Viele Arbeiterfamilien lebten am Rand des Existenzminimums. Die Folgen des Krieges waren im Alltag immer noch sichtbar. Man sah Kriegsversehrte mit amputierten Gliedern in den Strassen oder unterernährte Kinder und Erwachsene, die nach den entbehrungsreichen Kriegsjahren völlig ausgezehrt waren. Doch die Menschen wollten nach dem Krieg das Leben wieder geniessen.

Auf dem Land nahm das gesellschaftliche Leben meist seinen gewohnten ruhigen Gang. In den Städten aber pulsierte es: Während ihrer Freizeit besuchten Städterinnen und Städter Ausstellungen zur modernen Kunst, hörten Rundfunksendungen, blätterten in Zeitschriften oder lasen die neuesten Nachrichten, die Zeitungsjungen an jeder Strassenecke zum Verkauf anboten. Frauen und Männer trafen sich in Kaffees, um sich über Politik, Filmstars, Skandale oder Mode auszutauschen. Eine wachsende Zahl berufstätiger Frauen prägte das Bild der modernen, selbstständigen und emanzipierten Frau. Musikbegeisterte hörten Charleston und Jazz aus den USA oder vergnügten sich in Tanzpalästen. Andere liessen sich in Kabaretts freche und kritische Darbietungen vorführen, schauten sich im Kino Filme an oder besuchten grosse Sportveranstaltungen wie Boxkämpfe und Radrennen.

Für viele boten diese Spektakel eine willkommene Abwechslung, beispielsweise zum Arbeitsalltag in den Fabriken mit der monotonen Fliessbandarbeit. Weil das Leben in den Städten wieder erwachte und die Menschen sich wieder freuen und amüsieren konnten, bezeichneten viele diese Zeit als die «Goldenen Zwanziger Jahre».

Der Versailler Vertrag

Die Weimarer Republik hatte schon in den ersten Jahren ihres Bestehens mit grossen Schwierigkeiten zu kämpfen. Ein Grund dafür waren die Bedingungen des Versailler Friedensvertrags. Dieser Vertrag schrieb die Bedingungen fest für den Frieden zwischen Deutschland und seinen Kriegsgegnern, insbesondere Frankreich, England und den USA. Diese Länder hatten im Frühling 1919 in Versailles bei Paris diesen Vertrag erarbeitet. Darin schrieben sie Deutschland die alleinige Schuld am Ersten Weltkrieg zu. Aus diesem Grund sollten die Deutschen auch alleine für die Schäden aufkommen, die durch den Krieg entstanden waren. Daher forderten die sieg-

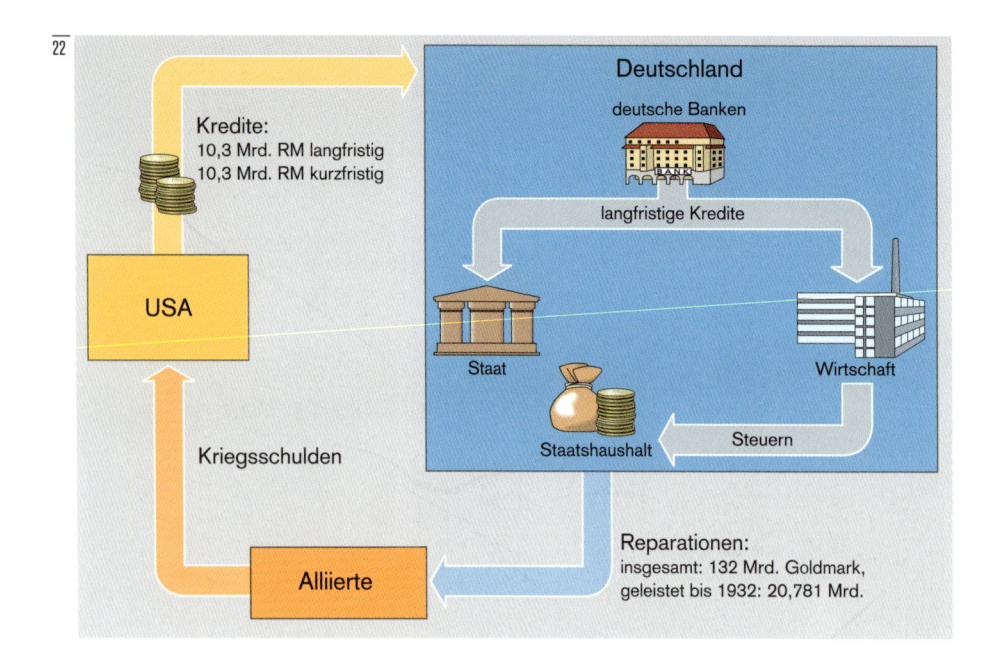

Internationaler Finanzkreislauf 1924 bis 1931.
In der Zwischenkriegszeit vergaben die USA hohe Kredite an Deutschland. Nach dem Zusammenbruch der New Yorker Börse am 25. Oktober 1929, dem «schwarzen Freitag» (eigentlich fand der Kurssturz bereits am Tag vorher statt), forderten die Amerikaner ihr Geld zurück. Die Kurse an den US-Aktienmärkten waren bis kurz davor unaufhaltsam gestiegen. Immer mehr Menschen hatten mit geliehenem Geld Aktien gekauft, um am Gewinn der blühenden Wirtschaft teilzuhaben. Doch schon 1928 hatten die Landwirtschaft und die Industrie der USA mehr hergestellt als sie verkaufen konnten. Nun wollten die Aktienbesitzerinnen und Aktienbesitzer ihre Wertpapiere so schnell wie möglich verkaufen. Durch das riesige Überangebot verloren sie jedoch innert weniger Tage ihren Wert, die Besitzerinnen und Besitzer ihr Geld. Tausende von amerikanischen Banken wurden zahlungsunfähig. Sie forderten daher ihre Kredite aus dem Ausland zurück. Gleichzeitig nahm die industrielle Produktion weltweit deutlich ab. Der New Yorker Börsenkrach stand am Anfang der Weltwirtschaftskrise.

reichen Nationen von Deutschland sehr hohe *Reparationen. Weiter musste Deutschland Gebiete von über 70 000 km² Fläche abtreten. Dies schwächte die Wirtschaftskraft Deutschlands, denn in diesen Gebieten wurden viele Güter produziert, wie beispielsweise Steinkohle, Roheisen und Stahl. Auch die Landwirtschaft verlor Anbauflächen. Schliesslich musste Deutschland auch eine beträchtliche Beschneidung seiner militärischen Macht hinnehmen.

Viele Deutsche waren unzufrieden mit den Bestimmungen des Versailler Vertrags. Sie hielten die Unterzeichnung des Vertrags für einen schlimmen und unnötigen Fehler ihrer Regierung. Sie wollten nicht wahrhaben, dass die Regierung gar keine andere Wahl hatte. Insbesondere die Anhänger des Kaisertums und Angehörige des Militärs wollten den Vertrag nicht respektieren. Ein Streitpunkt zwischen den Parteien war auch die Frage, wer für die militärische Niederlage Deutschlands verantwortlich sei. Die antidemokratischen Parteien der *konservativen Rechten schoben den anderen Parteien die Schuld daran in die Schuhe. Nach ihrer Meinung hatten Sozialisten und Demokraten während des Krieges die Armee mit ihren revolutionären Ideen im Innern geschwächt und die Kampfkraft zersetzt. Die Armee sei quasi «von hinten erdolcht» worden. Viele Wählerinnen und Wähler glaubten diese «Dolchstosslegende».

Der Versailler Vertrag zehrte an der nationalen Ehre der Deutschen. Die Stimmung von verletztem Stolz und gegenseitigen Schuldvorwürfen führte zu einer vergifteten Atmosphäre zwischen den Parteien. So konnten die antidemokratischen Parteien auf der rechten wie auf der linken Seite in den folgenden Jahren immer mehr Mitglieder gewinnen.

Wirtschaftskrisen

Ein weiterer Grund für die Schwierigkeiten der Weimarer Republik war die Wirtschaftskrise im Jahr 1923. Die hohen Reparationszahlungen und der Verlust von wichtigen Industrie- und Rohstoffgebieten rissen ein grosses Loch in die Staatskasse. Die Industrie versuchte, von der Kriegs- auf die Friedensproduktion umzustellen. Doch es war eine schwierige Aufgabe, ehemalige Soldaten, auch Kriegsversehrte, wieder in die Wirtschaft einzugliedern. Durch die Ausgabe von immer mehr Banknoten bezweckte der Staat, seine Schulden auszugleichen. Dadurch verlor das Geld aber kontinuierlich an Wert (Inflation). Mit der Entwertung des Geldes verloren die Menschen in Deutschland ihre Ersparnisse. Ein grosser Teil der Bevölkerung war von der demokratisch gewählten Regierung enttäuscht. Sie glaubten, dass eine Demokratie den wirtschaftlichen und politischen Herausforderungen nicht gewachsen sei.

Die zweite grosse Krise der Weimarer Republik begann nach dem New Yorker Börsenkrach im Jahr 1929. Der Zusammenbruch des Aktiengeschäfts in Amerika hatte Auswirkungen auf die ganze Weltwirtschaft. Denn die Industriestaaten, und somit auch Deutschland, waren von den USA abhängig. Die USA hatten Deutschland Kredite für den Wiederaufbau nach dem Krieg gegeben. Nun forderten die USA das Geld zurück. In der Folge fehlte dieses Geld in der deutschen Wirtschaft. Die Menschen konnten sich keine Waren mehr kaufen, die Unternehmen keine Waren mehr herstellen. Weil weniger Waren produziert wurden, brauchte es weniger Arbeitskräfte. Deshalb wurden immer mehr Menschen arbeitslos. 1932 hatten in Deutschland zwölf Millionen Menschen Arbeit. Ihnen standen sechs Millionen Arbeitslose gegenüber.

«Nieder mit dem Gewaltfrieden!» Der Demonstrationszug ist lang und dicht: Deutsche Bürgerinnen und Bürger demonstrieren am 1. Juni 1919 in Berlin gegen den Versailler Vertrag. Alle deutschen Parteien hatten den Inhalt des Vertrages abgelehnt. Die siegreichen Nationen zwangen Deutschland aber mit einer Wirtschaftsblockade, die harten Bedingungen anzunehmen. Dennoch lasteten viele Deutsche das Ergebnis der Verhandlungen den Politikerinnen und Politikern im eigenen Land an. Sie demonstrierten deshalb auch gegen ihre Regierung und die Parteien im Parlament.

Das Ende der Weimarer Republik

Dieses Mal höhlte die wirtschaftliche Krise die Demokratie völlig aus. Das Elend trieb viele Menschen auf die Seite von Adolf Hitlers antidemokratischer Nationalsozialistischen Deutschen Arbeiterpartei (*NSDAP). Die deutsche Bevölkerung hatte die NSDAP bis zu diesem Zeitpunkt kaum ernst genommen. Jetzt aber, nach der Weltwirtschaftskrise, gewann Hitlers Partei mit ihrer judenfeindlichen, rassistischen und *nationalistischen Propaganda zunehmend an Attraktivität. Die Nationalsozialisten gaben die Schuld an der allgemeinen Misere in Deutschland den Jüdinnen und Juden, den Sozialistinnen und Sozialisten, dem Ausland und allen, die sie nicht zur «*Volksgemeinschaft» zählten. Gleichzeitig versprach die NSDAP, die Arbeitslosigkeit zu verringern und sich an den Kriegsgewinnern für die «Kriegsschuldlüge» zu rächen.

Mit diesem Wahlprogramm erlangte die NSDAP bei den Parlamentswahlen im Sommer 1932 zusammen mit der Kommunistischen Partei Deutschlands (KPD) die meisten Stimmen. Jetzt war es offensichtlich: Die Mehrheit der deutschen Wählerinnen und Wähler war vollends von der Demokratie enttäuscht. Sie hatten ihre Stimmen zwei antidemokratischen Parteien gegeben. Die KPD hatte sich geweigert, mit der Sozialdemokratischen Partei (SPD) zusammenzuarbeiten. Erst später gingen die kommunistischen Parteien in Frankreich oder in Spanien Bündnisse mit anderen Parteien zur Bildung von «Volksfronten» ein.

Der gleichzeitige Wahlsieg zweier so unterschiedlicher und verfeindeter Parteien wie der NSDAP und der KPD legte das Parlament lahm. Denn keine der beiden Parteien besass die absolute Mehrheit. Der damalige Reichspräsident Paul von Hindenburg, ehemaliger kaiserlicher Feldmarschall und Demokratiegegner, löste deshalb das Parlament auf und setzte Neuwahlen an. Zwar verloren im November 1932 die Nationalsozialisten gegenüber den Kommunisten an Stimmen. Das schreckte aber einflussreiche Gruppen aus Wirtschaft und Militär auf, die sich vor dem Kommunismus fürchteten. Mit der NSDAP glaubten sie ihre Interessen eher durchsetzen zu können. Auf ihren Druck ernannte Reichspräsident von Hindenburg am 30. Januar 1933 Adolf Hitler zum Reichskanzler. Mit der Ernennung Hitlers zum Reichskanzler stärkte von Hindenburg die antidemokratische NSDAP – und brachte die Weimarer Republik zu Fall.

AUFGABEN

12 *Wieso ist die Gewaltenteilung ein wichtiger Grundsatz für eine Demokratie?*

13 *Wen konnten die über 20-jährigen Bürgerinnen und Bürger in der Weimarer Republik wählen?*

14 *Welche Rechte hatte der Reichspräsident in der Weimarer Republik?*

15 *Nenne zwei politische Leistungen der Weimarer Republik.*

16 *Welches waren die Stärken der Weimarer Verfassung? Welches waren ihre Schwächen?*

17 *Wie ist die Teilung der Staatsgewalten heute in der Schweiz geregelt?*

18 *Beschreibe anhand des Bildes von Otto Dix (Abb. 21) das Leben in einer deutschen Grossstadt zur Zeit der Weimarer Republik.*

19 *Was sagt das Bild von Otto Dix darüber aus, was er über die damalige deutsche Gesellschaft dachte? Erkennst du darin einen Kommentar oder einen Wunsch?*

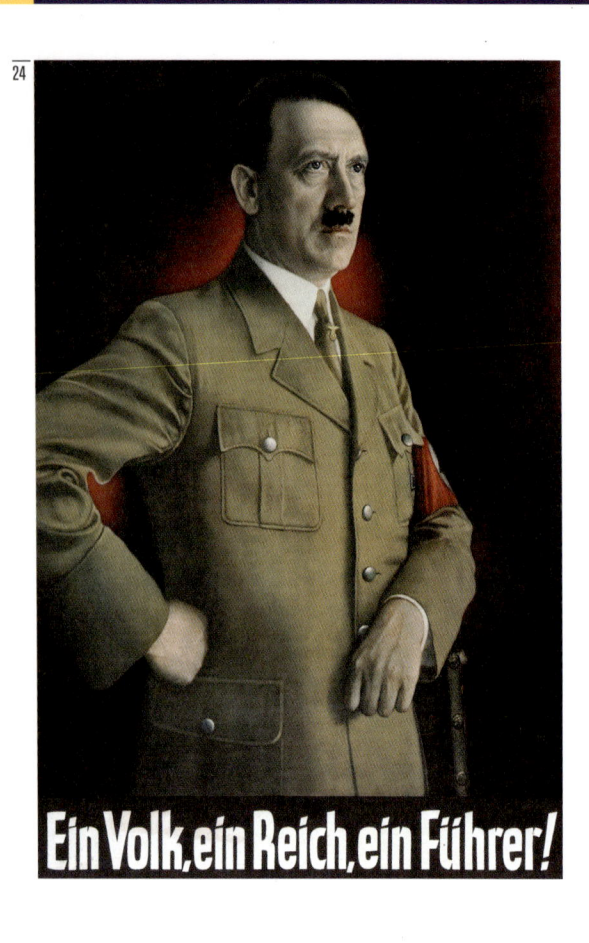

«Ein Volk, ein Reich, ein Führer!» Ab 1938 hing dieses Plakat von Adolf Hitler in deutschen Ämtern und Schulen. Das Herrscherbild zeigt Adolf Hitler als «Führer», so, wie er sich selbst gern darstellte. Hitler (1889–1945) war nationalsozialistischer Politiker, Reichskanzler und Führer der NSDAP. Diese war unter seiner Mitwirkung 1920 aus der Deutschen Arbeiterpartei (DAP) hervorgegangen. 1923/24 sass Hitler nach einem misslungenen Versuch, die bayerische Regierung zu stürzen, in Haft. Im Gefängnis schrieb er das Buch «Mein Kampf». 1933 ernannte ihn Reichspräsident von Hindenburg zum Reichskanzler. Mit seiner Partei baute er die Diktatur des Nationalsozialismus auf. Hitler beging am 30. April 1945 Selbstmord.

Der kurze Weg in die nationalsozialistische Diktatur

Wie war es möglich, dass die Nationalsozialisten in Deutschland in so kurzer Zeit eine Diktatur errichten konnten? Die Frage ist nicht einfach zu beantworten. Die demokratische Weimarer Verfassung wurde nach und nach umgewandelt und den Bürgerinnen und Bürgern wurden wichtige Rechte genommen. Die Nationalsozialisten terrorisierten die Gegner mit Gewalt und beeinflussten die Bevölkerung mit geschickter Propaganda.

Notverordnung und Ermächtigungsgesetz

Nachdem Adolf Hitler Reichskanzler geworden war, verwandelte er die demokratische Weimarer Republik zusammen mit seiner nationalsozialistischen Partei Schritt für Schritt in eine Diktatur.

Das Besondere an der nationalsozialistischen Politik war, dass die Nationalsozialisten die demokratische Weimarer Verfassung nicht ausser Kraft setzten, sondern auf dieser demokratischen Grundlage Gesetze erliessen. Dadurch gaben sie sich den Anschein einer rechtmässigen Regierung.

Knapp einen Monat nach Hitlers Machtergreifung, am 27. Februar 1933, brannte das Reichstagsgebäude aus. Die Polizei verhaftete im Gebäude den niederländischen Kommunisten Marinus Lubbes, den sie der Brandstiftung beschuldigte. Der genaue Hergang ist bis heute ungeklärt. Möglicherweise haben die Nationalsozialisten das Feuer selber gelegt. Denn schon am Tag darauf erliess Reichspräsident von Hindenburg eine Notverordnung. Diese Notverordnung setzte die wichtigsten demokratischen Grundrechte der deutschen Bürgerinnen und Bürger ausser Kraft. Insbesondere verloren sie die Meinungs- und Versammlungsfreiheit. So wurde etwa die KPD verboten. Mit der Notverordnung konnten Adolf Hitler und seine Partei scheinbar rechtmässig politische Gegnerinnen und Gegner verfolgen. Wer gegen die Nationalsozialisten war, wurde in Gefängnisse und schon bald auch in Konzentrationslager gesperrt. Um diesem Schicksal zu entkommen, flohen viele Menschen ins Ausland.

Ein weiteres Gesetz, das so genannte Ermächtigungsgesetz, verwandelte die ursprünglich demokratische Weimarer Republik nun in die Diktatur des Nationalsozialismus. Das Ermächtigungsgesetz berechtigte die Regierung, an Stelle des Parlaments die Gesetze zu erlassen. Damit war das Parlament entmachtet und die Gewaltenteilung abgeschafft. Das Parlament war nur noch eine demokratische Fassade. Die NSDAP setzte dieses Gesetz am 23. März 1933 gegen die Stimmen der SPD im Parlament durch. Die Abgeordneten der wählerstärksten Partei, der KPD, konnten an der Abstimmung nicht teilnehmen. Sie waren verhaftet oder ermordet worden oder befanden sich auf der Flucht.

Hitler baut seine Macht aus

Reichspräsident von Hindenburg hatte Hitler im Januar 1933 zum Reichskanzler berufen. Im August 1934 starb von Hindenburg. Hitler liess sich mit einer «Volksbefragung» zu sei-

«Das Dritte Reich», Holzschnitt von Gerd Arntz, 1934. Die Nationalsozialisten bezeichneten Deutschland unter ihrer Herrschaft als «Drittes Reich». Das Bild stellt die Rangordnung der Menschen im nationalsozialistischen Deutschland dar. Deutlich zeigt es, wer in der nationalsozialistischen Diktatur oben und wer unten war. Nach eigenen Aussagen von Gerd Arntz hat er das Bild absichtlich schief gestaltet: Er glaubte nicht daran, dass sich die Nationalsozialisten lange an der Macht halten könnten. Gerd Arntz musste damals Deutschland als *Emigrant verlassen.

nem Nachfolger wählen und war nun gleichzeitig Staats-, Regierungs- und Parteichef. Die Nationalsozialisten griffen zu immer radikaleren Massnahmen, um ihre Diktatur durchzusetzen. In Deutschland herrschte nur noch eine einzige Partei, die NSDAP. Alle andern Parteien hatte Adolf Hitler verboten. Die gesamte Bevölkerung musste sich dem «Führer» Adolf Hitler unterwerfen. Hitlers Befehl war jetzt oberstes Gesetz. Die Menschen konnten nicht einmal mehr ihre Freizeit selbst gestalten. So mussten ab dem Jahr 1939 beispielsweise alle Mädchen und Jungen der so genannten *Hitlerjugend (HJ) beitreten. Dies war eine militärisch geführte, nationalsozialistische Jugendorganisation.

Hitler setzte seine Diktatur nicht nur mit neuen Gesetzen durch. Er liess die Medien *zensieren und benutzte Rundfunk, Film und Presse als Sprachrohr für seine Partei. Die Geheime Staatspolizei (*Gestapo) überwachte und bespitzelte die Menschen. Gleichzeitig terrorisierten die Nationalsozialisten die politischen Gegnerinnen und Gegner mit Strassenschlachten, die von der Sturmabteilung (SA) organisiert waren. Die Schutzstaffel (*SS) bewachte die Arbeits- und Konzentrationslager.

In grossen Teilen der Bevölkerung fand die Politik der NSDAP Anerkennung. Ein Grund dafür war der wirtschaftliche Aufschwung seit 1932. Die NSDAP vermochte die Massenarbeitslosigkeit unter anderem durch die gesteigerte Produktion von Waffen und den Bau von Autobahnen zu überwinden. Männer und Frauen fanden in den Waffenfabriken und auf den Strassenbaustellen wieder Arbeit.

Doch es gab auch Widerstand gegen die Nationalsozialisten, zum Beispiel von Kommunistinnen und Kommunisten oder von ehemaligen *Gewerkschaftsmitgliedern, von Menschen aus kirchlichen, bürgerlichen und vereinzelt auch aus militärischen Kreisen. Oft bezahlten Gegnerinnen und Gegner ihren Widerstand mit dem Leben. Doch die nationalsozialistische Diktatur kam erst am Ende des Zweiten Weltkrieges durch die Hilfe von aussen zu Fall.

AUFGABEN

20 *Was war bei der Entstehung der nationalsozialistischen Diktatur anders als bei der kommunistischen Diktatur?*

21 *Woran erkennst du, dass der Holzschnitt von Gerd Arntz die Diktatur des Nationalsozialismus darstellt?*

22 *Erkläre, weshalb viele Menschen die Nationalsozialisten unterstützten, und stelle Vermutungen dazu an, warum sich andere gegen sie wehrten.*

«Die NSDAP sichert die Volksgemeinschaft.»
Unter den schützenden Schwingen des Reichsadlers wird hier eine glückliche, junge Familie dargestellt. Die Eigenschaften, die dieser Familie zugewiesen sind, entsprechen den Idealen der nationalsozialistischen Familie. Sie ist Teil der «Volksgemeinschaft», für die hier geworben wird. Die einzelnen Menschen mussten sich und ihre Bedürfnisse dem Wohl der Gemeinschaft unterordnen.

«Hinter den Feindmächten: der Jude.» Das Plakat hat zum Ziel, die Ablehnung gegen Jüdinnen und Juden in der Gesellschaft zu schüren und zu festigen. «Der Jude» wird mit mehreren Merkmalen dargestellt, die als typisch jüdisch galten. Das Bild unterstellt, dass die «Feindmächte» USA, Grossbritannien und Sowjetunion in Wirklichkeit von einer jüdischen Verschwörung gelenkt würden. Die Nationalsozialisten wollten mit diesem Plakat die Menschen davon überzeugen, den «Feind» nicht mehr nur im Ausland zu suchen. Auch die Jüdinnen und Juden in Deutschland sollten als «Staatsfeinde» angesehen werden.

Vom Rassenwahn zum Völkermord

Die nationalsozialistische Ideologie vermischte verschiedene Vorstellungen davon, wie die Menschen und die Ordnung der Welt zu sein haben. Dazu gehörten der *Antisemitismus, die Ablehnung der Demokratie und der Antikommunismus. Die Nationalsozialisten glaubten auch, dass sie zu einer höherwertigen «Rasse» gehören. Diese Vorstellungen bildeten die geistige Grundlage ihrer Herrschaft. Die Nationalsozialisten verfolgten und ermordeten alle Menschen, die für sie nicht zur so genannten Volksgemeinschaft zählten.

Im Nationalsozialismus sollte nur ein einziger «Führer», nämlich Adolf Hitler, über die Bevölkerung bestimmen. Es galt das so genannte Führerprinzip: Die Menschen hatten dem Führer Hitler blinden Gehorsam und bedingungslose Treue zu leisten. Ein weiteres Merkmal der nationalsozialistischen Ideologie war die Überzeugung, dass nur die Macht und Grösse der eigenen Nation etwas gelten (Nationalismus). Dazu kam noch die Vorstellung, dass die eigene Nation ein Weltreich aufbauen und zu diesem Zweck andere Nationen erobern dürfe (*Imperialismus). In diesen Punkten unterschied sich die nationalsozialistische Diktatur kaum von andern faschistischen Diktaturen jener Zeit, beispielsweise in Italien, Spanien oder Portugal. In der Sowjetunion herrschte trotz der ganz anderen Ideologie des Kommunismus ebenfalls eine Diktatur.

Rassismus und Antisemitismus

Ein weiteres Hauptmerkmal der nationalsozialistischen Ideologie war der Rassegedanke. Die Nationalsozialisten glaubten, dass es höherwertige und minderwertige «Rassen» und damit höherwertige und minderwertige Menschen gebe. Die Nationalsozialisten waren davon überzeugt, dass sie selbst einer «Herrenrasse» angehörten, die allen anderen «Rassen» überlegen sei. Insbesondere die Jüdinnen und Juden seien Menschen von einer anderen, minderwertigen «Rasse». Die Nationalsozialisten verbanden rassistische Ideen mit alten, schon lange vorhandenen Vorurteilen gegen das Judentum. Das Ergebnis war ein rassistischer Antisemitismus.

Der Antisemitismus war eines der wichtigsten Elemente der nationalsozialistischen Ideologie. Auch in anderen Dik-

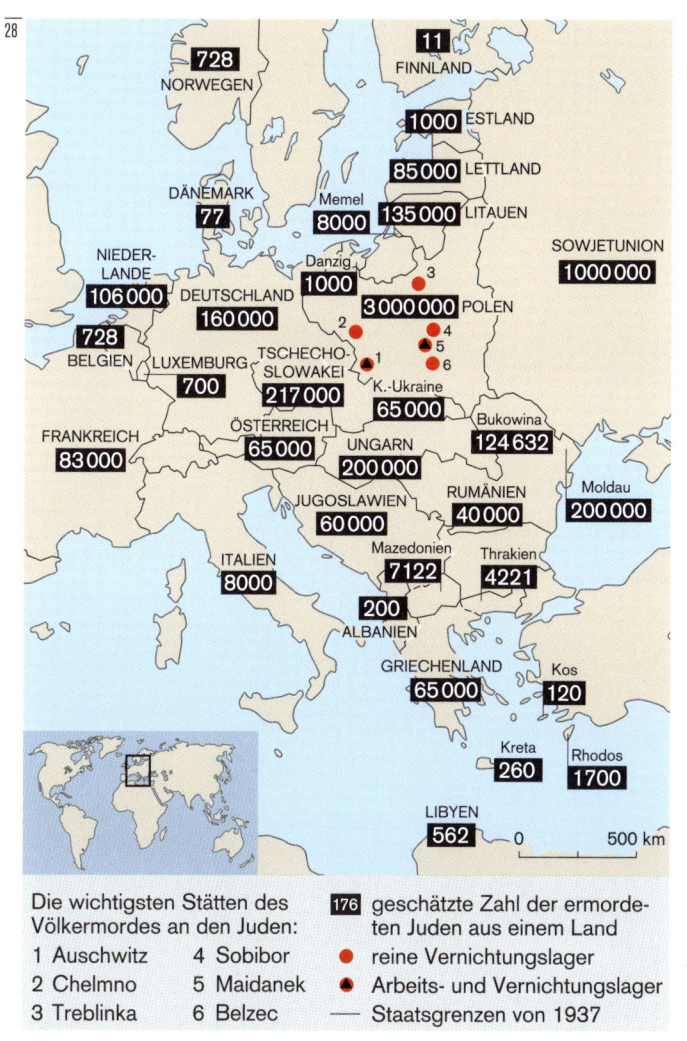

Anzahl der im Zweiten Weltkrieg ermordeten Jüdinnen und Juden nach ihren Herkunftsländern.

Die wichtigsten Stätten des Völkermordes an den Juden:
1 Auschwitz
2 Chelmno
3 Treblinka
4 Sobibor
5 Maidanek
6 Belzec

⬛ 176 geschätzte Zahl der ermordeten Juden aus einem Land
● reine Vernichtungslager
▲ Arbeits- und Vernichtungslager
— Staatsgrenzen von 1937

29 Aus einem Briefwechsel der Lagerleitung von Auschwitz mit der Firma Bayer-IG Farben

– Bezüglich des Vorhabens von Experimenten mit einem neuen Schlafmittel würden wir es begrüssen, wenn Sie uns eine Anzahl von Frauen zur Verfügung stellen würden. [...]
– Wir erhielten Ihre Antwort; jedoch erscheint uns der Preis von RM 200.– pro Frau zu hoch. Wir schlagen vor, nicht mehr als RM 130.– pro Kopf zu zahlen. Wenn Ihnen das annehmbar erscheint, werden wir Besitz von den Frauen ergreifen. Wir bräuchten 150 Frauen in bestmöglichem Zustand.
– Erhielten den Auftrag für 150 Frauen [...]. Wir werden Sie bezüglich der Entwicklung der Experimente auf dem Laufenden halten. [...]
– Die Versuche wurden gemacht. Alle Personen starben.
– Wir werden uns bezüglich einer neuen Sendung mit Ihnen in Verbindung setzen.

Maruta Schmidt, Gabi Dietz (Hrsg.): *Frauen unterm Hakenkreuz – Eine Dokumentation.* Berlin: Elefantenpress, 1983.

---

taturen wurden Minderheiten unterdrückt und verfolgt. Die Ausgrenzung, Verfolgung und Ermordung der Jüdinnen und Juden waren aber ein ganz besonderes Merkmal der nationalsozialistischen Diktatur. Dabei konnten sich die Nationalsozialisten auf alte Vorurteile und eine antisemitische Grundhaltung vieler Menschen im damaligen Deutschland oder zum Beispiel auch Österreich stützen.

Rassismus und Antisemitismus steigerten sich zu einem eigentlichen Rassenwahn. Menschen, die aufgrund ihrer Herkunft, Religion, ihrer körperlichen Merkmale oder Lebensweise nicht in das Bild der «Volksgemeinschaft» passten, waren nach Auffassung der Nationalsozialisten eine Bedrohung für Deutschland. Deshalb wurden diese Menschen von den Nationalsozialisten nicht nur aus der Gesellschaft ausgeschlossen, sondern verfolgt und getötet. Zahlreiche Bevölkerungsgruppen waren von diesem Rassenwahn der Nationalsozialisten betroffen: Jüdinnen und Juden, Slawinnen und Slawen, *Sinti und Roma, Behinderte, psychisch Kranke, homosexuelle Frauen und Männer, Menschen anderer Hautfarbe und so genannt Arbeitsscheue. Die Nationalsozialisten bezeichneten sie alle in menschenverachtender Art und Weise als «Volksschädlinge». Zu Beginn des Krieges ermordeten die Nationalsozialisten beispielsweise viele geisteskranke Menschen und nannten diese Morde beschönigend «Gnadentod» oder «Sterbehilfe». Für die Nationalsozialisten hatten Menschen ausserhalb der von ihnen definierten Norm kein Recht zu leben.

Völkermord

Im Zentrum der nationalsozialistischen Vernichtungspolitik stand der Völkermord an den Jüdinnen und Juden, der später von den Juden mit dem hebräischen Wort *Schoah bezeichnet wurde. Dieses Verbrechen versuchten die Nationalsozialisten lange Zeit geheim zu halten.

Die Nationalsozialisten begannen ihre Politik gegen die Juden und Jüdinnen im April 1933 mit einem Aufruf zum Boykott jüdischer Geschäfte. Zwei Jahre später beschloss das Parlament einstimmig die «Nürnberger Gesetze». Diese Gesetze schlossen die Jüdinnen und Juden aus dem politischen Leben aus und sprachen ihnen ihre deutsche Reichs- und Staatsangehörigkeit ab. Die Eheschliessung sowie die aussereheliche Beziehung mit «Staatsangehörigen deutschen oder artverwandten Blutes» waren den Jüdinnen und Juden von nun an verboten.

*Boykottaktion gegen ein jüdisches Geschäft. 1933 kennzeichneten und verschmierten nationalsozialistische Antisemiten die Schaufenster und Eingänge jüdischer Geschäfte. Um die jüdischen Mitbürgerinnen und Mitbürger ausgrenzen zu können, mussten sie erst einmal sichtbar gemacht werden. Das Plakat «Deutsche! Wehrt Euch!» macht auf einen ersten Ausschluss aufmerksam. Auf einmal galten Jüdinnen und Juden nicht mehr als Deutsche.

Mit dem Ausbruch des Zweiten Weltkrieges 1939 verschärfte sich die nationalsozialistische Politik gegen Juden. Sie bedrohte nun auch die Jüdinnen und Juden in den von Deutschland besetzten Ländern wie Frankreich, den Niederlanden oder Polen. Die deutsche Besatzungsmacht sperrte sie und andere Minderheiten in Gettos, Konzentrations- oder Arbeitslager ein. Die SS trennte die Familien in den Lagern voneinander. Die Gefangenen lebten und arbeiteten unter miserablen hygienischen Bedingungen. Sie hatten keine medizinische Betreuung, bekamen nur wenig und einseitige Nahrung und keine Kleidung. Sie mussten arbeiten, bis sie an einer Krankheit oder vor Erschöpfung starben. Nationalsozialistische Ärzte führten qualvolle Menschenversuche durch. Die Nationalsozialisten verkauften die Gefangenen «zu Forschungszwecken» an private Firmen und machten damit Profit. Bei ersten Massenmorden an der jüdischen Bevölkerung in Osteuropa wurden Hunderttausende erschossen.

1941 erklärte Hitler die Vernichtung aller Juden für unausweichlich. Anfang 1942 besprachen hochrangige SS-Angehörige und Beamte an der Wannseekonferenz den detaillierten Plan zur «Endlösung der Judenfrage». Die SS führte die fabrikmässige Vernichtung aller Jüdinnen und Juden, die im deutschen Machtbereich lebten, durch. Seit dem Frühjahr 1942 deportierten sie die jüdischen Menschen aus allen von Deutschland besetzten Gebieten in Vernichtungslager im Osten, zum Beispiel nach Auschwitz oder Treblinka. Dort ermordete die SS Millionen jüdische Frauen, Männer, Kinder und Jugendliche und Hunderttausende weitere Menschen, vor allem Sinti und Roma, mit Giftgas.

AUFGABEN

23 *Nenne sechs Begriffe, die die Ideologie der Nationalsozialisten kennzeichnen.*

24 *Was bewirkte der Beginn des Zweiten Weltkrieges hinsichtlich der Judenpolitik der Nationalsozialisten?*

25 *Liste die einzelnen Schritte auf, mit denen die Nationalsozialisten ihre Judenpolitik durchsetzten.*

26 *Betrachte das Plakat «Die NSDAP sichert die Volksgemeinschaft» und äussere Vermutungen, wie sich viele Nationalsozialisten die Rolle der Frauen wünschten.*

27 *Die Nationalsozialisten waren nicht die einzigen, die im 20. Jahrhundert einen Völkermord planten und durchführten. Informiere dich über andere Beispiele und halte Ort, Zeit, Täter und Opfer fest.*

Deutsche Truppen führen am 18. April 1943 polnische Jüdinnen und Juden aus dem Warschauer Getto ab. Die nationalsozialistischen Besatzungsbehörden errichteten während des Zweiten Weltkrieges in Polen und im Baltikum Gettos: räumlich begrenzte jüdische Wohnviertel. In Warschau führten die deutschen Besatzer das Getto besonders grausam. Von hier aus deportierten sie die jüdischen Menschen in die Vernichtungslager.

Vom Eroberungskrieg zum Vernichtungskrieg

Im Herbst 1939 entfesselte Deutschland den Zweiten Weltkrieg. Die Nationalsozialisten hatten bewusst auf einen Eroberungskrieg hingearbeitet, denn sie wollten Deutschland zur europäischen Grossmacht machen. Im Osten Europas wollten sie neuen «*Lebensraum» für das «deutsche Volk» erkämpfen. Schon bald vermischten sich diese Ziele mit der Absicht, die europäischen Juden und Teile der osteuropäischen Zivilbevölkerung zu vernichten. Der Eroberungskrieg wurde zum Vernichtungskrieg.

Blitzkrieg

Am 1. September 1939 überfiel die deutsche Armee Polen. Ein Kriegsziel der nationalsozialistischen Führung war, Gebiete in Osteuropa zu erobern und dort Deutsche anzusiedeln. Deutschland wollte seine Siedlungsgebiete ausdehnen und dadurch neuen «Lebensraum» im Osten für das «deutsche Volk» gewinnen. Die Nationalsozialisten wollten auch die übrigen europäischen Länder unterwerfen und dort ihre Diktatur errichten. Sie glaubten, dass die Deutschen einer «überlegenen Rasse» angehörten. Die Bevölkerung der meisten anderen Nationen, besonders in Osteuropa, hielten sie für «Untermenschen». Mit dieser Ideologie rechtfertigten sie die Eroberung und Unterwerfung anderer Länder.

In einem dreiwöchigen so genannten Blitzkrieg eroberten die deutschen Armeen Polen. Grossbritannien und Frankreich erklärten Deutschland zwei Tage nach dem deutschen Überfall auf Polen den Krieg. Doch der Eroberungskrieg Deutschlands ging weiter. Während Jahren hatten die Nationalsozialisten ihre Armeen hochgerüstet und ihre Soldaten auf den Ernstfall vorbereitet. Die deutschen Truppen waren mit dem modernsten Kriegsgerät ausgerüstet. Mit den schnellen und wendigen Panzern konnten die Angreifer in kürzester Zeit grosse Gebiete erobern und von der Überraschung der Gegner profitieren. Im Frühjahr 1940 überrollten die deutschen Armeen in weiteren Blitzkriegen Dänemark, Norwegen, Holland, Belgien und Frankreich. Die Nationalsozialisten besetzten diese Länder. Sie setzten die demokratischen Rechte ausser Kraft und beuteten die Wirtschaft aus, um ihren Krieg zu finanzieren.

Die deutsche Armee versuchte anschliessend England aus der Luft zu besiegen, hatte aber keinen Erfolg. England ergab sich nicht. Dieser Luftkrieg brachte aber grosse Verwüstung über englische Städte wie zum Beispiel Coventry, das vollkommen zerstört wurde. Viele Menschen starben.

Später bombardierten die Alliierten eine Reihe deutscher Städte aus der Luft. Diese grossflächigen Luftangriffe forderten auch unter der deutschen Zivilbevölkerung viele Opfer und zerstörten zahlreiche Städte, darunter Hamburg, Köln und Dresden.

Deutsche Gefangene vor den Ruinen von Stalingrad, Januar 1943. In Stalingrad (heute Wolgograd) mussten die deutschen Truppen kapitulieren. Zehntausende Soldaten wurden gefangen genommen. Die meisten von ihnen starben bei der Zwangsarbeit in Sibirien. Die deutschen Soldaten erlitten in der russischen Kriegsgefangenschaft ähnliche Schicksale wie zuvor die sowjetischen Soldaten in deutscher Gefangenschaft.

Russlandfeldzug

Nach dem erfolglosen Luftkrieg gegen England richtete die nationalsozialistische Führung ihre kriegerischen Handlungen wieder stärker nach Osten. Die Nationalsozialisten wollten dort «Lebensraum» für die deutsche Bevölkerung erobern. Im Sommer 1941 überfielen drei grosse deutsche Armeen die Sowjetunion mit Unterstützung verbündeter Truppenverbände, beispielsweise aus Italien, Rumänien und Ungarn. Damit brach Hitler den Nichtangriffspakt, den er noch kurz vor Beginn des Krieges im August 1939 mit Stalin geschlossen hatte. Von dem Angriff überrascht, konnten die Sowjetarmeen nicht standhalten. Unzählige sowjetische Soldaten gerieten in deutsche Kriegsgefangenschaft. Dies bedeutete für die meisten den sicheren Tod: Sie erfroren, verhungerten oder wurden erschossen.

Mit dem Russlandfeldzug begannen die Nationalsozialisten, die osteuropäische Zivilbevölkerung, insbesondere Jüdinnen und Juden, Sinti und Roma sowie Slawinnen und Slawen planmässig zu ermorden. Die «Lebensraumpolitik» hatte sich zur Vernichtungspolitik gesteigert. Der Eroberungskrieg wurde zum Vernichtungskrieg.

Weltkrieg

Der europäische Krieg weitete sich im Jahr 1941 zum Weltkrieg aus. Japanische Kampfflugzeuge überfielen am 7. Dezember den amerikanischen Kriegshafen Pearl Harbor auf Hawaii. Japan war mit Deutschland verbündet. Die USA traten in den Krieg ein und kämpften nun an der Seite Englands und der Sowjetunion gegen Japan und die so genannten *Achsenmächte Deutschland und Italien.

Kriegswende und Kapitulation

Die Kriegswende kam mit der Niederlage der deutsch-italienischen Streitkräfte in Nordafrika im Frühjahr 1943 und mit der Schlacht von Stalingrad im Winter 1942/43. Die Deutschen und ihre Verbündeten erlitten riesige Verluste. Sie mussten sich aus Russland und den übrigen osteuropäischen Staaten Schritt für Schritt zurückziehen. Auf ihrem Rückzug wendeten die deutschen Truppen die gleiche Taktik der «verbrannten Erde» an, die 1941 schon die Sowjettruppen auf ihrer Flucht vor den Deutschen eingesetzt hatten. Die Soldaten zerstörten die Lebensgrundlagen und Versorgungseinrichtungen in den geräumten Gebieten: Strassen, Brücken, Verkehrs-, Industrie- und Produktionsanlagen, Lebensmittelvorräte sowie öffentliche und private Gebäude. Mit dieser Zerstörung sollte der Vormarsch der russischen Armeen aufgehalten werden.

Nach der katastrophalen Niederlage in Russland hielt der deutsche Propagandaminister Josef Goebbels am 18. Februar 1943 vor 3000 begeisterten Nationalsozialisten eine Rede, die am Radio übertragen wurde. Unter dem Jubel der Menge rief er zum «totalen Krieg» auf. Er behauptete, dass es für das nationalsozialistische Deutschland nur zwei Möglichkeiten

Wissen erarbeiten

Deutschland nach dem Zweiten Weltkrieg am 1. September 1945. Die Siegermächte teilten Deutschland nach dem Ende des Krieges in Besatzungszonen auf. Grosse Teile im Osten kamen unter polnische beziehungsweise sowjetische Verwaltung und wurden anschliessend in diese Länder eingegliedert. 1949 wurde aus der britischen, der französischen und der amerikanischen Zone die Bundesrepublik Deutschland, aus der sowjetischen Zone (mit Ausnahme Westberlins) die Deutsche Demokratische Republik.

gebe: entweder die totale Niederlage oder den totalen Sieg. Eine Kapitulation kam für ihn nicht in Frage. Im Gegenteil, alle noch verfügbaren Kräfte sollten mobilisiert werden, um den Vernichtungskrieg zu Ende zu führen. Die nationalsozialistischen Führer nahmen dadurch bewusst die Zerstörung Deutschlands und den Tod vieler Zivilpersonen in Kauf.

Kriegsende

Im Juni 1944 landeten alliierte Truppen in der Normandie. Nun brach auch die deutsche Westfront zusammen. Am 8. Mai 1945 kapitulierte die deutsche Armee bedingungslos vor den einmarschierenden Armeen aus West und Ost. Hitler hatte am 30. April Selbstmord begangen. Japan ergab sich drei Monate später, nach dem Abwurf amerikanischer Atombomben auf Hiroshima und Nagasaki.

Sowohl in Deutschland als auch in den besetzten Gebieten gab es während des ganzen Krieges auch Menschen, die Widerstand gegen die Nationalsozialisten leisteten. Sie beachteten Vorschriften und Befehle nicht, streikten oder versteckten Flüchtlinge bei sich. Einige Deutsche hatten auch versucht, Hitler umzubringen. Aber alle Attentate scheiterten. Erst den alliierten Streitkräften gelang es, die nationalsozialistische Diktatur zu beenden.

Die Bilanz dieses grössten Krieges der Geschichte ist grausam. Nach Schätzungen starben in dem sechs Jahre dauernden Krieg auf der ganzen Welt zwischen 50 und 60 Millionen Menschen, davon waren ungefähr die Hälfte Zivilpersonen. Viele Zivilisten, vor allem Juden und Jüdinnen oder Slawen und Slawinnen, wurden Opfer nationalsozialistischer Verbrechen. Zu den Toten kamen schätzungsweise 35 Millionen Verwundete und drei Millionen Vermisste. Weitere 20 bis 30 Millionen Menschen flüchteten aus ihrer Heimat, wurden vertrieben, deportiert oder zu Zwangsarbeit gezwungen.

AUFGABEN

28 Nenne drei Ziele, die die nationalsozialistische Führung mit dem Krieg verfolgte.
29 Zähle sechs europäische Länder auf, die von den deutschen Armeen erobert wurden.
30 Erkläre die Begriffe «Eroberungskrieg», «Vernichtungskrieg» und «totaler Krieg».

Der Rütli-Rapport, 25. Juli 1940. Im Sommer 1940 versammelte General Guisan seine hohen Offiziere auf dem Rütli. Die Zusammenkunft war symbolhaft. Sie fand an dem Ort statt, wo sich nach der Überlieferung Vertreter der Urkantone mit einem Schwur gegen äussere Bedrohungen verbündet haben sollen. Dieser Moment gilt als Gründungsakt der Schweiz. Die Versammlung der Militärspitze an diesem Ort sollte das Bild einer wehrhaften Schweiz vermitteln.

Die Schweiz im Zweiten Weltkrieg

Während des Zweiten Weltkrieges bestand die Gefahr, dass die Schweiz von der deutschen Armee überfallen würde. Mit dieser Bedrohung gingen die Menschen in der Schweiz auf unterschiedliche Art und Weise um. Sollte sich die Schweiz den Nationalsozialisten anpassen? Oder sollte die Schweiz konsequent Widerstand leisten? Noch zu Beginn des 21. Jahrhunderts wurde über die Politik der Schweiz im Zweiten Weltkrieg heftig diskutiert, weil sie Einfluss auf das Schicksal vieler Menschen hatte.

Ungewissheit bei Kriegsbeginn

Am 31. August 1939 wählte die Vereinigte Bundesversammlung (National- und Ständerat) angesichts des drohenden Krieges Henri Guisan zum General. Mit dieser Wahl erhielt Guisan die Führung über die gesamte Schweizer Armee. Auch der Bundesrat erhielt vom National- und vom Ständerat mehr Macht, damit er während des Krieges die erforderlichen Massnahmen zum Schutz der Schweiz treffen konnte.

Der Bundesrat hielt an der bisherigen bewaffneten Neutralität der Schweiz fest. Das bedeutete, dass die Schweiz mit keinem der Krieg führenden Länder ein Bündnis eingehen und auch nicht selbst in den Krieg eintreten durfte. Nur wenn die Schweiz angegriffen worden wäre, hätte sie sich wehren dürfen. Bereits einen Tag nach Kriegsbeginn, am 2. September 1939, beschloss der Bundesrat die allgemeine *Mobilmachung der Schweizer Armee.

Bis zum deutsch-französischen Waffenstillstand im Juni 1940 war die Gefahr für die Schweiz am grössten, von der deutschen Armee überfallen zu werden. Deutsche und italienische Truppen hätten in die Schweiz einmarschieren und Frankreich von der Schweiz aus angreifen können. Ein Jahr später, nach dem deutschen Angriff auf die Sowjetunion, nahm die Wahrscheinlichkeit eines Angriffs auf die Schweiz weiter ab. Denn die Armeen der Achsenmächte Deutschland und Italien waren im Russlandfeldzug und auf weiteren Kriegsschauplätzen gebunden.

Anpassung und Widerstand

Auf die unsichere militärische Lage im Sommer 1940 reagierten die Schweizer Regierung und die Armeespitze unterschiedlich.

Ende Juni hielt der Schweizer Bundespräsident Marcel Pilet-Golaz eine Radioansprache an die Bevölkerung. Daraus gingen die politischen Pläne der Schweizer Landesregierung aber nicht deutlich hervor. Pilet-Golaz sprach über die Neuordnung Europas nach dem Krieg, die auch in der Schweiz zu Änderungen führen werde. Es sei notwendig, dass der Bundesrat mit eigener Machtbefugnis handeln könne. Diese Äusserungen verunsicherten viele Schweizerinnen und Schweizer. War die schweizerische Demokratie nicht nur von aussen, sondern auch von innen bedroht? Kam die Bedrohung sogar von der eigenen Regierung, die mehr Macht wollte?

Zur selben Zeit empfing Pilet-Golaz eine Gruppe von Frontisten. Das waren Mitglieder von schweizerischen Organisationen, die dem Nationalsozialismus nahe standen. Bereits in den 1930er Jahren hatten diese die Abschaffung von direkt-

35 Gian Carlo Frizzoni (geb. 1912)

Ich will nicht überheblich sein, aber wir haben alle unsere Pflicht getan. Die zweihundert, die mit ihrer Eingabe beim Bundesrat verlangten, die Schweiz müsse sich Nazi-Deutschland anpassen, wären bald aus dem Weg geschafft gewesen. Die Schweiz hätte gegen die deutsche Wehrmacht eine Chance gehabt, weil wir gut vorbereitet waren. Sonst wären die Deutschen mit Sicherheit in die Schweiz gekommen. Aber sie sahen, dass man da nicht wie im Flug durchkam wie in Polen, wo sie die Kavallerie gegen die Panzer eingesetzt hatten. Solche Sachen gab es bei uns nicht.

Ich übertreibe vielleicht etwas, aber das was die Leute sagen, die den Krieg nicht mitgemacht haben und sich nur vom Hörensagen ein Bild machen und dann kritisieren, das gilt bei mir nicht. Denn wir waren überzeugt, wir tun das Beste. Ein Junger sagte kürzlich, das Réduit hätte nicht gehalten. Den hätte ich am liebsten zitiert und ihm gesagt: «Ich zeige dir etwas!» Ich hätte ihm das Réduit inwendig gezeigt. Das ist riesig; da können Sie 24 Stunden drin herumlaufen und kommen nie am selben Ort vorbei. Es hat auf allen Seiten Möglichkeiten, um sich zu verteidigen. Was dort gelagert war, hätte für die ganze Schweiz für drei Jahre gereicht.

In: Christof Dejung, Thomas Gull, Tanja Wirz: *Landigeist und Judenstempel – Erinnerungen einer Generation 1930–1945*. Zürich: Limmat, 2002. Gian Carlo Frizzoni war zu Beginn des Krieges Oberleutnant auf dem Berninapass. Mit seinen Truppen baute er Befestigungen, um den Pass gegen Süden zu schützen. Später arbeitete Frizzoni als Spion für den Schweizer Nachrichtendienst.

demokratischen Instrumenten wie *Referendum und *Initiative gefordert. Um eine Provokation gegenüber Deutschland zu vermeiden, hatte sich der Schweizer Bundespräsident für den Empfang dieser nazifreundlichen Kreise entschieden. Weite Teile der Schweizer Bevölkerung lehnten die nationalsozialistische Ideologie jedoch ab und protestierten gegen das Verhalten von Bundespräsident Pilet-Golaz.

Im Gegensatz zum Bundespräsidenten stand General Henri Guisan in der Wahrnehmung der Öffentlichkeit für den Widerstandswillen in Armee und Bevölkerung. Auf dem Rütli hielt General Guisan am 25. Juli 1940 vor knapp 500 Offizieren der Schweizer Armee eine Ansprache, den so genannten Rütli-Rapport. Guisan erklärte den Truppenkommandanten seine militärische *Strategie: Die Armee sollte sich im Falle eines Angriffs in die Alpen zurückziehen. Für General Guisan bildeten die Alpen ein eigentliches «Réduit», das heisst, eine riesige Verteidigungsanlage, in der ganze Festungen untergebracht waren. Guisan glaubte, dass die Schweizer Armee nicht in der Lage sei, das bevölkerungs- und industriereiche Mittelland zu schützen. Im unwegsamen Gelände der Alpen aber könnten die deutschen und italienischen Armeen weder ihre Panzer noch ihre Kampfflugzeuge einsetzen.

Schon damals stellten Kritiker die Frage, was die Armee im Réduit der Schweiz nützen sollte. Was wäre mit den zurückgelassenen Menschen im Mittelland geschehen? Über Sinn und Unsinn der militärischen Strategie von General Guisan wird noch heute diskutiert. In einem Punkt sind sich aber viele einig: Der Rütli-Rapport und die Idee des Réduit hatten eine wichtige psychologische Wirkung. Sie wurden zum Symbol des Widerstands gegen die kriegerischen Diktaturen und stärkten den Durchhalte- und Widerstandswillen der Schweizer Armee und der Bevölkerung.

Wirtschaftliche Verflechtungen

Die Frage nach der schweizerischen Haltung zwischen Anpassung und Widerstand während des Zweiten Weltkrieges stellt sich auch im wirtschaftlichen Bereich. Kurz nach der Krise im Sommer 1940 schlossen Deutschland und die Schweiz ein Handelsabkommen. Das Deutsche Reich lieferte der Schweiz Kohle, Eisen, Mineralöl und andere Rohstoffe. Im Gegenzug erhielt Deutschland Waffen, Maschinen und Elektromotoren aus Schweizer Produktion.

Wie war es zu diesem Vertrag gekommen? Die Schweiz als rohstoffarmes Land war auf den Aussenhandel angewiesen. Schon vor dem Krieg war Deutschland ihr wichtigster Handelspartner gewesen. Zu Beginn des Zweiten Weltkrieges hatte die Schweiz aber den Alliierten weitaus mehr Kriegsmaterial geliefert als dem nationalsozialistischen Deutschland. Um die Schweiz zu mehr Handelsaustausch zu zwingen, blockierte Deutschland im Juni 1940 die Kohlelieferungen. Denn ohne die Brennstoffe aus Deutschland war die Schweizer Wirtschaft nicht überlebensfähig. Unter diesen Voraussetzungen kam es Anfang August 1940 zum Abschluss des deutsch-schweizerischen Handelsabkommens.

Die Schweiz war als Verkehrsdrehscheibe und Finanzplatz für die Achsenmächte von grosser Bedeutung. Sie erlaubte den Transitverkehr von kriegswichtigen Lieferungen zwischen dem Deutschen Reich und Italien. Weiter gewährte die

Ruja Erb (geb. 1915)

Nachher verschanzte sich die militärische Führung im Gotthardgebiet. Wir dachten: Und jetzt? Wo ist eigentlich der männliche Widerstand? Und wir wussten nie: Wo steht eigentlich unser General? Man hatte immer das Gefühl: Wenn man auf jemanden vertrauen kann, dann ist es der General. Aber eindeutig geäussert hat er sich auch nicht. Er war, sagen wir mal: neutral. Ich kann nicht sagen, dass wir eine Angst*psychose bekommen hätten. Ich erinnere mich nur, dass wir plötzlich unser Haus abschlossen.

In: Christof Dejung, Thomas Gull, Tanja Wirz: *Landigeist und Judenstempel – Erinnerungen einer Generation 1930–1945*. Zürich: Limmat, 2002. Ruja Erb arbeitete seit Kriegsbeginn beim eidgenössischen Gewässeramt, später bei der eidgenössischen Fremdenpolizei.

Marthe Gosteli (geb. 1917)

Ob wir damals wussten, dass Schweizer Fabriken den Achsenmächten Waffen lieferten? Aber natürlich! Was hätten wir denn tun sollen? Wir mussten die Leute ja beschäftigen! Es ist schrecklich, dass man das so sagen muss, aber es ist so. Es gab Zeiten, wo nicht mehr so viele Soldaten an der Grenze standen, und da musste man die Leute im Land drin beschäftigen. Und wo hätte man die Waren denn hinschicken sollen? Nach Amerika? Oder nach England? Und wenn man sich mal überlegt, was in den Kriegszeiten sonst noch alles geschah und wie viele andere Länder, die zwar miteinander in Fehde lagen, einander noch belieferten! Das darf man nicht so einseitig sehen. Natürlich ist das alles schrecklich. Aber wenn man sich die damalige Situation vor Augen hält. Man muss sich auch in die Lage der Leute versetzen, die damals diese Entscheidungen treffen mussten. Sicher waren das nicht immer nur gute Entscheidungen, aber im grossen Ganzen ist es doch gelungen, die Schweiz aus dem Krieg herauszuhalten und unsere Freiheit nicht preiszugeben.

In: Christof Dejung, Thomas Gull, Tanja Wirz: *Landigeist und Judenstempel – Erinnerungen einer Generation 1930–1945*. Zürich: Limmat, 2002. Marthe Gosteli war während des Krieges im Frauenhilfsdienst FHD Sekretärin im Armeestab. Im Jahr 1982 gründete sie das Gosteli-Archiv zur Aufarbeitung der Geschichte der schweizerischen Frauenbewegung.

Schweiz der nationalsozialistischen Diktatur Kredite, da Deutschland nicht alle Importe aus der Schweiz bezahlen oder mit seinen Exporten ausgleichen konnte. Schliesslich war für das Deutsche Reich von 1941 bis zum Kriegsende auch der Goldhandel mit der Schweiz wichtig. Denn die Alliierten nahmen kein Gold aus Deutschland mehr in Zahlung. Die Schweiz hingegen kaufte von der deutschen Nationalbank Gold, das die deutschen Besatzer in den eroberten Ländern Belgien und Niederlande geraubt hatten. Mit dem Geld aus der Schweiz konnten die Nationalsozialisten wiederum Waffen kaufen. Der Gewinn der Schweiz war relativ gering. Viele nehmen aber an, dass der Goldhandel die Gefahr eines deutschen Überfalls auf die Schweiz weiter verringerte.

Nach dem Krieg forderten die Alliierten die Schweiz auf, das deutsche «Raubgold» zurückzugeben. Die Alliierten kritisierten auch das schweizerische Verständnis von Neutralität. Die Schweiz habe mit ihrer Politik das nationalsozialistische Deutschland direkt und indirekt unterstützt. Im Washingtoner Abkommen von 1946 stimmte die Schweiz zu, den Alliierten Gold im Wert von 250 Millionen Franken auszuhändigen.

Gleichzeitig versprach die Schweiz, die so genannt nachrichtenlosen Vermögen von Opfern der Nationalsozialisten auf Schweizer Banken ausfindig zu machen. Viele verfolgte Menschen in Deutschland hatten nämlich während des Krieges ihr Vermögen in die Schweiz in Sicherheit gebracht. Tausende dieser Menschen wurden aber im Krieg ermordet. Die noch lebenden Angehörigen und Nachkommen dieser Opfer mussten erst ermittelt werden. Dann sollten die Vermögen den rechtmässigen Eigentümerinnen und Eigentümern oder Flüchtlingsorganisationen übergeben werden. Doch die Rückzahlung solcher Vermögen ging oft nur zögernd vor sich. Einige Schweizer Banken hielten nachrichtenlose Vermögen unnötig lange zurück.

Flüchtlingspolitik

Auch die schweizerische Flüchtlingspolitik während des Zweiten Weltkrieges bot Anlass zu heftiger Diskussion. Während des Krieges nahm die Schweiz knapp 300 000 Schutz Suchende auf. Dazu gehörten internierte Militärpersonen, Grenzflüchtlinge, Kinder auf vorübergehendem Erholungsurlaub, zivile und politische Flüchtlinge sowie Emigrantinnen und Emigranten. Soldaten aus fremden Armeen machten mit 104 000 Personen den grössten Anteil aus; die Schweiz musste diese aus völkerrechtlichen Gründen aufnehmen. Von den vielen Menschen, die während des Krieges in der Schweiz Schutz suchten, kann man rund 50 000 als Zivilflüchtlinge bezeichnen. Davon waren mehrere Tausend Jüdinnen und Juden. An der Gesamtbevölkerung gemessen nahm die Schweiz damit mehr Flüchtlinge auf als jedes andere Land.

Die Schweizer Flüchtlingspolitik war gleichzeitig von einer starken Abwehr, insbesondere gegen jüdische Flüchtlinge, gekennzeichnet. Während der nationalsozialistischen Diktatur wurden mehrere tausend Schutz Suchende entweder an den Schweizer Grenzen zurückgeschickt oder aus der Schweiz ausgewiesen. Etwa 15 000 Menschen erhielten bei den Schweizer Vertretungen im Ausland erst gar kein Einreisevisum. Bei diesen Flüchtlingen handelte es sich zu einem grossen Teil um Jüdinnen und Juden.

Kleideranprobe. Im Sommer 1945 bei Montreux hilft eine Angehörige des Frauenhilfsdienstes (FHD) einem Flüchtling beim Anprobieren von Kleidern. Sie prüft, ob die gespendete Jacke dem jungen Mann passt. Der FHD war ein Teil der Schweizer Armee, den die Armeeführung während des Zweiten Weltkrieges eingerichtet hatte. Die Schweizerinnen konnten sich freiweillig zum FHD melden. Unter anderem arbeiteten sie im Büro, bei der Nachrichtenübermittlung, im Sanitätsdienst oder bei der Flugzeugbeobachtung. Sie kümmerten sich auch um die Menschen in den Flüchtlingslagern. Ohne den Einsatz unzähliger FHD-Angehöriger hätte die Schweiz die grosse Zahl von Flüchtlingen vor und nach dem Ende des Krieges unmöglich ausreichend betreuen können.

Im März 1938 waren deutsche Truppen in Österreich einmarschiert. Viele Menschen flüchteten deshalb aus Österreich, auch in die Schweiz. Die Schweizer Behörden machten darauf bei den zuständigen Behörden in Deutschland den Vorschlag, die Pässe deutscher und österreichischer Jüdinnen und Juden mit einem roten «J» zu kennzeichnen. Die Grenzbehörden sahen dadurch sofort, ob jemand Jüdin oder Jude war. Für deutsche und österreichische Juden bedeutete dies, dass ihnen – von wenigen Ausnahmen abgesehen – ab 1938 konsequent die Einreise in die Schweiz verwehrt wurde. Gleichzeitig erschwerte oder verhinderte der «J»-Stempel auch die Einreise in andere Länder. Diejenigen Flüchtlinge, die vorübergehend in der Schweiz Aufnahme fanden, mussten sofort ihre Weiterreise organisieren. Denn die Schweiz verstand sich für Flüchtlinge nur als Durchgangsland.

Im Sommer 1942 war die Schweiz fast ganz von nationalsozialistischen und faschistischen Mächten umgeben. Die Versorgungslage war zwar angespannt, aber nicht dramatisch. Dennoch schloss die Schweiz damals ihre Grenzen bis in den Sommer 1944.

Der Bundesrat, das Eidgenössische Justiz- und Polizeidepartement und die Armeespitzen hätten damals wissen können, dass die Nationalsozialisten die zurückgewiesenen Flüchtlinge in den meisten Fällen in osteuropäische Konzentrationslager deportierten, wo viele von ihnen ums Leben kamen. Im Rückblick sehen manche den entscheidenden Grund für die Flüchtlingsabwehr der Bundesbehörden nicht in der angespannten Versorgungslage, sondern im damaligen schweizerischen Antisemitismus. Mit den Schlagwörtern «Überfremdung» und «Verjudung» wurde besonders gegen die Einwanderung jüdischer Menschen gekämpft. Auch hatten die Bundesbehörden Angst vor deutschen Gegenmassnahmen.

Es gab aber auch eine andere Schweiz. Mutige und engagierte Beamte und Angestellte von Schweizer Konsulaten stellten grosszügig Einreisebewilligungen für Flüchtlinge aus, obwohl sie damit gegen die Vorschriften handelten. Zudem gab es zahlreiche Grenzbeamte, Privatpersonen und Organisationen, die den Flüchtlingen beim Grenzübertritt halfen oder sie in der Schweiz vor den Behörden versteckten.

AUFGABEN

31 *Wann war die Gefahr eines deutschen Überfalls auf die Schweiz am grössten? Warum?*

32 *Nenne je eine Massnahme von Bundespräsident Pilet-Golaz und von General Guisan im Sommer 1940 und beschreibe, welche Wirkungen diese Massnahmen in der Öffentlichkeit hatten.*

33 *Wieso blieb die Schweiz vom Krieg im Grossen und Ganzen verschont? Nenne mindestens drei Gründe.*

34 *Welche Handlungen von Schweizerinnen und Schweizern während des Zweiten Weltkrieges boten um die Jahrhundertwende Anlass für Diskussionen? Zähle mindestens drei Handlungen auf.*

35 *Welches Bild veranschaulicht für dich am besten die Situation der Schweiz während des Zweiten Weltkrieges? Wähle entweder ein Bild aus diesem Buch oder suche ein anderes. Begründe deine Auswahl.*

39 Die Ziele der UNO

Die Vereinten Nationen setzen sich folgende Ziele:

1. den Weltfrieden und die internationale Sicherheit zu wahren und zu diesem Zweck wirksame Kollektivmassnahmen zu treffen, um Bedrohungen des Friedens zu verhüten und zu beseitigen, Angriffshandlungen und andere Friedensbrüche zu unterdrücken und internationale Streitigkeiten oder Situationen, die zu einem Friedensbruch führen könnten, durch friedliche Mittel nach den Grundsätzen der Gerechtigkeit und des Völkerrechts zu bereinigen oder beizulegen;
2. freundschaftliche, auf der Achtung vor dem Grundsatz der Gleichberechtigung und Selbstbestimmung der Völker beruhende Beziehungen zwischen den Nationen zu entwickeln und andere geeignete Massnahmen zur Festigung des Weltfriedens zu treffen;
3. eine internationale Zusammenarbeit herbeizuführen, um internationale Probleme wirtschaftlicher, sozialer, kultureller und humanitärer Art zu lösen und die Achtung vor den Menschenrechten und Grundfreiheiten für alle ohne Unterschied der Rasse, des Geschlechts, der Sprache oder der Religion zu fördern und zu festigen; [...]

Artikel 1 der UNO-Charta. Am 26. Juni 1945 unterzeichneten die 51 Mitgliedstaaten in San Francisco die UNO-Charta, die Verfassung der Vereinten Nationen.

Zur Sicherung des Weltfriedens: die UNO

Schon während des Zweiten Weltkrieges diskutierten führende Politiker der Alliierten ihre Vorstellungen von einer zukünftigen Friedensordnung. Kein Krieg hatte je zuvor so viele Opfer gefordert wie der Zweite Weltkrieg. Um in Zukunft den Frieden zu sichern, schlossen sich deshalb am 26. Juni 1945 insgesamt 51 Staaten zur Organisation der Vereinten Nationen (UNO) zusammen.

Die Organisation der UNO

Heute sind fast alle Staaten der Erde Mitglieder der UNO. Die UNO hat ihren Hauptsitz in New York, daneben bestehen Sitze in Genf und in Wien.

Das wichtigste Organ der UNO ist der Sicherheitsrat. Er setzt sich aus fünf ständigen Mitgliedern und zehn nicht ständigen Mitgliedern zusammen. Die ständigen Mitglieder sind China, Grossbritannien, Frankreich, USA und Russland. Sie besitzen ein *Vetorecht. Die nicht ständigen Mitglieder werden für jeweils zwei Jahre von der Generalversammlung gewählt. Der Sicherheitsrat ist in erster Linie für die Aufrechterhaltung des internationalen Friedens zuständig.

Die Generalversammlung trifft sich jährlich mindestens einmal. Sie besteht aus allen Mitgliedstaaten, die je eine Stimme besitzen. Auch der Internationale Gerichtshof in Den Haag ist ein Organ der UNO. Er entscheidet nach dem geltenden Völkerrecht über Streitigkeiten zwischen zwei oder mehreren Staaten. Das Sekretariat ist das Verwaltungsorgan der UNO. Es wird vom UNO-Generalsekretär geleitet.

Aufgaben der UNO

Die UNO setzte während des Kalten Krieges in Krisengebieten vor allem Friedenstruppen («Blauhelme») zur Erhaltung des Friedens ein. Die Blauhelme nahmen dabei die Rolle von «Puffern» zwischen den gegnerischen Truppen wahr. Neben der Friedensbewahrung nimmt die UNO mit ihren Unterorganisationen auch weitere Aufgaben wahr. Sie fördert die weltweite Zusammenarbeit in Fragen des Umweltschutzes und fördert die Ausbildung von Kindern. Sie versucht, neue Flüchtlingsbewegungen zu verhindern, und bekämpft Seuchen, Armut und Drogenhandel.

Kritik

Verschiedentlich wurde auch Kritik an der UNO laut. Einzelne UN-Friedensmissionen hatten nicht den gewünschten Erfolg. Auch die Zusammensetzung des Sicherheitsrats wurde kritisiert. Manche Mitglieder störten sich daran, dass in der Generalversammlung kleine Staaten gleich viel Gewicht hatten wie grosse Staaten. Andere beanstandeten den hohen bürokratischen Aufwand.

Die Schweiz und die UNO

Seit September 2002 ist auch die Schweiz Mitglied der Vereinten Nationen. Im März 2002 nahmen Volk und Stände die Volksinitiative für den Beitritt der Schweiz zu den Vereinten Nationen an. Noch im Jahr 1986 lehnte eine Dreiviertelmehrheit der Schweizerinnen und Schweizer den Beitritt zur UNO ab. Gegnerinnen und Gegner der UNO argumentierten mit der Schweizer Neutralität, die sich nicht mit den Einsätzen der Vereinten Nationen in Kriegsgebieten vereinbaren liesse. Doch nach und nach setzte sich in der Schweizer Bevölkerung die Überzeugung durch, dass auch die Schweiz ihre Verantwortung für den weltweiten Frieden als Mitglied der UNO wahrnehmen muss.

AUFGABEN

36 *Nenne drei Organe der UNO.*

37 *Zähle drei wichtige Ziele der UNO auf.*

38 *Welches ist das mächtigste Organ der UNO? Begründe deine Antwort kurz.*

39 *Die UNO bietet auch in der Schweiz eine Vielzahl von Arbeitsplätzen an. Würdest du für die UNO arbeiten oder nicht? Welche konkrete Aufgabe würde dich allenfalls interessieren?*

Wissen erarbeiten

Prospekt für ein Jugendbuch

Sicher hast du schon erlebt, dass dich ein Buch völlig gefesselt hat. Beim Lesen hast du alles vergessen und bist in eine neue Welt eingetaucht, vielleicht in ein fernes Land oder in eine andere Zeit. Auf diese Weise ist Lernen spannend und interessant. Dieser Portfolioauftrag will dich anregen, ein Jugendbuch zum Thema «Zwischen Demokratie und Diktatur» zu lesen. Das von dir gewählte Buch wird dir hoffentlich gefallen, und du sollst deshalb einen Werbeprospekt für deine Kolleginnen und Kollegen machen. Der Werbeprospekt, den du zum Buch entwerfen wirst, soll dir zeigen: Wer etwas gut studiert hat, kann es anderen erklären. Man kann diese Erkenntnis auch umdrehen: Wer etwas gut begreifen will, soll versuchen, es anderen zu erklären. Das genau tust du mit diesem Portfolioauftrag.

Portfolioauftrag

Aufgabe

Für dein Portfolio sollst du einen Werbeprospekt für ein Jugendbuch entwerfen. Der Prospekt hat mehrere Seiten. Du kannst z. B. ein A3-Blatt so falten, dass vier A4-Seiten entstehen. Sicher findest du ein eigenes originelles Format für deinen Prospekt. Der Prospekt soll folgende Angaben enthalten.

▶ Titel (und Untertitel) des Buches, wer es geschrieben hat (Autor/Autorin), in welchem Verlag und welchem Jahr es erschienen ist, wie viele Seiten es hat, was es kostet und wo es erhältlich ist.

▶ Eine kurze Zusammenfassung des Buchinhalts, ohne den Ausgang der Geschichte zu verraten.

▶ Eine überzeugende Begründung, warum andere gerade dieses Buch lesen sollen. Dazu kannst du auch eine einprägsame Titelzeile (einen Werbeslogan) erfinden. Gib ebenfalls an, für welche Altersgruppe das Buch geeignet ist.

▶ Einen Steckbrief, in dem du eine Person aus dem Buch vorstellst. Nenne den Namen, beschreibe Alter und Aussehen, Lebensort und Lebensweise, Interessen, Fähigkeiten, Hobbys usw.

▶ Passende Illustrationen. Das kann ein Bild des Buchumschlags sein, eine Abbildung aus dem Buch, eine Zeichnung deiner Lieblingsszene.

▶ Weitere Elemente deiner Wahl. Du kannst beispielsweise Kopien aus dem Buch machen oder Texte über das Buch aus dem Internet beziehen.

Vorgehen

1. Suche zuerst ein Jugendbuch zum Thema. Nimm eines, das du schon gelesen hast, oder recherchiere im Internet. Oder frage eine Buchhändlerin oder einen Bibliothekar. Wenn du das Buch gefunden hast, notiere zuerst Titel, Autor, Verlag usw.
2. Kläre Folgendes ab: Wie viel Zeit kannst du für die Aufgabe aufwenden? Wird deine Arbeit benotet? Wann musst du den Prospekt abgeben?
3. Lies das Jugendbuch. Überlege dir dabei von Zeit zu Zeit, welche Angaben du in den Werbeprospekt aufnehmen könntest. Vielleicht findest du weitere Informationen über das Buch im Internet oder in einer Zeitschrift.
4. Bestimme provisorisch eine Form für deinen Prospekt. Überlege, welche Angabe und welche Illustration du auf welcher Seite platzieren möchtest. Wo machst du die Inhaltsangabe? Wo steht, warum jemand das Buch lesen sollte? Wie ausführlich soll der Steckbrief einer Person aus dem Buch sein? Wie viele Illustrationen soll der Werbeprospekt enthalten? Wo stehen die Angaben zu Titel, Verlag usw.?
5. Gestalte deinen Prospekt sorgfältig fertig. Der Werbeprospekt soll Aufmerksamkeit erwecken. Verwende Farben und achte darauf, dass der Text keine Rechtschreibefehler enthält.

Hinweise

▶ Es gibt eine ganze Reihe von Jugendbüchern, die sich mit dem Thema «Zwischen Demokratie und Diktatur» beschäftigen. Klaus Kordon hat sogar drei Jugendbücher geschrieben, die den ganzen Zeitraum des Kapitels abdecken: *Die roten Matrosen oder Ein vergessener Winter*, *Mit dem Rücken zur Wand* und *Der erste Frühling*, alle im Verlag Beltz & Gelberg erschienen.

▶ Du wirst auch viele Jugendbücher finden, die sich mit dem Zweiten Weltkrieg und der Vernichtung der Jüdinnen und Juden beschäftigen. Besonders empfohlen sind: *Die Insel in der Vogelstrasse* von Uri Orlev, *Wer bist du, Anuschka?* von Niza Ganor und *Reise im August* von Gudrun Pausewang.

▶ Natürlich kann man diese Aufgabe auch gut in Gruppenarbeit lösen.

Jugend unter der Diktatur des Nationalsozialismus

Fahnenappell in einem BDM-Lager. Drill, Disziplin und unbedingter Gehorsam gehörten ebenso in die Organisation des Bundes Deutscher Mädel (BDM) wie in die Organisationen der männlichen Hitlerjugend (HJ). Die Erziehung zur guten Nationalsozialistin oder zum guten Nationalsozialisten begann früh. Wenn alle ähnlich dachten, war es einfacher zu regieren.

41 Inge Scholl erinnert sich an die Zeit in der Hitlerjugend

Zum ersten Mal trat die Politik in unser Leben. Hans war damals 15 Jahre alt, Sophie 12. Wir hörten viel vom Vaterland reden, von Kameradschaft, Volksgemeinschaft und Heimatliebe. Das imponierte uns, und wir horchten begeistert auf, wenn wir in der Schule oder auf der Strasse davon sprechen hörten. [...] Und Hitler, so hörten wir überall, Hitler wolle diesem Vaterland zu Grösse, Glück und Wohlstand verhelfen; er wolle sorgen, dass jeder Arbeit und Brot habe; nicht ruhen und rasten wolle er, bis jeder einzelne Deutsche ein unabhängiger, freier und glücklicher Mensch in seinem Vaterland sei. Wir fanden das gut, und was immer wir dazu beitragen konnten, wollten wir tun. Aber noch etwas anderes kam dazu, was uns mit geheimnisvoller Macht anzog und mitriss. Es waren die kompakten Kolonnen der Jugend mit ihren wehenden Fahnen, den vorwärts gerichteten Augen und dem Trommelschlag und Gesang. War das nicht etwas Überwältigendes, diese Gemeinschaft? So war es kein Wunder, dass wir alle, Hans und Sophie und wir andern, uns in die Hitlerjugend einreihten.

Inge Scholl, *Die weisse Rose*. © S. Fischer Verlag GmbH, Frankfurt am Main 1982, 1993. Inge Scholl war die Schwester der Mitglieder der Weissen Rose Hans und Sophie Scholl.

42 Das letzte Flugblatt der Weissen Rose

*Kommilitoninnen! Kommilitonen!

Erschüttert steht unser Volk vor dem Untergang der Männer von Stalingrad, 330 000 deutsche Männer hat die geniale Strategie des Weltkriegsgefreiten sinn- und verantwortungslos in Tod und Verderben gehetzt. Führer, wir danken dir! Es gärt im deutschen Volk: Wollen wir weiter einem *Dilettanten das Schicksal unserer Armeen anvertrauen? Wollen wir den niedrigsten Machtinstinkten einer Parteiclique den Rest unserer deutschen Jugend opfern? Nimmermehr! Der Tag der Abrechnung ist gekommen, der Abrechnung der deutschen Jugend mit der verabscheuungswürdigsten *Tyrannis, die unser Volk je erduldet hat. Im Namen des ganzen deutschen Volkes fordern wir vom Staat Adolf Hitlers die persönliche Freiheit, das kostbarste Gut der Deutschen zurück, um das er uns in der erbärmlichsten Weise betrogen.

In einem Staat rücksichtsloser Knebelung jeder freien Meinungsäusserung sind wir aufgewachsen. HJ, SA und SS haben uns in den fruchtbarsten Bildungsjahren unseres Lebens zu uniformieren, zu revolutionieren, zu *narkotisieren versucht. «Weltanschauliche Schulung» hiess die verächtliche Methode, das aufkeimende Selbstdenken und Selbstwerten in einem Nebel leerer Phrasen zu ersticken. [...]

Das letzte Flugblatt. In: Inge Scholl, *Die weisse Rose*. © S. Fischer Verlag GmbH, Frankfurt am Main 1982, 1993. Der 24-jährige Hans Scholl und der Philosophieprofessor Kurt Huber verfassten nach der deutschen Niederlage in Stalingrad das letzte Flugblatt der Widerstandsbewegung «Weisse Rose». Beim Auslegen der Flugblätter in der Münchner Universität am 18. Februar 1943 wurden die 21-jährige Sophie Scholl und ihr Bruder Hans von der Gestapo verhaftet. Beide wurden am 22. Februar 1943 von den Nationalsozialisten hingerichtet.

Thema ausweiten

«Jugend dient dem Führer.» Aufrecht, mutig, vorwärts blickend und vorbildhaft: Das Bild der nationalsozialistischen Jugend war perfekt. Gefühle wie Angst oder Zweifel hatten darin keinen Platz.

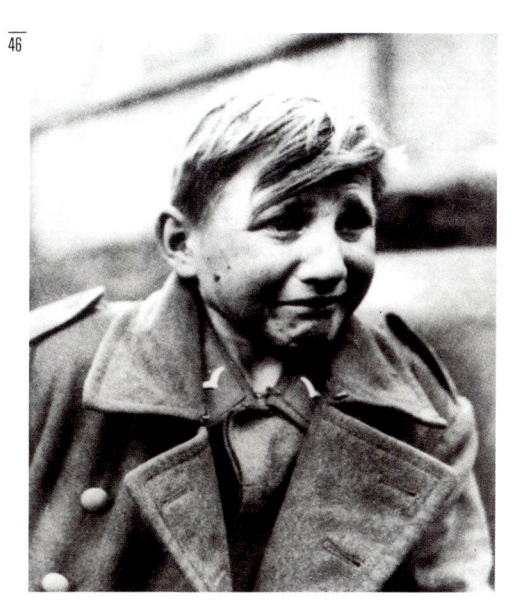

Der 16-jährige Luftwaffenhelfer Hans-Georg Henke kurz nach der Befreiung Berlins. Ab September 1944 wurden Jungen ab 16 Jahren und Männer über 60 in die Wehrmacht einberufen und zur Verteidigung bedrohter Gebiete eingesetzt.

44 Elisabeth Fischer berichtet von ihrem Widerstand als Mitglied des Bundes Deutscher Mädel

Wir hatten ein ganz grandioses System; wir sollten natürlich auch in Uniform erscheinen, wir hatten also ein ganz grandioses System entwickelt, keine Uniform zu haben oder zu behaupten, wir wären gerade eben ausgebombt und die Uniform sei verbrannt, das haben sie immer sehr ungern gehört. Das war die beste Ausrede, die man hatte. Wir waren dann ziemlich frech, wir haben dann gesagt, die Uniform ist verbrannt.

Elisabeth Fischer: *Straff, aber nicht stramm, herb, aber nicht derb. Der Bund Deutscher Mädel.* Film von Petra Seeger, Westdeutsches Fernsehen, 1980, gesendet am 16. Dezember 1980 im WDR 3.

45 Der Hitlerjunge Detlev beschreibt seine praktische Arbeit im HJ-Streifendienst

Systematisch fingen wir an, die Lokale der Innenstadt abzuklappern. Das Schema unseres Vorgehens blieb sich meist gleich: Aus Tanzdielen wurden minderjährige Mädchen verwiesen, «Negermusik» unterbunden, wo immer wir noch ein paar Takte davon mitkriegten (die Kapellen schalteten stets mit *Stukatempo auf erlaubtere Töne um, sobald wir in der Tür erschienen); die Einhaltung des Verbots von Rauchen und Alkoholgenuss in der Öffentlichkeit bei Jugendlichen kontrolliert und sämtliche Besucher aller überprüften Lokalitäten einer unnachgiebigen Ausweiskontrolle unterzogen.

Gisela Ehrenberg: *Deutschlands Hoffnung.* Roman. München: Steinhausen, 1979.

47 Aus dem Tagebuch der Anne Frank

Freitag, 24. Dezember 1943
Beste Kitty!
Ich habe dir schon öfter geschrieben, dass wir hier alle so unter Stimmungen leiden, und ich glaube, dass das vor allem in der letzten Zeit bei mir stark zunimmt.

«Himmelhoch jauchzend, zu Tode betrübt» ist da bestimmt zutreffend. «Himmelhoch jauchzend» bin ich, wenn ich daran denke, wie gut wir es hier noch haben im Vergleich zu all den anderen jüdischen Kindern. Und zu «Tode betrübt» überfällt mich zum Beispiel, wenn Frau Kleiman hier gewesen ist und von Jopies Hockeyclub, von Kanufahrten, Theateraufführungen und Teetrinken mit Freunden erzählt hat. [...]

Wenn jemand gerade von draussen hereinkommt, mit dem Wind in den Kleidern und der Kälte im Gesicht, dann würde ich am liebsten meinen Kopf unter die Decke stecken, um nicht zu denken: «Wann ist es uns wieder mal vergönnt, Luft zu riechen?» Und obwohl ich meinen Kopf nicht unter der Decke verstecken darf, mich im Gegenteil aufrecht und stark halten muss, kommen die Gedanken doch, nicht nur einmal, sondern viele Male, unzählige Male.

Glaub mir, wenn man eineinhalb Jahre eingeschlossen sitzt, kann es einem an manchen Tagen mal zu viel werden, ob es nun berechtigt oder undankbar ist. Gefühle lassen sich nicht zur Seite schieben. Radfahren, tanzen, pfeifen, die Welt sehen, mich jung fühlen, wissen, dass ich frei bin – danach

2. Zwischen Demokratie und Diktatur

48

Anne Frank als elfjährige Schülerin. Die Familie von Anne Frank versteckte sich im Sommer 1942 gemeinsam mit einer andern jüdischen Familie in einem Hinterhaus in Amsterdam. Nach der deutschen Besetzung der Niederlande bedrohte die nationalsozialistische Judenpolitik auch das Leben der dortigen Jüdinnen und Juden. Über zwei Jahre versorgten Freunde die beiden Familien in ihrem Versteck mit Lebensmitteln, bis – wie vermutet wird – ein Arbeiter die Untergetauchten verriet. Anne und ihre Schwester Margot starben wenige Monate vor Kriegsende im Konzentrationslager Bergen-Belsen an einer Typhusepidemie. Während der Zeit im Hinterhaus hat Anne ihre Erlebnisse, Gefühle und Gedanken in einem Tagebuch festgehalten. Das Tagebuch nannte sie «Kitty».

© AFF Basel/AFS Amsterdam

sehne ich mich. Und doch darf ich es nicht zeigen. Denn stell dir vor, wenn wir alle acht anfingen, uns zu beklagen oder unzufriedene Gesichter zu machen, wohin sollte das führen?

Anne Frank *Tagebuch*. Eintragung vom 24. Dezember 1943. Einzig autorisierte und ergänzte Fassung Otto H. Frank und Mirjam Pressler. © 1991 by ANNE FRANK-Fonds, Basel. Alle Rechte vorbehalten S. Fischer Verlag GmbH, Frankfurt am Main.

49 Über Zweifel an der Echtheit des Tagebuchs von Anne Frank

Jahrzehntelang wurden Anne Franks Tagebücher und deren *Authentizität von Revisionisten in Zweifel gezogen. Anne Frank ist durch ihr Tagebuch zu einem wichtigen Symbol des *Holocaust geworden. Vielen Anhängern rechtsextremer Strömungen ist sie ein Hindernis. Ihr persönliches Zeugnis von der Judenverfolgung und ihr Tod im Konzentrationslager stehen einer *Rehabilitierung des Nationalsozialismus im Weg.

Einer der ersten im Druck erschienenen Angriffe auf die Echtheit des Tagebuchs stammt aus den fünfziger Jahren. [...] Der belgische gemeinnützige Verein «Vrij Historisch Onderzoek» (Freie historische Forschung) veröffentlichte 1991 «Het dagboek van Anne Frank: een kritische benadering» (Das Tagebuch der Anne Frank: eine kritische Annäherung), worin die Authentizität des Tagebuchs in Zweifel gezogen wurde. Im Herbst 1992 wurde diese Veröffentlichung in öffentlichen Bibliotheken in den Niederlanden verbreitet. Die Verfasser dieses Buchs sind der Franzose Robert Faurisson und der Belgier Siegfried Verbeke. Sie gehören zu einer internationalen Strömung, dem Historischen Revisionismus, der die systematische Ausrottung von Juden durch die Nationalsozialisten im Zweiten Weltkrieg leugnet. In «Het dagboek van Anne Frank: een kritische benadering» wird behauptet, Otto Frank habe das Tagebuch nach dem Krieg geschrieben. Die Autoren sind der Ansicht, das Tagebuch enthalte eine Reihe von Widersprüchen; sich im Hinterhaus zu verstecken, sei unmöglich gewesen, und der Stil und die Handschrift Anne Franks seien «zu erwachsen». Im Dezember 1993 gingen das Anne Frank-Haus und der schweizerische Anne Frank-Fonds vor Gericht, um die weitere Verbreitung von «Het dagboek van Anne Frank: een kritische benadering» in den Niederlanden verbieten zu lassen. [...] Fünf Jahre später, am 9. Dezember 1998, verbot das zuständige Amsterdamer Gericht, die Authentizität von Anne Franks Tagebuch in der Öffentlichkeit weiter in Frage zu stellen. Jedwede Verbreitung von Faurissons und Verbekes Buch sowie anderer Materialien vergleichbaren Inhalts wurde per Gerichtsbeschluss verboten. Der Richter bestätigte die Echtheit des Tagebuchs und verfügte, dass jede Übertretung des Gerichtsbeschlusses mit einer Geldstrafe von 25 000 Gulden geahndet würde.

Teresien da Silva: *Leugnung der Authentizität des Tagebuchs*. Quelle: Anne Frank Stichting, 1999. www.annefrank.org, Webdossier «Publizität um Anne Frank und ihr Tagebuch», November 2004.

Was ist Rassismus?

In vielen Staaten Europas entstanden Ende des 20. Jahrhunderts gesetzliche Bestimmungen, die Rassismus als strafbaren Tatbestand bezeichneten. In zahlreichen Projekten versuchten private und staatliche Organisationen, gegen rassistische Vorurteile anzugehen. Dennoch blieb Rassismus ein drängendes gesellschaftliches Problem.

50 Brief an Sigi Feigel, 1997

Sie sind ein Jude?
Ihre Vorfahren haben doch vor 2000 Jahren geschrien, ans Kreuz mit ihm, ans Kreuz mit ihm, kreuzigt Ihn.

Unsern Herrn Jesus haben Sie umgebracht, ermordet, eine Schandtat, die nur von gewissenlosen Banditen ausgeführt werden konnte.

Wir rufen jetzt hinaus mit ihnen, werft sie hinaus aus der Schweiz diese Juden, hinaus mit solchen Verbrechern, diese haben kein Recht mehr noch länger in diesem schönen Land zu leben. Sie sind jetzt gewarnt, packt eure Sachen und geht.

(Unterzeichnet nur mit den Initialen, Poststempel Zürich)

Andreas Gisler: *Die Juden sind unser Unglück. Briefe an Sigi Feigel 1997–1998.* Zürich: Edition Epoca, 1999. Sigi Feigel wurde 1921 in Zürich geboren und starb 2004. Er war Präsident, später Ehrenpräsident der Israelitischen Cultusgemeinde Zürich. Er hatte den Zweiten Weltkrieg in der Schweiz erlebt. Als er sich im Zusammenhang mit der Debatte um die Schweiz im Zweiten Weltkrieg öffentlich zu seinen Erlebnissen damals äusserte, erhielt Sigi Feigel einige hundert Briefe. Eine Anzahl davon wurde später veröffentlicht, unter anderen der oben stehende.

51 Internationales Übereinkommen gegen Rassendiskriminierung, 1965

Art. 5

Im Einklang mit den in Artikel 2 niedergelegten grundsätzlichen Verpflichtungen werden die Vertragsstaaten die Rassendiskriminierung in jeder Form verbieten und beseitigen und das Recht jedes Einzelnen, ohne Unterschied der Rasse, der Hautfarbe, des nationalen Ursprungs oder des Volkstums, auf Gleichheit vor dem Gesetz gewährleisten; dies gilt insbesondere für folgende Rechte:

a) das Recht auf Gleichbehandlung vor den Gerichten und allen sonstigen Organen der Rechtspflege,
b) das Recht auf Sicherheit der Person und auf staatlichen Schutz gegen Gewalttätigkeit oder Körperverletzung, gleichviel, ob sie von Staatsbediensteten oder von irgendeiner Person, Gruppe oder Einrichtung verübt werden,
c) die politischen Rechte, insbesondere das aktive und passive Wahlrecht auf der Grundlage allgemeiner und gleicher Wahlen, das Recht auf Beteiligung an der Regierung und an der Führung der öffentlichen Angelegenheiten auf jeder Ebene sowie das Recht auf gleichberechtigten Zugang zu öffentlichem Dienst,
d) sonstige Bürgerrechte, insbesondere
  i) das Recht auf Bewegungsfreiheit und freie Wahl des Aufenthaltsortes innerhalb der Staatsgrenzen,
  ii) das Recht, jedes Land einschliesslich des eigenen zu verlassen und in das eigene Land zurückzukehren,
  iii) das Recht auf die Staatsangehörigkeit,
  iv) das Recht auf Ehe und auf freie Wahl des Ehegatten,
  v) das Recht, allein oder in Verbindung mit andern Vermögen als Eigentum zu besitzen,
  vi) das Recht zu erben,
  vii) das Recht auf Gedanken-, Gewissens- und Religionsfreiheit
  viii) das Recht auf Meinungsfreiheit und freie Meinungsäusserung,
  ix) das Recht, sich friedlich zu versammeln und friedliche Vereinigungen zu bilden,
e) wirtschaftliche, soziale und kulturelle Rechte, insbesondere
  i) das Recht auf Arbeit, auf die freie Wahl des Arbeitsplatzes, auf gerechte und befriedigende Arbeitsbedingungen, auf Schutz gegen Arbeitslosigkeit, auf gleiches Entgelt für gleiche Arbeit, auf gerechte und befriedigende Entlöhnung,
  ii) das Recht, Gewerkschaften zu bilden und ihnen beizutreten,
  iii) das Recht auf Wohnung,
  iv) das Recht auf öffentliche Gesundheitsvorsorge, ärztliche Betreuung, soziale Sicherheit und soziale Dienstleistungen,
  v) das Recht auf Erziehung und Ausbildung
  vi) das Recht auf gleichberechtigte Teilnahme an kulturellen Tätigkeiten,
f) das Recht auf Zugang zu jedem Ort oder Dienst, der für die Benutzung durch die Öffentlichkeit vorgesehen ist, wie Verkehrsmittel, Hotels, Gaststätten, Cafés, Theater und Parks.

Internationales Übereinkommen zur Beseitigung jeder Form von Rassendiskriminierung, 1965.

Unsere Generation wird nicht so sehr die Untaten böser Menschen zu beklagen haben, als vielmehr das erschreckende Schweigen der guten. Martin Luther King, 1929–1968

52

Clemens Moser, 49, Scherenschleifer: «Man toleriert uns. Solang' wir schnell weiterziehen.»

Was viele betrifft, geht alle an.
Eidgenössische Kommission gegen Rassismus.

Clemens Moser ist eine der sieben Personen, die 1997 im Rahmen der Kampagne «Der schöne Schein» von der Eidgenössischen Kommission gegen Rassismus porträtiert wurden. Die Sujets waren als Postkarten und Poster erhältlich. Dazu gab es auch Videos.

53 Schweizer Gesetz gegen Rassendiskriminierung, 1993

Art. 261bis: Rassendiskriminierung

Wer öffentlich gegen eine Person oder eine Gruppe von Personen wegen ihrer Rasse, *Ethnie oder Religion zu Hass oder Diskriminierung aufruft,

wer öffentlich Ideologien verbreitet, die auf die systematische Herabsetzung oder Verleumdung der Angehörigen einer Rasse, *Ethnie oder Religion gerichtet sind,

wer mit dem gleichen Ziel Propagandaaktionen organisiert, fördert oder daran teilnimmt,

wer öffentlich durch Wort, Schrift, Bild, Gebärden, Tätlichkeiten oder in anderer Weise eine Person oder eine Gruppe von Personen wegen ihrer Rasse, Ethnie oder Religion in einer gegen die Menschenwürde verstossenden Weise herabsetzt oder diskriminiert oder aus einem dieser Gründe Völkermord oder andere Verbrechen gegen die Menschlichkeit leugnet, gröblich verharmlost oder zu rechtfertigen sucht,

wer eine von ihm angebotene Leistung, die für die Allgemeinheit bestimmt ist, einer Person oder einer Gruppe von Personen wegen ihrer Rasse, Ethnie oder Religion verweigert,

wird mit Gefängnis oder mit Busse bestraft.

Schweizerisches Strafgesetzbuch, Änderung vom 18. Juni 1993.

54 Ausschnitt aus einem Artikel in «Le Monde» vom 30. September 1993

Nachdem sie Verstärkung durch zehn andere Skinheads erhalten hatten, verkündeten sie [die Angreifer] ihre Absicht, «Araber klatschen» zu wollen. Die beiden Franzosen nordafrikanischer Herkunft versuchten zu flüchten, waren aber in einer menschenleeren Strasse gefangen. Dann holten die Angreifer einen Benzinkanister aus einem Auto, besprühten die beiden mit dessen Inhalt und zündeten deren Kleidung an. Mit Verbrennungen, besonders an den Händen und im Gesicht, schafften es die beiden Jungen, das nahe gelegene Lariboisière Krankenhaus zu erreichen. Von dort aus wurden sie mit dem Hubschrauber in die Sonderabteilung für Brandverletzungen des Militärkrankenhauses Percy in Clamart (Hauts-de-Seine) verlegt, wo ihr Zustand am Mittwoch, den 29. September, als zufriedenstellend bezeichnet wurde. Die Ermittlungen zu dieser Straftat wurden der Kriminalpolizei übertragen. Die Polizisten, die die Opfer verhören konnten, scheinen den Vorfall ernst zu nehmen, der, wenn die Fakten stimmen, in Frankreich ohne Beispiel ist.

Übersetzung aus: Marie Agnès Combesque: *Rassismus – Von der Beleidigung zum Mord*. Berlin: Elefanten Press, 2001.

Hass hat nichts *Rationales, aber wenn man ihn nicht verstehen kann, so muss man ihn doch kennen, denn was einmal geschehen ist, kann sich immer wiederholen. Primo Levi, 1919–1987

Thema ausweiten

55

Egalité – Fraternité? Im Januar 2004 demonstrierten in Marseille muslimische Frauen gegen einen Gesetzesentwurf der französischen Regierung, nach dem sämtliche religiösen Symbole aus den Schulzimmern entfernt werden sollten. Das betraf die jüdische Kopfbedeckung, die Kippa, ebenso wie grosse christliche Kreuze. Das Gesetz wandte sich auch gegen das Tragen von Kopftüchern, wie es viele gläubige Musliminnen tun. Das Gesetz trat im Juli 2004 in Kraft.

56 Einheimische und zugewanderte Jugendliche haben etwas zu sagen

Partizipation von Kindern und Jugendlichen hat in den letzten Jahren an Bedeutung zugenommen. Trotzdem bestimmen Kinder in der Schweiz nur in der Hälfte der Familien mit. Und bei Partizipationsprojekten in Schulen und Gemeinden sind ausländische Jugendliche untervertreten. Der Weg ist noch weit, bis Kinder und Jugendliche [...] mitbestimmen können [...] entsprechend der UNO-Konvention über die Rechte des Kindes, welche die Schweiz 1997 *ratifiziert hat.

Erwachsene Überheblichkeit, mit dem Fachwort «Adultismus», ist eines der Hindernisse, die sich der Partizipation von unter 18-Jährigen entgegenstellen. Fremdenfeindlichkeit und direkter oder *subtiler Rassismus sind zusätzliche Hürden für die Mitbeteiligung von Kindern und Jugendlichen aus zugewanderten Familien.

Aber für einmal war es in Zofingen anders: An der Tagung «Junge Stimmen ernst nehmen» diskutierten gleich viele Jugendliche und Erwachsene, ein Drittel mit *Migrationshintergrund, wie sie die Hindernisse und Hürden zur Partizipation erleben und überwinden können. Dabei wurde klar, dass Adultismus, Fremdenfeindlichkeit und Rassismus nur überwindet, wer sich auch damit auseinander setzt.

Pressetext zur Fachtagung 2004 der Kinderlobby Schweiz, Zofingen, 15. Mai 2004. www.kinderlobby.ch.

57 Unterseen BE, 27. Januar 2001

Der 19-jährige Sanitär-Installateur-Lehrling Marcel von Allmen, der sich seit Monaten in der regionalen *Neonazi-Szene bewegt, verlässt nach zehn Uhr abends seine Freundin mit der Ankündigung, er werde bald wieder zurück sein. Zweieinhalb Wochen später finden Polizisten seine Leiche im Thunersee in über 50 Meter Tiefe, den Kopf zerschlagen, den Körper mit Gewichten beschwert. Kurz darauf verhaftet die Kantonspolizei vier junge Männer aus der Region, alle im Alter zwischen 17 und 22 Jahren. Die Verhafteten gestehen bald. Sie sind alle Mitglieder einer bis anhin unbekannten Neonazi-Gruppe, die sich «Orden der *arischen Ritter» nennt und bestimmte AusländerInnen aus der Gegend vertreiben will. Die Gruppe hatte Propagandamaterialien von «Blood and Honour» sowie von der *NSDAP/AO bezogen. Sie hätten, so die Täter, ihren «Kameraden» in eine Falle gelockt, misshandelt und umgebracht, weil er sich nicht an das vereinbarte Schweigegelübde gehalten habe. Während den Untersuchungen kommt an den Tag, dass die Verhafteten auch noch die Ermordung eines kosovarischen Jugendlichen und eines missliebigen Sympathisanten versucht hatten. Im März 2003 erkennt das Kreisgericht Interlaken-Oberhasli auf Mord und Mordversuch und verurteilt den Haupttäter M. M. zu einer lebenslänglichen Zuchthausstrafe und seine beiden Mittäter zu 16 Jahren Zuchthaus. Der vierte Tatbeteiligte, der zum Zeitpunkt der Tat noch nicht 18-jährig gewesen war, war bereits im Sommer 2002 von einem Jugendgericht wegen Mord zu einer Erziehungsstrafe verurteilt worden.

GRA, Stiftung gegen Rassismus und Antisemitismus: *Rassistische Vorfälle in der Schweiz. Eine Chronologie und eine Einschätzung.* www.gra.ch/chron/chron_detail.asp?jahr=2001&monat=01, 2003.

Eine gemeinsame Welt verschwindet, wenn sie nur noch unter einem Aspekt gesehen wird; sie existiert überhaupt nur in der Vielfalt ihrer Perspektiven. Hannah Arendt, 1906–1976

3. Der Traum vom besseren Leben

> Was tun die Menschen auf der Brücke und am Rand der Autobahn? Stelle Vermutungen an, worüber sie sprechen.
>
> Weshalb dankt die Aargauer Gemeinde Kölliken im Mai 1967 für die Autobahn?
>
> Was würde geschehen, wenn wegen eines Erdbebens in Kölliken die Autobahn und die abgebildete Brücke zerstört würden und die Strasse für zwei Monate unpassierbar wäre?

Überlege dir, was heute auf dem Transparent stehen könnte. Gestalte einen Entwurf für ein solches Transparent.

Suche aus Zeitschriften ein grosses Landschaftsbild und zeichne eine Autobahn hinein.

Suche aus Zeitschriften ein Bild einer Landschaft mit vielen Verkehrswegen und zeichne dieselbe Landschaft vor 50 und vor 100 Jahren.

Stellt euch vor, dass auch ihr auf der Brücke steht und anlässlich der Eröffnung auf die ersten Autos wartet. Dann kommt ein junger Mensch und prophezeit, wie der Verkehr und der Lärm in den nächsten 40 Jahren zunehmen werden und dass es zu kilometerlangen Staus auf der Autobahn kommt. Spielt die Szene weiter.

Führt im Jugendparlament ein Streitgespräch: Es sollen 12 autofreie Sonntage eingeführt werden.

Spielt zu zweit eine Ferienreise im Auto. Ihr habt eine Panne.

Dagobert Duck, die reichste Ente der Welt

Der reichste Mann der Welt.
Walt Disney: *Ich, Onkel Dagobert*. Band 1. München: EHAPA, 1986.

Verlorenes Mondgold.
Walt Disney: Band 1. München: EHAPA, 1986.

Text: Immer gewinnen

> [3] Innerhalb von zwei Generationen hat sich IBM von der unbeholfenen Verbindung dreier kleiner Firmen zu einem internationalen Unternehmen ausgedehnt, dessen Umsatz 1961 innerhalb und ausserhalb der Vereinigten Staaten zwei Milliarden Dollar überschritt. 1914, als sich mein Vater dem Unternehmen anschloss, waren seine Erzeugnisse Metzgerwaagen, Fleischschneider, Kaffeemühlen, Uhren und ein einfaches Sortiment an Tabelliermaschinen für Lochkarten. Heute stehen die IBM-Rechenanlagen in der Frontlinie einer neuen Technologie, die wahrscheinlich einen grösseren Einfluss auf die Gesellschaft haben wird als alle anderen Erfindungen der letzten 50 Jahre.
>
> In den letzten 48 Jahren wurden aus den 1200 Angestellten der IBM 125 000. Zwei Drittel von ihnen sind in den Vereinigten Staaten, der Rest in 94 Ländern in Übersee für das Unternehmen tätig. In den USA wuchsen die Einkünfte 400mal über die vier Millionen Dollar, welche das Unternehmen 1914 verzeichnete. Nicht ein einziges Mal während dieser 47 Jahre schloss das Unternehmen ohne Gewinn ab. Nicht ein Mal seit 1916 musste es die Auszahlung von *Dividenden zurückstellen. In der gleichen Zeit wuchs der Gewinn abzüglich Steuern von etwa einer halben Million auf mehr als 200 Millionen Dollar jährlich.
>
> Thomas J. Watson: *IBM, ein Unternehmen und seine Grundsätze.* München: Moderne Industrie, 1966.

Wenn wir etwas Bestimmtes wissen wollen, ziehen wir oft Texte zur Information bei. Wir nutzen Texte bei der Arbeit, in der Schule und zu Hause. Alte Texte enthalten auch Informationen über die Vergangenheit. Wir können in ganz unterschiedlichen Textsorten nach der Vergangenheit forschen: in Tagebüchern und Briefen, in Urkunden und Gesetzen und vielen anderen mehr. Dabei müssen wir kritisch mit den Texten umgehen. Denn alle Texte zeigen nur eine bestimmte Sichtweise und sind manchmal in einer bestimmten Absicht geschrieben worden.

Texte umgeben uns jeden Tag: in der Schule, zu Hause, bei der Arbeit. Sie können zur Unterhaltung dienen oder wie zum Beispiel Kochrezepte zu einer Handlung anleiten. In Romanen erzählen Texte erfundene Geschichten. In der Zeitung berichten Texte von aktuellen Ereignissen aus der ganzen Welt. Texte dienen in diesem Fall zur Information.

Texte können auch Informationen über zurückliegende Zeiten oder ferne Räume vermitteln. Alte Texte ermöglichen es uns, die Vergangenheit durch die Augen des Verfassers oder der Verfasserin zu sehen und mehr über die Welt von früher zu erfahren. Indem wir diese Texte genauer untersuchen, finden wir etwas über die Geschichte dieser Texte und ihrer Entstehungszeit heraus.

Wir benutzen für eine solche Erforschung der Geschichte ganz unterschiedliche Texte. Briefe und Tagebücher ermöglichen einen Einblick in Gedanken und Gefühle bestimmter Menschen. Akten zeigen einen öffentlichen Vorgang auf. Wir können auch mit Augenzeugenberichten, Werbetexten, Reiseberichten, Reden, Urkunden und Gesetzen, Autobiografien, Memoiren usw. arbeiten. Auch in Zeitungen und Zeitschriften, im Internet und natürlich in Schulbüchern finden wir Texte, mit denen wir Fragen an die Geschichte bearbeiten können.

Wenn Autorinnen und Autoren Texte schreiben, tun sie dies oft mit einer bestimmten Absicht. Deshalb zeigen Texte nur einen bestimmten Blickwinkel. In ihnen sind die Meinungen der Schreibenden mehr oder weniger spürbar. Autorinnen und Autoren gehören beispielsweise einer bestimmten Nation an, sie haben eine bestimmte Religion, sind Mann oder Frau. Auch wenn sich die Autorinnen und Autoren bemühen, einen möglichst «wahren» Bericht zu liefern, sind ihre Texte an einen Standpunkt gebunden. Es ist deshalb wichtig zu wissen, mit welchen Absichten und aus welchem Blickwinkel ein Text geschrieben wurde. Denn dies gilt es beim Auswerten eines Texts zu berücksichtigen.

Anleitung

Es ist wichtig, dass du dich kritisch mit Texten auseinander setzt. Wir schlagen dir folgende fünf Schritte im Umgang mit Textquellen vor (eine mögliche Antwort ist jeweils angefügt):

1. Was erfährst du aus dem Text? Formuliere zwei eigene Sätze und verweise auf Textstellen.
Im ersten Satz der Textquelle erfahre ich, dass sich IBM aus einer Verbindung von drei kleinen Firmen zu einem internationalen Unternehmen ausgedehnt hat. Zwischen 1914 und 1961 hat die Firma immer Gewinn gemacht. Das steht in der Mitte des zweiten Abschnittes.

2. Suche im Text zwei Nomen, die häufig vorkommen, oder zwei Schlüsselbegriffe, die dir wichtig erscheinen. Kläre allenfalls die Bedeutung der Wörter.
IBM kommt mehrfach vor. Bei meiner Suche im Internet finde ich heraus, dass IBM «Intelligent Business Machines» heisst. Der Name wurde 1924 gewählt. Die Vereinigten Staaten werden ebenfalls mehrfach erwähnt.

3. Setze zum Text einen Titel, sofern er nicht schon dasteht. Nenne die Person, die den Text geschrieben hat, die Zeit, in welcher der Text entstanden ist und die mögliche Zielgruppe, für die der Text geschrieben wurde.
Als Titel wähle ich «IBM – eine Erfolgsgeschichte aus den Vereinigten Staaten». Autor des Textes ist Thomas J. Watson. Im Text werden die Umsatzzahlen von 1961 genannt, also muss der Text nachher geschrieben worden sein. Weil das Buch 1966 herausgekommen ist, stammt der Text also aus der Zeit zwischen 1961 und 1966. Mich erinnert der Text an einen Werbetext für die Firma IBM, weil vor allem die Erfolge beschrieben werden. Der Autor hat offenbar familiäre Verbindungen zur Firma, weil er im zweiten Satz schreibt, dass sein Vater sich dem Unternehmen anschloss.

5. Was kannst du sonst noch aus dem Text erfahren? Stelle Vermutungen an, zum Beispiel über den Verfasser oder über den Zweck des Textes. Formuliere zwei Vermutungen und begründe sie mit Textstellen.
Der Autor des Textes scheint viel von Computern zu halten. Am Schluss des ersten Absatzes vermutet er, dass Computer einen enormen Einfluss auf die Gesellschaft haben werden. Bei meinen Nachforschungen über Thomas J. Watson finde ich heraus, dass es zwei Menschen gibt, die so heissen und die viel mit der Firma IBM zu tun haben. Der eine, Thomas J. Watson sen., lebte von 1874 bis 1956 und gründete die Firma IBM. Sein Sohn, Thomas J. Watson jun., übernahm das Unternehmen 1956 und baute IBM zu einer der erfolgreichsten Computerfirmen aus. Er starb 1993. Jetzt, wo ich das weiss, verstehe ich auch, wieso der Autor des Textes so stolz die Gewinnzahlen präsentiert. Er will damit sicher die Leistungen seines Vaters und seine eigenen Leistungen einer breiten Öffentlichkeit zeigen.

6. Welche zwei Fragen möchtest du nach der Lektüre des Textes beantwortet haben? Oder was denkst du selber über das dargestellte Thema? Stelle deine Fragen jemandem, der sich im Thema auskennt. Oder lies den Text «Der Traum vom besseren Leben» (ab Seite 80).

Wende das beschriebene Vorgehen beim folgenden Text an.

4

Die Woche beginnt mit Geldzählen. Nach dem Aufstehen Geldzählen. Für wie viele Zeitungen reicht es heute? Ein Augenblick der Verzweiflung. Ein starker Kaffee macht wieder gut, was der erste Blick in den Spiegel verteufelt hat. Ein Birchermüesli hilft mir, mich vom Aufstehen zu erholen. Ankleiden, organisieren, den unerlässlichen Gang zum Kiosk hinausschieben.

Mit einem Stapel Zeitungen kehre ich wieder in die Vergangenheit zurück. Die Stellenangebote sind gezählt, denn ich bin weder Sekretärin noch Telefonistin. Ein Versuch lohnt sich vielleicht doch, auch wenn der ausgeschriebene Job nicht direkt in mein Fachgebiet fällt.

Annoncen ausschneiden, aufstapeln, sortieren; zögern, Hoffnungen hegen und sogleich wieder in die Abstellkammer des Unterbewussten verdrängen. Nach langem Zögern erfolgt schliesslich der Griff zur Schreibmaschine. Curriculum Vitae, x-te Fassung, einmal etwas sachlicher und kürzer, dann wieder etwas verschnörkelter und länger, unangenehm in jedem Fall.

Inzwischen ist die Morgenpost eingetroffen. Schon das Format der Briefe spiegelt ihren Inhalt wider. Nur widerwillig öffne ich die Hiobsbotschaften: «Leider ...» «Es tut uns leid ...» «Mit Bedauern ...» «Wir wünschen Ihnen trotzdem ...»

Hanna Gubser: *Alltag einer Arbeitslosen.* «Tages-Anzeiger», 17. November 1982.

Der Traum vom besseren Leben

Nach 1945 waren viele Menschen voller Hoffnung auf ein besseres Leben. Sie träumten nach den Schrecken des Krieges von Sicherheit, Wohlstand und Fortschritt. Der Traum schien wahr zu werden. Der rasche Wiederaufbau und der starke wirtschaftliche Aufschwung in Europa übertrafen alle Erwartungen. Das Lebensgefühl der Menschen verbesserte sich, der Glaube an die Zukunft wuchs. Erst allmählich wurde deutlich, dass der Fortschritt auch ungewollte Folgen mit sich brachte: neue Gefahren für Mensch, Natur und Umwelt, veränderte Beziehungen zwischen den Menschen und nicht zuletzt schwere wirtschaftliche Krisen.

LERNZIELE

1. Du kennst Ursachen für den wirtschaftlichen Aufschwung Europas nach 1945.
2. Du weisst, wie sich die so genannte Amerikanisierung in der Nachkriegszeit in der Schweiz auswirkte.
3. Du bist in der Lage Gegenstände aufzuzählen, die typisch sind für die zweite Hälfte des 20. Jahrhunderts.
4. Du kannst erklären, was soziale Sicherheit bedeutet, und du kannst einzelne Stärken und Schwächen der schweizerischen Altersvorsorge benennen.
5. Du kennst die Forderungen der neuen Frauenbewegung der 1960er Jahre und kannst dazu Stellung nehmen.

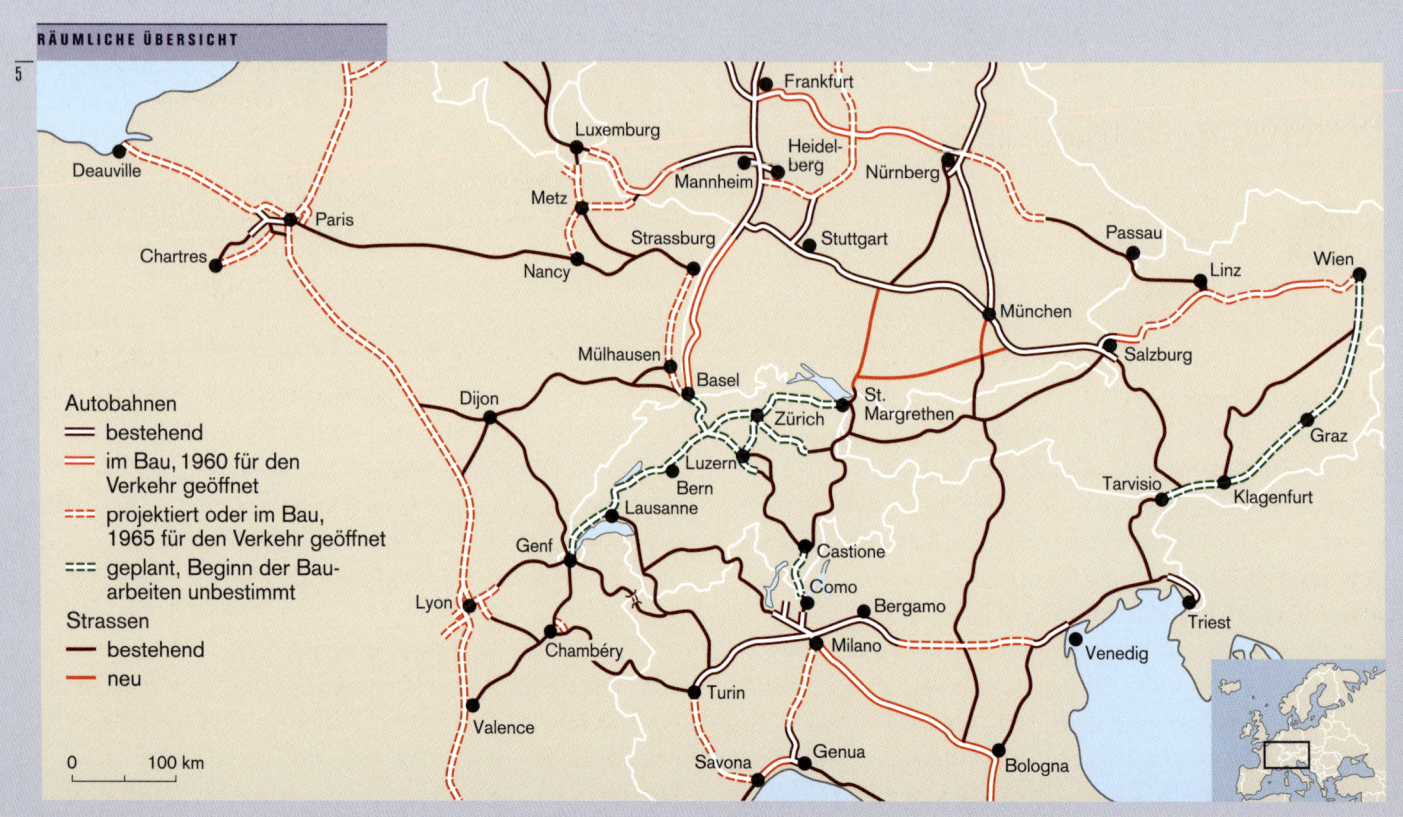

ZEITLICHE ÜBERSICHT

1947	Annahme des AHV-Gesetzes in der Schweiz
1947	Beginn des Marshallplans
1948	Eröffnung des ersten Selbstbedienungsladens in der Schweiz
1954	Eröffnung des ersten Autobahnteilstücks in der Schweiz
1957	Aussetzung des ersten unbemannten Satelliten durch die *UdSSR
1961	Freigabe der Antibabypille in der Schweiz
Um 1968	1968er-Bewegung
1970	Schwarzenbach-Initiative
1971	Ja zum Frauenstimm- und -wahlrecht auf Bundesebene
1973/74	Ölschock und Weltwirtschaftskrise
1983	Umweltschutzgesetz

RÄUMLICHE ÜBERSICHT

Autobahnnetz in der Schweiz und in angrenzenden Ländern 1957.

Deutsche «Trümmerfrauen». Bilder der Frauen, die nach Kriegsende in den deutschen Städten bei den harten Aufräumarbeiten anpackten, sind berühmt. Diese Fotografie stammt vermutlich aus dem Jahr 1947. Noch Jahre nach Kriegsende räumten deutsche Frauen Schutt aus den zerbombten Häusern und suchten nach brauchbaren Überresten für den Wiederaufbau. Man nannte sie deshalb Trümmerfrauen.

Wiederaufbau, Wohlstand und Ölkrise

Nach dem Zweiten Weltkrieg erhielten die westeuropäischen Länder grosse Hilfeleistungen aus den USA für den Wiederaufbau ihrer zerstörten Städte und Industrien. Der Wohlstand der Menschen im westlichen Europa nahm zu. Der Konsum stieg an und damit auch der Energieverbrauch. Mit der Ölkrise im Jahr 1973 wurde der wirtschaftliche Aufschwung – die Hochkonjunktur – gestoppt. Der Glaube an ein unbegrenztes Wachstum fand ein Ende.

Kurz nach dem Zweiten Weltkrieg starteten die USA ein grosses Wiederaufbauprogramm für die vom Krieg versehrten westeuropäischen Länder. Der so genannte *Marshallplan hatte zum Ziel, das Elend in Europa zu beseitigen und die europäischen Länder zu starken Handelspartnern der USA zu machen. Präsident Harry Truman und das Parlament der USA waren der Auffassung, dass nur eine blühende Wirtschaft Europa politisch stabilisieren und den Kommunismus am Vordringen hindern konnte. Die Organisation für europäische wirtschaftliche Zusammenarbeit (*OEEC) führte den Marshallplan durch. Sie plante den Wiederaufbau und kontrollierte die Verteilung und Verwendung der gewährten Mittel. Die US-Aufbauhilfe verhalf zahlreichen europäischen Ländern wie Deutschland, Frankreich und Belgien zu einer raschen Verbesserung ihrer Lage. In Deutschland nannten die Menschen diesen unverhofften Aufschwung, der bereits so kurz nach Kriegsende einsetzte, «das Wirtschaftswunder».

Wirtschaftsaufschwung durch Massenkonsum

Neben dem Marshallplan gab es auch andere Gründe für den wirtschaftlichen Aufschwung in Westeuropa. Zum einen stiegen die Bevölkerungszahlen bis in die Mitte der 1960er Jahre an. Deshalb konnten die Bauunternehmen mehr Wohnungen bauen. Und auch der Bedarf an Nahrungsmitteln und Textilien nahm zu. Zum andern setzten die westeuropäischen Staaten auf eine gute und leistungsfähige Sozialpolitik. Die Unterschiede zwischen Arm und Reich sollten besser ausgeglichen werden als vor dem Zweiten Weltkrieg. Aufgrund dieser staatlichen Eingriffe erhöhte sich die Kaufkraft breiter Bevölkerungsschichten. Weiter führten technische Neuerungen in Elektronik, Erdölverarbeitung und *Kernkraft zu einer wachsenden Produktion von neuen Gütern. Die Produktion von Kunststoffen, Stahl und Treibstoffen stieg, und die Firmen der Elektro-, Pharma- und Kernkraftindustrie konnten die Menge ihrer Produkte stetig steigern. Weil die Kaufkraft der Bevölkerung zunahm, sie also mehr Geld zum Ausgeben zur Verfügung hatte, konnte die Industrie ihre Produkte auch verkaufen. So war der *Massenkonsum nicht nur eine Folge des Wirtschaftswachstums, sondern wurde selbst wieder zum Motor für den wirtschaftlichen Aufschwung.

Das Wirtschaftswachstum erfasste ganz Westeuropa, zuerst den Norden und mit etwas Verspätung auch den Süden. Die Staaten Osteuropas hingegen standen unter dem Einfluss der Sowjetunion. Obwohl die osteuropäischen Staaten im Zweiten Weltkrieg stark zerstört worden waren, liess die Sowjetunion eine wirtschaftliche Unterstützung durch die USA nicht zu. Die Sowjetunion verhinderte somit die Ausbreitung des freien Handels in Osteuropa. Doch gerade der freie Han-

Trautes Heim um 1960. Eigentlich könnte dieses Bild für Wohlstand und Fortschritt stehen. Doch für viele Jugendliche der *68er-Bewegung verkörperte eine solche Szene starre Ordnung, Stillstand und Biederkeit. Die Nachkriegsgeneration hatte andere Vorstellungen vom Zusammenleben. Sie wollte freiere und beweglichere Familienformen.

Mit Wasserwerfern gegen Jugendliche: Globuskrawall 1968. Auch in Zürich war die Jugend im Jahr 1968 in Bewegung. Die Jugendlichen verlangten Freiräume in der Stadt. In Zürich wollten sie das leer stehende Warenhaus «Globus» als «*autonomes Jugendzentrum» nutzen. Der Stadtrat war jedoch dagegen. Diese Ablehnung führte im Juni 1968 zu heftigen Ausschreitungen und Kämpfen mit der Polizei. Der so genannte Globuskrawall und die Brutalität der Auseinandersetzungen zwischen Demonstrantinnen, Demonstranten und Polizisten erschütterten die schweizerische Gesellschaft tief.

del wäre eine wichtige Voraussetzung für den wirtschaftlichen Aufschwung gewesen.

Nach wie vor gab es auch innerhalb der einzelnen Länder Westeuropas beträchtliche Unterschiede. In Italien beispielsweise profitierten vor allem Nord- und Mittelitalien vom wirtschaftlichen Aufschwung. Die Menschen in Süditalien hingegen blieben weiterhin arm. Auch Spanien und Portugal konnten vom wirtschaftlichen Aufschwung nur wenig profitieren. Wegen ihrer faschistischen Regierungen blieben sie bis Mitte der 1970er Jahre isoliert.

Gesellschaftlicher Wandel

Der wirtschaftliche Aufschwung führte zu tief greifenden Veränderungen in der Gesellschaft. Der Wohlstand nahm für fast alle Menschen zu. Das Lebensgefühl war grundsätzlich positiv. Viele Frauen und Männer blickten hoffnungsvoll in die Zukunft. Musikerinnen und Musiker griffen diese positive Stimmung in ihren Liedern auf: «Schön ist es, auf der Welt zu sein, sagt die Biene zu dem Stachelschwein», «Pack die Badehose ein» und «Guten Morgen, Sonnenschein» lauteten die Titel beliebter Schlager.

Der Wohlstand brachte den Menschen mehr Freizeit und erlaubte ihnen, viel mehr Güter zu konsumieren als zuvor. Die *Mobilität in der Gesellschaft nahm zu. Neue Häuser und Strassen verdrängten Wiesen, Felder und Wälder. Das Siedlungs- und Strassenbild veränderte sich aber auch durch Umbauten und Neubauten in den Ortschaften selbst. Auch die persönlichen Beziehungen zwischen Männern und Frauen, Alt und Jung wandelten sich. Verheiratete Frauen gingen neben Familie und Haushalt immer häufiger einer Erwerbsarbeit nach. Neue Verhütungsmittel wie die «Pille» veränderten die Vorstellungen von Ehe, Partnerschaft und Sexualität. Ältere Menschen waren von ihren Familien finanziell unabhängiger, weil es nun eine staatliche Altersvorsorge gab.

Jugend- und Protestbewegungen

Ab Anfang der 60er Jahre entstanden in zahlreichen westeuropäischen Ländern und in den USA Jugendbewegungen, die gegen die steifen Regeln der so genannten Wohlstandsgesellschaft protestierten. Sie orientierten sich oftmals an Filmschauspielern wie James Dean oder Marlon Brando oder an Pop- und Rockstars, die bei den Erwachsenen auf Ablehnung stiessen.

Elvis Presley empörte mit seinem aufreizenden Hüftschwung. Die Beatles provozierten mit ihren langen Haaren. Wegen ihrer Frisuren nannte man die vier Musiker auch «Pilzköpfe». Die Rolling Stones schockierten mit ihren sexuell aufgeladenen Songs. Janis Joplin, Bob Dylan und Joan Baez sangen Lieder gegen den Krieg der USA in Vietnam. Sie wurden zu musikalischen Vorbildern der *Hippiebewegung. Die Hippies standen für Ungebundenheit, Freiheit und Rausch. Daneben waren für sie Werte wie Gerechtigkeit, Solidarität und Freiheit besonders wichtig.

Studentinnen und Studenten bildeten den Kern der so genannten 68er-Bewegung. Sie protestierten gegen den Vietnamkrieg, gegen Missstände und Unterdrückung auf der ganzen Welt, für die Chancengleichheit von Arm und Reich, für sexuelle Freiheit. Einige von ihnen strebten auch eine Gesellschaft nach sozialistischem Vorbild an.

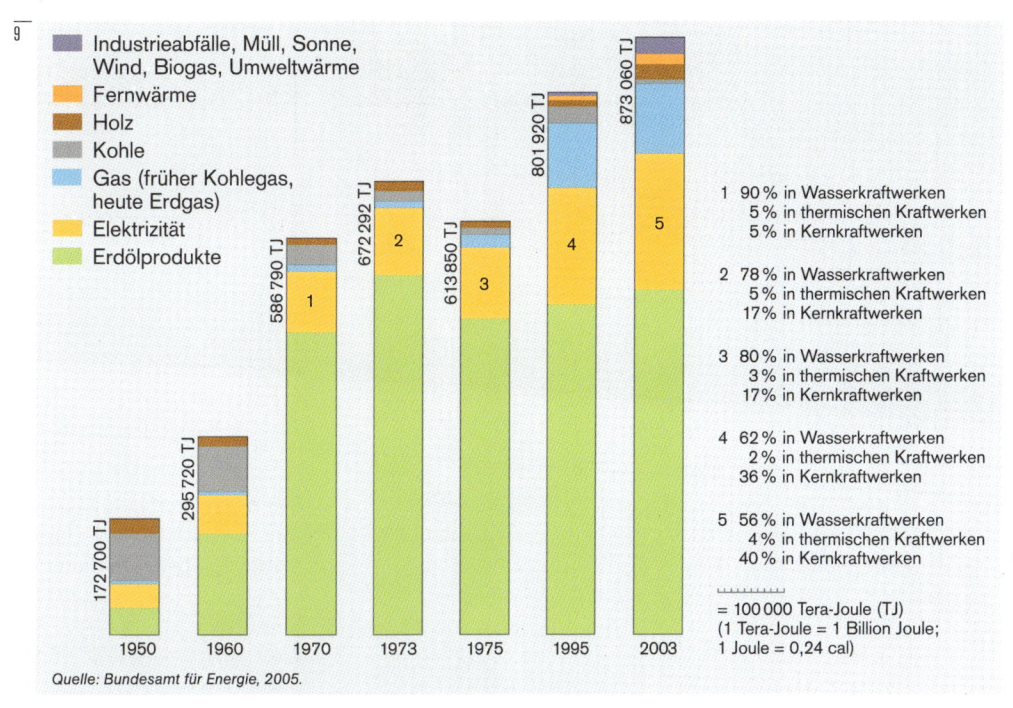

Diagramm: Endverbrauch an Energieträgern in der Schweiz 1950–2003

Legende:
- Industrieabfälle, Müll, Sonne, Wind, Biogas, Umweltwärme
- Fernwärme
- Holz
- Kohle
- Gas (früher Kohlegas, heute Erdgas)
- Elektrizität
- Erdölprodukte

Werte der Säulen:
- 1950: 172 700 TJ
- 1960: 295 720 TJ
- 1970: 586 790 TJ (1)
- 1973: 672 292 TJ (2)
- 1975: 613 850 TJ (3)
- 1995: 801 920 TJ (4)
- 2003: 873 060 TJ (5)

1 90 % in Wasserkraftwerken
   5 % in thermischen Kraftwerken
   5 % in Kernkraftwerken

2 78 % in Wasserkraftwerken
   5 % in thermischen Kraftwerken
   17 % in Kernkraftwerken

3 80 % in Wasserkraftwerken
   3 % in thermischen Kraftwerken
   17 % in Kernkraftwerken

4 62 % in Wasserkraftwerken
   2 % in thermischen Kraftwerken
   36 % in Kernkraftwerken

5 56 % in Wasserkraftwerken
   4 % in thermischen Kraftwerken
   40 % in Kernkraftwerken

⊔⊔⊔⊔⊔ = 100 000 Tera-Joule (TJ)
(1 Tera-Joule = 1 Billion Joule;
1 Joule = 0,24 cal)

Quelle: Bundesamt für Energie, 2005.

Endverbrauch an Energieträgern in der Schweiz 1950–2003.

Erdölschock und Rezession

In der ersten Hälfte der 1970er Jahre verschlechterte sich die wirtschaftliche Lage. Grund dafür war eine zunehmende Geldentwertung (Inflation), die schon in den 1960er Jahren eingesetzt hatte. Doch nur wenige Menschen hatten diese Entwicklung wahrgenommen. Der Glaube an ein unbegrenztes Wachstum hatte die Menschen und die Wirtschaft blind gemacht für die ersten Anzeichen der Krise. Auslöser der Krise war der so genannte Erdölschock. Die arabischen Staaten verringerten im Oktober 1973 nicht nur ihre Erdöllieferungen, sondern sie erhöhten auch gemeinsam mit weiteren Erdöl produzierenden Ländern die Rohölpreise massiv.

Diese Massnahmen trafen die Wirtschaft des Westens an ihrer empfindlichsten Stelle. Denn mit dem Wirtschaftswachstum hatte auch der Energieverbrauch stark zugenommen. Das Erdöl hatte die Steinkohle abgelöst und war seit der Mitte des 20. Jahrhunderts zur wichtigsten Energiequelle Europas geworden. Der Westen war seither von den Erdöl exportierenden Ländern abhängig. Wegen der hohen Ölpreise stiegen nicht nur die Ausgaben der Privathaushalte für Heizöl und Benzin, sondern auch die Preise für die Herstellung und den Transport fast aller Waren und Güter. Die Menschen konnten sich bedeutend weniger leisten. Nach dem wirtschaftlichen Aufschwung kam nun eine Rezession.

Diese Krise erschütterte die Schweiz im Vergleich zu anderen europäischen Staaten besonders stark. Vor allem die Uhren- und Schmuckindustrie, aber auch die Textil- und Bekleidungsindustrie hatten unter der Rezession zu leiden. Die Schweiz verlor prozentual mehr Arbeitsplätze als viele andere europäische Staaten. Dennoch konnte ein Grossteil der Schweizer Arbeitnehmerinnen und Arbeitnehmer den Arbeitsplatz behalten. Umso härter traf es die ausländische Bevölkerung. Denn die Behörden verlängerten zahlreiche Arbeitsbewilligungen von ausländischen Arbeitskräften nicht. Diese wurden dadurch arbeitslos. Die schwere wirtschaftliche Krise mit hohen Preisen und Benzinknappheit führte den Schweizerinnen und Schweizern deutlich vor Augen, dass das «Wirtschaftswunder» zu Ende war. Der Optimismus der vergangenen Jahre war schwer erschüttert worden.

Am schwersten traf die Ölkrise jedoch die *Länder des Südens. Ihre Verschuldung wuchs weiter an. Die Industriestaaten hingegen konnten die negativen Auswirkungen der Krise teilweise mit neuen Technologien und Sparmassnahmen auffangen. Sie wichen auf andere Energieträger aus: *Atom-, Sonnen- und Windenergie.

AUFGABEN

1 Welches waren die Ziele der Marshallplanhilfe?
2 Nenne drei Ursachen für den enormen wirtschaftlichen Aufschwung in Europa nach 1945.
3 Schildere, welche wirtschaftlichen Folgen der «Erdölschock» hatte.
4 Um wie viel stieg der Energieverbrauch in der Schweiz zwischen 1950 und 2003 an? Welche Energieträger nahmen zu, welche ab? Welche wurden durch andere abgelöst? Welche kamen neu hinzu?
5 Welche Werte waren für die 68er-Bewegung besonders wichtig? Welche Werte findest du für die heutige Zeit wichtig?
6 Weshalb wurden wohl Bilder der «Trümmerfrauen» berühmt?

Waschtag um 1950. Wäsche waschen war bis in die Mitte des 20. Jahrhunderts eine mühselige und schwere Arbeit. Es nahm mindestens einen Tag in Anspruch. Am Vorabend musste die Wäsche eingeweicht werden. Frühmorgens heizten die Frauen den Waschkessel und brachten das Wasser zum Kochen. Ständig musste jemand in der heissen Wäsche rühren. Schmutzige Stellen schrubbten sie mit Kernseife auf dem Waschbrett. Anschliessend spülten sie jedes Stück von Hand, wrangen es aus und hängten es zum Trocknen auf.

Massenkonsum und der «American Way of Life»

Die Liste der Dinge, die in den 1950er und 1960er Jahren Einzug in das Leben der Menschen Westeuropas hielten, ist lang: Autos und Dosennahrung, Bikinis und Nylonstrümpfe, Marilyn-Monroe-Filme und Elvis-Presley-Songs und vieles andere. Nachdem die Menschen in den Kriegs- und Nachkriegsjahren Mangel hatten leiden müssen, begann mit dem wirtschaftlichen Aufschwung und den verbesserten Produktionsmethoden die Zeit des Massenkonsums. Die Menschen im kapitalistisch orientierten Europa verdienten mehr Geld und konnten sich viel mehr *Konsumgüter leisten als zuvor. Für die Menschen in Westeuropa wurde der amerikanische Lebensstil, der «American Way of Life», zum Vorbild für ein modernes Leben.

Wenn Menschen essen und trinken, wenn sie sich kleiden, einkaufen oder mit dem Auto oder öffentlichen Verkehrsmitteln unterwegs sind, wenn sie sich einen Film ansehen oder Zeitung lesen, dann haben sie eines gemeinsam: Sie verbrauchen Güter, um damit ihre vielfältigen Bedürfnisse zu befriedigen. Oder anders gesagt: Sie konsumieren. Nach dem Zweiten Weltkrieg nahmen die Produktion und der Verbrauch von Waren und Dienstleistungen im westlichen Europa rasch zu. Dies veränderte die Lebensweise der Menschen stark. Die westeuropäischen Gesellschaften entwickelten sich zu *Konsumgesellschaften.

Konsumgesellschaft

Dies war aus verschiedenen Gründen möglich. Einerseits verbesserten die Industriebetriebe ihre Produktionsmethoden, um die Preise ihrer Produkte senken zu können. Sie taten dies mit Hilfe einer konsequenten Rationalisierung der Produktion. Was heisst das? Bei der Rationalisierung werden die vorhandenen Möglichkeiten besser genutzt: Ein gleiches Resultat kann mit weniger Mitteln erreicht werden. Oder: Mit den gleichen Mitteln kann ein besseres Resultat erzielt werden.

Einen wichtigen Beitrag dazu leistete der amerikanische Techniker und Betriebsberater Frederick Winslow Taylor. Bereits Ende des 19. Jahrhunderts machte er Studien zu Arbeits-

Berlin, August 1950: Die ersten Waschsalons. Die Leute drängen sich dicht an die Fensterscheibe, die zu einem Schaufenster geworden ist. Sogar ein Fotograf ist anwesend und hält die Szene fest. Die Attraktion? Etwas, das sonst eher langweilig ist und das man nur zu Hause tut: nämlich Wäsche waschen. Doch die eigentliche Tätigkeit des Waschens sieht man kaum. In Berlin sind die ersten vollautomatischen Waschmaschinen in Betrieb. Die drei Damen, die sich diese moderne Einrichtung leisten, sitzen elegant daneben und zeigen, dass sie nichts tun müssen. Die Wäsche wird hier von alleine sauber. Öffentliche Waschsalons wurden kurz darauf in vielen Städten üblich. Von einer eigenen Waschmaschine konnten damals die meisten nur träumen.

abläufen mit genauen Zeitmessungen. Er wollte damit für jede menschliche Tätigkeit die «einzig richtige» Bewegungsabfolge ermitteln, um die Leistung der Arbeiter und Arbeiterinnen zu steigern. Der Automobilhersteller Henry Ford realisierte Taylors Vorschläge am konsequentesten. 1909 führte er als einer der ersten die Fliessbandproduktion ein und erreichte mit seinem Modell «Ford T» zeitweise mehr als 50 Prozent Marktanteil. In der Industrie wird mit Rationalisierung häufig die Ersetzung menschlicher Arbeitskraft durch Maschinen bezeichnet.

Nach dem Zweiten Weltkrieg wurden in Westeuropa solche Rationalisierungsmethoden noch häufiger eingesetzt als vorher. Viele Fabriken, die im Krieg zerbombt worden waren, mussten neu gebaut werden. Dabei konnten sie besser nach den Anforderungen der Rationalisierung, zum Beispiel Fliessbandarbeit, eingerichtet werden.

Andererseits stiegen mit dem wirtschaftlichen Aufschwung die Löhne. Jetzt besassen breite Bevölkerungsschichten genügend Geld, um die hergestellten Produkte auch zu kaufen. Der Massenkonsum kurbelte nun seinerseits das Wirtschaftswachstum an.

Nicht nur in Westeuropa entstanden nach dem Zweiten Weltkrieg Konsumgesellschaften. Auch in den *sozialistisch regierten Ländern Osteuropas richteten die Menschen ihr Leben stärker am Konsum von Gütern aus. Doch geschah dies mit einer zeitlichen Verzögerung von ungefähr zwanzig Jahren. Die Produktion im eigenen Land deckte die Nachfrage der Bevölkerung nicht. Trotzdem importierten die sozialistischen Länder nur sehr wenige Verbrauchsgüter aus dem Westen. Dieser Mangel an Konsumgütern machte viele Menschen unzufrieden. Dies war auch ein wichtiger Grund, weshalb in Osteuropa die sozialistischen Regierungsformen Ende der 1980er Jahre zusammenbrachen.

Die Länder des Südens profitierten kaum vom Wirtschaftsaufschwung. Die Hilfeleistungen der UNO, der Sowjetunion und der westlichen Industriestaaten gelangten dort häufig in die Taschen politischer und militärischer Führungsleute oder sich bekämpfender Bürgerkriegsparteien. Zudem brachte die ausländische Wirtschaftshilfe oft nur kurzfristigen Erfolg, weil sie nicht dem Grundsatz der «Hilfe zur Selbsthilfe» folgte. Die grossen Unterschiede zwischen Arm und Reich blieben in den Ländern des Südens bestehen.

Picknick. Die Szene, die in den 1950er Jahren in England fotografiert wurde, könnte aus einem Werbeprospekt stammen. Alles, was zu den Annehmlichkeiten der Nachkriegsjahre gehörte, ist auf dem Bild zu entdecken. Das Wichtigste ist jedoch gar nicht direkt sichtbar: die Freizeit. Seit der Mitte des 20. Jahrhunderts nimmt die Arbeitszeit stetig ab. Freizeit erhält einen immer grösseren Stellenwert – kulturell und wirtschaftlich.

Vorbild USA

Anders als in Europa hatte sich die Gesellschaft in den USA schon in der Zwischenkriegszeit zur Konsumgesellschaft gewandelt. In den USA wurden zahlreiche Konsumgüter wie Coca-Cola, Kaugummi und Zigaretten produziert. Nach dem Krieg waren diese Güter für die Europäer Symbole der Befreiung und des Siegs. Auch die nordamerikanische Lebensweise, der so genannte «American Way of Life», war für die europäischen Nachkriegsgesellschaften erstrebenswert. Dieser Lebensstil bedeutete für viele Menschen Fortschritt und Zufriedenheit. Europa hielt neugierig Ausschau nach neuen Moden und Trends jenseits des Ozeans. Handelsfirmen importierten aus Übersee Produkte wie Bluejeans, Toaster, Autos und Schallplatten mit amerikanischen Songs.

Nach und nach produzierten die Industrien Europas ähnliche Güter wie die USA. In jener Zeit begannen viele Menschen in Europa auch amerikanische Gewohnheiten und die entsprechenden Ausdrücke dafür zu übernehmen. Es entstanden «Shoppingcenter» (Einkaufszentren) und man begann «Fastfood» (Schnellnahrung) zu essen. Auch der «Selfservice», die Selbstbedienung, kam aus Amerika. In der Schweiz eröffnete beispielsweise die Ladenkette Migros im Jahr 1948 ihre ersten Selbstbedienungsläden. Die Migros und ihr Gründer Gottlieb Duttweiler spielten bei der Durchsetzung des Massenkonsums in der Schweiz eine zentrale Rolle.

Schon die damaligen Zeitgenossinnen und Zeitgenossen sprachen von einer «Amerikanisierung» des europäischen Konsums. Die europäischen Gesellschaften glichen sich in ihrem Konsumverhalten den USA an. Die neuen Waren und der Massenkonsum hatten gesellschaftlich weit reichende Folgen. Beispielsweise veränderten sie die Beziehungen der Menschen zueinander, ihre Bedürfnisse und Alltagsgewohnheiten. Mit elektrischen Haushaltgeräten wie der Tiefkühltruhe oder dem Staubsauger oder durch die Entwicklung von Fertigmahlzeiten konnte im Haushalt immer mehr Zeit eingespart werden. Der Bau von Supermärkten oder die Massenproduktion von Autos weckten und stillten zugleich viele neue Bedürfnisse. Die neu gewonnene Freizeit verbrachten Frauen und Männer nun immer häufiger bei einem Einkaufsbummel, mit einer Autofahrt ins Grüne oder vor dem Fernseher.

13 Hochkonjunktur und Menschenwürde

Wir haben die materiellen Grundlagen zu einem Leben in Menschenwürde geschaffen und verstehen dieses Leben nicht zu leben. Wir verfügen über die Mittel, die uns die Freiheit geben könnten, und lassen uns durch sie knechten. Wir meistern die Technik und machen uns doch zu ihrem Sklaven. Der Wohlstand hat uns nicht frei gemacht zur Pflege und zum Genuss geistiger Dinge, sondern er spannt uns ein zum Geldverdienen um des Geldverdienens willen. [...] Wir sind im Begriffe, die ganze Welt zu gewinnen und unsere Seele zu verlieren. Wir sind so sehr damit beschäftigt, mit allen Mitteln Zeit zu gewinnen, dass wir keine Zeit haben für die Dinge, auf die es wirklich ankommt.

Friedrich Traugott Wahlen: *Hochkonjunktur und Menschenwürde*. Vortrag gehalten am 23. September 1956 vor der Neuen Helvetischen Gesellschaft. Wahlen plante 1940 als Mitglied des eidgenössischen Kriegsernährungsamts die Ausweitung der Ackerflächen («Plan Wahlen», auch «Anbauschlacht» genannt), um die Ernährung der Bevölkerung im Krieg sicherzustellen. Von 1958 bis 1965 war Friedrich Traugott Wahlen Bundesrat der Bauern-, Gewerbe- und Bürgerpartei (BGB), der heutigen SVP.

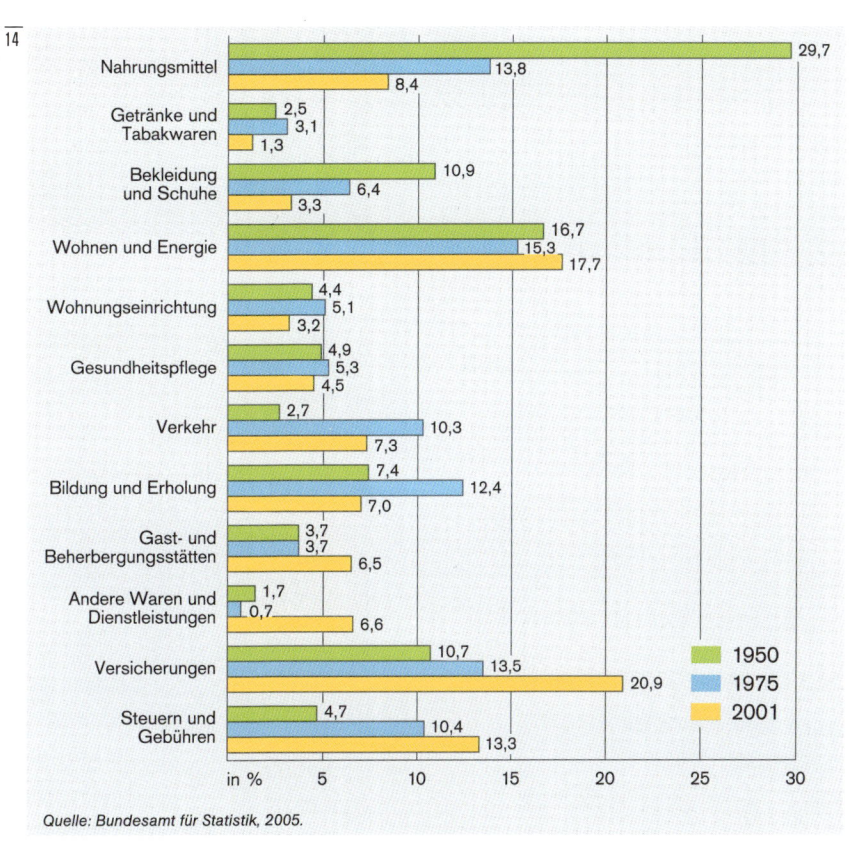

14

Kategorie	1950	1975	2001
Nahrungsmittel	29,7	13,8	8,4
Getränke und Tabakwaren	2,5	3,1	1,3
Bekleidung und Schuhe	10,9	6,4	3,3
Wohnen und Energie	16,7	15,3	17,7
Wohnungseinrichtung	4,4	5,1	3,2
Gesundheitspflege	4,9	5,3	4,5
Verkehr	2,7	10,3	7,3
Bildung und Erholung	7,4	12,4	7,0
Gast- und Beherbergungsstätten	3,7	3,7	6,5
Andere Waren und Dienstleistungen	1,7	0,7	6,6
Versicherungen	10,7	13,5	20,9
Steuern und Gebühren	4,7	10,4	13,3

Quelle: Bundesamt für Statistik, 2005.

Schweizer Haushaltsrechnungen 1950, 1975, 2001. In der Tabelle sind die durchschnittlichen Ausgaben eines Schweizer Haushalts dargestellt. Die Angaben sind in Prozenten gemacht. 1950 hat eine Familie im Durchschnitt 29,7% ihres Einkommens für Nahrungsmittel ausgegeben. Im Jahr 2001 waren es nur noch 8,4%.

Erwerbstätige Frauen

In zahlreichen europäischen Ländern gingen immer mehr verheiratete Frauen neben Haushalt und Kindererziehung einer Erwerbsarbeit nach. Die alte Vorstellung, dass Ehefrauen durch kluges Haushalten indirekt das Einkommen ihres Mannes vergrössern können, war mit dem neuen Wohlstand in vielen *mittelständischen Familien verschwunden. Anstatt kleine und kleinste Beträge vom Haushaltsbudget abzusparen, wollten die Frauen lieber einer lohnenden Erwerbsarbeit nachgehen.

In der Schweiz waren dies aber insgesamt weniger Frauen als in anderen Ländern. Denn in der Schweiz hatte man im Vergleich zum übrigen Europa eine konservativere Vorstellung von Ehe und Familie. Mit der Rezession in den 1970er Jahren verloren viele verheiratete Frauen ihre Arbeit wieder. Konnten sie ihre Arbeit behalten, wurden sie mit dem abschätzig gemeinten Begriff «Doppelverdienerin» bezeichnet. Viele Menschen konnten nicht verstehen, dass in einer Familie nicht nur der Mann, sondern auch die Frau arbeitet und ihr Einkommen verdient. In den 1980er Jahren fanden wieder mehr Frauen den Weg in die Erwerbsarbeit. Oft waren dies so genannte Wiedereinsteigerinnen, die nach der Erziehung ihrer Kinder eine Teilzeitstelle antraten. Anfang des 21. Jahrhunderts waren in der Schweiz im Vergleich zu den anderen europäischen Ländern sehr viele Frauen erwerbstätig (2003 waren es 74 Prozent der 15- bis 62-jährigen Frauen). Allerdings arbeitete mehr als die Hälfte der Frauen Teilzeit.

AUFGABEN

7 *Nenne zwei Gründe dafür, weshalb sich die westeuropäischen Gesellschaften nach dem Zweiten Weltkrieg zu Konsumgesellschaften entwickelt haben.*

8 *Was ist das Ziel der Rationalisierung? Nenne Vor- und Nachteile der Rationalisierung.*

9 *Wie zeigte sich die so genannte Amerikanisierung in der Nachkriegszeit in der Schweiz?*

10 *Erkläre an einem eigenen Beispiel, inwiefern der Konsum von Produkten gleichzeitig Bedürfnisse stillt und weckt.*

11 *Nimm Stellung zum Text von Friedrich Wahlen über «Hochkonjunktur und Menschenwürde».*

Mittagsverkehr in Basel. 1950 fuhren die meisten Verkehrsteilnehmerinnen und -teilnehmer mit dem Fahrrad durch Basel oder liessen sich mit dem Tram an ihr Ziel bringen. Private Personenwagen waren die Ausnahme.

Massenmotorisierung, Energie und Umwelt

Mit dem Wirtschaftsaufschwung änderte sich das Konsumverhalten der Menschen. Die zunehmende Verbreitung des Autos führte zu einer grösseren Mobilität. Dadurch stieg die Belastung der Umwelt. Wegen des zunehmenden Konsums verbrauchten die Menschen mehr Energie, produzierten mehr Abfall und verschmutzten in steigendem Ausmass das Wasser, die Luft und den Boden.

Die Massenmotorisierung

Mit dem Wirtschaftsaufschwung der 1950er Jahre fingen immer mehr Menschen an, von einem eigenen Auto zu träumen. Lange Zeit aber war ein eigenes Auto ein eigentlicher Luxusartikel. Erst in der zweiten Hälfte der 1960er Jahre wurde es zum alltäglichen Gebrauchsgegenstand breiter Bevölkerungsschichten. Zu diesem Zeitpunkt überschritt die Zahl der privaten Personenwagen in der Schweiz die Ein-Millionen-Grenze. Nicht nur der private Personenverkehr, sondern auch der Güterverkehr auf den Strassen nahm ständig zu. Zwischen 1950 und 1993 stieg der Anteil des Güterverkehrs auf der Strasse gegenüber dem Güterverkehr auf der Schiene von 48,3 auf 84,3 Prozent.

Diese Massenmotorisierung veränderte nicht nur das Leben der Menschen, sondern auch das Siedlungs- und Strassenbild. Wohn- und Arbeitsort kamen immer weiter auseinander zu liegen. Zahlreiche Menschen zogen von der Stadt in die wachsenden Gemeinden der *Agglomerationen. Von dort pendelten sie täglich mit dem Auto zu ihrem Arbeitsort in den städtischen Zentren. Es entstanden viele neue Strassen. Immer mehr Verkehrssignale und Gesetzesvorschriften regelten den Verkehr. In den Wohnquartieren der Städte und Dörfer verschwanden bestehende Einkaufsläden. Mit dem Auto fuhr man nun in die neuen, weiter entfernt gelegenen Shoppingcenter mit ihren riesigen Parkplätzen. Auf den Strassen mussten immer grösser werdende Verkehrsströme bewältigt werden. Deshalb beschlossen die Schweizer Stimmbürger 1958, Autobahnen zu bauen, die so genannten Nationalstrassen. Seither prägen breite Autobahnen das Landschaftsbild der Schweiz.

Schon in den 1950er Jahren waren die Folgen der Motorisierung für Mensch und Umwelt beträchtlich. Auf den Strassen bestand wegen des grossen Verkehrsaufkommens ein erhöhtes Unfallrisiko. Überall nahm der Lärm zu. Durch die vielen Abgase der Autos nahm auch die Belastung der Luft mit Schadstoffen zu. Landschaften und Siedlungen wurden durch die vielen Strassen zerschnitten und verunstaltet. Doch breite Bevölkerungsgruppen sahen in der zunehmenden Motorisierung mehr Vorteile als Nachteile. Sie verbanden mit dem Auto Gefühle wie Unabhängigkeit, Selbstbewusstsein, Vergnügen und gesellschaftliches Ansehen.

Umweltschutz in der Schweiz

Zwar befürwortete die Schweizer Stimmbevölkerung im Jahr 1971 einen Verfassungsartikel zum Schutz der Umwelt. Doch die Umsetzung dieses Verfassungsartikels in ein Gesetz dauerte bis 1983. Damals stellten die Förster in der Schweiz ungewöhnlich viele Schäden an Laub- und Nadelbäumen fest. Dieses so genannte Waldsterben rüttelte die Bevölkerung sowie Politikerinnen und Politiker auf. Schliesslich verabschiedete das Parlament ein Umweltschutzgesetz, das Massnahmen zum Schutz des Bodens, des Wassers und der Luft vorschrieb. Beispielsweise mussten Hersteller von Kaminen, Heizungen und Automobilen Filter und *Katalysatoren einbauen, um den Schadstoffausstoss zu vermindern. Die schweizerische Um-

16 Massnahmen nach dem Reaktorunfall von Tschernobyl

Am 27. April, erst 36 Stunden nach dem Unfall, wurden zunächst die 45 000 EinwohnerInnen der 4 Kilometer entfernten Stadt Pripiat in Bussen evakuiert. Sie ist bis heute unbewohnt. Bis zum 5. Mai mussten die Menschen in einem Umkreis von 30 Kilometern um den Reaktor ihre Häuser verlassen. Innerhalb von 10 Tagen wurden 130 000 Menschen aus den 76 Siedlungen in diesem Bereich evakuiert.

Das Gebiet wurde zur Sperrzone erklärt. Wer sie betritt, braucht seither eine spezielle Genehmigung. Damit sollte auch eine Verschleppung der Radioaktivität verhindert werden. Trotz des offiziellen Wohnverbots in der Sperrzone sind jedoch bis heute mindestens 800, vor allem alte Menschen in ihre ehemaligen Dörfer zurückgekehrt.

Ab dem 1. Mai 1986 starteten die ersten Kontrollen für Milch und das Trinkwasser in den *kontaminierten Gebieten.

www.chernobyl.info, Stand Februar 2011. Am 26. April 1986 explodierte im ukrainischen Kernkraftwerk Tschernobyl der Reaktorblock 4. Dabei wurden grosse Mengen Radioaktivität freigesetzt. Die Verstrahlung war in ganz Europa zu messen. Gemäss Schätzungen starben bis ins Jahr 2003 ungefähr 70 000 Menschen an den Folgen dieses Unglücks, die meisten an Spätfolgen.

17 Michael Kohn, Kernkraftbefürworter

Im technologischen Fortschritt sehe ich etwas Positives. Niemals seit den Anfängen der menschlichen Geschichte ist das Leben in so kurzer Frist derart leichter geworden. Ärztliche Kunst und Pharmazie haben unsere Gesundheit gefördert, die Lebenserwartung verlängert; Verkehrsmittel haben die Mobilität erhöht, Energie, Werkstoffe und neue Geräte haben die Mühsal des Lebens gerade für die breiten Massen stark vermindert. Ich gebe zu: Die moderne Technik kann [...] bedrohlich wirken. Aber die Risiken sind auszumerzen, damit der Nutzen überwiege [...]. Die Technik kann, sie muss durch die Technik entschärft werden [...]. Ein verringertes Risiko bleibt indessen immer übrig. Risiko null ist *Utopie und damit keine Wirklichkeit [...]. Die Technik ist eine Voraussetzung für die wirtschaftliche Entwicklung und damit für die Sicherung des Wohlstandes. [...] Ökonomie und Ökologie besser in Einklang zu bringen ist die Aufgabe der heutigen Generation.

Michael Kohn, Ursula Koch: *Titanic oder Arche Noah – Gespräche zu Energie, Technik und Gesellschaft.* Zürich: Rauhreif, 1987.

---

weltschutzpolitik galt anschliessend in Europa oft als vorbildlich. In das Jahr 1983 fiel auch die Gründung der Grünen Partei der Schweiz. Diese Partei setzte sich besonders für Umwelt- und Naturschutzanliegen ein. Zur selben Zeit begannen Bund und Kantone, die öffentlichen Verkehrsmittel auszubauen. Die Gemeinden fingen an, Fussgängerzonen und Wohnstrassen einzurichten, um den Verkehr zu beruhigen.

Streit um die Kernenergie

Schweizer Politikerinnen und Politiker und die Vertreter der Elektrizitätsunternehmen sahen in der Kernenergie eine Alternative zur begrenzten Wasserkraft und zum knapper werdenden Erdöl. Deshalb bauten die Elektrizitätsunternehmen auch in der Schweiz Kernkraftwerke. Das Kernkraftwerk Beznau I ging im Jahr 1969 in Betrieb. Bis 1984 folgte der Bau von vier weiteren Kernkraftwerken.

Schon bald regte sich in Bevölkerung und Politik Widerstand gegen die atomare Erzeugung von Strom. Es entstand eine Anti-Atomkraft-Bewegung. Es bestand die Gefahr von *Reaktorunfällen, die ganze Landstriche *radioaktiv hätten verseuchen können. Auch stellte sich die Frage, wo die radioaktiven Abfälle entsorgt werden sollen. Die Gegnerinnen und Gegner warnten zudem davor, dass die Schweiz von den *Uran produzierenden Staaten abhängig werden könne. Die Befürworterinnen und Befürworter sahen in der Kernenergie hingegen die Möglichkeit, die Umweltbelastungen durch die herkömmlichen Energieträger Kohle und Erdöl zu verringern. Ausserdem brauche die Wirtschaft die Energie aus den Kernkraftwerken.

Die Schweizer Anti-AKW-Bewegung wehrte sich am heftigsten gegen den Bau eines weiteren Kernkraftwerks in Kaiseraugst nahe bei Basel. Im Jahr 1975 besetzten Gegnerinnen und Gegner das vorgesehene Baugelände. Ein polizeilicher oder gar militärischer Einsatz gegen sie war nicht auszuschliessen. Die Bevölkerung der Nordwestschweiz stand aber *solidarisch hinter den Aktivistinnen und Aktivisten. Nach jahrelangen politischen und juristischen Kämpfen verzichtete die Betreiberfirma schliesslich auf den Bau des Kraftwerks. Der Bund bezahlte der Firma für die bisher entstandenen Kosten eine Abfindung von 350 Millionen Franken. Seither gilt «Kaiseraugst» in der Schweiz als Symbol für den erfolgreichen Kampf gegen die atomare Stromgewinnung.

Der Energiebedarf in der Schweiz stieg aber weiter. Die Bemühungen, Energie durch bessere Nutzung einzusparen, etwa mit Energiesparlampen, trugen kaum Früchte. Politik und Wirtschaft setzten sich nicht genügend ein für die Entwicklung alternativer Energieträger wie Wind- und Solarenergie. In der Schweiz war zu Beginn des 21. Jahrhunderts die Kernenergie nach dem Erdöl der zweitwichtigste Energieträger.

AUFGABEN

12 *Nenne drei Folgen der Massenmotorisierung.*

13 *Zähle die Argumente der Befürworterinnen und Befürworter von Atomkraftwerken sowie der Gegnerinnen und Gegner auf.*

14 *Beschreibe verschiedene Reaktionen in Gesellschaft und Politik auf die unbeabsichtigten Folgen der Massenmotorisierung.*

15 *Schildere Folgen, die andere technische Neuerungen wie Computer oder Mobiltelefon mit sich bringen.*

16 *Der technologische Fortschritt sei etwas Positives, weil er das Leben leichter mache – so die Aussage von Michael Kohn. Was denkst du dazu?*

17 *Unterstützt du den Bau von neuen Atomkraftwerken oder bist du dagegen? Begründe deine Meinung.*

«Wir wollen eine bessere AHV», 1947. Im Abstimmungskampf um die Einführung des AHV-Gesetzes wandte sich ein Aktionskomitee gegen die Vorlage. Die Gegnerschaft störte sich nicht grundsätzlich an der Idee einer Altersversicherung, sondern am vorgeschlagenen Lösungsweg.

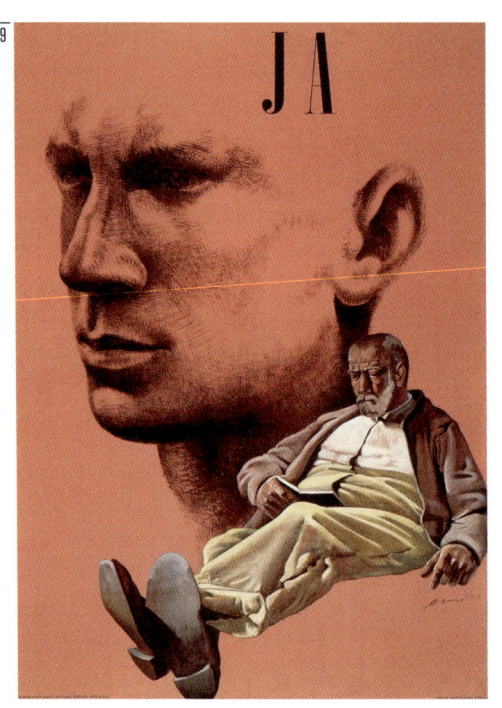

Ja zur AHV. Der bekannte Künstler Hans Erni gestaltete das Plakat, das 1947 für das AHV-Gesetz warb. Das Gesetz wurde schliesslich von 80 Prozent der Stimmbevölkerung angenommen.

Soziale Sicherheit

Während des Zweiten Weltkrieges setzte sich in der Schweiz die Vorstellung durch, dass sich der Staat stärker für das Wohlergehen der Menschen einsetzen müsse als bisher. Menschen sollten gegen die finanziellen Folgen von Unfall, Krankheit, Invalidität, Arbeitslosigkeit, Alter und Mutterschaft versichert werden. Im Mittelpunkt der schweizerischen Diskussion stand die Einführung der AHV.

«Soziale Sicherheit» bedeutet, dass die Menschen vor einer Verschlechterung ihrer Lebenslage geschützt sind. Zu diesem Zweck sollen in einer Gesellschaft genügend materielle Hilfen und entsprechende Gesetze vorhanden sein. Menschen können wegen eines Unfalls, einer Krankheit, Invalidität, Arbeitslosigkeit, Alter oder Mutterschaft in finanzielle Not geraten. Um diese Not zu lindern, sorgt der Staat für Hilfe in Form von Versicherungen. Die entsprechenden Gesetze regeln, wer Anspruch auf diese finanziellen Hilfestellungen hat. Der Streit um die Rolle des Staats bei der sozialen Sicherheit ist alt. Wie viel Hilfe soll der Staat für jeden Einzelnen leisten? Oder müssen sich Bürgerinnen und Bürger selber aus einer Notlage befreien können, ohne Hilfe des Staates?

Entstehung des Sozialstaates

Über diese Fragen stritten die Politiker und Politikerinnen und weite Teile der Gesellschaft bereits in der zweiten Hälfte des 19. Jahrhunderts und während des gesamten 20. Jahrhunderts. Die Anhängerinnen und Anhänger des Sozialismus forderten, dass der Staat Massnahmen zum Schutz der Armen und Schwachen ergreife. So sollte der Staat beispielsweise die Arbeitskräfte in den Fabriken vor Unfällen, vor Gefahren für die Gesundheit und vor der Willkür der Besitzer schützen. Anhängerinnen und Anhänger des *Liberalismus dagegen setzten auf die Eigenverantwortung des Einzelnen; der Staat solle die Gesellschaftsmitglieder nicht bevormunden. Dies galt besonders für die Ausgestaltung des Wirtschaftslebens.

Der Sozialstaat ist eine Errungenschaft, den die Menschen mit sozialistischen Überzeugungen über Jahrzehnte erstritten haben. In einzelnen Ländern konnten sozialistisch orientierte Parteien die Regierung übernehmen oder waren stark genug, den Staat zu grossen sozialen Leistungen zu verpflichten. In der Schweiz blieben die Anhängerinnen und Anhänger sozialistischer Ideen in der Minderheit. Die Schweiz führte daher im Vergleich zu andern europäischen Staaten erst spät sozialstaatliche Einrichtungen ein. Unter dem Eindruck der Not während der Kriege sahen aber auch liberale und konservative Kreise die Notwendigkeit von sozialstaatlichen Einrichtungen ein. Zudem fürchteten sie, dass der Kommunismus in der Bevölkerung an Beliebtheit gewinnen könnte, und waren auch deshalb zu Zugeständnissen bereit.

Doch der Staat gewährte anfangs nur geringe Hilfeleistungen. Der Bund hatte zwar bis zum Ende des Ersten Weltkrieges einzelne sozialstaatliche Regelungen erlassen. Diese verbesserten zum Beispiel die Arbeitsbedingungen von Frauen und Kindern in den Fabriken. Auch eine freiwillige Kranken-

Wissen erarbeiten

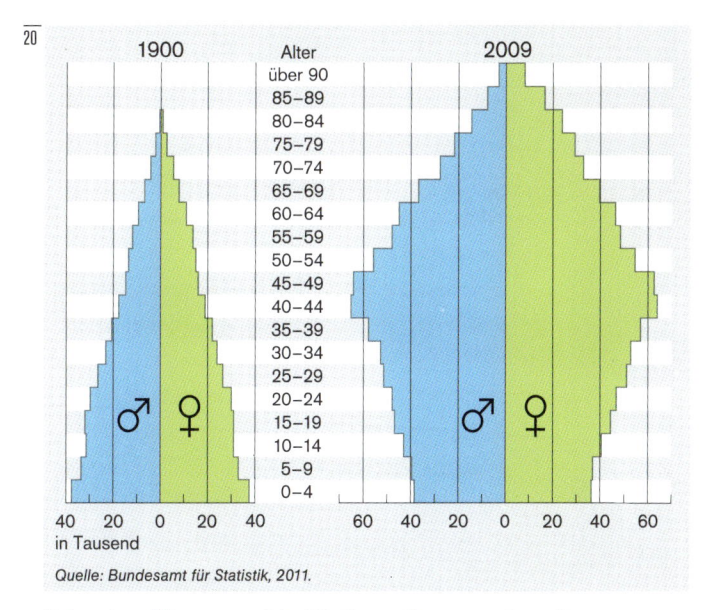

20

Schweizer Alterspyramide. Die Darstellungen zeigen die Altersverteilung in der Schweizer Bevölkerung. Die linke Darstellung sieht aus wie eine Pyramide. Die rechte gleicht mehr einer Glocke. Manche halten die zweite Form für schlechter als die erste. Sie zeigt eine Entwicklung, die sie für die Altersvorsorge einer Gesellschaft als nachteilig erachten.

21 Altersvorsorge sichern

In einer ersten nationalen Armutsstudie findet sich die Aussage, dass Altersrentner nicht überdurchschnittlich von Ressourcenschwäche betroffen sind. Diese Aussage ist für mich Bestätigung und Auftrag zugleich. Sie ist eine Bestätigung, weil sie die Tauglichkeit unseres sozialen Leistungssystems belegt, unsere älteren Mitmenschen finanziell abzusichern. Diese Aussage ist aber auch ein Auftrag, und zwar aus einem doppelten Grund: Zum einen, weil Armut in der älteren Bevölkerung nach wie vor vorkommt, wenn offenbar auch weniger als in anderen Bevölkerungsgruppen. Zum andern weil die finanzielle Sicherung im Alter nur deshalb so weit fortgeschritten ist, weil wir in den letzten 50 Jahren gut funktionierende Sozialwerke wie die AHV oder die Ergänzungsleistungen errichtet und bewahrt haben. Nichts wäre deshalb verkehrter, als das positive Zeugnis, das die Armutsstudie dem heutigen Vorsorgesystem ausstellt, als Vorwand für einen Abbau unserer Altersvorsorge heranzuziehen.

Aus einer Rede von Ruth Dreifuss, Bundesrätin von 1994 bis 2002, vor der Pro Senectute in Bern, 1997. In: *Die AHV – Ein Stück soziale Schweiz*. Bern: Bundesamt für Sozialversicherung (BSV), 1998.

versicherung und eine obligatorische Militär- und Unfallversicherung kamen mit verschiedenen Gesetzen bis 1918 zustande. Doch die obligatorische Altersrente wurde erst nach dem Ende des Zweiten Weltkrieges im Jahr 1948 eingeführt, nachdem ihr 1947 in einer Volksabstimmung mit überwältigender Mehrheit zugestimmt worden war. Das Parlament verabschiedete in den folgenden Jahrzehnten Regelungen zur obligatorischen Invaliden-, Arbeitslosen- und Krankenversicherung. Die Einführung einer gesetzlichen Regelung der Mutterschaftsversicherung gelang nach mehreren Anläufen im Jahr 2004.

Das Drei-Säulen-Prinzip der Altersvorsorge

Die Altersvorsorge der Schweiz ist ein Mittelweg zwischen sozialistischen und liberalen Vorstellungen. Dieser Mittelweg wird Drei-Säulen-Prinzip genannt und umfasst unterschiedliche Formen, wie die Altersvorsorge organisiert wird.

AHV und IV bilden zusammen die erste, die staatliche Säule. Sie ist für alle obligatorisch. Sie wird aus verschiedenen Quellen finanziert. Alle Erwerbstätigen und ihre Arbeitgeber bezahlen zu gleichen Teilen Beiträge, abhängig von der Höhe des Lohnes. Aber auch alle selbstständig Erwerbenden und Nichterwerbstätigen bezahlen Beiträge. Ferner steuern der Bund und die Kantone einen Anteil an die Ausgaben bei. So gelangen Gelder der Mehrwertsteuer oder der Tabak- und Alkoholsteuer in die AHV.

Die AHV wird nach dem so genannten Umlageverfahren finanziert. Die AHV gibt in etwa aus, was sie jährlich einnimmt. Das heisst, innerhalb eines Jahres zahlt die AHV die eingenommenen Beiträge für Leistungen wieder an die Rentenberechtigten aus. Die heutigen Arbeitskräfte finanzieren also die Renten der heutigen Pensionierten.

Die erste Säule wird ergänzt durch die berufliche Alters-, Hinterlassenen- und Invalidenvorsorge (BVG). Dieser zweiten Säule müssen sich nur Arbeitnehmerinnen und Arbeitnehmer anschliessen. Alle Arbeitnehmenden und Arbeitgebenden bezahlen einen Teil des Lohnes an eine Versicherung, nämlich an eine Pensionskasse. Dort wird das Geld gespart und verzinst. Die Pensionskasse zahlt den Versicherten aus diesem Vermögen nach der Pensionierung eine Rente.

Wer mit den Renten der AHV und dem Geld der Pensionskasse seinen Lebensunterhalt im Alter nicht finanzieren kann, erhält vom Staat so genannte Ergänzungsleistungen. Das sind zusätzliche finanzielle Beiträge für Menschen, die unter dem *Existenzminimum leben.

Als dritte Säule gilt die Selbstvorsorge zur Deckung weiterer Bedürfnisse. Sie ist freiwillig und funktioniert nach dem Prinzip der Eigenverantwortung. Das heisst, jede Person spart für sich so viel, wie sie möchte oder kann, damit sie im Alter Geld für ihren Lebensunterhalt zur Verfügung hat. Der Staat wird entlastet, wenn die Menschen für sich selber schauen können. Deshalb belohnt er Bürgerinnen und Bürger mit steuerlichen Vergünstigungen, wenn sie selber für das Alter sparen.

Der Vorteil des Drei-Säulen-Systems ist, dass es die Risiken der verschiedenen Finanzierungsformen gegeneinander ausgleichen kann. Dennoch ist die erste Säule am wichtigsten, weil nur sie die ganze Bevölkerung erfasst. Sie ist aber wegen

92 3. Der Traum vom besseren Leben

23 Gebhard Kieber, geboren 1933

Ich erinnere mich noch an die AHV-Orientierungsversammlung [...]. Es gab heftige Diskussionen, die Gegnerschaft ging quer durch die Parteien. Es wurde kritisiert, dass die obligatorische Krankenversicherung und die Invalidenversicherung nicht mit in die Rentenversicherung eingeschlossen waren; andere wiederum befürchteten einen ungeheuren und teuren Verwaltungsapparat. Starke Opposition kam aus Kreisen der Gewerbegenossenschaft. Auch die Bauern waren mehrheitlich dagegen. Sie waren der Ansicht, ihre Beiträge seien zu hoch und sie könnten sich im Alter selbst erhalten. [...] Ich wohnte damals [...] neben dem früheren «Armenhaus». So konnte ich aus nächster Nähe miterleben, was es heisst, armengenössig zu sein.

Gebhard Kieber in: *50 Jahre AHV 2004. Soziale Verantwortung. Gestern – heute – morgen. AHV in Liechtenstein 1954–2004.* Vaduz: Liechtensteinische AHV-Anstalt, 2004. Kieber, hier 2004 mit seinem Enkel beim Werken, erinnert sich daran, wie Liechtenstein 1954 die AHV nach dem Vorbild der Schweiz einführte.

des Umlageverfahrens auch am anfälligsten gegen Schwankungen bei den Altersgruppen. Seit dem *Pillenknick in den 1960er Jahren wächst der Anteil alter Menschen an der Gesamtbevölkerung. Daher müssen immer weniger Erwerbstätige für die AHV-Renten von immer mehr Pensionierten aufkommen. Die Finanzierung der AHV ist dadurch – falls die Prognosen zur Bevölkerungsentwicklung eintreffen – langfristig in Frage gestellt.

Zukunft des Sozialstaates

Regierung, Parlament und Stimmvolk bauten die Leistungen des Schweizer Sozialstaates in der zweiten Hälfte des 20. Jahrhunderts weiter aus. Zur AHV kamen beispielsweise die Arbeitslosenversicherung und die obligatorische Krankenversicherung. Der Anteil der Sozialausgaben an den Gesamtausgaben des Staates machte schliesslich ungefähr ein Viertel aus. In den 1990er Jahren begann eine heftige Diskussion über die weitere Ausgestaltung des Sozialstaates. Dabei standen sich wieder verschiedene Meinungen gegenüber.

Auf der einen Seite standen Verfechterinnen und Verfechter des Liberalismus, die vor allem den bürgerlichen Parteien angehörten und Wirtschaftsinteressen vertraten. Sie waren der Meinung, dass der Staat sparen müsse, da er über Jahre mehr ausgegeben als eingenommen habe und hoch verschuldet sei. Diese Sparvorgabe galt auch für sozialstaatliche Einrichtungen wie die AHV. Die Leistungen der AHV seien zu kürzen und das Rentenalter zu erhöhen. Die Menschen sollten mehr eigene Verantwortung für ihre Altersvorsorge ergreifen.

Dem gegenüber standen Vertreterinnen und Vertreter der sozialstaatlichen Idee, die vor allem der Sozialdemokratischen Partei (SP) angehörten. Sie kritisierten die Sparvorschläge. Sie waren der Meinung, dass sich nur Menschen mit grossem Einkommen oder hohem Vermögen selbst um ihre Altersvorsorge kümmern könnten, indem sie beispielsweise Geld in der dritten Säule sparten. Es sei weiterhin die Verantwortung des Staates, die Finanzierung der AHV und eine Altersvorsorge für alle sicherzustellen. Zu diesem Zweck könnte die AHV zum Beispiel durch eine Energiesteuer finanziert werden. Oder besser Verdienende könnten höhere AHV-Beiträge zahlen als bisher.

AUFGABEN

18 *Was bedeutet «soziale Sicherheit»?*

19 *Nenne die wichtigsten Felder, auf die der Staat mit seiner Sozialpolitik einwirkt.*

20 *Erkläre, wie das «Drei-Säulen-Prinzip» der schweizerischen Altersvorsorge funktioniert. Nenne einen Vor- und einen Nachteil dieses Prinzips.*

21 *Informiere dich im Internet über den aktuellen Stand der Debatte über die AHV. Fasse die drei wichtigsten Punkte zusammen.*

22 *Versuche herauszufinden, warum die Altersverteilung in der Schweiz im Jahr 2000 anders war als um 1900 (siehe Abb. 20, Seite 91).*

24 1912: Die rechtliche Stellung von Frau und Mann

Art. 160: Der Ehemann ist das Haupt der Gemeinschaft. Er bestimmt die eheliche Wohnung und hat für den Unterhalt von Weib und Kind in gebührender Weise Sorge zu tragen.
Art. 161: Die Ehefrau erhält den Familiennamen und das Bürgerrecht des Ehemannes. Sie steht dem Manne mit Rat und Tat zur Seite. [...] Sie führt den Haushalt.
Art. 274: Während der Ehe üben die Eltern die elterliche Gewalt gemeinsam aus. Sind die Eltern nicht einig, so entscheidet der Wille des Vaters.

Schweizerisches Zivilgesetzbuch, 1912.

25 1998: Die rechtliche Stellung von Frau und Mann

Art. 160: Der Name des Ehemannes ist der Familienname der Ehegatten. Die Braut kann jedoch gegenüber dem Zivilstandsbeamten erklären, sie wolle ihren bisherigen Namen dem Familiennamen voranstellen. [...]
Art. 161: Die Ehefrau erhält das Kantons- und Gemeindebürgerrecht des Ehemannes, ohne das Kantons- und Gemeindebürgerrecht zu verlieren, das sie als ledig hatte.
Art. 162: Die Ehegatten bestimmen gemeinsam die eheliche Wohnung.
Art. 163: Die Ehegatten sorgen gemeinsam, ein jeder nach seinen Kräften, für den gebührenden Unterhalt der Familie. Sie verständigen sich über den Beitrag, den jeder von ihnen leistet, namentlich durch Geldzahlungen, Besorgen des Haushaltes, Betreuen der Kinder oder durch Mithilfe im Beruf oder Gewerbe des andern. [...]
Art. 297: Während der Ehe üben die Eltern die elterliche Sorge gemeinsam aus. [...]

Schweizerisches Zivilgesetzbuch, 1998.

Von der «alten» zur «neuen» Frauenbewegung

Die Frauenbewegung kämpfte in der Schweiz seit Anfang des 20. Jahrhunderts vor allem für die politische Gleichberechtigung der Frauen. Einen ersten Erfolg erreichte sie 1971, als die Schweizer Männer in einer Volksabstimmung das Stimm- und Wahlrecht für die Frauen auf nationaler Ebene annahmen. Gegen Ende der 1960er Jahre entstand eine neue Frauenbewegung. Diese strebte die Gleichstellung der Frauen mit den Männern nicht nur auf politischer Ebene, sondern in allen Lebensbereichen an. Ihr Wahlspruch lautete: «Das Private ist das Politische».

Nach dem Ende des Zweiten Weltkrieges änderte sich die Rolle der Frau in der Gesellschaft. Während des Zweiten Weltkrieges mussten viele Frauen einer Arbeit nachgehen, um ihre Familie zu ernähren. Die Männer waren oft als Soldaten eingezogen worden. Die Frauen mussten deshalb auch in vielen Geschäften die Männer vertreten und die Arbeit der Männer erledigen. Mit dem Wirtschaftsaufschwung in den 1950er Jahren änderte sich die Lage. Die Männer waren aus der Armee zurückgekehrt, fanden schnell eine Arbeit und verdienten immer mehr Geld. Bei den meisten Männern, aber auch bei vielen Frauen, setzte sich die Vorstellung durch, dass die Frauen wieder zu Hause bleiben sollten. Sie hatten die Rolle der Hausfrau und Mutter zu übernehmen.

Die *Frauenverbände setzten sich zwar für die politische Gleichberechtigung der Frauen ein. Doch auch in diesen Frauenverbänden glaubten manche Frauen, dass die Aufgaben der Frau vor allem im häuslichen Bereich liegen. Die Frauen sollten ein gemütliches und warmes Zuhause schaffen, in dem sich die Ehemänner von den Strapazen des Alltags erholen können. An der SAFFA, der «Schweizerischen Ausstellung für Frauenarbeit» im Jahr 1958, machten die Frauenverbände ihre Haltung deutlich. Das Schwergewicht der Ausstellung lag nicht wie anlässlich der ersten SAFFA von 1928 auf der Erwerbsarbeit. Vielmehr betonten die Ausstellungsmacherinnen den Lebenskreis der Frau zu Hause in der Familie.

Das Frauenstimmrecht

Im Februar 1959 lehnten zwei Drittel der – damals nur männlichen – Stimmbürger die Einführung des Stimm- und Wahlrechts für Frauen ab – gegen den Willen des Bundesrats. Die meisten Männer, aber auch manche Frauen, waren der Ansicht, die Frauen bräuchten keine politischen Rechte. Sie würden sich ja vor allem im privaten Bereich als Mutter und Hausfrau betätigen. In den 1960er Jahren war die Schweiz ausser dem Fürstentum Lichtenstein das einzige demokratische Land in Europa, in dem die Frauen keine politischen Rechte besassen.

Rund zehn Jahre später änderte sich die Lage. 1968 begannen in ganz Europa Jugendliche, vor allem Studentinnen und Studenten, gegen die starren Ansichten ihrer Eltern und Lehrer, gegen die Konsumgesellschaft und den Vietnamkrieg

Iris von Roten: Anwältin, Journalistin und Feministin. Die Schweizer Juristin Iris von Roten, hier im März 1947 im Wallis, plädierte schon im Jahr 1958 für sichere Verhütungsmethoden wie die Pille. Sie sah darin eine notwendige Voraussetzung dafür, dass Frauen ihre Sexualität freier leben können. Mit ihrer radikalen Kritik an den bestehenden Geschlechterverhältnissen stiess sie aber sogar beim Bund Schweizerischer Frauenvereine auf Ablehnung. Die zum Teil heftigen Reaktionen auf ihr berühmt gewordenes Buch «Frauen im Laufgitter» von 1958 veranlassten Iris von Roten, sich aus der Öffentlichkeit zurückzuziehen.
Foto: Hans Baumgartner

zu rebellieren. Aus dieser breiten Protestbewegung heraus entstand eine neue Frauenbewegung, auch in der Schweiz. Zur gleichen Zeit wollte der Bundesrat die Europäische Menschenrechtskonvention unter Vorbehalt unterzeichnen. Der Vorbehalt war nötig, weil in der Schweiz die Frauen noch immer kein Stimm- und Wahlrecht hatten, obwohl die *Konvention ihnen dieses Recht zusprach. Darüber waren zahlreiche Frauen und Männer empört. Mit dem «Marsch nach Bern» im März 1969 protestierten Frauen der «alten» und der «neuen» Frauenbewegung gegen die Politik des Bundesrats. Noch im selben Jahr arbeitete der Bundesrat eine neue Vorlage zum Stimm- und Wahlrecht für Frauen aus. Im Februar 1971 sagten die männlichen Stimmbürger ja zum Stimm- und Wahlrecht der Frauen auf Bundesebene.

«Das Private ist das Politische.»

In den Augen der neuen Frauenbewegung war dieser lang ersehnte Erfolg aber erst ein Anfang. Die jungen Frauen wollten mehr. Sie forderten gleichen Lohn für gleiche Arbeit, bessere Aufstiegsmöglichkeiten für Frauen im Beruf, Krippenplätze für Kinder, Chancengleichheit für Mädchen in der Ausbildung und die Bezahlung der Haus- und Erziehungsarbeit. Andere Forderungen betrafen die Stellung der Frau im Eherecht. Noch immer galt im Gesetz der Ehemann als das Oberhaupt der Familie. So hatte er bei der Wohnungssuche, in strittigen Fällen der Kindererziehung oder beim Kauf eines Autos nach wie vor das Sagen. Die Frauenbewegung erreichte schliesslich mit ihren Forderungen gesetzliche Änderungen.

1981 wurde in einer Volksabstimmung ein Verfassungsartikel angenommen, der die Gleichstellung von Mann und Frau als Grundrecht festlegte. 1984 nahmen die Stimmberechtigten das geänderte Eherecht an, das eine Gleichberechtigung von Frau und Mann in der Ehe vorsah.

Viele junge Frauen waren der Überzeugung, dass die Gleichberechtigung in Politik, Beruf und Recht allein nichts nütze. Eine vollständige Gleichberechtigung sei erst erreicht, wenn die Frauen auch im familiären, häuslichen und sexuellen Bereich den Männern gleichgestellt seien. Auch das Private sei politisch, sagten sie. Die neue Frauenbewegung forderte öffentliche Debatten über die Position der Frau in der Familie, über die Stellung nicht verheirateter Mütter, aber auch über Fragen wie Abtreibung oder Verhütung. Mit ihrer Kritik reagierte die neue Frauenbewegung auf das gesellschaftliche Bild der Frau in den 1950er und 1960er Jahren.

Bild der Frau

In den 1950er Jahren war die ideale Frau Mutter und Hausfrau. Gleichzeitig sollte sie aber auch attraktiv sein und jugendlich wirken. Die ideale Frau pflegte ihr Äusseres, kleidete sich figurbetont und war sexy. Erst mit diesen Eigenschaften war eine Frau nach damaligen Massstäben richtig «weiblich». Auch die Werbung, die Film- und Modeindustrie förderten diese Vorstellung von Weiblichkeit. Zudem galt die Ehe als der einzige Ort, wo Frauen Sexualität leben durften.

Britney Spears: Queen of Pop und Jugendidol
bei einem Auftritt im Oktober 2000 in Bremen. Die Sängerin Britney Spears, geboren 1981, schaffte 1999 den Durchbruch zum Popstar. Sie verkaufte ihre Musik, indem sie sich als Sexidol in Szene setzen liess. Zugleich trat sie als Verfechterin konservativer Werte auf. Sie verkündete, dass sie vor der Heirat mit keinem Mann schlafen wolle. Sie unterstützte die Bewegung «True Love Waits», die sexuelle Enthaltsamkeit vor der Ehe forderte. Die Bewegung nahm ihren Anfang in den 1990er Jahren in den USA. Zu Beginn des 21. Jahrhunderts sollen ihr weltweit drei Millionen Menschen angehört haben. Im Jahr 2003 gab Britney Spears zu, dass sie ihr Gelübde nicht hatte halten können. Ihr Ex-Freund, der Popstar Justin Timberlake, hatte in den Medien angedeutet, dass Britney nicht mehr Jungfrau sei. 2004 heiratete sie Kevin Federline, ein Mitglied ihrer Tanztruppe, von dem sie seit 2007 geschieden ist.

Im Rahmen der weltweiten Protestbewegungen in den 1960er Jahren forderten Frauen und Männer eine freiere Sexualität. Lust und Liebe sollten ohne schlechtes Gewissen genossen werden können. Zunehmend wurde Sexualität zu einem öffentlichen Thema. Eine Reihe von Aufklärungsschriften kam auf den Markt. Illustrierte und Filme zeigten nackte Frauen und Szenen vom Geschlechtsverkehr. Viele bezeichneten den neuen freiheitlichen Umgang mit Sexualität als «sexuelle Revolution». Eine entscheidende Rolle für diesen Wandel spielte dabei ein neues Verhütungsmittel, die «Pille». In der Schweiz kam sie 1961 erstmals auf den Markt, damals noch unter dem Namen «Antibabypille». Wegen der Pille gingen in der ganzen westlichen Welt die Geburten zurück. Deshalb sprach man vom so genannten Pillenknick. Der *Babyboom der Nachkriegszeit wurde durch die Verbreitung der Pille gestoppt. Die Pille veränderte zugleich das Verhältnis zwischen Frauen und Männern. Die Pille nahm den Frauen (und den Männern) die Angst vor einer ungewollten Schwangerschaft. Sie konnten unbefangener sexuelle Beziehungen eingehen. Andererseits lag die Verantwortung für die Schwangerschaftsverhütung nun allein bei der Frau.

Ein Teil der Frauenbewegung kritisierte später sowohl die Vorstellungen von «Weiblichkeit» der 1950er Jahre als auch die «sexuelle Revolution» der 1960er Jahre. Der «Weiblichkeitswahn» habe die zunehmende Selbstständigkeit der Frauen gebremst. Und die «sexuelle Revolution» sei nur für den Mann eine Befreiung gewesen. Durch die Pille sei die Vorstellung entstanden, Frauen seien nun jederzeit zum Geschlechtsverkehr bereit. An den bestehenden Machtverhältnissen habe sich aber nichts geändert. Das Verhältnis zwischen Männern und Frauen in Politik, Beruf und Partnerschaft begann sich erst langsam im Sinne einer Gleichberechtigung der Geschlechter zu verändern.

AUFGABEN

23 *Nenne die Gemeinsamkeiten und die Unterschiede zwischen der alten und der neuen Frauenbewegung.*
24 *Weshalb waren viele Frauen dagegen, als der Bundesrat 1968 die Europäische Menschenrechtskonvention unterzeichnen wollte?*
25 *Erkläre, was die neue Frauenbewegung mit ihrem Motto «Das Private ist das Politische» meinte.*
26 *Beschreibe die heute gängigen Vorstellungen, wie Frauen und Männer zu sein haben.*

Auf der Fremdenpolizei. Der Film «Siamo Italiani/Die Italiener» von Alexander J. Seiler und June Kovach, aus dem das Bild stammt, zeigt das alltägliche Ringen von italienischen Arbeiterinnen und Arbeitern um ein würdiges Dasein in der Schweiz. Seilers und Kovachs Film erschien 1964, als das so genannte Italienerabkommen gewisse Erleichterungen im Familiennachzug sowie im Stellen- und Berufswechsel brachte. Gleichzeitig begann das Schlagwort «Überfremdung» die Ausländer- und Innenpolitik des Bundes nach dem Zweiten Weltkrieg zu bestimmen.

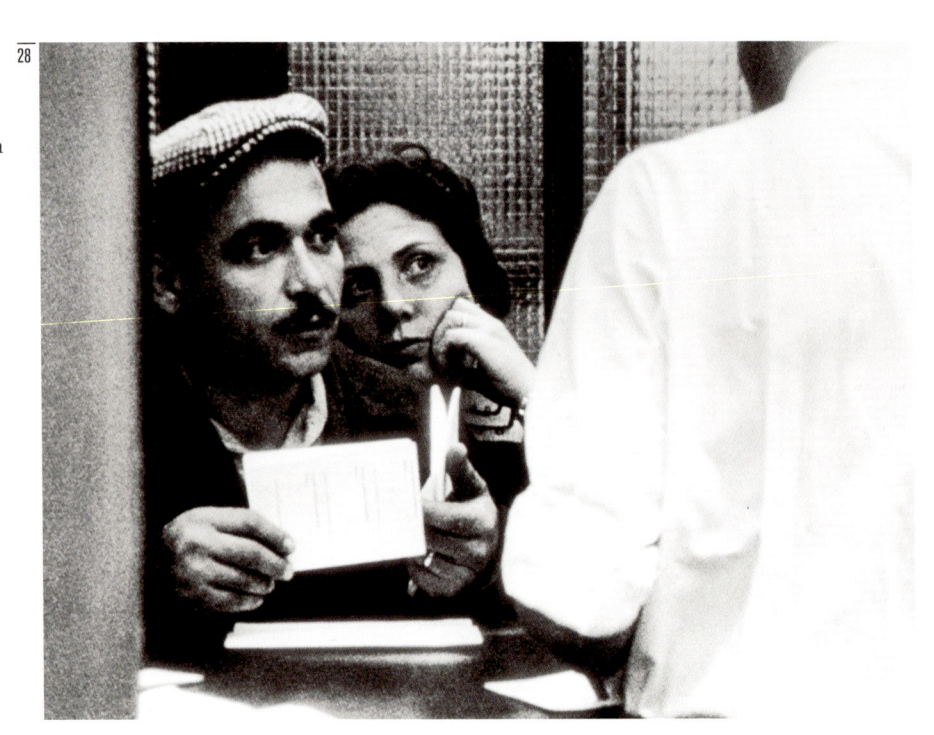

«Man hat Arbeitskräfte gerufen, und es kommen Menschen.»

Ohne ausländische Arbeitskräfte wäre die rasche Zunahme des Wohlstands in der Schweiz nach 1945 nicht möglich gewesen. Doch die Ausländerinnen und Ausländer waren nicht allen willkommen. So versuchten politische Gruppen mittels Volksinitiativen die Zahl der Ausländerinnen und Ausländer zu verringern. Das Schlagwort dabei lautete «Überfremdung».

Schlagwort «Überfremdung»

Von der Mitte der 1960er bis Mitte der 1970er Jahre beherrschte ein Thema die Innenpolitik der Schweiz wie kein anderes: «Überfremdung». Der Begriff stand nicht zum ersten Mal im Mittelpunkt politischer Auseinandersetzungen. In den 1960er Jahren wurde «Überfremdung» jedoch zu einem Thema, mit dem sich die gesamte schweizerische Bevölkerung beschäftigte.

Die schnell wachsende Wirtschaft war ein Grund dafür, dass dieses Schlagwort in aller Munde war. Weil es der Wirtschaft gut ging, brauchte sie immer mehr Arbeitskräfte. Deshalb kamen sehr viele ausländische Arbeitskräfte in die Schweiz. Dies verunsicherte breite Bevölkerungsschichten, obwohl für alle Arbeit vorhanden war und der Wohlstand zunahm. Aber nicht alle Schweizerinnen und Schweizer konnten gleichermassen vom wirtschaftlichen Aufschwung profitieren. Manche von ihnen verblieben in Berufen, die weniger Ansehen hatten. Ihnen war es trotz Wirtschaftswachstum nicht gelungen, sozial aufzusteigen. Sie richteten ihren Unmut gegen die ausländischen Bevölkerungsgruppen. Auch die Lebensart der ausländischen Familien stiess vielerorts auf Unverständnis.

Diese Verunsicherung nutzten einzelne Politiker geschickt aus. Sie behaupteten, die Schweiz werde durch die vielen ausländischen Arbeitskräfte und ihre Familien «überfremdet». Das Eigene gehe dadurch immer mehr verloren. Die Zahl der Ausländerinnen und Ausländer in der Schweiz sei deshalb zu reduzieren.

«Überfremdung» ist ein politisches Schlagwort, unter dem sich jede und jeder etwas anderes vorstellen kann. Gerade deshalb kann es gegen jede Gruppe von Ausländerinnen und Ausländern verwendet werden. Die schweizerischen Ausländerbehörden hatten in den 1920er Jahren beispielsweise mit diesem Wort ihre Abwehrhaltung vor allem gegen jüdische Menschen aus Osteuropa begründet. Sie sprachen von «Überfremdung», obwohl der Ausländeranteil damals stark zurückgegangen war. Das zeigt, dass die Zahl der anwesenden Ausländerinnen und Ausländer nicht der alleinige Grund für eine fremdenfeindliche Haltung ist. Oftmals ist es die eigene soziale Unsicherheit, die die Anwesenheit von Ausländerinnen und Ausländern bedrohlich erscheinen lässt. Kritik und Wut richten sich dann gegen die Fremden. Dies war auch in den späten 1960er Jahren der Fall, als das Schlagwort «Überfremdung» vor allem auf Italienerinnen und Italiener zielte.

Wirtschaftswunder und Mangel an Arbeitskräften

Die Schweiz war vom Krieg weitgehend verschont geblieben und besass eine leistungsfähige Industrie. Nach dem Krieg wuchs die Wirtschaft. Die Arbeitslosigkeit war sehr gering. Wollte ein Unternehmen eine neue Fabrik bauen, um mehr Produkte herzustellen, hatte es Mühe, neue Arbeiter zu finden. Die Schweizer Unternehmen warben deshalb Arbeitskräfte aus Italien an.

29 Das Schwierigste war, dass wir kaum ein Wort Deutsch sprachen

1970 begann also eine neue Phase in meinem Leben. Ab sofort lebte ich inmitten einer neuen Umgebung, neuer Gebräuche und einer fremden Sprache. Das Schwierigste für mich und meine Schwester war, dass wir kaum ein Wort Deutsch sprachen. [...] Ausser mir hatte es in der sechsten Klasse nur noch ein Mädchen aus Spanien, das allerdings bereits in der Schweiz geboren war. In der Mittelschule war ich neben einer Deutschen die einzige Schülerin aus dem Ausland. Da ich die Sprache nicht beherrschte, konnte ich mich ausser im Musikunterricht vorerst in keinem Lehrfach behaupten. Das erste Jahr in der Schweiz ist mir daher in schlechter Erinnerung. Abgesehen von wenigen Ausnahmen zeigten sich weder die Mitschüler noch die Lehrer als sehr hilfsbereit. [...]

Wir hatten auch Kontakt mit Landsleuten, mit denen wir Glück und Unglück teilen konnten. Das war damals für mich sehr wichtig. [...] Für uns Kinder, die aus ihrem angestammten Umfeld herausgerissen worden waren, war die jugoslawische Ergänzungsschule eine richtige Wohltat, eine Oase, wo wir sein konnten, wie wir uns das gewohnt waren. [...] Die Sprache war für mich das wichtigste Element im Integrationsprozess. Ich hatte schon zu oft von Landsleuten gehört, die sich aufgrund der ungenügenden Deutschkenntnisse wie Analphabeten fühlen.

Olga Serafimovski Milenkovic in: Dejan Mikic, Erika Sommer: *Als Serbe warst Du plötzlich nichts mehr wert. Serben und Serbinnen in der Schweiz.* Zürich: Orell Füssli, 2003. Olga Milenkovic erinnert sich, wie sie 1970 als 13-Jährige aus Belgrad in die Schweiz kam, weil ihr Vater seit einigen Jahren eine Stelle in der Schweiz hatte und seine Familie zu sich holen wollte. Sie ging nach der Schule nach Belgrad zurück und studierte dort, schliesslich liess sie sich mit ihrem Mann in Zürich nieder.

Die schweizerischen Ausländerbehörden hatten Verständnis für die Anliegen der Wirtschaft. Sie arbeiteten eng mit der Wirtschaft zusammen. Sie stellten grosszügig Arbeitsbewilligungen für Menschen aus dem Ausland aus, vor allem für Arbeitskräfte aus Italien.

Die Unternehmen im Bauwesen oder im Gastgewerbe brauchten besonders viele günstige Arbeitskräfte. In diesen Wirtschaftsbereichen waren die Arbeitsbewilligungen in der Regel zeitlich befristet. So genannte Saisonniers durften eine Saison lang, das heisst neun Monate, in der Schweiz bleiben. Dann mussten sie die Schweiz für drei Monate verlassen und konnten erst nach dieser Zeit wieder einreisen.

Eine Bewilligung für Jahresaufenthalterinnen und -aufenthalter ermöglichte dagegen einen zwölfmonatigen Aufenthalt in der Schweiz. Für Saisonarbeiterinnen und Jahresaufenthalter galten sonst aber ähnliche Bestimmungen. Ihre Familien durften nicht in der Schweiz leben und die Bewilligungen mussten jedes Jahr erneuert werden. Zudem durften sich Ausländerinnen und Ausländer nicht selbstständig machen, das heisst, sie konnten kein eigenes Geschäft eröffnen. Auch für einen Stellen- oder einen Berufswechsel brauchten sie eine Bewilligung.

Auslagerung von Wirtschaftskrisen

Mit dieser Bewilligungspolitik wollten die Behörden verhindern, dass sich ausländische Arbeiter und Arbeiterinnen langfristig in der Schweiz niederliessen. Gleichzeitig sollten schweizerische Arbeitnehmerinnen und Arbeitnehmer vor wirtschaftlichen Krisen geschützt werden.

Sobald sich die wirtschaftliche Lage verschlechterte, verringerten die Behörden die *Kontingente für ausländische Arbeiterinnen und Arbeiter. Dies war im Zuge der Wirtschaftskrise der Fall, die mit der Erdölkrise von 1973 einsetzte. Zwischen 1974 und 1976 gingen in der Schweiz rund 250 000 Arbeitsplätze (acht Prozent) verloren. Die Schweizer Behörden erteilten entsprechend weniger Bewilligungen für ausländische Arbeitskräfte. 1970 arbeiteten 439 000 Jahresaufenthalter in der Schweiz, 1976 nur noch 188 000. Auch die Zahl der Saisonarbeiterinnen und -arbeiter sank von 196 000 im Jahr 1972 auf 60 000 im Jahr 1976. Die Schweiz konnte somit den grössten Teil der Arbeitslosigkeit ins Ausland verlagern. Die Zahl der arbeitslosen Schweizer und Schweizerinnen lag Ende 1976 offiziell lediglich bei 21 000.

Integrationsbemühungen

Im Lauf der Zeit verbesserte sich die rechtliche Lage der ausländischen Bevölkerung in der Schweiz. Ausländerinnen und Ausländer durften nun nach einem Jahr die Stelle und nach drei Jahren den Beruf oder den Kanton wechseln. Der Bund hatte 1964 den Familiennachzug auf Druck der italienischen Regierung erleichtert, das heisst, die Ehepartner und Kinder der ausländischen Arbeitnehmer durften nun auch in der Schweiz leben.

Doch der Familiennachzug brachte neue Schwierigkeiten mit sich. Die Kinder der «zweiten Generation» (Secondas und Secondos) lebten in zwei Welten. Sie mussten mit den unterschiedlichen Ansprüchen ihrer Eltern und der schweizerischen Gesellschaft zurechtkommen.

Viele Menschen interessierten sich kaum für die Schwierigkeiten, die manche Ausländerinnen und Ausländer in der Schweiz hatten. Behörden und Teile der schweizerischen Gesellschaft nahmen sie in erster Linie als Arbeitskräfte und nicht als Menschen wahr. «Ein kleines Herrenvolk sieht sich in Gefahr: Man hat Arbeitskräfte gerufen, und es kommen

Ausländer entsorgen den Abfall, Zürich, Dezember 1968. Die schmutzigen und schweren körperlichen Arbeiten fielen in der Hochkonjunktur grösstenteils Ausländerinnen und Ausländern zu. Arbeiten im Putz- oder Baugewerbe brachten weniger Verdienst und gesellschaftliches Ansehen. Schweizerinnen und Schweizer waren oft nicht mehr bereit, diese Arbeiten zu machen.

Menschen», kommentierte der Schriftsteller Max Frisch im Jahr 1965 diese Haltung.

Schwarzenbach-Initiative

Gegen Ende der 1960er Jahre wurde deutlich, dass viele der italienischen Arbeiter und Arbeiterinnen in der Schweiz bleiben würden. Diese Tatsache stiess bei manchen Schweizerinnen und Schweizern auf Ablehnung. Nationalrat James Schwarzenbach war ein massgebender Vertreter der fremdenfeindlichen Politik jener Jahre. Er griff das Schlagwort «Überfremdung» auf und scharte viele Anhängerinnen und Anhänger hinter sich. Mit der so genannten Schwarzenbach-Initiative wollte er den Anteil der ausländischen Bevölkerung in jedem Kanton auf zehn Prozent der Gesamtbevölkerung senken. 1970 betrug dieser Anteil 17,2 Prozent.

In der Öffentlichkeit wurde heftig diskutiert. Widerstand gegen die Initiative kam insbesondere von den Unternehmern. Sie befürchteten, dass bei einer so starken Verringerung der ausländischen Arbeitskräfte die Produktivität zurückgehen würde. Aber auch die Bundesbehörden, der Bundesrat sowie Parteien, Gewerkschaften und Kirchen waren gegen die Initiative. Die wichtigste Partei auf Seiten der Befürworter war die «Nationale Aktion gegen Überfremdung von Volk und Heimat» (NA), deren Präsident James Schwarzenbach war.

Im Jahr 1970 kam die Initiative zur Abstimmung. Keine andere Abstimmung des 20. Jahrhunderts spaltete die schweizerische Bevölkerung so stark wie die Schwarzenbach-Initiative. Viele Menschen glaubten, dass der Ruf der Schweiz in der gesamten Welt Schaden nehmen könnte. Denn die Partei um James Schwarzenbach war die erste fremdenfeindliche Bewegung, die in Europa seit dem Ende des Krieges so viele Menschen hinter sich sammeln konnte. Bei einer hohen Stimmbeteiligung lehnten die Schweizer die Initiative schliesslich ab. Aber der Anteil an Ja-Stimmen war beträchtlich. 46 Prozent der Stimmenden und sechs ländliche Kantone der Zentralschweiz sowie der Kanton Bern hatten der Initiative zugestimmt.

Die späteren «Überfremdungs»-Initiativen scheiterten an deutlicheren Nein-Mehrheiten. Mit Beginn der 1980er Jahre verlagerten sich die Inhalte der Überfremdungsdiskussion. Die fremdenfeindlichen Argumente richteten sich nun weniger gegen ausländische Arbeitnehmer und Arbeitnehmerinnen, sondern mehr gegen *Asyl Suchende. Zu Beginn des 21. Jahrhunderts waren es vor allem deutsche und muslimische Einwanderer, die im Mittelpunkt fremdenfeindlicher Debatten standen.

AUFGABEN

27 *Nenne die Gründe, weshalb die Schweizer Wirtschaft nach dem Zweiten Weltkrieg in grosser Zahl ausländische Arbeitskräfte anwarb.*

28 *Schildere die rechtliche Lage ausländischer Menschen in der Schweiz nach dem Zweiten Weltkrieg.*

29 *Im August 2003 berichtete die «Sonntagszeitung» von einer Umfrage bei Schweizer Rekrutinnen und Rekruten. Die Umfrage ergab, dass 23 Prozent der schweizerischen Jugendlichen die Schweiz als «überfremdet» empfanden. Äussere deine Meinung dazu.*

30 *Ist es deiner Ansicht nach nötig, dass sich Zuwanderinnen und Zuwanderer in die schweizerische Gesellschaft integrieren?*

31 *Was wollte der Fotograf des Bildes «Ausländer entsorgen den Abfall» deiner Ansicht nach aussagen?*

Wissen erarbeiten

Bericht über eine Reise

«Wenn einer eine Reise tut, so kann er was erzählen.» – Tatsächlich können wir nach Reisen immer wieder über unvergessliche Momente berichten. Manchmal sind es interessante Begegnungen mit bisher unbekannten Menschen, und manchmal sind es fremde Landschaften, die uns beeindrucken. Oft passieren auf Reisen auch Pannen. Man verpasst das Flugzeug, der Zug fährt ausgerechnet am Reisetag nicht, am Auto platzt ein Reifen. Trotz solcher Zwischenfälle ist das Reisen sicherer und schneller als früher. Überhaupt hat sich das Reisen in den letzten 50 Jahren unglaublich stark verändert: Wir benutzen zum Beispiel andere Verkehrsmittel und andere Verkehrswege. Dieser Portfolioauftrag lädt dich dazu ein, eine selber erlebte Reise zu dokumentieren und dir anschliessend zu überlegen, wie dieselbe Reise 50 Jahre früher abgelaufen wäre.

Portfolioauftrag

Aufgabe
Für dein Portfolio sollst du eine Reise dokumentieren. Du findest in Zeitschriften, in Reiseführern oder im Internet eine Reihe von Beispielen, an denen du dich orientieren kannst. Deine Dokumentation umfasst jedenfalls die folgenden sechs Teile:
- Veranschauliche deine Reise mit Hilfe einer Karte.
- Halte mit Bildern die wichtigsten Stationen und die wichtigsten Verkehrsmittel deiner Reise fest.
- Schildere in einem Reisebericht interessante und spannende Erlebnisse im Detail.
- Begründe, wieso du gerade diese Reise für deine Dokumentation ausgewählt hast.
- Beschreibe ein Verkehrsmittel, das du während deiner Reise benutzt hast, und verfolge die Entwicklung dieses Verkehrsmittels über 50 Jahre zurück.
- Äussere Vermutungen, wie deine aktuelle Reise vor 50 Jahren verlaufen wäre.

Achte auf die Verständlichkeit des Textes und überprüfe am Schluss noch einmal die Rechtschreibung. Wähle für deine Dokumentation attraktive Bilder und eine aussagekräftige Karte.

Vorgehen
1. Überlege dir zuerst, welche Reise du dokumentieren willst. Es kann eine Ferienreise sein, zu der du die genannten Unterlagen zusammenstellst. Es kann aber genauso gut eine alltägliche Reise sein, etwa ein Ausflug mit Freunden oder der Familie.
2. Kläre die Rahmenbedingungen deiner Aufgabe ab: Welche Form soll dein Reisebericht haben? Wie viel Zeit kannst du für die Aufgabe aufwenden? Wird deine Arbeit benotet? Wann musst du deine Dokumentation abgeben?
3. Arbeite Schritt für Schritt, damit du keinen der sechs Teile vergisst.
4. Um ein ausgewähltes Verkehrsmittel deiner Reise beschreiben zu können und um seine Entwicklung über 50 Jahre zurückzuverfolgen, brauchst du zahlreiche Informationen. Diese Informationen musst du dir in einer Bibliothek oder im Internet beschaffen. Je mehr du über ein Verkehrsmittel herausfindest, umso besser kannst du dir vorstellen, wie deine Reise 50 Jahre früher verlaufen wäre.

Hinweise
Entscheidend für das Gelingen deiner Arbeit ist, dass du vor Beginn der Arbeit weisst, welche Kriterien du erfüllen sollst. Die folgenden vier Kriterien sind wichtig:

- Inhaltliche Reichhaltigkeit: Sind alle Teile, die in der Aufgabenstellung verlangt sind, vorhanden? Gibt es interessante und farbige Detailbeschreibungen? Kommen Menschen in anderen Zeiten oder Räumen vor? Wird ersichtlich, dass sich ein ausgewähltes Verkehrsmittel in den letzten 50 Jahren deutlich verändert hat?
- Gegenwarts- und Selbstbezug: Ist in der Dokumentation begründet, warum du gerade die vorliegende Reise ausgewählt hast? Ist ein Zusammenhang zwischen den Veränderungen unserer Gesellschaft und denjenigen der Verkehrsmittel ersichtlich?
- Methodische Verlässlichkeit: Wird der Betrachterin, dem Betrachter klar, woher die Informationen stammen? Sind die Karte und die Bilder richtig beschriftet? Wird klar, was herauskopiert und was von dir geschrieben wurde?
- Form: Ist dein Text verständlich und fehlerfrei geschrieben? Ist der Text gut gegliedert? Sind die Bilder anregend?

Natürlich kann dieser Portfolioauftrag (oder Teile davon) auch in Partner- oder Gruppenarbeit gelöst werden, wenn ein gemeinsames Reiseerlebnis vorliegt. Falls nicht, könnt ihr zum Beispiel gemeinsam einen kleinen Ausflug unternehmen.

Faszination Auto

Das Auto übt auf viele Menschen eine grosse Faszination aus. Denn das Auto ist nicht nur ein Fortbewegungsmittel. Mit ihm verbinden sich gesellschaftliches Ansehen und viele positive Gefühle wie Freiheit und Mobilität. Offen zeigten die Menschen in der Mitte des 20. Jahrhunderts ihre Begeisterung für das Auto. Seit den 1980er Jahren hat sich dies verändert. Mit dem stärkeren Umweltbewusstsein haben die Zweifel am Auto zugenommen. Die folgenden Bilder und Texte erzählen davon, wie und weshalb das Auto dennoch fasziniert.

Der Kleinwagen als Familienschlitten.
Eine glückliche Familie auf dem Sonntagsausflug. Fast hört man Musik aus dem Radio. Das Inserat der Autounion von 1962 zeigt eine heile Welt, in der sich auch Familien ein Auto leisten können. 1950 begann Volkswagen mit seiner Serienproduktion. Um die Mitte der 1950er Jahre fuhren die meisten Autobesitzer einen Kleinwagen im Stil des VW-Käfers. Doch schon gegen Ende der 1950er Jahre zeichnete sich ein Trend zum Mittelklassewagen ab. Die Bedeutung des Autos wandelte sich in diesem Jahrzehnt. Es war nicht mehr in erster Linie das Geschäftsfahrzeug der Unternehmer und Gewerbetreibenden, sondern immer mehr das Privat- und Familienauto für den Arbeitsweg oder die Freizeit.

007 mit seinem Aston Martin DB5.
Im Juli 1964 rollt ein silbriger Aston Martin DB5 auf der Furkastrasse am Rhonegletscher vorbei. Der Fahrer ist Agent. Er sieht eine blonde Frau, die ihn in einem offenen Ford Mustang überholen will. Wie der Mustang auf gleicher Höhe ist, fahren per Knopfdruck Stangen mit rotierenden Messerchen aus den Radachsen des DB5 und schlitzen die Reifen des Mustang auf. Kuhglocken bimmeln. Die Frau ist gezwungen, im Auto des Agenten weiterzufahren. Später werden die beiden von einer ganzen Flotte schwarzer Mercedes verfolgt. Der Aston Martin sprüht hinten eine dichte Rauchwolke heraus, wie ein Tintenfisch. Die Frau lacht. Einer der Mercedes kracht in den Baum. Das Auto kann noch viel mehr. Der Film heisst Goldfinger. Der Agent heisst Bond, James Bond.

Stefan Ineichen: *Aber das wehrhafte Bond-Autöli ist besser als das Réduit: es ist Heimat mobil.* Im Begleitband von Walter Leimgruber und Gabriela Christen zur Ausstellung «Sonderfall? Die Schweiz zwischen Réduit und Europa» im Schweizerischen Landesmuseum Zürich, 19. August bis 15. November 1992. Zürich: Schweizerisches Landesmuseum, 1992.

Spielautos. Die Automobilverbände unternahmen zahlreiche Anstrengungen, die Begeisterung der Kinder und Jugendlichen für das Auto zu wecken. Spielautos in jeder Grösse sollten die Faszination für das Auto bei den Kleinen fördern. Die Fotografie zeigt den von Nestlé bezahlten Verkehrsgarten an der Landesausstellung Expo im Jahr 1964 in Lausanne.

Start zum Grand Prix von Bern, 1954. Mit der Nummer 4 im Mercedes «Silberpfeil» fährt vorneweg der Argentinier Juan Manuel Fangio, der weltbeste Autorennfahrer jener Zeit. Es folgen Froilan Gonzalez auf Ferrari (Nr. 20) und Stirling Moss auf Maserati (Nr. 32). 50 000 Menschen verfolgten dieses Formel-1-Rennen, bei dem die Fahrzeuge Durchschnittsgeschwindigkeiten von 160 km/h erreichten. In der Schweiz fanden von 1937 bis 1954 regelmässig Autorennen statt. 1955 ereignete sich beim Autorennen im französischen Le Mans ein schrecklicher Unfall. Ein Rennauto raste in die Zuschauertribüne und tötete 85 Menschen. In der Schweiz verbot der Nationalrat daraufhin jegliche Autorennen auf Rundstrecken. Im Jahr 2004 hob er dieses Verbot wieder auf.

37 Patrick Bucher mit Honda Civic CRX

Mein Honda bedeutet mir eigentlich fast alles. Auf meiner Skala liegt er zuoberst, zusammen mit meiner Freundin – die bedeutet mir noch etwas mehr, aber dann kommt wirklich gerade mein Auto.

Ich fahre dieses Auto, weil sich das Ding bis auf 8000 Umdrehungen pro Minute schrauben lässt, es einen 1,6-Liter-Motor besitzt, 160 PS hat und trotzdem relativ kostengünstig in Sachen Versicherung ist. Man kann zünftig auf die Pedale drücken und richtig Stoff reinlassen! Das ist Musik!

Autos und Motoren – das war schon immer meine Leidenschaft. Als fünfjähriger Knirps habe ich den ersten Rasenmäher repariert – einfach so –, und später frisierte ich Töffs. Die Polizei sollte nun besser weghören, denn meine Töffs liefen mehr als 70 km/h. Später fuhr ich dann Motorrad, hörte aber schnell wieder damit auf, denn das blaue Billett [der Fahrausweis] hing immer an einem seidenen Faden. Ich sagte mir, das Töff-Fahren ist einfach zu gefährlich.

Zum totalen Autofreak wurde ich durch mein Baby – so sag ich meinem Auto –, Baby, Schätzli oder Baba nenn ichs. Ich kaufte das Baby, weils mir formmässig gefiel, und dann gings los: Ich montierte schönere Felgen, tat den Umbausatz drauf, wechselte die Stossdämpfer, damit das Ganze etwas härter wird, installierte stärkere Streben. Mein grösster Stolz: die Heckbremsleuchte. Wer nachts hinter mir fährt, vergisst mich nicht so schnell, die leuchtet so crazy!

Heute verkehre ich in der Honda-Szene. Hier sind die Leute einfach genial locker drauf, man quatscht sich irgendwo an und sagt, he, du hast eine megageile Maschine, und hat schon Kontakt. Hier hast du einfach alles: ein Superauto, den absoluten Fahrspass und den Zusammenhalt untereinander!

Reto Holzgang in: Stapferhaus Lenzburg (Hrsg.): Autolust – Ein Buch über die Emotionen des Autofahrens. Baden: Hier und Jetzt, 2002.

39 Markus Speich mit Twike

Ich fahre mein Twike aus Überzeugung. So ein Elektrofahrzeug produziert keine Abgase und macht keinen Lärm. Wenn ich damit unterwegs bin, schade ich der Umwelt nicht. Schimpft mich jemand Ökofreak, soll er das ruhig tun. Ich stehe dazu – ich bin Ökofahrer aus Leidenschaft!

Bis noch vor zehn Jahren war das allerdings ganz anders. Als Junger genoss ich das Leben in vollen Zügen und fand es auch lässig, kräftig auf das Gaspedal zu drücken. Ich fuhr einen 6-Zylinder-Mercedes und genoss den Komfort des gediegenen Autofahrens. Ich hatte auch zwei Porsche, beide mit Sportfahrwerk und Sportgetriebe. Das war ein Supergefühl, so mit 160, 170 Stundenkilometern durch die Welt zu brausen! Da drückt es dich beim Beschleunigen so richtig schön in den Autositz! Ein totales Feeling! Dann aber kamen die 80er Jahre mit den verschärften Tempolimiten. Immer weniger war erlaubt, das schnelle Fahren machte keinen Spass mehr.

Ein Freund schleppte mich dann einmal an eine Twike-Demonstration. Dort erklärten uns die Ökopioniere zuerst eine Unmenge von Daten, sprachen von Energieverbrauch, Wirkungsgrad, Kilowatt, Ampère und Volt – ich verstand nur Bahnhof. Danach konnte man mit einem Twike Probe fahren, und da machte es bei mir plötzlich klick, nahm es mir den Ärmel voll hinein. Statt Steuerrad war da dieser witzige Joystick zum Navigieren, diese Leichtbau-Ausstattung, dieser Elektromotor, der fast geräuschlos das Auto zügig in Fahrt brachte! Wie sicher ich mich in dieser dreirädrigen kleinen Kiste fühlte! Ich staunte nur noch und war fasziniert, was diese Leute fertig brachten. Für mich wurde plötzlich klar: Diese Ökotüftler muss man unterstützen. Als ich dann noch vom drohenden *Ozonloch hörte, beteiligte ich mich an ihrem Entwicklungsprojekt mit zehntausend Franken, kaufte später ein Twike und verkaufte nach zirka eineinhalb Jahren mein Benzinauto.

Reto Holzgang in: Stapferhaus Lenzburg (Hrsg.): Autolust – Ein Buch über die Emotionen des Autofahrens. Baden: Hier und Jetzt, 2002.

41 Charlotte Klein mit Opel Manta

Als sich Charlotte Klein in einen Manta verliebte, war sie siebzehn Jahre alt. Jeden Morgen, wenn sie zur Arbeit ging, stand er am Wegrand, auffällig gegenüber all den normalen, den langweiligen Autos. Ein Manta Silver Jet war es, ein Sondermodell der frühen 80er Jahre, funkelnd im Morgenlicht, «den Streifen, die Farbe», alles an ihm hat Charlotte Klein auf Anhieb gemocht. Den Besitzer lernte sie nie kennen, aber wenn sie sich einen Freund aussuchte, war da stets die Hoffnung, dass er vielleicht einen Manta fährt. «Das war zwar zweitrangig, doch im Hinterkopf eben immer da.» Aber geklappt hat es nie; alle ihre Freunde fuhren andere Autos, und vielleicht hat es ja darum nie gehalten. Ihr Vater schlug ihr vor, ein Inserat aufzugeben: «Gesucht: Freund mit Manta», Betonung auf Manta. Aber das hat sie dann doch nicht gemacht.

[...] 1988, da war Charlotte Klein 25 Jahre alt, war es endlich so weit: Sie konnte sich ihren ersten Opel Manta kaufen. Schwarz war er, Baujahr 83, und ein bisschen aggressiv wirkte er, aber genau das mochte sie: «So aussehen wie alle andern – das durfte er nicht.» Als sie das erste Mal mit ihrem Manta fuhr, war das ein bisschen furchtbar und gleichzeitig ziemlich toll. «Wie eine Rakete ging der ab, ganz anders als der Datsun.»

Eine «Riesenfreude» war es, und als sie hörte, dass es da einen Manta-Club gäbe, dachte sie, «da musst du rein.» Erst trat sie dem Manta-Team Oberland bei, dann wechselte sie zum Solothurner Opel- und Manta-Club Gäu, die Leute waren ihr hier sympathischer: «Gleich habe ich das Gefühl gehabt, ich sei daheim im Club.» Der Manta, schon damals fast eine Rarität, da er seit 1986 nicht mehr gebaut wird, war für Charlotte Klein immer ein Sommerfahrzeug. Zum Alltagsgebrauch reichte ein Kadett; an schönen Sonntagen nahm sie den Manta aus der Garage. Und dann war alles ein bisschen anders.

Annette Mingels in: Stapferhaus Lenzburg (Hrsg.): *Autolust – Ein Buch über die Emotionen des Autofahrens*. Baden: Hier und Jetzt, 2002.

43 Madeleine Weber mit DKW 1000 S Limousine

Irgendwie bedeutet mir mein DKW viel. Ich bin zwar nicht der Typ, der jeden Sonntag in der Garage steht und ihn mit Ohrstäbchen putzt, aber ich pflege und hege ihn schon. Und wenn im Winter gerade die Salzmänner unterwegs waren, dann gehe ich bestimmt nicht ausfahren. Das tue ich ihm nicht an.

Dass ich einen Oldtimer fahre, hat mit mir zu tun. Ich bin kein Mensch, der das gern hat, was allen gefällt. Ich lebe nicht mit der Masse, gehe nicht mit dem Strom. Das finde ich langweilig. Ich bin eine Ästhetin, habs einfach gern schön, liebe das Design der 20er bis 60er Jahre. Die heutigen modernen Autos dagegen bedeuten mir einfach nichts.

Auf mein Baby – so sag ich ihm manchmal, weils so lieblich dreinschaut – bin ich auch etwas stolz. Wenn ich mit ihm unterwegs bin, drehen viele Leute den Kopf. Es lässt bei vielen das Herz höher schlagen. Oft sprechen mich deswegen ältere Leute an und beginnen dann aus ihrer Jugend zu erzählen.

Vor fünf Jahren fand ich es in Zürich. Es war Liebe auf den ersten Blick. Es stand da so ganz allein auf einer verlassenen Wiese im strömenden Regen. Das musste ich haben!
Ein Freund untersuchte es genauer und fand, ausser etwas Standschäden sei sein Zustand tadellos. So kaufte ich es und liess es flottmachen. Doch schon bald rief der Garagist an und sagte, Madeleine, es tut mir Leid, das ist kaputt, und jenes müssen wir auch noch ersetzen. Ich hatte eine völlige Ruine erstanden, unter der Motorhaube lief nichts mehr! Endlich, nach einem Jahr, konnte ich mein Auto in Zürich abholen.

Reto Holzgang in: Stapferhaus Lenzburg (Hrsg.): *Autolust – Ein Buch über die Emotionen des Autofahrens*. Baden: Hier und Jetzt, 2002.

Mode in den 1950er und 1960er Jahren

Wie wir uns kleiden, ist davon abhängig, was gerade in Mode ist. Seit den 1950er Jahren wechselten die Kleidermoden immer rascher. Mit dem neuen Wohlstand und der günstigen Massenproduktion konnten sich die meisten Menschen Westeuropas regelmässig neue Kleider leisten. In den europäischen Industrieländern entscheiden deshalb vor allem persönliche Vorlieben, die Zugehörigkeit zu einer Gruppe und politische Einstellungen darüber, wie wir uns anziehen.

	13.00 Uhr	13.00 Uhr	14.00 Uhr	16.00 Uhr	17.00 Uhr	18.00 Uhr	20.00 Uhr	Ab 21.00 Uhr
Sie tragen	Zu Hause mit einem Gast: kleines Kleid aus Woll-Schotten	Treffpunkt Mittagessen: Ensemble Flanellkleid und karierter ⁷⁄₈ langer Paletot	Schnell für eine Viertelstunde: weicher Hausmantel	Zum Rendezvous in einer Konditorei: ruhiges Kostüm mit langer modischer Jacke, darunter eine Bluse aus Organza mit gerafftem Kragen	Zur Modeschau oder einer Teestunde ein Ensemble: figurbetonendes Kleid, eine gerade Jacke mit Netzkragen und Manschetten	Treffpunkt in der Bar, ruhiges ärmelloses Cocktailkleid / Cocktailkleid mit Décolleté und schwingendem Rock	Dinerkleider sind schmal, lang und dezent / Theater- und Konzertkleid, diesmal nicht schwarz	Das große Abendkleid ist kostbar
Material	Velours	Flanell/ Mohair-Flausch	Wollflausch	Flausch, Organza mit Spitzen	Wolltaft	Samt, broschiert / Lamé	Grosgrain / Brokat	Spitzmotive mit Duchesse
Farbe	schottisch kariert	steingrau/pistolenblau/grün	uni Zitrone	marine/écru	schwarz	nutriabraun / silbrig	schwarz / feines antikes Muster	weiß, champagner
Kopf	frisiert	kleiner Hut, flach auf ein Ohr gesetzt	trotzdem frisiert	Ripsbandkappe, einseitig auf dem Ohr	ganz kleines Gebilde aus Nerz	Mütze aus Atlasband / schön frisiert	schmuck, wie eine helle Strähne / gut frisiert	Diadem und Ohrgehänge
Halspartie	antike Silberkette	hochgeschlossen	Kragen	Spitzenrüsche der Bluse mit blauem Samtband	Nerzblende an der Jacke, um den Hals	enge Kette am Samtband / rosa Perlen	glitzerig / antike Goldkette	glitzernde Kette
Bis zur Taille	flach gelegter großer Kragen, enger Ärmel	Paletot gerade, Kleid mit Gürtel	mit einem Gürtel geschlungen	schlank, schwach tailliert	schlanke Silhouette und doch ein wenig Busty-Look	runder Halsausschnitt, enge Corsage / lange enge Corsage mit angeschnittener Schulterpartie	kein großes Décolleté, weiche Raffung um die Brust / wie ein simpler Jumper	Corsage mit kleinen Trägern und applizierten Spitzenmotiven
Farbe	schottisch	pistolenblau/grün/grau	uni Zitrone	marine	schwarz	nutriabraun / silbrig	schwarz / gold/bunt	weiß, getönt
Ab Taille	enger Rock	Paletot bis an das Knie, Kleid schmal mit Gehschlitz	weit, lang, glockig	enger Rock, gefüttert mit Taft	glockig	weit in ungebügelten Falten gerafft / überweiter Sonnenplisseerock	bleistiftig, ab Knie in Tütenform / auf der Hüfte in Falten angesetzt	weiter Duchesserock mit Spitzenmotiven
Farbe	schottisch	steingrau	uni Zitrone	marine	schwarz	nutriabraun / silbrig	schwarz / gold/bunt	champagner
Schuhe/ Strümpfe	Wildleder	Pumps	Hauspantöffelchen	Samtcalf	Pumps	Chevreau Riemchen-Schuhe / graphitgraues Chevreau	silbergraues Leder / Sandaletten	Abendschuhe
Farbe	grün	grau	orange	marine	schwarz	braun / silbrig	mit Straßschnalle / gold	goldkäfer
Handschuhe	keine	graues Wildleder	keine	marine Wildleder	Glacé, Nerzfarbe	sandfarbener Atlas / weißer Atlas, halblang	rosé Glacéleder, lang / türkis, kurz	weiße Duchesse mit Goldstickerei und evtl. Perlen
Handtasche	keine	grauer Lack	keine	Wildlederbeutel	klein und chic	Samtbeutel / Silberpailletten	Petit-Point-Stickerei / Pompadour aus Brokat	gold
Parfum	lieblich	reizvoll	letzter Hauch	sein Lieblings-	aufregend	interessant / mondän	nobel / dezent	Grande Occasion
Zubehör	rund gearbeiteter grüner Wildledergürtel	ganz schlanker grauer Schirm	die Boulevard-Zeitung	ein dekoratives Armband über dem Handschuh	duftendes Chiffontuch in Orange	vielleicht doch das Nutria-Bolero? / Pelz-Stola	Spitzen- oder Duchesse-Stola / goldene Armbänder	weißes langes Samtcape, bis zum Boden
Ratschläge	ein Armband, das am Eßtisch nicht in die Suppe hängt	behalten Sie zur Begrüßung die Handschuhe an	Mittagsruhe ist das beste Schönheitsmittel	ein bißchen soll es aussehen, daß Sie sich dafür extra schön gemacht haben	jetzt schon daran denken, was Sie sich zu Weihnachten von Ihm wünschen	um diese Zeit noch nicht so viel trinken / 1. Unterrock aus Nylontüll, 2. aus Taft	solche Kleider verlangen gute Mieder / es wirkt das Material in ganz strenger Linie	immer nur lächeln

Was tragen Sie – wann – wozu – womit? Modezeitschriften informierten die Frauen in den 1950er Jahren über «Kleidungsvorschriften». Diese bezogen sich auf das Privatleben und listeten für jede Tageszeit die passende Kleidung auf. Die Tabelle zeigt Luxus: Nur wohlhabende Frauen konnten es sich leisten, mehrmals am Tag die Kleider zu wechseln. Ausserdem lebten nur sie in einer Welt, in der es die entsprechenden Gelegenheiten überhaupt gab. Zudem macht der Ausdruck «Vorschriften» klar, dass sie nicht spontan in den Kleiderschrank greifen konnten. Kleidervorschriften sind Teil unserer Kultur. Man kann aus ihnen einiges über eine Gesellschaft erfahren.

Thema ausweiten

Petticoats, 1950er Jahre. «Frisch, flott und frühlingsfroh» sollten die Sommerkleider der Frauen in den 1950er Jahren sein. Damit die Röcke möglichst weit von der Taille abstanden, trugen die Frauen einen oder mehrere Petticoats (Unterröcke) darunter. Sie bestanden aus Schichten von gestärktem Tüll oder aus Schaumgummi. Auch das «KaDeWe» in Westberlin, das Kaufhaus des Westens, eines der grössten Kaufhäuser Europas, bot seinen Kundinnen diese neue Mode an.

Bademode, 1958. Die ersten Bilder von Frauen, die einen Bikini trugen, sorgten für Skandalmeldungen. Viele waren schockiert über so viel nackte Haut. Doch schon bald stand das nach einem Atoll in der Südsee benannte Freizeitbekleidungsstück für Fortschritt und Modernität. Der Fortschritt betraf die wirtschaftliche Seite (man konnte in die sonnigen Ferien fahren), aber auch eine lockerere, selbstbewusste Haltung gegenüber dem eigenen Körper. Der Bikini war in den 1950er Jahren erst zögerlich aufgekommen. In den 1960er Jahren konnte sich die Bikini-Mode aber endgültig durchsetzen. Zwar enthielten die Oberteile damals noch Plastikeinlagen und die Slips waren breit geschnitten. Keine zehn Jahre später war der Mini-Bikini, die nächste Steigerung, bereits zur Selbstverständlichkeit geworden. Auch die Männerbadehose wurde immer kleiner. Sie schrumpfte ebenfalls bis zum Tanga.

Nachmittagskostüm, 1953. Die Wespentaille der Frau in diesem Kostüm sieht fast künstlich aus. Gewiss hat der Fotograf mit dem Aufnahmewinkel und der Beleuchtung diesen Eindruck verstärkt. Er machte damit ganz deutlich: Frauen, die solch elegante Modelle tragen, sollen zerbrechlich und ein bisschen distanziert wirken. Die Trümmerfrauen hatten ihre Arbeitskittel abgelegt. Nach den Kriegsjahren setzte die Mode wieder auf die figurbetonte Kleidung. Die Kleider drückten nicht nur den Wunsch nach Eleganz und Wohlstand aus, sondern auch ein Frauenbild.

Sportliches Hemdblusenkleid, 1953. Hemdblusenkleider waren in den 1950er Jahren sehr beliebt. Es gab sowohl eher weite Modelle für die ganz jungen Frauen als auch eng anliegende für die ältere Generation. Wichtig war, dass sie trotz der sportlichen Form einen Hauch von Eleganz besassen und «schlank machten».

Teddy-Boys, um 1955. Die Teddy-Boys und Teddy-Girls, auch Teds, gelten als eine der frühesten Jugendkulturgruppen. Die jugendlichen Engländerinnen und Engländer setzten sich deutlich sichtbar von der Generation ihrer Eltern ab. Sie waren an ihrer Kleidung, ihrer Frisur leicht erkennbar. Und sie hörten Rock'n'Roll. Im Ausgang trugen die Teddy-Boys meist dunkle, etwas zu grosse und zerknitterte Anzüge. Die Schuhe der jungen Männer waren spitz, mit Metallplättchen versehen und vorne teilweise gebogen. Das Haar stärkten sie mit Brillantine. Ein Kamm in der Hosentasche durfte nicht fehlen. Man kann nicht sagen, dass ihre Kleidung von Anfang an «Mode» war. Denn für viele Erwachsene war sie das Zeichen für eine ausser Kontrolle geratene Jugend. Die Teddy-Boys sahen das natürlich anders. Viele liessen sich ihre Kleider von einem Schneider anfertigen.

Thema ausweiten

Leslie Hornby alias «Twiggy», 1969. Sie war eines der ersten namentlich bekannten Mannequins: das englische Star-Model Twiggy. In den 1960er Jahren verkörperte sie mit ihrer knabenhaften Figur ein neues Schönheitsideal. Während die «fraulichen» Kleider der 1950er und 1960er Jahre noch züchtig das Knie bedeckt hatten, durfte Twiggy nun ungeniert Bein zeigen. Zwischen 1964 und 1970 bestimmten Minijupes die Mode der jungen Frauen. Diese Mode zu tragen, brauchte Mut. Der kleine Busen, ein flacher Bauch und die langen, dünnen Beine wurden auch als «lebende Werbung für die Pille» gedeutet. Nichts am neuen Schönheitsideal sollte an Mutter- oder Schwangerschaft erinnern.

Junge Frau in Hosen, 1964. Frauen, die Hosen trugen, stiessen noch Anfang der 1960er Jahre auf gesellschaftliche Ablehnung. Die Erwachsenen empfanden besonders die Bluejeans aus den USA als Provokation. Einzelne Schulen, zum Beispiel die Bezirksschule in Aarau oder das Mädchengymnasium in Zürich, verboten den Schülerinnen diese «Unsitte».

Hippie-Kleidung, 1969. Stickjacken aus Afghanistan, südamerikanische Cowboyhosen, Ponchos und lange indische Gewänder eroberten in den 1960er Jahren die Kleiderschränke der Hippies. Wie bei den Teds war auch hier Kleidung mehr als Mode. Kleider waren Bekenntnisse. Kleider waren Erkennungszeichen. Blusen, Jacken, Hosen, Pullover und Tücher aus fernen Gegenden der Welt und die fernöstlichen Parfums sollten die weltoffene Haltung der Hippies unterstreichen. Je vielfältiger, desto besser. Und so lagen dann West und Ost, Nord und Süd Schicht für Schicht, Stück für Stück friedlich neben- und übereinander.

4. Welten im Kalten Krieg

Welche Mauern schützen dich? Welche Mauern behindern dich?

Stehen die abgebildeten Menschen vor der Mauer oder hinter der Mauer? Warum schauen sie auf die andere Seite? Begründe deine Ansicht.

Welche Menschen leben in unserer Welt heute hinter Mauern?

Möchtest du die Schweizer Grenze eher zumauern, oder möchtest du die Schweizer Grenze eher durchlässiger machen? Begründe deine Meinung.

Mache eine Zeichnung, mit der du gegen diese Mauer protestierst.

Fotografiere in deiner Umgebung drei Graffiti, die dir besonders gut gefallen. Klebe die Fotografien auf ein Plakat und erkläre, wieso dir die ausgewählten Graffiti gefallen.

Suche eine grosse Fotografie einer Gegend und zeichne eine Mauer hinein, welche die Gegend trennt.

Ihr spaziert in einem Grüppchen der Grenze entlang und diskutiert darüber, weshalb ihr froh oder nicht froh seid, dass die Mauer besteht.

Spielt dieselbe Situation weiter und begründet, wieso euch euer Leben gut gefällt und weshalb ihr nie auf der andern Seite der Mauer leben möchtet.

Spielt dieselbe Situation, wobei ihr jetzt begründet, warum euch euer Leben hier nicht gefällt und ihr sofort auf die andere Seite wechseln möchtet.

Drei Jugendlichen ist die Flucht über die Mauer gelungen. Was nun?

Mauerbau und Mauerfall

Die *DDR-Führung hatte «die Mauer» am 13. August 1961 errichten lassen. Sie lief mitten durch Berlin. Die Grenzbefestigungen schlossen nicht nur Westberlin ein, sondern sie riegelten die ganze Grenze zwischen der DDR und der Bundesrepublik Deutschland undurchlässig ab. Die Trennung von Ost- und Westberlin erinnerte täglich an den Zweiten Weltkrieg, an die Niederlage des nationalsozialistischen Deutschen Reichs und die Aufteilung Deutschlands in vier Besatzungszonen. Der Mauerbau war jedoch eine Folge des Kalten Krieges. Die Mauer war nicht nur Teil des Eisernen Vorhangs, sondern auch Symbol dafür. Bis zum Schluss stand sie für die Grenze zwischen «Ost» und «West», zwischen «Sowjetunion» und «Amerika». In der Nacht vom 9. auf den 10. November 1989, als die Mauer «fiel», verwandelte sich die Berliner Mauer von einem Symbol der Trennung zu einem Ort der Begegnung zwischen Ost und West.

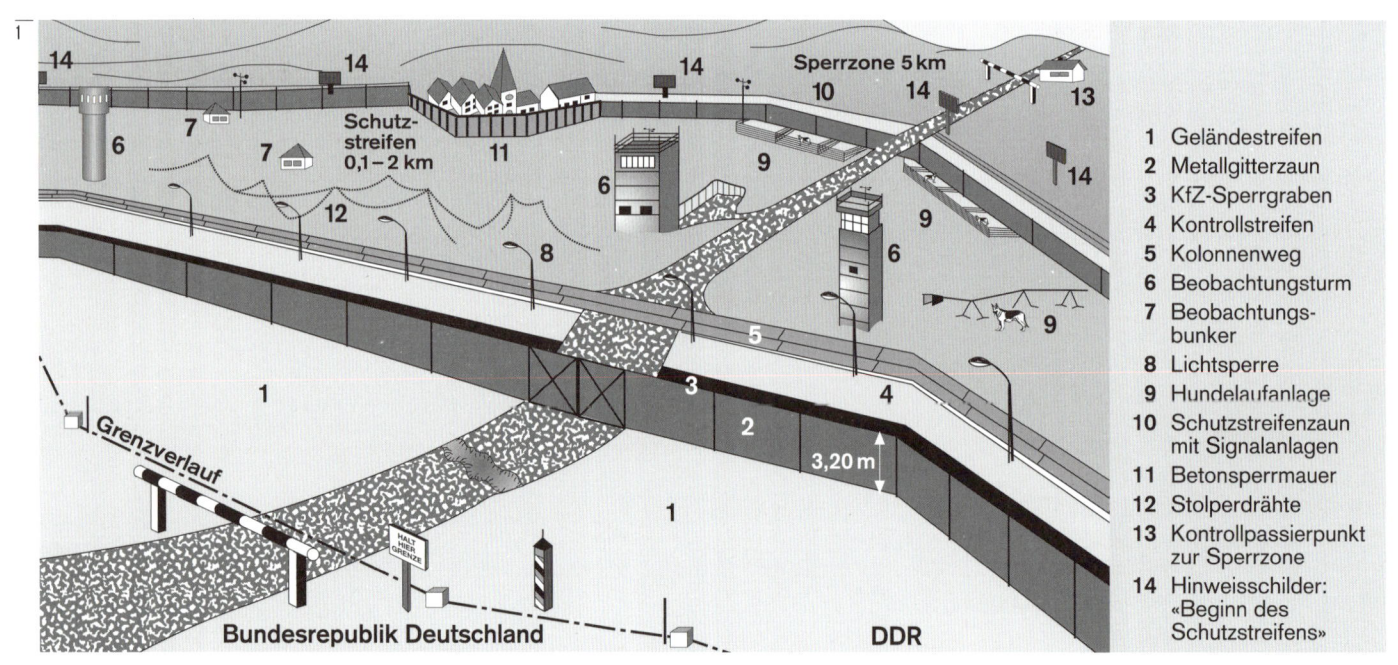

Plan der «Mauer». Die Zeichnung zeigt die einzelnen Elemente des Sperrsystems, das die Bundesrepublik Deutschland und die Deutsche Demokratische Republik teilte, um 1980.

1 Geländestreifen
2 Metallgitterzaun
3 KfZ-Sperrgraben
4 Kontrollstreifen
5 Kolonnenweg
6 Beobachtungsturm
7 Beobachtungsbunker
8 Lichtsperre
9 Hundelaufanlage
10 Schutzstreifenzaun mit Signalanlagen
11 Betonsperrmauer
12 Stolperdrähte
13 Kontrollpassierpunkt zur Sperrzone
14 Hinweisschilder: «Beginn des Schutzstreifens»

Ein Tag, der in die Geschichte einging

Es war recht eng vor und auf der Mauer. Die Leute freuten sich, viele umarmten sich, andere standen nur da mit Tränen in den Augen. Es war eine Art Volksfeststimmung in grosser Dimension. Man glaubte zu träumen.

Franz Hemm, Realschullehrer aus Abensberg, der zusammen mit seinen Schülerinnen und Schülern auf der Abschlussfahrt in Berlin zufällig den Mauerfall am 9./10. November 1989 hautnah miterlebte.

Karin Schöpa (Jahrgang 1941), Textilgestalterin:

Die Meldungen lauteten nur, dass die Grenze abgesichert wird – gegen westliche Aggressoren. Es hiess am 13. August 1961 immer «vorübergehend». Wir sind also nach Berlin gefahren.

Im Zug war gedämpfte Stimmung. Niemand hat gesprochen. Je näher Berlin kam, desto schlimmer wurde es. Im Zug wurde ständig kontrolliert, ob niemand mehr mitfuhr, der nicht nach Berlin gehörte. Als wir ankamen, war Ost-Berlin wie tot. Es war, als ob einer eine Glocke darübergezogen hätte und die Luft ausgegangen wäre. Die gleiche Bedrücktheit, die über uns lag, lag über ganz Berlin. Es war nichts von Grossstadt, Unruhe oder Hektik zu spüren. Als wenn ein Gewitter über die Stadt zieht. [...] Als wir in Berlin in die Nähe der Mauer kamen, die ja zu diesem Zeitpunkt noch Stacheldraht war, wurde uns aber rasch klar, dass das keine vorübergehende Sache war. Dazu war alles viel zu gut organisiert und zu massiv, was dort unternommen wurde. Wir haben LKWs gesehen, die mit grossen Steinladungen kamen und einfach die U-Bahn-Schächte zukippten. Ein LKW nach dem andern kippte seine Ladung einfach die Treppen in die U-Bahn-Gänge hinab.

Anke Gebert, *Im Schatten der Mauer*. © Scherz Verlag, Bern, München, Wien 1999. Alle Rechte vorbehalten S. Fischer Verlag GmbH, Frankfurt am Main.

Sabine Zache (Jahrgang 1938), Malerin:

Da waren dann Himmel und Menschen, und man traf dann auch welche, die man kannte... Am Kudamm war eine grosse Wand, auf der immer die neuesten Nachrichten in Textform erschienen. Auch die Zeitungen gaben nachts Extra-Blätter heraus. An einer Stelle hatte jemand riesige Ost- und Westfahnen aufgehängt und miteinander verknotet. Eine Kapelle spielte, und die Leute tanzten auf der Strasse. Man guckte sich immer forschend in die Augen, fragte sich: «Na, bist du aus dem Osten oder aus dem Westen?» Aber alles mit einer grenzenlosen Freundlichkeit. In dieser Nacht herrschte die blanke Liebe zwischen den Menschen. Euphorie. [...] Man bekam sogar solche komischen Mutter- oder Vaterlandsgefühle. Ich dachte immer, ich wäre frei davon. Aber in dieser Nacht hat mich das Wort «Deutschland» fast kitschig angerührt. Diese Umarmungen überall haben einen nicht kalt gelassen. [...]

Anke Gebert, *Im Schatten der Mauer*. © Scherz Verlag, Bern, München, Wien 1999. Alle Rechte vorbehalten S. Fischer Verlag GmbH, Frankfurt am Main.

Herbert Otto (Jahrgang 1925), Schriftsteller:

Unsere Hoffnung war eine bessere DDR. Hermann *Kant hat mal etwas sehr Feines gesagt. Ende der achtziger Jahre wurde er gefragt, was er so besonders gut an der DDR fände. Da sagte er: «Das Beste an der DDR ist, dass sie existiert.» Da ist viel Wahres dran. Historisch gesehen war es der Versuch, eine menschenwürdigere Gesellschaft zu errichten. Nach *Marx sollte der Staat immer bedeutungsloser werden, sich auflösen. [...]

Es hätte vielleicht ja auch funktionieren können. Wenn man zum Beispiel die ökonomische Kraft entwickelt hätte. Und wenn wir einen wirklich demokratischen Sozialismus gemacht hätten. Aber dann hätten wir ja auch keine Mauer gebraucht.

Anke Gebert, *Im Schatten der Mauer*. © Scherz Verlag, Bern, München, Wien 1999. Alle Rechte vorbehalten S. Fischer Verlag GmbH, Frankfurt am Main.

Karikatur: Hilfe, ich werde verfolgt!

Hilfe, ich werde verfolgt.
Horst Haitzinger, 1981.

Karikaturen sind beliebt, weil sie komplizierte oder umstrittene Sachverhalte in einem einfachen Bild auf den Punkt bringen können. Sie beleuchten eine komplizierte Situation blitzlichtartig. Und sie beziehen Stellung. Der Begriff «Karikatur» leitet sich vom italienischen Verb «caricare» ab, was «laden, beladen, überladen» bedeutet. Der Begriff gelangte im 18. Jahrhundert über das Französische ins Deutsche und meint das «Zerrbild», die «verzerrte» Darstellung eines Sachverhaltes, eines Gegenstandes oder einer Person.

Die Zeichnerinnen und Zeichner wollen mit ihren Karikaturen sowohl unterhalten als auch zum Nachdenken anregen. Die verzerrte Darstellung einer Person oder eines Sachverhalts soll die Betrachtenden zum Lachen bringen. Karikaturen zeigen aber auch, wie Zeichnerinnen und Zeichner über etwas denken. Durch die Karikatur möchten sie die Betrachtenden beeinflussen. Somit sind Karikaturen keine wertfreien Beobachtungen. Sie enthalten immer schon ein Urteil. Gelegentlich ergänzen Wörter oder Sätze die bildliche Darstellung. Um eine Karikatur zu verstehen, muss man alle Elemente erkennen und in Sprache übersetzen.

In Karikaturen werden reale Personen mit ihren typischen Merkmalen überzeichnet dargestellt: Hitler mit seinem Bärtchen, Chruschtschow mit seiner Glatze oder jemand mit einer typischen Brille. In Karikaturen finden sich zudem oft Symbole. Diese muss die Betrachterin oder der Betrachter zuerst entschlüsseln, um das Gezeichnete zu verstehen. So stehen gewisse Symbolfiguren stellvertretend für ein Land: etwa die Figur der Helvetia oder des Tell für die Schweiz, der *Michel für Deutschland, die *Marianne für Frankreich. Auch Tiere kommen in Karikaturen häufig vor. Der Fuchs ist ein Symbol für Schlauheit, der Pfau für Stolz, der Hai oder der Wolf für Aggressivität, der Hase für Feigheit, die Schlange für Falschheit und Hinterhältigkeit. Häufig verwendete Symbole sind zum Beispiel die Krone für Macht, die Waage für Gleichgewicht oder Gerechtigkeit, Hammer und Sichel für den Kommunismus.

Anleitung

Karikaturen regen zum Nachdenken an. Damit man der Bedeutung einer Karikatur auf die Spur kommen kann, empfiehlt es sich, systematisch vorzugehen. Dabei sind folgende fünf Schritte zum Umgang mit Karikaturen sinnvoll (eine mögliche Antwort ist jeweils angefügt):

1. Was ist auf der Karikatur zu sehen? Nenne verschiedene Elemente und beschreibe die Szene.
   Ich sehe zwei Fabelwesen, die aussehen wie Raketen mit Haifischoberteil und Hunde- oder Hasenfüssen. Die beiden sind voneinander kaum zu unterscheiden. Ihre Ausmasse sind enorm – der liegende

Mensch ist im Vergleich dazu ganz klein. Die beiden Fabelwesen sehen nicht nur gleich aus, sie tun auch dasselbe: Sie verfolgen sich und flüchten gleichzeitig in panischer Angst und mit hohem Tempo voreinander. Sie sind zugleich stark (Haifisch) und schwach (falls es tatsächlich die Läufe eines Hasen sind). Der Eindruck ihrer Schwäche wird verstärkt durch die Sprechblasen, in denen steht: «Hilfe, ich werde verfolgt.» Der Mensch liegt verängstigt am Boden. Er hat offenbar versucht, die beiden aufzuhalten. Das aber scheint unmöglich zu sein. Auf jeden Fall liegt sein Plakat mit der Aufschrift «Stop» nutzlos neben ihm am Boden. Die beiden Wesen verfolgen sich offenbar schon lange: Das schliesse ich aus den deutlich erkennbaren Spuren am Boden.

2. Welche Bedeutung haben die verschiedenen Elemente und die Szene?
Das eine Fabelwesen symbolisiert Amerika. Ich erkenne dies am Wappen Amerikas, das es an der linken Schulter trägt. Das Fabelwesen im Hintergrund symbolisiert die Sowjetunion. Es trägt das Wappen auf dem Rücken. Mir fällt das Wort «Rüstungswettlauf» ein, denn die beiden Fabelwesen sind als Raketen mit der Aufschrift «Rüstung» gezeichnet und rennen wie wild hintereinander her. Mit dem Menschen am Boden sind wohl all diejenigen gemeint, die sich dagegen wehren, dass immer mehr und immer wirksamere Waffen hergestellt werden.

3. Was will der Zeichner aussagen? Welchem Zweck dient die Karikatur?
Die Karikatur regt zum Nachdenken über den Rüstungswettlauf an. Sie zeigt auf witzige Art und Weise die Zwanghaftigkeit des Wettrüstens. Weil beide Mächte das Gefühl haben, sie würden verfolgt und seien deshalb bedroht, unternehmen sie riesige Anstrengungen und produzieren immer mehr und immer wieder neue Waffen. Sie rennen einander atemlos hinterher und können sich nie ausruhen. Es ist ein Teufelskreis. Er verdeutlicht die Sinnlosigkeit des Rüstungswettlaufs. Beide kommen nicht weiter. Eine der beiden Mächte müsste vielleicht den Mut aufbringen, stehen zu bleiben und das Gespräch zu suchen.

4. Was möchtest du nach dem Studium der Karikatur über die Vergangenheit und die Gegenwart wissen? Formuliere mögliche Antworten auf deine Fragen.
Wurde der Rüstungswettlauf gestoppt? Ja, zum Teil. Nachdem das Wettrüsten fast zu einem neuen Krieg zwischen den USA und der UdSSR geführt hatte, begannen die Präsidenten beider Länder (Kennedy und Chruschtschow) nach Vermittlung des UNO-Generalsekretärs U-Thant miteinander zu sprechen. Beide Staaten bauten danach Teile ihrer Waffenlager ab und vereinbarten gegenseitige Rüstungskontrollen.

5. Suche Unterlagen, die deine Vermutungen bestätigen oder widerlegen. Suche Material, um deine Fragen zu beantworten. Stelle deine Fragen jemandem, der sich im Thema auskennt. Oder lies den Text «Welten im Kalten Krieg» (ab Seite 116).

Wende das beschriebene Vorgehen bei den folgenden beiden Karikaturen an.

Wir müssen dem Kraken die Arme abhacken.
Anonym, Holland, 1950er Jahre.

Tour du monde: Tandem oder Einrad?
Jean Leffel, ohne Jahr.

Lied: Oh Amerika

Lieder begleiten uns durchs Leben. Oft verknüpfen wir besonders glückliche oder traurige Momente mit einem Lied. Lieder sind Teil und Ausdruck unserer Kultur. Lieder können auch Schlüssel zu anderen Welten sein. Sängerinnen und Sänger wollen mit ihren Liedern unterhalten, manchmal aber auch eine politische Wirkung erzielen. Sie möchten ihre Zuhörerinnen und Zuhörer zu etwas bewegen. Wie bei Karikaturen ist es deshalb auch bei Liedern wichtig herauszufinden, was besungen wird und welche Wirkung damit beabsichtigt ist.

Nicht nur Texte, sondern auch Lieder können uns als Quelle für Informationen dienen. Wer einen Liedtext versteht, kann herausfinden, was andere Menschen denken und fühlen. Man unterscheidet grob vier Gruppen von Liedern. Zur ersten Gruppe gehören die Volks-, Kirchen- und Kinderlieder. Diese Lieder handeln von den Freuden, Sorgen und Ängsten der Menschen im Alltag, von ihren Traditionen, Leiden und Beschwerden. Zur zweiten Gruppe gehören die Protestlieder. Mit diesen drücken Menschen ihren Unmut aus über Zustände, die sie als ungerecht empfinden. Zur dritten Gruppe gehören die Stimmungs- und Ermutigungslieder, zum Beispiel Nationalhymnen, die ein Gemeinsamkeitsgefühl aufbauen sollen. Zur vierten Gruppe gehören die Propagandalieder. Mit diesen Liedern wird versucht, einen kämpferischen Gemeinschaftsgeist zu wecken.

Lieder verbinden Text und Musik. Deshalb ist es im Umgang mit Liedern wichtig, sowohl den Text als auch die Musik zu beachten. Lieder lösen bei den Menschen unterschiedliche Gefühle aus und regen sie auf verschiedene Weise zum Nachdenken an. Die Wirkung von Musik kann zum Beispiel mit Hilfe eines Adjektivzirkels beschrieben werden. Dadurch gelingt es uns besser, mit andern über die Gefühle zu reden, die wir beim Hören von Musik empfinden.

Adjektivzirkel.

1. fröhlich, lebhaft, heiter, glücklich, bunt, lebendig
2. sorglos, leicht, anmutig, spielerisch, fantastisch, humorvoll
3. ruhig, heiter, besänftigend, gefühlvoll, gemächlich, sanft
4. empfindsam, sehnsüchtig, romantisch, klagend, verträumt, zart
5. traurig, jämmerlich, leidenschaftlich, bedrückend, düster, tragisch
6. würdig, geistlich, feierlich, nüchtern, sachlich, ernsthaft
7. kraftvoll, wütend, kriegerisch, gewichtig, königlich, erhaben
8. triumphierend, froh erregt, aufregend, ungestüm, aufwühlend, ruhelos

Anleitung

Lieder können Gefühle auslösen und zum Nachdenken anregen. Es ist deshalb auch bei Liedern wichtig, sich systematisch mit ihnen auseinander zu setzen. Dann kann man sie besser verstehen. Dabei sind die folgenden neun Schritte sinnvoll. (Eine mögliche Antwort ist angefügt. Sie bezieht sich auf das Lied «Amerika».)

1. Spiele das Lied einmal oder mehrere Male in Ruhe für dich ab und höre gut zu. Zu den meisten CDs gibt es so genannte Booklets (Büchlein) mit den Liedtexten und weiteren Informationen. Lies nun den Text des Liedes.
Einige Wörter habe ich beim Hören nicht genau verstanden. Ich bin froh, dass ich den ganzen Liedtext nachlesen konnte.
2. Welche Gefühle löst das Lied aus? Wähle aus dem Adjektivzirkel diejenigen Begriffe aus, die deiner Ansicht nach am besten zur Musik passen.
Für mich ist das Lied kraftvoll, kämpferisch, ungestüm, ernsthaft.
3. Worum geht es im Lied? Formuliere zwei eigene Sätze und verweise auf Textstellen.
Das Lied handelt von Amerika. Manchmal war und ist Amerika ein Retter in der Not. Das steht in der ersten Strophe. Offenbar prügelt sich Amerika gern und kann das nicht sein lassen. Das steht in der fünften Strophe.
4. Gib dem Lied einen Titel, sofern er nicht schon da steht. Nenne Texterin oder Texter, Komponist oder Komponistin und Interpret oder Interpre-

tin sowie das Jahr, in dem das Lied entstanden ist, und die Zielgruppe, für die es gemacht wurde.
Titel: Amerika. Text, Musik und Gesang: Herbert Grönemeyer, ein deutscher Sänger. Entstehungsjahr: 1984. Zielgruppe: vielleicht vor allem Deutsche oder Deutschsprachige, weil der Text wichtig ist.

5. Suche im Text zwei Nomen, die häufig vorkommen oder dir wichtig erscheinen. Kläre allenfalls, was diese Nomen bedeuten.
Das Wort Amerika kommt 14-mal vor. Care-Pakete sind Hilfspakete, welche die Amerikaner nach dem Zweiten Weltkrieg verteilt haben.

6. Was kannst du über den Text sagen? Formuliere zwei Vermutungen, zum Beispiel zum Verfasser oder zum Zweck des Textes, und begründe deine Vermutungen mit Textstellen.
Ich glaube, dass Grönemeyer dagegen ist, dass Amerika Raketen in Deutschland stationiert (3. Strophe). Er fordert Abrüstung (letzte Strophe) und er wehrt sich dagegen, dass sich Amerika in Angelegenheiten einmischt, die ausserhalb des eigenen Landes vorkommen (5. Strophe).

7. Wie passen deiner Meinung nach die Gefühle, welche die Musik bei dir ausgelöst hat, zur Textaussage?
Für mich passen die Gefühle gut zum Text. Wenn man gegen etwas protestieren will, dann braucht man Kraft, Energie, Überzeugungswillen und Engagement.

8. Welche zwei Fragen möchtest du nach der Lektüre des Liedtextes beantwortet haben? Was denkst du über das dargestellte Thema?
Wie kam Amerika dazu, in Europa Raketen zu stationieren? Gegen wen waren die Raketen gerichtet?

9. Suche Unterlagen, um deine Fragen zu beantworten. Stelle deine Fragen jemandem, der sich im Thema auskennt. Oder lies den Text «Welten im Kalten Krieg» (ab Seite 116).

Wende das beschriebene Vorgehen beim Lied «Russians» an.

Amerika

Herbert Grönemeyer

du kommst als retter in jeder not
zeigst der welt deinen sheriffstern
schickst sattelschlepper durch die nacht
bringst dich in stellung, amerika

oh amerika
du hast viel für uns getan
oh amerika
tu uns das nicht an

viele care-pakete hast du uns geschickt
heute raketen, amerika
du hast bei dir so viel mehr platz als wir
was sollen sie hier, amerika

oh amerika
du hast viel für uns getan
oh amerika
tu uns das nicht an

oh amerika
wenn du gar nicht anders kannst
oh amerika
dann prügel wenn du dich prügeln musst
in deinem eigenen land

du willst in allem immer besser sein
grösser, schneller, weiter, amerika
ich habe angst vor deiner phantasie
vor deinem ehrgeiz, amerika
oh amerika

lad russland endlich zu dir ein
einigt, entrüstet euch, amerika
oder schiesst euch gemeinsam auf den mond
schlagt euch dort oben, der ist unbewohnt
oh amerika ...

Herbert Grönemeyer: *4630 Bochum*. EMI Electrola, 1984.
Text und Musik: Herbert Grönemeyer, Grönland Musikverlag.

Russians

Written by Sting (& Sergei Prokofiev)

In Europe and America there's a growing feeling of hysteria
Conditioned to respond to all the threats
In the rhetorical speeches of the Soviets
Mister Krushchev said, "We will bury you"
I don't subscribe to this point of view
It'd be such an ignorant thing to do
If the Russians love their children too

How can I save my little boy
From Oppenheimer's deadly toy?
There is no monopoly on common sense
On either side of the political fence
We share the same biology
Regardless of ideology
Believe me when I say to you
I hope the Russians love their children too

There is no historical precedent to put
Words in the mouth of the president
There's no such thing as a winnable war
It's a lie we don't believe anymore
Mister Reagan says "We will protect you"
I don't subscribe to this point of view
Believe me when I say to you
I hope the Russians love their children too

We share the same biology
Regardless of ideology
What might save us, me and you
Is if the Russians love their children too

Sting: *The Dream of the Blue Turtles*. EMI Music, 1985.
© G. M. Sumner / Boosey and Hawkes Music Publishers.

Mit freundlicher Genehmigung
Boosey & Hakes Bote & Bock GmbH, Berlin

Welten im Kalten Krieg

Zwischen 1948 und 1989/91 prägte der Kalte Krieg die Welt. Der bedrohliche Gegensatz zwischen «Ost» und «West» bestimmte Denken und Handeln vieler Menschen. Das Wissen über den Kalten Krieg ist ein Schlüssel, der zwei «Türen» zu öffnen vermag. Die eine führt in die damalige Zeit und zeigt, wodurch Entscheidungen, Konflikte, Bündnisse und Mentalitäten jener Jahre beeinflusst waren. Die andere öffnet den Blick auf politische Zusammenhänge im 21. Jahrhundert, die noch immer mit dem Kalten Krieg in Verbindung stehen, auch wenn er zu Ende ist.

LERNZIELE

1. Du weisst, dass mit dem Begriff «Kalter Krieg» eine Zeit gemeint ist, in der der Gegensatz zwischen Ost und West viele Lebensbereiche beeinflusst hat.
2. Dir ist bewusst, dass die Epoche des Kalten Krieges nicht gleichförmig verlief, sondern dass sich verschiedene Phasen unterscheiden lassen.
3. Du kennst Unterschiede im Alltagsleben von Menschen in der Schweiz und in Ungarn zur Zeit des Kalten Krieges.
4. Du erkennst, dass sich die USA und die UdSSR in jener Zeit in lokale Konflikte einmischten und diese Länder zu internationalen Kriegsschauplätzen machten.
5. Dir wird bewusst, dass die internationalen Spannungen auch in der Schweiz dazu führten, dass Menschen Feindbilder aufbauten und sich Vorurteile verfestigten.
6. Du kannst eine Mindmap über die Zeit des Kalten Krieges entwickeln.

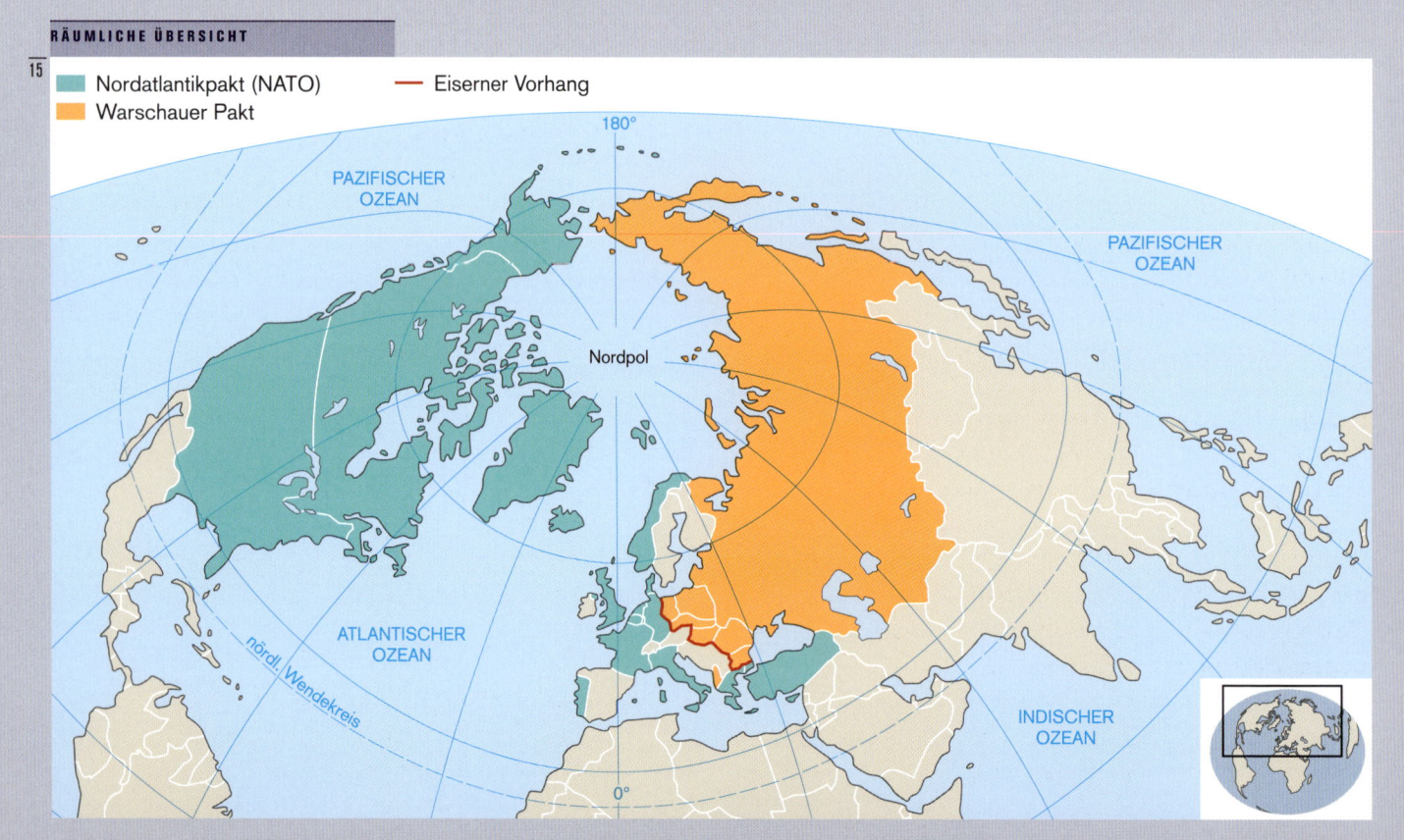

ZEITLICHE ÜBERSICHT

1945	Aufteilung Deutschlands in vier Besatzungszonen
1945	Gründung der Vereinten Nationen (UNO)
1945	Abwurf der ersten Atombomben
1949	Gründung der *NATO
1955	Gründung des Warschauer Pakts
1956	Ungarnaufstand
1957	Gründung der Europäischen Wirtschaftsgemeinschaft (EWG)
1961	Bau der Berliner Mauer
1964	Direktes Eingreifen der USA in den Vietnamkrieg
1972	Erstes Abrüstungsabkommen zwischen USA und UdSSR
1990	Wiedervereinigung Deutschlands
1991	Auflösung der Sowjetunion

RÄUMLICHE ÜBERSICHT

Die militärische Blockbildung im Kalten Krieg (1955). Die Grenze zwischen den beiden Militärbündnissen, zwischen dem kommunistischen und dem kapitalistischen Gesellschaftssystem verlief mitten durch Europa. Diese Grenze nannte man auch «Eiserner Vorhang».

Wissen erarbeiten

Winston Churchill (1874–1965) hebt am 5. Juni 1943 in London die Hand zum «V» für Victory (Sieg). Der wortgewandte englische Premierminister und spätere Nobelpreisträger, war während des Zweiten Weltkrieges zur Symbolfigur für ein starkes Europa geworden. Vor dem Krieg war der Politiker umstritten, weil er beispielsweise gegen das Frauenstimmrecht war. Churchill war ein überzeugter Antikommunist. Immer wieder beschwor er die Gefahr, die aus «dem Osten» droht. Europa solle stark sein, um der Sowjetunion und dem Kommunismus entgegenstehen zu können.

Ein eiserner Vorhang geht nieder

Nach dem Zweiten Weltkrieg wurden die ehemaligen Verbündeten UdSSR und USA zu Gegnern. Beide Seiten glaubten, dass sich nur einer der beiden Staaten, nur eine der beiden Weltanschauungen und nur eine der beiden Wirtschaftsformen durchsetzen könne. Die Zeit nach dem Zweiten Weltkrieg bis ins Jahr 1989 wird Kalter Krieg genannt. Ein wichtiger Begriff im Zusammenhang mit dem Kalten Krieg ist der so genannte Eiserne Vorhang.

Im März 1946 hielt der ehemalige britische Premierminister Winston Churchill anlässlich einer Preisverleihung in Fulton, Missouri, USA, eine denkwürdige Rede.

Churchill begann seine Rede mit der Feststellung, dass die Vereinigten Staaten eine Weltmacht seien. Damit würden die USA eine Verantwortung für das Wohlergehen und die Sicherheit der Menschen in dieser Welt tragen. Wohlergehen erreiche man am besten durch Freiheit und Fortschritt. Jedes Volk solle seine eigene Regierung wählen dürfen. Überall müsse Freiheit herrschen, im Reden und in den Gedanken, und nur freie und unabhängige Gerichtshöfe dürften Recht sprechen. England und die USA seien dabei Vorbilder. Diese beiden englischsprachigen Länder müssten sich künftig für Freiheit und Demokratie einsetzen: «Lasst uns predigen, was wir praktizieren, lasst uns praktizieren, was wir predigen!»

Die Staatengemeinschaft solle den soeben gegründeten Vereinten Nationen (UNO) bewaffnete internationale Truppen zur Verfügung stellen. Die Vereinten Nationen sollten mit diesen Truppen den Frieden auf der Welt sichern und einen weiteren Krieg verhindern. Das Wissen über die Atombombe müsse jedoch Amerika und Grossbritannien vorbehalten bleiben. Diese schreckliche Waffe dürfe nicht in die Hände von undemokratischen Regierungen gelangen.

Churchill gab zu bedenken, dass sich die Welt eben erst über den gemeinsamen Sieg der Alliierten über Hitler gefreut habe. Doch nun werde diese Freude getrübt. Denn niemand wisse genau, was die Sowjetunion für die nahe Zukunft plane.

Winston Churchill war beunruhigt, weil er in Europa etwas Bedrohliches beobachtete: «Von Stettin an der Ostsee bis Triest an der Adria hat sich ein Eiserner Vorhang quer durch den Kontinent gelegt. Hinter dieser Linie liegen all die Hauptstädte der alten zentral- und osteuropäischen Staaten. Warschau, Berlin, Prag, Wien, Budapest, Belgrad, Bukarest und Sofia, all die berühmten Städte und die Bevölkerungen darum herum liegen in der, wie ich sie nennen muss, sowjetischen Sphäre und sind alle, in der einen oder anderen Form, nicht nur sowjetischem Einfluss ausgesetzt, sondern [...] in zunehmendem Mass der Kontrolle Moskaus.»

Das Bild eines eisernen Vorhangs hatte auf die Zuhörenden eine starke Wirkung. Der Begriff «eiserner Vorhang» kommt aus dem Theater. Ein eiserner Vorhang wird zum Schutz vor Feuer zwischen Bühne und Zuschauerraum heruntergelassen. Die Vorstellung eines eisernen Vorhangs wirkte abweisend, unüberwindbar, bedrohlich. Winston Churchill brachte mit seinem Bild Gefühle auf den Punkt, die von da an mit der Grenze zwischen dem kommunistischen Osteuropa und dem übrigen Europa verknüpft wurden. Er prägte damit eine der stärksten *Metaphern des Kalten Krieges.

Die Rede erregte viel Aufmerksamkeit. Viele Amerikanerinnen und Amerikaner klatschten Churchill Beifall, weil er so deutlich gesprochen hatte. Andere waren empört und fürchteten, Churchill wolle einen neuen Krieg anzetteln. Die Rede machte deutlich, dass sich die Welt in einen westlichen und in einen östlichen Teil spaltete, getrennt durch den Eisernen Vorhang.

AUFGABEN

1. *Nenne mindestens drei Kennzeichen einer Demokratie.*
2. *Mit welchen Mitteln liess sich aus der Sicht von Winston Churchill (1946) ein neuer Krieg verhindern?*
3. *Was beunruhigte Churchill im März 1946 am meisten?*
4. *Welchem Staatsmann oder welcher Staatsfrau traust du heute eine solche Rede zu, wie sie Churchill 1946 hielt?*

17 **Stalins Antwort an Churchill**
Als Ergebnis der deutschen *Invasion verlor die Sowjetunion in Kämpfen mit den Deutschen, während der deutschen Besetzung und der Verbannung sowjetischer Staatsangehöriger in deutsche Konzentrationslager ungefähr 7 000 000 Menschen. Mit andern Worten: die Sowjetunion hat um ein Vielfaches mehr Menschenleben zu beklagen als Grossbritannien und die Vereinigten Staaten zusammen. Es ist möglich, dass gewisse Seiten versuchen, diese Opfer des sowjetischen Volkes, die die Befreiung Europas vom Hitlerjoch sicherstellten, in Vergessenheit geraten zu lassen.

Aber die Sowjetunion kann sie nicht vergessen. Man kann daher fragen, was an der Tatsache überraschend ist, dass die Sowjetunion, im Bedürfnis, auch in Zukunft für ihre Sicherheit zu sorgen, versucht zu erreichen, dass diese Länder Regierungen haben, die der Sowjetunion gegenüber loyal sind? Wie kann man, ohne den gesunden Menschenverstand verloren zu haben, diese friedfertigen Absichten der Sowjetunion als «expansive Tendenzen» unserer Regierung bezeichnen? Herr Churchill schleicht um die Wahrheit herum, wenn er vom wachsenden Einfluss der kommunistischen Parteien in Osteuropa spricht. Der wachsende Einfluss des Kommunismus ist kein Zufall. Er ist ganz natürlich. Der Einfluss der Kommunisten ist gewachsen, weil sich die Kommunisten während der harten Jahre, als in Europa der Faschismus herrschte, als verlässliche, kühne und opferbereite Kämpfer gegen faschistische Regimes und für die Freiheit der Völker erwiesen haben.

Josef Stalin in einem Interview mit der sowjetischen Zeitung «Prawda». Zitiert nach «The New York Times»: *Stalin's Reply to Churchill,* 14. März 1946.

Elemente des Kalten Krieges

Winston Churchills Rede lässt sich in vier Kernpunkten zusammenfassen. Er sprach von einem Ost-West-Gegensatz, von Demokratie, internationalen Organisationen und atomarer Rüstung. Das sind einige der wirtschaftlichen und politischen Schlüsselbegriffe des Kalten Krieges.

Zunehmender Gegensatz zwischen Ost und West

Im Mittelpunkt des Kalten Krieges stand der Gegensatz zwischen «Ost» und «West». «Ost» stand für kommunistisch-sozialistische Länder, besonders die UdSSR und ihre Verbündeten. «West» stand für kapitalistisch-demokratische Länder, besonders die USA und ihre Verbündeten. Dieser Gegensatz prägte die Welt fast 50 Jahre lang. Er schlug sich in politischen Handlungen nieder, beispielsweise im Rüstungswettlauf und in *Stellvertreterkriegen. Militärische Bündnisse wie die NATO oder der *Warschauer Pakt spiegelten diesen Gegensatz wider. Er zeigte sich aber auch in der Wirtschaft. Im Osten war die Wirtschaft planwirtschaftlich organisiert, im Westen hingegen marktwirtschaftlich.

Selbstbestimmung und Demokratie

Churchill forderte in seiner Rede, dass alle Völker die Regierungsform, unter der sie leben wollen, selbst bestimmen sollen. Das war ein wichtiges Merkmal, das den «Westen» vom «Osten» unterschied. Es hatte aber auch eine grosse Bedeutung, dass gerade der ehemalige Premierminister eines mächtigen Kolonialreichs diese Worte sagte. Die Menschen in den Kolonien beriefen sich darauf. Viele afrikanische und asiatische Länder erreichten nach 1945 die politische Unabhängigkeit. Allerdings war diese teilweise blutig erkämpft. Die ehemaligen Kolonien versuchten während des Kalten Krieges, einen selbstständigen Weg jenseits der beiden Blöcke einzuschlagen. Trotzdem wirkte sich der Konflikt zwischen den beiden Supermächten auf diese Staaten aus. Mit der Zeit zeichnete sich auch ab, dass die gewonnene Freiheit nicht alle Probleme lösen konnte. Zu Beginn des 21. Jahrhunderts leben immer noch mehr arme Menschen im Süden als im Norden.

Internationale Organisationen

Churchill wies darauf hin, wie wichtig nach dem Zweiten Weltkrieg eine Zusammenarbeit der Staaten sei. Der Kalte Krieg begünstigte Bündnisse über Staatsgrenzen hinweg. Ehemalige Gegner wie Frankreich und Deutschland standen nun auf der gleichen Seite. Diese Bündnisse waren der Anfang der europäischen Integration, die zur heutigen Europäischen Union führte. Es entstanden aber auch militärische Zusammenschlüsse wie NATO und Warschauer Pakt.

Die UNO war das wichtigste gemeinsame Forum für Ost, West, Nord und Süd. In ihren Organisationen entwickelten die UNO-Mitglieder Verhandlungsplattformen, Handelsregeln und rechtliche Grundsätze, die heute noch gültig sind. Ohne diese Erfahrungen und Strukturen wäre die Globalisierung nicht möglich gewesen.

Atomare Rüstung

Die Atombombe wurde zum Symbol der Macht und der technischen Überlegenheit. Zunächst verfügten nur die USA über

Josef W. Dschugaschwili, genannt Stalin, (1879–1953) kämpfte auf der Seite der Bolschewisten unter Wladimir Iljitsch Uljanow, genannt Lenin, für die kommunistische russische Revolution. Den Namen Stalin, der Stählerne, legte er sich 1912 zu. Nach Lenins Tod im Jahr 1924 riss Stalin die Herrschaft über die Sowjetunion an sich. 1934–1939 liess er mit der «grossen Säuberung» alle tatsächlichen und vermeintlichen Gegner seiner Herrschaft in Schauprozessen verurteilen und hinrichten. Er starb 1953 kurz vor einer zweiten «Säuberungswelle». Die Zeit danach wurde «*Tauwetter» genannt. Nicht nur im Innern der Sowjetunion konnten Reformen eingeleitet werden, sondern auch das stark angespannte, «eisige» Verhältnis zwischen den USA und der Sowjetunion entspannte sich. Obwohl Stalin viele Verbrechen beging, gibt es heute in Russland wieder Menschen, die sich als Anhängerinnen und Anhänger von Stalin bezeichnen.

diese Waffe. Im Jahr 1949 hatte auch die UdSSR eine Atombombe entwickelt. Die Atomwaffenrüstung war ein ganz zentraler Bereich des Kalten Krieges. Die Bedrohung der ganzen Welt, die von den Atomwaffen ausging, beschäftigte die Menschen. Viele fürchteten einen dritten Weltkrieg, der mit Atomwaffen ausgetragen würde. Ein solcher Krieg hätte die Welt unbewohnbar machen können. Daher protestierten immer wieder besorgte Menschen gegen die Aufrüstung.

Weitere Elemente des Kalten Krieges

Churchill sprach in seiner Rede noch nicht vom «Kalten Krieg». Der Begriff Kalter Krieg wurde erst ein Jahr später von einem amerikanischen Journalisten geprägt. «Kalt» wurde der Krieg genannt, um ihn vom Ersten und Zweiten Weltkrieg zu unterscheiden. Anders als in diesen «heissen» Kriegen bekämpften sich die verfeindeten Lager nicht direkt mit ihren Armeen. Aber sie bekämpften sich indirekt. In Stellvertreterkriegen unterstützten sie Gruppierungen, die jeweils gegen die andere Seite kämpften. Sie versuchten die andere Seite zu schwächen und deren militärische Rüstungsprojekte auszuspionieren.

Die Zeit des Kalten Krieges war somit auch eine Zeit der Heimlichkeiten. Die staatlichen Geheimdienste waren sehr aktiv und beobachteten verdächtig scheinende Personen genau. Beide Seiten fürchteten sich ständig vor Spionage in Wirtschaft und Politik. Aber auch zwischen Nachbarn herrschten Angst und Misstrauen. Dies war ein Zeichen der gesellschaftlichen Unsicherheit während des Kalten Krieges. Gleichzeitig war eine breite Öffentlichkeit fasziniert von Spionagegeschichten in Büchern und Filmen, etwa von James Bond-Filmen.

Der Kalte Krieg war aber auch ein Wettlauf der Gesellschaftssysteme. Beide Seiten versuchten ihre Überlegenheit zu beweisen und die Welt mit spektakulären Erfolgen zu beeindrucken. Am auffälligsten war dieser symbolische Kampf bei der Erforschung und Eroberung des Weltalls. Die UdSSR sandte 1961 den ersten Menschen ins Weltall, die USA brachten dafür 1969 den ersten Menschen auf den Mond.

Und wann endete der Kalte Krieg? In der Regel wird die Auflösung der UdSSR im Jahr 1991 als Enddatum genannt. Andere sind der Meinung, dass der Kalte Krieg 1989 mit dem Fall der Berliner Mauer zu Ende ging.

AUFGABEN

5 *Wieso wird der Krieg zwischen Ost und West in der Zeit von 1948 bis 1989/1991 als Kalter Krieg bezeichnet?*

6 *Nenne vier wichtige Elemente des Kalten Krieges.*

7 *Schildere die unterschiedlichen Ansichten von Stalin und Churchill zum Umstand, dass nach dem Zweiten Weltkrieg Osteuropa unter kommunistischen Einfluss geriet.*

Malerinnen in Budapest, 1968. Die beiden Frauen sind sehr konzentriert. Sie stellen die Fassade eines Geschäfts in Budapest fertig. Im westlichen Europa ist die Frauenarbeit nie so selbstverständlich geworden wie damals im so genannten Osten. Auf diesen Vorsprung in der Gleichberechtigung gegenüber dem Westen waren viele Menschen dort stolz. Einkaufen war 1968 in Ungarn nicht so vergnüglich wie heute. Das Warenangebot war kleiner, die Geldbeutel der Kundinnen und Kunden schmaler. Umso mehr legte der Staat Wert darauf, die Geschäfte einladend aussehen zu lassen.

Alltag im kommunistischen Ungarn

Ungarn galt während der 1970er und 1980er Jahre des 20. Jahrhunderts als die «fröhlichste Baracke im Ostblock». Tatsächlich unterschied sich der Alltag der Ungarinnen und Ungarn in vielen Punkten vom Leben in der Sowjetunion und in anderen Staaten Osteuropas.

Ungarn hatte stark unter dem Zweiten Weltkrieg gelitten. Fast 900 000 Menschen waren gestorben, beinahe ein Viertel aller Wohnungen und die Hälfte aller Industrieanlagen waren zerstört worden. Ungarns Regierung hatte während des Krieges zu den faschistischen Staaten Deutschland und Italien gehalten. Ungarische Soldaten kämpften an der Seite deutscher Truppen gegen die Sowjetarmee. Nach dem Sieg der Alliierten und dem Einmarsch der sowjetischen Truppen musste Ungarn 1945 einem Waffenstillstandsabkommen zustimmen, das seine *Souveränität stark einschränkte.

Die ungarischen Kommunisten wurden von der Sowjetunion unterstützt, hatten in der Bevölkerung aber nicht allzuviel Rückhalt. Mit geschickter Politik, der so genannten Salamitaktik, vergrösserten sie Stück für Stück ihren Einfluss. 1948 waren die Kommunisten schliesslich an der Macht. Um sich abzusichern, schlossen sie einen Freundschafts- und Beistandsvertrag mit der Sowjetunion.

Aufstand und Unterdrückung

Die folgenden Jahre waren geprägt von Unterdrückung. Mátyás Rákosi, der als der «treueste Schüler Stalins» galt, errichtete in Ungarn eine Schreckensherrschaft. Diese richtete sich nicht nur gegen den «*Klassenfeind». Auch Andersdenkende – oder vermeintlich Andersdenkende – in den eigenen Reihen wurden verfolgt. Erst als Stalin 1953 starb, begann auch in Ungarn eine erste, allerdings kurze Phase des «Tauwetters».

Im Herbst 1956 kam es zu einem Volksaufstand. Die Menschen in Ungarn hatten nach Stalins Tod einen deutlicheren Wechsel des Regierungskurses erwartet. Besonders verbittert waren sie über die Machenschaften der Geheimpolizei. Doch die Macht habenden Kommunisten schlugen den Aufstand mit sowjetischer Hilfe blutig nieder. Die Grenzen waren bis Ende November offen. Rund 200 000 Menschen verliessen das Land und flüchteten in den Westen.

János Kádár wurde neuer Generalsekretär der Ungarischen Sozialistischen Arbeiterpartei. In den Jahren nach 1956 übte er Vergeltung für den Aufstand, der nach Meinung der Kommunisten vom Westen angezettelt und unterstützt worden war. Rund 400 Menschen wurden hingerichtet, zahlreiche inhaftiert.

Alltag

Der Alltag in jenen Jahren war geprägt von Angst und Eintönigkeit. Dem gegenüber stand die Gewissheit, dass der Staat für die elementarsten Grundbedürfnisse wie Nahrung, Unterkunft und medizinische Versorgung aufkommt. Für viele Ungarinnen und Ungarn, die vor dem Zweiten Weltkrieg in bitterster Armut gelebt hatten, war dies eine Verbesserung ihrer Situation. Ungarn war stark von der Landwirtschaft geprägt. Der Unterschied zwischen dem Leben in der Hauptstadt Budapest mit ihren rund zwei Millionen Einwohnerinnen und Einwohnern und jenem in den übrigen Teilen des Landes war gross.

Schon in den 1960er Jahren begann Kádár seinen harten Kurs zu ändern und einen Weg der Versöhnung einzuschlagen. Er kehrte den berüchtigten Spruch «Wer nicht für uns ist, ist gegen uns» um und stellte sich auf den Standpunkt «Wer nicht gegen uns ist, ist mit uns».

In kleinen Schritten versuchte er, wirtschaftliche Freiräume zu schaffen. So kam es, dass in Ungarn die Regale immer etwas weniger leer waren, als in den «sozialistischen Bruder-

20 Ungarn, die «fröhlichste Baracke im Ostblock»?

Parteichef Kádár erfährt, dass die meisten politischen Witze in Ungarn von einem armen Teufel namens Kohn erfunden werden. Er lädt diesen ein, um sich von ihm persönlich Witze erzählen zu lassen. Kádár empfängt seinen Gast an einem reich gedeckten Tisch, und dem armen Kohn gehen vor Staunen die Augen über. Kádár bemerkt die Faszination und sagt väterlich: «Sehen Sie, so werden bald alle Werktätigen in unserem Lande leben.» – «Genosse Kádár», entgegnet Kohn, «wenn ich richtig informiert bin, so bin ich derjenige, der hier Witze erzählen soll.»

György Dalos: *Proletarier aller Länder, entschuldigt mich. Das Ende des Ostblockwitzes.* Bremen: Edition Temmen, 2007.

staaten». Die Menschen genossen auch Freiheiten, die in den anderen Ländern Osteuropas noch undenkbar schienen. Dazu gehörten Reisemöglichkeiten oder der Zugang zu westlichen Medien und Informationen. Diese Freiheiten waren aber eingeschränkt.

«Gulaschkommunismus»

Dieses Regierungssystem wurde später von den Menschen im Westen ironisch als «*Gulaschkommunismus» bezeichnet. Die kommunistische Partei liess den Menschen die grösstmögliche Freiheit, die sie ihnen im Rahmen des sowjetisch dominierten Systems zugestehen konnte. Die Bevölkerung auf der anderen Seite leistete keinen Widerstand. Sie versuchte, sich unter den Gegebenheiten so gut es ging einzurichten.

Kádárs Ziel war es, für die Bevölkerung wirtschaftliche Freiräume zu schaffen und in einem eingeschränkten Ausmass auch Eigeninitiative zuzulassen. In bescheidenem Umfang waren auch wirtschaftliche Tätigkeiten möglich, die nicht staatlich kontrolliert waren. So gab es kleine Läden oder Handwerksbetriebe in Privatbesitz.

Kádár orientierte sich wirtschaftspolitisch stark am Westen, was der Sowjetunion sehr missfiel. Die Bevölkerung hatte dadurch Zugang zu westlichen Produkten. Gleichzeitig stiegen aber die Preise für zahlreiche Produkte des täglichen Bedarfs stetig an. Viele Ungarinnen und Ungarn waren darauf angewiesen, mehrere Arbeitsstellen anzunehmen, um überleben zu können.

Ende der kommunistischen Diktatur

In den 1980er Jahren erfasste Ungarn eine wirtschaftliche Krise. Das Land verschuldete sich immer mehr. In der Sowjetunion begann mit dem neuen Staatschef Michail Gorbatschow eine Zeit der wirtschaftlichen und gesellschaftlichen Öffnung. Der ungarische «Gulaschkommunismus» verlor seine Wirkung. Die kommunistische Regierung war am Ende. Bürgerbewegungen und Reformer innerhalb der Kommunistischen Partei beendeten 1989 das Einparteiensystem.

Im Juni 1989 öffnete Ungarn die Grenze zu Österreich. Am 23. Oktober 1989, dem 33. Jahrestag der Revolution von 1956, wurde die Republik Ungarn ausgerufen. Im März 1990 fanden nach Jahrzehnten der kommunistischen Diktatur die ersten freien Parlamentswahlen in Ungarn statt. Nicht nur der Alltag der Menschen, sondern auch das politische System Ungarns näherte sich in rasantem Tempo dem Westen an. Neben Meinungsfreiheit und fast unbeschränkten Konsummöglichkeiten prägten nun auch soziale Ungleichheit und Not das Leben in Ungarn. Am 1. Mai 2004 wurde Ungarn Mitglied der Europäischen Union.

AUFGABEN

8 *Wieso flüchteten 200 000 Menschen 1956 aus Ungarn in den Westen?*

9 *Was bedeutet der Satz «Wer nicht gegen uns ist, ist mit uns»?*

10 *Welche Faktoren führten zum Ende der kommunistischen Regierung in Ungarn?*

11 *Was erfährst du über Ungarn, wenn du den Witz (Quelle 20) liest?*

12 *Was denkst du, weshalb waren und sind politische Witze so beliebt?*

Der Vietnamkrieg 1964–1973. Vietnam war seit 1954 entlang des 17. Breitengrads in einen nördlichen und einen südlichen Staat geteilt. Die Karte zeigt nicht nur das Vorrücken der nordvietnamesischen Soldaten und des Vietcong, sondern auch den Ho-Chi-Minh-Pfad durch den Dschungel. Er war die zentrale Versorgungsader, auf der die Vietnamesinnen und Vietnamesen auf Fahrrädern und mit Lastwagen Nahrungsmittel und Munition transportierten.

Stellvertreterkrieg in Vietnam

Vietnam war fast 100 Jahre lang eine französische Kolonie. Nach dem Zweiten Weltkrieg griffen vietnamesische Unabhängigkeitskämpfer die französische Besatzungsmacht an. Diese zog sich schliesslich aus Vietnam zurück. Es folgte ein Kampf zwischen dem kommunistischen und dem kapitalistischen Teil Vietnams.
Die USA griffen in diese Krise ein. Damit machten sie aus einem lokalen Konflikt einen Stellvertreterkrieg mit verheerenden Folgen.

Der Zweite Weltkrieg hatte die Kolonialreiche geschwächt. In Vietnam bekämpften vietnamesische Unabhängigkeitskämpferinnen und -kämpfer erfolgreich die französische Kolonialmacht. Sie hatten sich unter dem Namen Vietminh zusammengeschlossen und forderten die staatliche Selbstständigkeit Vietnams. Zunächst schien sich die Lage ganz im Sinn der Vietminh zu entwickeln. Nach ihrem Sieg gegen die französische Armee hofften sie, Vietnam nach sowjetischem Vorbild modernisieren zu können. Doch an der Genfer Friedenskonferenz von 1954 wurde Vietnam nicht den siegreichen Vietminh überlassen. Das Land wurde in zwei Staaten geteilt.

Geteiltes Vietnam

Der Norden nannte sich «Demokratische Republik Vietnam». Sein Staatsoberhaupt war Ho Chi Minh, Vorsitzender der kommunistischen Partei und Anführer der Vietminh. Er orientierte sich an sozialistischen und kommunistischen Ideen. Für Ho Chi Minh und seine Mitstreiterinnen und Parteigenossen war der Kommunismus der modernste und daher zukunftsweisende Weg, um Wirtschaft und Gesellschaft zu gestalten. Die Staatsformen Europas hielten die Vietminh für ungerecht, denn sie waren zu eng mit dem *Kolonialismus verbunden. Nordvietnam unterhielt daher enge politische und wirtschaftliche Beziehungen zur Sowjetunion und zu China, das sich seit 1949 ebenfalls zum kommunistischen Lager zählte. Mit ihrer Hilfe führten die Vietminh in Nordvietnam eine Landwirtschaftsreform durch und begannen mit der Industrialisierung des Landes.

Im Süden regierte Ngo Dinh Diem die «Freie Republik Vietnam». Er orientierte sich politisch vor allem an Amerika, wo er auch einige Jahre gelebt hatte. Die USA unterstützten den diktatorischen Präsidenten grosszügig, obwohl er Buddhisten und Kommunistinnen verfolgte. Denn die USA wollten den Einfluss der Sowjetunion weltweit eindämmen. Daher hatte US-Präsident Harry S. Truman 1947 allen Ländern, die sich gegen den Kommunismus stellten, wirtschaft-

Vietnamesische Soldatin. Eine Milizsoldatin schultert 1968 in der Provinz Ha Tay ihr Gewehr, um Binh Da zu verteidigen, eines von unzähligen Dörfern im Norden, deren Bewohnerinnen und Bewohner zu den Waffen griffen. Der Fotograf Mai Nam, der oft junge Vietnamesinnen und Vietnamesen in heldenhaften Posen darstellte, meinte dazu: «Ich wollte zeigen, wie widerstandsfähig gerade die Jugend war.»

liche und finanzielle Hilfe versprochen. Diese so genannte *Containment-Politik galt auch für Vietnam. Für die USA war Regierungschef Diem trotz seiner undemokratischen Haltung ein verlässlicher Verbündeter im Kampf gegen den Kommunismus. Doch in Vietnam bildete sich gegen Diems Herrschaft grosser Widerstand. Die unterdrückten buddhistischen und kommunistischen Bevölkerungsgruppen schlossen sich zusammen. Sie erhielten Unterstützung von den nordvietnamesischen Vietminh, die eine Nord- und Südvietnam umfassende kommunistische Regierung an die Macht bringen wollten.

Seit 1957 organisierten Vietminh und Oppositionsgruppen in Südvietnam Störaktionen und Überfälle gegen die Regierung Ngo Dinh Diems. Als er ermordet wurde, trat das Militär an seine Stelle. Doch die Unruhen setzten sich fort. Den neuen Machthabern war es unmöglich, ihre Herrschaft im ganzen Land durchzusetzen. Viele Vietnamesinnen und Vietnamesen schlossen sich den Vietminh und den Oppositionsgruppen an. Von den politischen und gesellschaftlichen Ideen und Vorschlägen dieser Gruppierungen erhoffte sich die breite Bevölkerung eine bessere Zukunft als von der Politik der alten Führungsschicht. 1964 lebten zwei Drittel der Bevölkerung Südvietnams unter der Kontrolle der Vietminh.

Kriegseintritt der USA

In den USA hielten es viele Politiker für wichtig, den «Siegeszug des Kommunismus» mit allen Mitteln aufzuhalten. Sie sprachen sich dafür aus, amerikanische Truppen nach Vietnam zu schicken. Diese sollten dort für Demokratie und Freiheit kämpfen. Kritische Stimmen hielten ein militärisches Eingreifen für unangemessen und übertrieben. Sie warnten vor den unabsehbaren Folgen einer solchen kriegerischen Aktion. Doch die Kriegsbefürworter setzten sich durch.

1964 begannen die USA, Nordvietnam zu bombardieren. Ab 1965 setzten sie auch Bodentruppen im vietnamesischen Dschungel ein. Die Kämpferinnen und Kämpfer der Vietminh in Südvietnam bezeichneten sich als Vietcong. Der Vietcong führte einen *Guerilakrieg gegen Flugzeuge und andere moderne Waffen.

Die amerikanischen Soldaten hatten einen schweren Stand. Sie kämpften nicht gegen reguläre, uniformierte Truppen eines gegnerischen Heeres, sondern gegen Widerstandskämpfer, die aus dem Schutz des Urwalds heraus angriffen. Der Vietcong erhielt Unterstützung aus der südvietnamesischen Bevölkerung. Zum Teil befürwortete diese den Kampf gegen die Amerikaner. Zum Teil wurde sie aber auch vom Vietcong gezwungen, Essen, Unterschlupf oder Informationen bereitzustellen. Die Kämpfer und Kämpferinnen des Viet-

23

Kim Phuc, Trang Bang, Südvietnam, 8. Juni 1972. «Sie schrie ‹Non'g qu'a! Non'g qu'a!› (zu heiss! zu heiss!). Instinktiv trat ich einen Schritt zurück und drückte auf den Auslöser meiner Kamera. Überall waren Menschen, die vor dem Feuer und dem Rauch flohen, die die Gegend überfluteten.» Das kleine Mädchen, das dem Fotografen entgegenrennt, ist neun Jahre alt. Der Schmerz und die Angst sind Kim Phuc anzusehen. Im Hintergrund verdunkeln die Wolken einer *Napalm-Explosion den Himmel. Männer in Uniformen folgen den Kindern. In Vietnam herrscht Krieg. Der Fotograf Nick Ut, selbst Vietnamese und im Augenblick der Aufnahme erst 22 Jahre alt, arbeitete seit sieben Jahren für eine amerikanische Nachrichtenagentur. Sein Bild ging um die Welt. Wie kein anderes brachte es den Schrecken und die Verletzlichkeit der Menschen im Krieg auf den Punkt. Es zeigt weder kämpfende Soldaten noch Waffen, sondern Menschen. Das Bild gewann den berühmten Pulitzer-Preis und rüttelte Frauen und Männer in den USA und Europa auf, gegen den Vietnamkrieg zu demonstrieren.

cong mischten sich oft unter die Zivilbevölkerung und griffen von dort aus die amerikanischen Soldaten an. Diesen fiel es schwer, zwischen unbeteiligter Zivilbevölkerung und Vietcong zu unterscheiden. Ihre Vergeltungsschläge gegen den Vietcong trafen daher oft unschuldige Frauen, Männer und Kinder.

Je länger der Einsatz der amerikanischen Soldaten dauerte, desto lauter wurde in den USA die Kritik gegen den Krieg in Vietnam. Westliche Journalistinnen und Journalisten konnten damals noch fast unzensiert über den Verlauf des Krieges berichten. Die Bilder und Reportagen von Vergeltungsschlägen südvietnamesischer und amerikanischer Truppen lösten eine Welle der Empörung in der US-amerikanischen und europäischen Öffentlichkeit aus. Viele Menschen demonstrierten gegen den Krieg und verlangten den Abzug der amerikanischen Truppen aus Vietnam.

Während in Vietnam noch gekämpft wurde, handelten Vertreter beider Parteien einen Waffenstillstandsvertrag aus. 1973 zogen sich die amerikanischen Streitkräfte zurück. Der Krieg in Vietnam hörte damit jedoch nicht auf. Es kam zu einem blutigen Bürgerkrieg, der zwei Jahre später mit der Eroberung des Südens durch den kommunistischen Norden endete.

Folgen des Krieges

Im Vietnamkrieg verloren etwa zwei Millionen Vietnamesinnen und Vietnamesen ihr Leben. Rund 40 Prozent waren Zivilpersonen: Männer, Frauen und besonders Kinder, die zwischen die Fronten gerieten. Im Süden des Landes hinterliess der Krieg eine Million Witwen, 900 000 Waisen und eine halbe Million Kriegsversehrte. Über die Hälfte der Dörfer und Städte waren bombardiert und zum Teil völlig vernichtet worden. Ihre Bevölkerung hatte vor dem Krieg fliehen müssen.

Auf amerikanischer Seite fielen etwa 56 000 Soldaten, 30 000 wurden verletzt und etwa 2000 blieben vermisst. Wie unzählige Vietnamesinnen und Vietnamesen waren auch amerikanische *Veteranen von den Auswirkungen des chemischen Entlaubungsmittels *Agent Orange betroffen.

Der Vietnamkrieg hinterliess auf beiden Seiten ein schreckliches Erbe. Sieben Prozent des vietnamesischen Bodens waren durch chemische Kampfstoffe verseucht. Die Überreste von sieben Millionen Tonnen Bomben lagen im ganzen Land verstreut, zum Teil waren sie zu Beginn des 21. Jahrhunderts noch nicht entfernt. Nach dem Krieg kamen etwa 50 000 behinderte Kinder zur Welt. Die Behinderungen sind unter anderem auf das giftige Agent Orange zurückzuführen. Die nordvietnamesische Regierung zwang die Bevölkerung des Südens in «Umerziehungslager», in denen sie das kom-

28 Jahre später. Kim Phuc zeigt das weltberühmte Foto von ihr an einer Tagung zu Gewalt gegen Frauen, die im November 2000 im spanischen Valencia stattfand. Es sei ihr Wunsch, dass das Bild als Protest gegen den Krieg eingesetzt werde. Sie hatte als Kind bis zum Alter von zwölf Jahren nur Krieg erlebt. Die *UNESCO ernannte Kim Phuc 1997 zur Friedensbotschafterin. Kim Phuc: «Ja, ich vergebe, aber ich vergesse nicht, um zu verhindern, dass so etwas wieder geschieht.»

munistische Gedankengut annehmen sollte. Sie verstaatlichte den Boden und die Industrie. Jahrelang gab sie fast die Hälfte des Staatsbudgets für die Rüstung aus und vernachlässigte die gesellschaftliche und wirtschaftliche Entwicklung.

Die USA schädigten mit diesem Krieg ihr Ansehen in der Welt. Die amerikanische Öffentlichkeit beschäftigte sich immer wieder mit der Aufarbeitung des Vietnamkrieges. Filme wie «Apocalypse Now» von Francis Ford Coppola leisteten dazu wichtige Beiträge. Robert McNamara, der als Aussenminister seinerzeit den militärischen Einsatz in Vietnam befürwortete, sagte 1995 rückblickend: "We were wrong, terribly wrong."

AUFGABEN

13 Nenne stichwortartig sechs Stationen der vietnamesischen Geschichte von der Nachkriegszeit bis 1975.
14 Erkläre, was die USA mit der so genannten Containment-Politik anstrebten und wie sie ihre Ziele erreichen wollten.
15 Zähle einige Spätfolgen des Vietnamkrieges in Vietnam und in den USA auf.
16 Was könnte Robert McNamara gemeint haben, als er sagte: "We were wrong, terribly wrong"?
17 Welche Absicht stand hinter der Veröffentlichung des Bildes von Kim Phuc im Jahr 1972 (Abb. 23)?
18 Weshalb wollte Mai Nam, der Fotograf von Abb. 22, Seite 123, junge Vietnamesinnen und Vietnamesen heldenhaft darstellen? Für wen hat er diese Aufnahmen gemacht?

Fidel Ruz Castro, geboren 1926 (nach anderen Angaben 1927), ist seit dem erfolgreichen Ende der Revolution 1959 Ministerpräsident Kubas. Er verwirklichte einen eigenen kubanischen Sozialismus. Die damals eingeleiteten Reformen der Landwirtschaft, des Gesundheits-, Bildungs- und Sozialsystems waren für Lateinamerika neu. Andererseits unterdrückt Castros Einparteiendiktatur jegliche Opposition. Foto: 1959.

Nikita Sergejewitsch Chruschtschow (1894–1971), sowjetisches Staatsoberhaupt von 1958 bis 1964, unterstützte die Revolutionäre Kubas. Trotz seiner These vom friedlichen Zusammenleben der beiden Blöcke war er nicht nur verantwortlich für die Niederschlagung des Ungarnaufstandes und den Bau der Berliner Mauer, sondern mit der Stationierung von Raketen auf Kuba auch dafür, dass 1962 beinahe ein Weltkrieg ausbrach. Foto: 1960.

John Fitzgerald Kennedy (1917–1963) war Präsident der USA von 1961 bis zu seiner Ermordung 1963. Als Gegengewicht zum Kommunismus versuchte Kennedy die Schlagkraft der USA zu stärken und den Einflussbereich des Westens auszudehnen. Und wie sein russischer Gegenspieler Chruschtschow bemühte auch er sich, den Dialog zwischen Ost und West in Gang zu bringen. Für den Verzicht der UdSSR, auf Kuba Raketen zu stationieren, zogen die USA ihre auf die Sowjetunion gerichteten Raketen in der Türkei ab. Foto: 1961.

Phasen des Kalten Krieges

Der Kalte Krieg dauerte von 1948 bis 1989. Während dieser Zeit waren die Spannungen zwischen den beiden Blöcken nicht immer gleich stark. Es gab Zeiten, in denen ein wirklicher Krieg zwischen den USA und der Sowjetunion möglich schien. In anderen Phasen gab es Zeichen der Entspannung und eine grössere Gesprächsbereitschaft.

Nach dem Tod Stalins 1953 glaubten viele, der Kalte Krieg sei nun vorbei. In den meisten kommunistischen und sozialistischen Ländern wurden Reformen durchgeführt. Die Aussenpolitik war geprägt von gegenseitiger Annäherung. Doch nachdem sowjetische Panzer 1956 den Volksaufstand in Ungarn niedergeschlagen hatten, kühlte sich die Beziehung zwischen den USA und der Sowjetunion wieder ab. 1961 baute die DDR die Berliner Mauer. Die Mauer machte deutlich, wie stark die beiden Blöcke getrennt waren.

Die Kubakrise

Einer der bedrohlichsten Augenblicke im Kalten Krieg war die so genannte Kubakrise im Oktober 1962. In diesen Tagen hing die Entscheidung über den Ausbruch eines dritten, atomaren Weltkrieges an einem seidenen Faden. Die ganze Welt schaute gebannt zu. Der Konflikt hatte nach dem Muster eines Stellvertreterkrieges begonnen. Fidel Castro hatte 1959 in Kuba die Macht übernommen. Er hatte als sozialistischer Revolutionär gegen eine Militärdiktatur und die kubanischen Grossgrundbesitzer gekämpft. Die USA verhängten einen Wirtschaftsboykott gegen das kommunistische Kuba. Die Sowjetunion hingegen unterstützte Kuba mit grosszügiger Wirtschaftshilfe. Die Gegnerinnen und Gegner Castros waren nach Amerika geflohen. Der amerikanische Geheimdienst gab ihnen Waffen und bildete sie zum Kampfeinsatz aus. Sie sollten Castro wieder aus der Hauptstadt Havanna vertreiben. Doch die Geschichte nahm eine andere Wendung.

Amerikanische Spionageflugzeuge flogen regelmässig über Kuba und fotografierten die militärischen Anlagen. Im Oktober 1962 glaubte man auf den Fotos zu erkennen, dass die Sowjetunion dort Raketenabschussrampen baute, gewissermassen vor der Haustür der Vereinigten Staaten. Den amerikanischen Militärexperten war klar, dass diese Raketen mit Atomsprengköpfen beladen werden konnten. Sobald die Abschussrampen fertig gebaut waren, konnten die Raketen alle US-amerikanischen Grossstädte erreichen. Darum schlug die Militärführung ihrem Präsidenten John F. Kennedy vor, diese Einrichtungen unverzüglich zu bombardieren und zu zerstören.

Das hätte aber dazu führen können, dass die Sowjetunion den USA den Krieg erklärt hätte. Aus einem Stellvertreterkonflikt drohte ein direkter Krieg zwischen den beiden Supermächten zu werden. Dabei bestand die grosse Gefahr, dass sowohl die USA wie auch die Sowjetunion ihre Atomwaffen einsetzten.

Zwei Tage lang hielt die Welt den Atem an. Dann gelang es den beiden Staatsoberhäuptern, John F. Kennedy und Nikita

Raketenabschussrampen auf Kuba.
Diese Fotografie machten amerikanische Spionageflugzeuge am 23. Oktober 1962. Was auf dem Bild zu sehen ist, ist nicht offensichtlich. Aus diesem Grund sind überall Erklärungen eingefügt: Schutzzelt für Raketen, Sauerstoff-Tankwagen usw. Sie machen aus einer unspektakulären Landschaft mit ein paar Lastwagen ein Beweismittel für eine militärische Bedrohung. Diese Bilder veränderten die amerikanische Einschätzung der Situation auf der Insel. Der Stellvertreterkonflikt wurde mit einem Schlag zum drohenden Weltkrieg. Die originalen Beschriftungen auf dem Bild wurden für dieses Lehrmittel ins Deutsche übersetzt.

Chruschtschow, eine Lösung zu finden. Die USA verzichteten auf einen Angriff. Die Sowjetunion baute die bereits in Position gebrachten Waffen wieder ab. Beide Präsidenten konnten das Gesicht wahren. Sie zeigten, dass sie sich für den Frieden eingesetzt hatten. Die Krise machte beiden Seiten klar, dass sie im Gespräch bleiben mussten, um einen Weltkrieg mit Atomwaffen zu verhindern.

Entspannung und Rückfall

Nach der Kubakrise setzte eine Phase der Entspannung ein, die bis zur Mitte der 1970er Jahre dauerte. UdSSR und USA bemühten sich um eine Verbesserung der Beziehungen. Viele glaubten, nun sei der Kalte Krieg zu Ende. Es fanden erste Abrüstungsverhandlungen statt. Zwischen den beiden Regierungssitzen, dem Kreml in Moskau und dem Weissen Haus in Washington, wurde das «rote Telefon» installiert. Das war eine direkte Verbindung, um zukünftig den beiden Regierungschefs in Krisensituationen eine schnelle Kommunikation zu ermöglichen.

Doch dann kam der Prozess ins Stocken. Zwischen 1974 und 1984 flackerte das gegenseitige Misstrauen wieder auf. Die Sowjetunion marschierte 1979 in Afghanistan ein. 1980 wurde Ronald Reagan zum Präsidenten der USA gewählt. Er bezeichnete die Sowjetunion als «Reich des Bösen». Seine Regierung investierte grosse Summen in die Rüstung. 1983 brachen die Supermächte sämtliche Abrüstungsverhandlungen ab. Die Angst vor einem Kriegsausbruch wuchs.

Das Ende des Kalten Krieges

Im Westen entstand eine Friedensbewegung, die die Wiederaufnahme der Abrüstungsverhandlungen forderte. 1985 wurde Michail Gorbatschow Staatschef der Sowjetunion. Er wollte eine gesellschaftliche und wirtschaftliche Reform der Sowjetunion herbeiführen. Er suchte daher den Dialog mit den USA und Westeuropa und wollte den Kalten Krieg beenden. Auch in den USA entstand eine Bereitschaft zur Zusammenarbeit. 1991 löste sich die Sowjetunion auf und es bildete sich eine Anzahl eigenständiger Staaten. Amerika blieb als einzige Supermacht übrig. Der Kalte Krieg war zu Ende.

AUFGABEN

19 *Nenne zwei sowjetische und zwei amerikanische Präsidenten aus der Zeit des Kalten Krieges.*
20 *Zähle vier wichtige Ereignisse aus der Zeit des Kalten Krieges auf.*
21 *Fasse in fünf Sätzen die so genannte Kubakrise zusammen.*
22 *Welche Menschen sollten heute mit einem «roten Telefon» verbunden sein, damit Konflikte im Gespräch und nicht mit Krieg gelöst werden?*

29 «Z Russland gsi, z Russland gsi, so die mache mer jetzt hii.»

Das war im Sommer, im Sommer 53, da hat man mir gesagt, ich weiss gar nicht, wie sich das genau abspielte, da hat man zu mir gesagt, eben, von einer Reise in die Sowjetunion. [...] Im August [...] kam dieser Bericht, eben, es sei jetzt so weit. Nun gut, hätte ich jetzt hier jemanden fragen sollen, darf ich gehen und weiss Wunder was? Ich hab es einfach gewagt. [...] Und dann kam ich also nach Hause [...]. Da standen also Dinge in den Zeitungen, verstreut in den Gazetten im Land. Mein Mann hatte darauf geantwortet, sich gerechtfertigt für mich, aber das kam nie, das wurde einfach nicht abgedruckt. [...] Ich war damals freier Mitarbeiter des Radios und machte unter meinem Mädchennamen Helene Bossert Mundartsendungen. Damit war nun plötzlich auch Schluss. Das Radio schrieb mir einen Brief, man könne mich nicht mehr weiter beschäftigen, weil «es heute einem gewöhnlichen Schweizer eben nicht möglich ist, Russland zu bereisen...» Später – im 72 – ist einmal einer von der Lokalzeitung gekommen und wollte die Sache so quasi rückgängig machen. Ich müsse halt auch den B. begreifen, der mich zuerst in der Zeitung angegriffen und die Sache ins Rollen gebracht hatte. Der B. habe halt mit meinem Fall seine politische Karriere machen wollen. Das Himmeltraurige ist, dass dieser B. in der Sozialdemokratischen Partei war.

Helene Fausch-Bossert, Mundartdichterin, geboren 1907, in einem Gespräch 1976.
In: Martha Farner et al.: *Niemals vergessen!* Zürich: Limmat, 1976.

30

Flüchtlinge aus Ungarn im Ort Andau an der ungarisch-österreichischen Grenze. Als 1956 sowjetische Truppen den ungarischen Volksaufstand niederschlugen, flohen 190 000 Männer, Frauen und Kinder ins westliche Ausland. Der österreichische Fotograf Harry Weber zeigte mit seinem Bild die Gefahren, denen die Menschen auf der Flucht ausgesetzt waren. Die Szene deutet auch das starke Solidaritätsgefühl unter den Flüchtlingen an.

Kalter Krieg in der Schweiz

Die Auseinandersetzungen zwischen Ost und West wirkten sich auch auf die Schweiz aus. Aus dem weltpolitischen wurde auch ein nachbarschaftlicher Konflikt. Für zahlreiche Schweizerinnen und Schweizer wirkten die Anhängerinnen und Anhänger kommunistischer und sozialistischer Ideale mit ihren Äusserungen bedrohlich. Wollten diese die Schweiz am Ende an die Sowjetunion verraten, die dann hier eine Diktatur errichten würde? Viele glaubten, die Schweizer Kommunistinnen und Kommunisten seien Marionetten der Sowjetregierung. Der Konflikt spitzte sich 1956 zu.

Im November 1956 waren die Schweizer Zeitungen voll von Meldungen über den Volksaufstand in Ungarn. In Ungarn regierte seit 1948 die kommunistische Partei. Nach Stalins Tod 1953 versuchte die ungarische Regierung das Land zu reformieren. Sie wollte mehr Demokratie zulassen. Ende Oktober 1956 demonstrierten in Budapest Studentinnen und Studenten. Sie forderten, dass Ungarn sich von der kommunistischen Sowjetunion lösen und eine unabhängige, sozialistische Politik verfolgen solle. Innert kurzer Zeit demonstrierten auch Menschen in anderen ungarischen Städten gegen die Moskauer Parteizentrale. In zahlreichen Städten übernahmen so genannte Revolutionskomitees die Macht. Ein Bruch zwischen Budapest und Moskau zeichnete sich ab.

Doch dann, in der Nacht zum 4. November 1956, rollten sowjetische Panzer durch die Strassen von Budapest und schossen auf die Menschen. Die Kämpfe dauerten bis zum 11. November. 670 sowjetische Soldaten und 2700 Ungarinnen und Ungarn verloren dabei ihr Leben. Häuser und Strassen wurden schwer beschädigt. 200 000 Menschen flohen in den Westen, mehrere tausend in die Schweiz.

Solidarität mit Ungarn

In der Schweiz war die Solidarität mit dem ungarischen Volk gross. Auf den Strassen demonstrierten Männer, Frauen und sogar Kinder. Sie zündeten Kerzen an und verschickten Hilfspakete. Das Rote Kreuz und die Armee versorgten 14 000 Ungarinnen und Ungarn. Die Schweiz solidarisierte sich in einem «Aufstand der Hilfsbereitschaft» mit den Flüchtlingen des Ungarnaufstands. In diesen Tagen wuchs die ansonsten von Widersprüchen geprägte Schweiz zu einer antikommunistischen Gemeinschaft zusammen, die mit den Menschen aus Ungarn mitfühlte.

Zugleich machte das 1000 Kilometer entfernte Ereignis Angst. Würden demnächst russische Panzer auch die Schweiz erobern? Die wenigsten wussten, was die so genannten Linken eigentlich wollten. Alle, die kommunistische, sozialistische oder sozialdemokratische Ansichten vertraten, wurden ver-

Kerzen für Ungarn. Die Niederschlagung des Ungarnaufstandes löste in der Schweiz eine Solidaritätswelle aus. Viele Schweizerinnen und Schweizer, hier vor der Kaserne in Bern im November 1956, drückten mit Kerzen und Mahnwachen aus, dass sie mit den Menschen in Ungarn fühlten.

dächtigt, mit «Moskau» im Bunde zu sein. Man warf ihnen vor, das Land an eine Diktatur verraten zu wollen.

Kalter Krieg im Landesinnern

Martha und Konrad Farner und ihre Kinder traf dieser Vorwurf besonders hart. In einem Aufruf in der Zeitung rief eine «Aktion Frei Sein» dazu auf, das Haus von Konrad Farner zu stürmen. Konrad Farner war Mitglied der kommunistischen Partei der Arbeit (PdA). Er wohnte seit kurzer Zeit mit seiner Familie in Thalwil am Zürichsee. An einem Abend versammelten sich Dutzende von aufgebrachten Leuten vor dem Haus der Farners. Sie beschädigten Türen und Fenster. Erregt riefen sie: «Hängt ihn, hängt ihn!» Die Polizei griff nicht ein. Erst nach Mitternacht liess die Menge vom Haus ab und löste sich auf.

Mit jener Nacht begann für Farners eine lange Zeit der Ausgrenzung. In Nachbars Garten, direkt vor ihrem Haus, brachte die antikommunistische «Aktion Frei Sein» eine schwarze Tafel an, auf der stand: «Nicht vergessen! In dieser Strasse wohnt ein Dr. Konrad Farner, der die kommunistische Tyrannei in der Schweiz errichten will. Er und wer mit ihm verkehrt, sei von allen Freiheitsliebenden verachtet.» Das Schild stand zehn Jahre lang dort. Der Druck war gross. Der Zahnarzt weigerte sich, Farners zu behandeln. Martha Farner erhielt keine Aufträge für Webearbeiten mehr. Jahrelang lag jeden Morgen Schmutz vor ihrer Türe. Kaum jemand wagte noch, sie zu grüssen. Der Fantasie im Erfinden immer neuer Schikanen schienen keine Grenzen gesetzt. 1968 trat Konrad Farner aus der Partei der Arbeit aus. Einige Schweizer Prominente setzten sich öffentlich für ihn ein. Erst dann nahmen die diskriminierenden Aktivitäten der «Aktion Frei Sein» gegen Konrad Farner und seine Familie ein Ende.

Vorbild Sowjetunion

Was hatte Farner getan? Er und seine Mitstreiterinnen und Mitstreiter hatten das Ziel, eine neue, gerechte Gesellschaft aufzubauen. Viele glaubten, dass mit dem Kommunismus die sozialen Ungerechtigkeiten auch in der Schweiz aufgehoben würden. Die Sowjetunion galt ihnen als Vorbild. Doch wollten sie weder unter sowjetische Herrschaft, noch eine Diktatur errichten. Einige Anhängerinnen und Anhänger des Kommunismus wollten die Gräuel Stalins in seinem eigenen Land und in den Ländern Osteuropas nicht wahrhaben. Auch wussten nur wenige aus eigener Anschauung, wie das Leben in der Sowjetunion wirklich war. Die meisten glaubten nur das, was ihrem Weltbild entsprach und was sie aus sowjetischen Propagandaschriften erfuhren. Kritische Berichte über die Sowjetunion hielten sie für westliche Propaganda. Doch auch bei den Anhängerinnen und Anhängern kommunistischer Ideale wuchsen Zweifel. Sie glaubten immer weniger daran, dass das kommunistische System der Sowjetunion zu einer gerechteren Gesellschaft führen könne.

32 Rückblick auf die Fichenaffäre

Offenbar hält man uns für dumm, oder Sie, liebe Kolleginnen und Kollegen, wollen nicht wissen, was unsere «*Schlapphüte» treiben. Sie wollen nicht wissen, ob konspiriert, gelogen, betrogen, das Recht gebeugt wird, [...].

Sie denken vielleicht, es sei im Interesse des Staates, wenn Sie die Augen schliessen und den Nachrichtendienst machen lassen.

Das ist nicht so. Dessen Geheimnisse dienen vor allem dazu, Fehler und Verfehlungen zuzudecken. Sie zu decken ist nicht im Interesse unseres Staates.

Denken Sie an die *PUK *EJPD und die PUK *EMD! Beide haben wichtige Dinge zum Vorschein gebracht. Es wird immer wieder lobend erwähnt, auch vom Vorsteher des *VBS, dass man dank dem, was die PUK herausgefunden habe, etwas verbessert habe. Aber in beiden Fällen sind die Dinge nur zum Vorschein gekommen, weil die PUK selbst Akten angeschaut hat. In beiden Fällen sind die kritischsten Dinge gefunden worden, weil Ordner angeschaut worden sind, die man uns nicht vorlegen wollte!

Ich spreche aus eigener Erfahrung. In der PUK EJPD haben wir die Fichen anlässlich einer Besichtigung einer nicht geplanten Inspektion unterzogen. Das war der Auslöser, dass die PUK EJPD wirklich zu arbeiten begann und die Fichenaffäre kritisch wertete.

In der PUK EMD hat ein Parlamentarier bei einer Inspektion einfach einen Ordner aus dem Gestell genommen und darin einen Brief in Englisch gefunden, mit dem nachgewiesen werden konnte, dass unser Nachrichtendienst Beziehungen zum englischen Nachrichtendienst hatte, die zuvor bestritten worden waren.

Und jetzt sitzen wir da und glauben unbesehen, was man uns sagt!

Nationalrat Paul Günter, SP, Bern, im Nationalrat anlässlich einer Debatte zur Einsetzung einer PUK, 22. Juni 2000. Zitiert nach: www.parlament.ch/ab/frameset/d/n/4603/16128/16287 (28. Mai 2005).

Kritik unerwünscht

Die Mehrheit der Schweizer Bevölkerung zählte sich und die Schweiz während des Kalten Krieges zur freiheitlichen, westlichen Welt. Die meisten waren der Ansicht, dass sich die Schweiz gegen die Sowjetunion wehren müsse. Ihnen schien die Sowjetunion genauso wie zuvor das nationalsozialistische Deutschland als bedrohliche Macht. Das politische System der Schweiz hatte sich bewährt und musste daher bewahrt werden. Wer auf Missstände in der Schweiz hinwies oder Veränderungen vorschlug, lief schnell einmal Gefahr, als Umstürzlerin oder heimlicher Kommunist zu gelten. So hiess es denn manchenorts, wem es in der Schweiz nicht passe, der solle in den Osten fahren und dort bleiben: mit einem Billett «Moskau einfach!»

Trotz der antikommunistischen Stimmung entdeckte die Schweizer Wirtschaft in Russland einen interessanten Markt. Viele Firmen lieferten Waren in den Ostblock und steigerten dadurch ihre Gewinne. In der Aussenpolitik spürte man die starke Ablehnung der Sowjetunion kaum. Die Furcht vor dem Kommunismus richtete sich in erster Linie gegen «verdächtige» Mitbürgerinnen und Mitbürger in der Schweiz. Diese Ablehnung war vor allem in der deutschsprachigen Schweiz ausgeprägt. In der Westschweiz wurden die Mitglieder der kommunistischen Bewegung nicht so stark angefeindet.

Staatsschutz

Die ständigen Spannungen in der internationalen Politik wirkten sich in vielen Ländern auf die Gesetze zum «Schutz des Staates» aus. In der Schweiz legten Beamte des Staatsschutzes so genannte Fichen an, das waren geheime Dossiers über Männer und Frauen. Gewisse Männer und Frauen wurden verdächtigt, mit der sowjetischen Führung in Moskau zusammenzuarbeiten und die Schweiz verraten zu wollen. Sämtliche Hinweise, die diesen fast immer unbegründeten Verdacht zu bestätigen schienen, wurden in den Fichen vermerkt. Solche Einträge konnten dazu führen, dass jemand eine Stelle nicht bekam, sie plötzlich verlor oder im Namen der Staatssicherheit heimlich überwacht wurde.

Eine geheime «Verordnung über die Wahrung der Sicherheit des Landes» von 1951 hätte dem Bundesrat sogar erlaubt, politisch «gefährliche» Menschen in Lager einzusperren. Als gefährlich galten in jenen Jahren tatsächliche oder mutmassliche Anhängerinnen und Anhänger der Sowjetunion.

Mit der Zeit weitete der Staatsschutz seine Beobachtungen aus. Mitglieder von Friedensbewegungen, Abrüstungsbefürworter, Gegnerinnen von Atomkraftwerken, Frauenrechtlerinnen und Umweltaktivisten wurden vom Staatsschutz erfasst. Alle Menschen konnten verdächtigt werden. Das führte zu einer Flut von ungerechtfertigten Verdächtigungen. Insgesamt legte die Bundespolizei bis 1989 über 900 000 solche Dossiers an. Erst Anfang der 1990er Jahre formulierte der Bundesrat auf Druck der linken Parteien im Parlament die Aufgaben des Staatsschutzes neu und setzte solche Bestimmungen aus der Zeit des Kalten Krieges ausser Kraft. Ein Datenschutzgesetz wurde eingeführt.

AUFGABEN

23 *Weshalb haben die Mitglieder der «Aktion Frei Sein» die Familie Farner schikaniert?*

24 *Schildere Auswirkungen des Kalten Krieges auf die Menschen in der Schweiz.*

25 *Nenne mindestens drei Länder, die heute kommunistisch regiert sind.*

26 *Welche Menschen werden heute in der Schweiz ausgegrenzt und benachteiligt?*

27 *Wie wirkt der Kalte Krieg bis in die heutige Zeit nach? Begründe deine Ansicht.*

28 *Ist heute noch von der Fichenaffäre die Rede? Recherchiere im Internet.*

Wissen erarbeiten

Mindmap zum Kalten Krieg

Portfolioauftrag

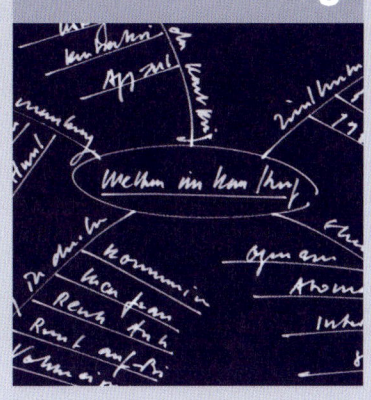

Um Gelerntes festzuhalten, kannst du eine Mindmap, eine «Gedankenkarte» entwickeln. Eine Mindmap fasst ein Thema auf einer Seite zusammen. Im Unterschied zu andern Techniken des Notierens beginnst du beim Mindmapping damit, dass du das Thema in die Mitte des Blattes schreibst und es mit einer Linie umkreist. Von diesem Kreis aus ziehst du Linien in alle Richtungen des Blattes. Diese Linien sind die Äste deiner Mindmap. Sie bezeichnen wichtige Aspekte des Themas. Du schreibst diese Aspekte auf die Hauptäste. Von den Ästen aus zeichnest du wiederum Linien. Das sind nun die Zweige. Jeder Zweig steht für einen Gedanken. Du kannst auch kleine Skizzen oder Abbildungen einfügen. Und wenn du weitere Gestaltungsmittel wie Farben oder Symbole einsetzt, wird deine Mindmap noch übersichtlicher. Eine Mindmap eignet sich schliesslich auch dazu, neues Wissen mit dem bereits Gelernten zu verknüpfen. Wenn dir das gut gelingt, lernst du erfolgreich.

Aufgabe

Für das Kapitel «Welten im Kalten Krieg» sollst du für dein Portfolio eine Mindmap entwickeln. Dort hältst du einerseits das fest, was im Buch steht. Du sollst aber zusätzlich noch ein oder zwei Äste mit Aspekten hinzufügen, die nicht im Buch behandelt sind. Dafür musst du dir also dein Wissen anderswo beschaffen. Achte darauf, dass du nicht mehr als neun Hauptäste zeichnest. Im Fach Geschichte ist es oft günstig, wenn du einen separaten Hauptast «zeitliche Übersicht» machst. Dabei hilft dir die Tabelle zu Beginn des Kapitels. Um Überschriften für die Zweige zu finden, studierst du die Zwischentitel im Buch.

Die Mindmap, die du entwickeln wirst, soll dir zeigen, wie du gezielt ein Kapitel zusammenfassen und dir seinen Inhalt merken kannst.

Vorgehen

1. Kläre zunächst das Vorgehen ab: Zeichnest du die Mindmap auf ein A4-Blatt oder auf ein Plakat? Wie viel Zeit kannst du für diese Aufgabe aufwenden? Wird deine Arbeit benotet? Wann musst du deine Mindmap abgeben?
2. Schreib als Erstes den Titel «Welten im Kalten Krieg» in die Mitte deines Blattes. Dann zeichnest du für jeden Zwischentitel (Ein Eiserner Vorhang geht nieder, Elemente des Kalten Krieges usw.) einen separaten Ast und ergänzt die Äste mit den wichtigen Gedanken in Stichwörtern (Zweige).
3. Suche danach zusätzliches Informationsmaterial zum Kalten Krieg und entscheide dich für mindestens zwei zusätzliche Äste (z. B. Friedensbewegung, Koreakrieg). Vielleicht willst du auch einzelne kleine Abschnitte aus dem Buch ausbauen.
4. Wenn du ein Plakat gestaltest, musst du Illustrationen suchen. Vielleicht kopierst du für dich Bilder oder Karikaturen aus dem Buch, vielleicht recherchierst du im Internet.
5. Am Schluss gestaltest du deine Mindmap mit Farben sorgfältig fertig und gibst sie der Lehrperson zur Beurteilung ab.

Hinweise

▶ Wenn du zu einem Thema eine Mindmap selber entwickelst, hast du bereits einen wichtigen Lernschritt getan. Um zu überprüfen, ob du dir einen Lerninhalt gut angeeignet hast, erklärst du deine Mindmap einer andern Person. Es sollte dir gelingen, zu jedem Stichwort zwei, drei Sätze zu formulieren. Wenn du das noch nicht schaffst, musst du noch einmal im Buch nachlesen. Bei deiner Mindmap kannst du auch überall etwas ergänzen oder präzisieren.
▶ Den Lerninhalt beherrschst du dann sicher, wenn du auswendig eine reichhaltige Mindmap aufzeichnen kannst. Sie ist dann, wie der Name sagt, ein Abbild von dem, was du dir von einem bestimmten Thema in deinem Gedächtnis eingeprägt hast.
▶ Achte bei der Entwicklung deiner Mindmap auf folgende Kriterien:
  – sachlich richtige Stichwörter; die zentralen Begriffe kommen vor und sind sinnvoll verknüpft,
  – Reichhaltigkeit,
  – anregende Darstellung, klare Gliederung, gute Übersichtlichkeit, Rechtschreibung, Illustrationen und Farben.

Den Frieden gewinnen?

1945 warfen die USA die ersten Atombomben über Hiroschima und Nagasaki ab. Ab 1949 verfügte auch die Sowjetunion über atomare Sprengköpfe. Beide Seiten fürchteten jederzeit einen Angriff des Gegners. Riesige Beträge flossen in die Rüstungsindustrie. Während Politiker und Militärstrategen den Rüstungswettlauf in Gang hielten, drückten immer mehr Menschen ihre Angst vor dem unvorstellbaren Vernichtungspotenzial dieser Waffenlager aus. Der Kalte Krieg ist vorbei. Atomwaffen werden jedoch immer noch hergestellt.

33

Pilz der Atombombe «Fat Man», die am 9. August 1945 – drei Tage nach der Bombardierung von Hiroschima – von den USA auf Nagasaki, Japan, abgeworfen wurde. Der Atompilz stieg 7000 m hoch. Je nach Schätzung starben zwischen 40 000 und 70 000 Menschen durch die Explosion, Opfer von Folgeschäden nicht eingeschlossen.

34 Nebenprodukte atomarer Explosionen

Während schon die blosse Explosion einer Atombombe tödlich genug ist, haben die zerstörerischen Fähigkeiten dort noch lange kein Ende. Radioaktiver *Fallout stellt eine zusätzliche Gefahr dar. Der Regen, der jeder Atomdetonation folgt, ist mit radioaktiven Partikeln beladen. Viele Überlebende der Hiroschima- und Nagasakiexplosionen erlagen dieser Sekundärstrahlung. [...]

Während der Hauptzweck der Atombombe auf der Hand liegt, gibt es viele Nebenerscheinungen, die beim Gebrauch aller Atomwaffen in Erwägung zu ziehen sind. Mit einer kleinen Atombombe, die in einer gewissen Höhe zur Detonation gebracht wird, kann die gegnerische Kommunikation, Logistik und Maschinerie durch den so genannten EMP (elektromagnetischer Impuls) zum Erliegen gebracht werden. Diese hochgelegenen Explosionen sind kaum lebensgefährlich, dennoch setzen sie einen derart starken EMP frei, dass von einfachen Kupferleitungen bis hin zu Steuer-*CPUs im Umkreis von 80 km alles ausser Gefecht gesetzt wird.

In den frühen Zeiten des Atomzeitalters war es eine populäre Auffassung, dass eines Tages Atombomben bei Bergbauoperationen und möglicherweise der Errichtung eines anderen Panamakanals eingesetzt würden. Es ist wohl unnötig zu erwähnen, dass es nie dazu kam. Stattdessen wurde die Anwendung der Zerstörungkraft des Atoms auf alle militärischen Bereiche ausgedehnt. Atomtests im Bikini-Atoll und einigen anderen Orten waren an der Tagesordnung, bis der Vertrag über das Atomtestverbot eingeführt worden war.

Klaus Delueg, Safog, Vahrn, 2003. www.safog.com/home/atombombe.html.

Thema ausweiten

Hiroschima 1995. Der Mann links auf dem Bild ist Yoshito Matsushige. Neben ihm sitzt seine Frau. Die junge Frau auf dem Schwarz-Weiss-Bild, auf das sie zeigt, ist sie selbst, kurz nachdem 1945 die Atombombe auf Hiroshima gefallen war. Das Bild hat ihr Mann gemacht. Yoshito Matsushige ist weit über Japan hinaus berühmt. Er war damals Fotograf. Er selber und sein Fotoapparat blieben bei der Explosion der Atombombe unversehrt. Unmittelbar nach der Explosion ging er in die Stadt, um zu dokumentieren, was geschehen war. Doch obwohl er mehrere Stunden durch Hiroshima ging, gibt es nur fünf Fotos. Yoshito Matsushige war so berührt von dem Schmerz und dem Schrecken, den er sah, dass er den Auslöser nicht drücken konnte.

36 Unsere wirksamste Waffe

In Übereinstimmung mit unserer Tradition der Wehrhaftigkeit ist der Bundesrat der Ansicht, dass der Armee zur Bewahrung der Unabhängigkeit und zum Schutze der Neutralität die wirksamsten Waffen gegeben werden müssen. Dazu gehören die Atomwaffen.

Grundsatzerklärung des schweizerischen Bundesrates vom 11. Juli 1958.

37 Gedanken zur Atombewaffnung

In die Diskussion über das Problem einer schweizerischen Atombewaffnung griff bekanntlich auch der Schweizerische Evangelische Kirchenbund ein. Eine Minderheit evangelischer Theologen, unter der geistigen Führung des Basler Theologen Karl Barth, setzte sich dabei mit *Vehemenz für ein Atomwaffenverbot in unserem Land ein. Auch ein vom Verdacht der puren Militärbegeisterung freier Bürger muss, sofern ihm am Frieden und an der Freiheit der Nation nur etwas gelegen ist (einen solchen Vorschlag) zutiefst bedauern. [...]

Unsere Armee erfüllt nur dann ihren wesentlichen Zweck, wenn sie das Land so wirkungsvoll zu verteidigen versteht, dass dem Gegner ein Angriff auf Grund des Verhältnisses von notwendigem Aufwand und möglichem Ergebnis als zu kostspielig erscheint. Nur solange wir uns zu diesem Ziel bekennen, bleibt unser staatspolitisches Prinzip der bewaffneten Neutralität eine respektable Realität. [...]

Die westliche Militärpolitik seit dem letzten Weltkrieg führte dazu, dass die Sowjetunion in der «klassischen» Rüstung der NATO im Verhältnis von etwa 5 : 1 überlegen ist. Diese Überlegenheit kann durch den Westen, solange er auf dem Gebiet der konventionellen Rüstung nicht mehr Anstrengungen unternimmt, nur mit Atomwaffen ausgeglichen werden. [...]

Der Beschluss des Bundesrates, das Militärdepartement mit dem Studium der Einführung atomarer Waffen zu betrauen, kann deshalb keinen Anlass zu negativer Kritik geben. Dieser Beschluss bildet tatsächlich das Minimum an Vorsorge, die der Bürger im Interesse einer wirkungsvollen und daher *präventiven bzw. kriegsverhindernden Landesverteidigung erwarten darf. [...]

Erfahrung und Überlegung zeigen, dass der Verteidiger möglichst abschreckender Waffen bedarf, und zwar weniger um mit ihnen Krieg zu führen, als vielmehr um ihn zu verhindern. [...] Unter den gegebenen Verhältnissen müsste zunächst versucht werden, die für unsere Landesverteidigung erforderlichen Atomgeschosse und Raketen bei den so genannten Atommächten zu beziehen.

«Neue Zürcher Zeitung», 9. März 1959, Morgenausgabe.

38 Das Ende der Vorstellungskraft

Das einzig Gute an einem Atomkrieg ist, dass es die einzige wirklich auf Gleichheit zielende Idee ist, die die Menschen je hatten. Am Jüngsten Tag wird dich niemand darum bitten, Leistungen vorzuweisen. Die Zerstörung wird niemanden ausschliessen. Die Bombe liegt in deinem Hinterhof. Sie steckt in deinem Körper. Und in meinem. Niemand, kein Staat, keine Regierung, kein Mensch, kein Gott hat das Recht, sie dorthin zu tun. Wir sind bereits radioaktiv, und der Krieg hat noch nicht einmal angefangen. Also steh auf und sag etwas. Mach dir keine Gedanken, dass es schon früher gesagt sein könnte. Erhebe deine Stimme für dich selbst. Nimm es sehr persönlich.

Arundhati Roy: *The End of Imagination.* In: «India Today», Mai 1998.

Ein Platz spiegelt die Geschichte Chinas

Während des Kalten Krieges entwickelte sich die Chinesische Volksrepublik zur Weltmacht. Nach einem langen Bürgerkrieg wurde China 1949 kommunistisch. Mao Zedong (Mao Tse-tung) rief am 1. Oktober 1949 auf dem Tien-Anmen-Platz, dem Platz des Himmlischen Friedens, die Volksrepublik China aus. Auch in späteren Jahren war dieser Platz immer wieder ein Ort geschichtlich bedeutsamer Ereignisse. China ist das drittgrösste und bevölkerungsreichste Land der Erde.

Der Tien-Anmen-Platz in Beijing (Peking). Nach der Revolution 1911, die dem Kaisertum ein Ende setzte, wurde der Tien-Anmen-Platz für die Öffentlichkeit geöffnet. Unter der kommunistischen Regierung wurde die Grösse des Platzes vervierfacht, um dort Massenkundgebungen abhalten zu können. Er ist mit seinen gut 40 ha einer der grössten Plätze der Welt und bietet Raum für bis zu eine Million Menschen. Jede Steinplatte ist nummeriert, damit bei Paraden die Soldaten genau wissen, wo sie stehen müssen. Im Zentrum des Platzes befindet sich ein grosses Denkmal, mit dem die Heldinnen und Helden der so genannten Befreiungsarmee 1949 geehrt werden. Im Süden (rechts hinten) steht die Mao-Gedenkhalle, in der Mao seit seinem Tod, einbalsamiert, in einem Glassarg besichtigt werden kann. An den Längsseiten des Platzes befinden sich Museen und das Gebäude des Nationalen Volkskongresses. Foto: 2002.

Tien-Anmen, das Tor des Himmlischen Friedens, ist ein Ziegelbau mit einem hölzernen Aufbau, der mit gelben Glasurziegeln gedeckt ist. Es wurde 1417 erbaut und 1651 in seiner heutigen Form neu errichtet. Es ist der Haupteingang zur «Verbotenen Stadt», die bis 1911 als kaiserlicher Palast diente. Das Torgebäude ist rund 34 m hoch. Früher durfte nur der chinesische Kaiser durch den mittleren Torbogen gehen. Heute hängt dort das Bild Maos, eingerahmt von Spruchbändern mit den Inschriften «Lang lebe die Volksrepublik China» und «Lang lebe die Einigkeit der Völker der Welt». Das Tor steht am Nordende des Tien-Anmen-Platzes. Foto: 2001.

41 Tien-Anmen-Platz, 1. Oktober 1949

Im warmen, spätherbstlichen Sonnenschein schwangen riesengrosse rote Seidenlaternen sanft im Wind vor den Mauern der Verbotenen Stadt. Mao Zedong sprach zu den 100 000 Menschen, die vor ihm auf dem wichtigsten Platz des chinesischen Kaiserreichs standen, über die goldene Zukunft Chinas.

Beijings neue kommunistische Beamte hatten diesen Augenblick monatelang vorbereitet, wenn, wie Leute aus der Stadt sagten, Maos Regierung «neue Kleider» anziehen würde. Der Platz war vergrössert worden. Uralte Seidenbäume hatten sie fällen lassen, Beton ausgegossen und Steinplatten verlegt und auf den neuen, hohen Stahltürmen waren Flutlichter befestigt. Ein immer blasser werdendes, zwei Stockwerke hohes Porträt von Tschiang Kai-schek aus der Zeit, als die Nationalisten noch an der Macht gewesen waren, hatte man durch ein ebenso grosses von Mao ersetzt.

Philip Short: *Mao. A Life.* London: Henry Holt, 1999.

42 Tien-Anmen-Platz, 17. August 1966

Eine Million Rotgardistinnen und Rotgardisten waren aus dem ganzen Land nach Beijing gereist. Um Mitternacht setzten sich Schulkinder und Mittelschülerinnen in Bewegung. Sie marschierten durch die Strasse des Ewigen Friedens, sangen Revolutionslieder und trugen seidene Banner und Porträts von Mao. Maos Auftritt war so geplant, dass er mit den ersten Strahlen der aufgehenden Sonne zusammenfiel. Kurz nach fünf Uhr trat er aus der Verbotenen Stadt, mischte sich kurz unter die Menge, bevor er sich in den Pavillon oberhalb des Tors zurückzog, wo er Vertreterinnen und Vertreter der Roten Garden traf. Um die militärische Stimmung zu fördern, trug Mao die grüne Uniform der Befreiungsarmee – etwas, das er seit 1950 nicht mehr getan hatte.

Die Versammlung begann mit der maoistischen Hymne «Der Osten ist rot». Zwei seiner Minister peitschten die Stimmung auf, indem sie Mao als «grossen Führer, grossen Lehrer, grossen Kämpfer und grossen Kommandanten» priesen. Dann stand eine Schülerin der Beijinger Mittelschule auf und heftete eine Armbinde der Roten Garde an Maos Ärmel.

Philip Short: *Mao. A Life.* London: Henry Holt, 1999.

Als Mao Zedong die Volksrepublik China ausrief, bedeutete dies das Ende eines langen Bürgerkrieges. Die kommunistische Partei hatte sich unter der Führung Maos in China durchgesetzt. Für die kommunistische Partei lag die Zukunft Chinas in einem Staat, der hauptsächlich von Bäuerinnen und Bauern getragen wurde. Verlierer des Bürgerkrieges waren die so genannten Nationalchinesen unter Tschiang Kai-schek. Die rund 500 000 geschlagenen Soldaten und fast zwei Millionen Zivilpersonen flohen auf die Insel Taiwan. Mao und die kommunistische Partei Chinas hingegen feierten ihren Sieg auf dem Tien-Anmen-Platz.

Am 1. Oktober 1949 stieg Mao zum Tor des Himmlischen Friedens hinauf. Jahrhunderte lang war hier der Eingang zum Palast der chinesischen Kaiser gewesen. Seit 1911 gab es aber in China keine Kaiser mehr. Mao wollte mit der Wahl des Tien-Anmen-Platzes ein Zeichen setzen. Indem er die Volksrepublik China an diesem Ort ausrief, knüpfte er einerseits ans Erbe der chinesischen Reiche an. Zugleich verkündete er den Beginn einer neuen Zeit.

Modernisierung

Die Kommunistinnen und Kommunisten gestalteten das Leben in China völlig um. Zuerst wurde die Landwirtschaft modernisiert. Mao Zedong enteignete die Grossgrundbesitzer und verteilte das Land an die Kleinbauernfamilien. Die kommunistische Partei wollte auch die Schwerindustrie fördern und damit die Stahlproduktion vervielfachen. Am Anfang gelang ihr der wirtschaftliche Umbau nicht. Er löste 1961 bis 1963 grosse Hungersnöte aus. Das Programm musste gestoppt werden. Der Aufschwung setzte erst Jahre später ein. Dafür konnte die Partei die Zahl der Analphabeten vermindern. Statt nur 10 Prozent konnten bald 40 Prozent der Menschen lesen und schreiben.

Kulturrevolution

Anfänglich pflegte China enge Beziehungen zur Sowjetunion. 20 000 junge Chinesinnen und Chinesen gingen zur Ausbildung nach Russland. Umgekehrt unterstützten ungefähr 10 000 sowjetische Technikerinnen und Techniker den Aufbau Chinas. Mao wollte China aber nicht nur wirtschaftlich um-

Göttin der Demokratie. Die Menschen, die 1989 in China für Freiheit und Demokratie demonstrierten, trugen die Figur einer «Göttin der Demokratie» auf den Tien-Anmen-Platz in Beijing. Sie glich der Freiheitsstatue in New York. Die Künstlerinnen und Künstler, die sie gemacht hatten, stellten sie so auf, dass sie dem riesengrossen Porträt Mao Zedongs gegenüberstand. Er war der Begründer der Volksrepublik China und langjähriger Vorsitzender der Kommunistischen Partei Chinas.

Tien-Anmen-Platz, 18. April bis 4. Juni 1989

Während dreier Tage und Nächte hatten Studentinnen und Studenten der Beijinger Kunstakademie geschuftet. [...] «Wir widmen diese Statue den Anliegen der Studentinnen und Studenten, den Millionen von Studentinnen und Studenten Chinas, den Menschen in Beijing, China und der ganzen Welt, die unsere Bewegung unterstützen!», gab eine Studentin den etwa 30 000 Menschen auf dem Platz bekannt, die ihr mit Begeisterungsrufen antworteten. [...] Hoch über der Menge starrte die Statue auf das Porträt Mao Zedongs und forderte den chinesischen Staat heraus. [...] Die chinesischen Medien explodierten vor Wut. Die Figur sei eine «Beleidigung des Platzes» [...] Selbst Leute, die Sympathien für die Anliegen der Demonstrantinnen und Demonstranten hegten, fanden, dass sie zu weit gegangen waren. «Ich mag das nicht», sagte ein Mann mittleren Alters. «Sie sollten keine amerikanischen Symbole in diesem Bereich Chinas aufstellen. Es ist nicht richtig.» Ein älterer chinesischer Journalist hatte eine ähnliche Einschätzung: «Das war dumm. Der Tien-Anmen-Platz ist ein sehr heiliger Ort, und wenn sie ihre Anliegen vorbringen wollen, ja, das können sie mit *Pamphleten, Seminarien oder Versammlungen oder sonstwas tun. So ein Ding aufzustellen lässt sie nicht genügend seriös erscheinen.»

Scott Simmie, Bob Nixon: *Tiananmen Square.* Vancouver: Douglas & McIntyre, 1990.

---

gestalteten, sondern auch kulturell. Er begann 1966 die so genannte Grosse Proletarische Kulturrevolution. Die Revolution sollte die Gesellschaft von den «vier Alten» (Ideen, Kultur, Sitten und Gebräuche) und allem Ausländischen befreien. Es war ein gewaltsames Programm. Schülerinnen, Schüler, Studierende, junge Bauern und Arbeiterinnen wurden in so genannten Roten Garden straff organisiert. Sie hatten sich ganz in den Dienst Maos zu stellen und führten ständig das Rote Büchlein mit Mao-Zitaten mit sich. Sie bekämpften Maos Gegner und zerstörten viele alte Kulturschätze. Sie bauten an einer neuen Gesellschaft. Auf dem Tien-Anmen-Platz fand im Herbst 1966 eine Grossveranstaltung mit mehr als acht Millionen Jugendlichen statt.

Zerschlagung der Gegnerschaft

Auf diesem Platz und überall im Land wurden viele Personen des öffentlichen Lebens wie Lehrer oder Beamte verspottet, weil die Roten Garden glaubten, sie seien gegen Mao und seine Ideen. Ihnen wurden die Hände hinter dem Körper zusammengebunden und riesige Hüte aufgesetzt. Dadurch sollte jedermann sehen können, dass diese Menschen nicht für den kommunistischen Fortschritt waren. Viele Beschuldigte wurden getötet. Tausende Unschuldige kamen auf schreckliche Weise um. Die Kulturrevolution nahm immer bedrohlichere Ausmasse an und die Roten Garden gingen immer brutaler vor. Schliesslich bekam sogar die Parteileitung Angst vor dem Sturm, den sie ausgelöst hatte. Sie musste 1967 die Armee einsetzen, um die Roten Garden unter Kontrolle zu bringen. Daraufhin verbannte die Parteileitung die jugendlichen Revolutionäre in alle Teile des Landes. So zerstreut und ohne die Unterstützung Maos waren die Roten Garden nicht mehr schlagkräftig. Die «Kulturrevolution» ging zu Ende.

Ein-Kind-Familie

1976 starb Mao Zedong. Nun kam Deng Xiaoping und mit ihm eine Reihe weiterer Kommunisten an die Macht. Sie wollten viele Bereiche der Wirtschaft wieder *privatisieren. Die Bekämpfung der Armut erhielt Vorrang. Als grosses Problem trat das stetige Bevölkerungswachstum in den Vordergrund. 1979 erklärte die Kommunistische Partei deshalb die Ein-Kind-

Zehn Jahre nach den Demonstrationen von 1989 schlendern westlich gekleidete Chinesen über den Tien-Anmen-Platz. Vermutlich sind sie auf einer Besichtigungstour zu den Sehenswürdigkeiten ihrer Hauptstadt. Der Platz ist ein Anziehungspunkt für den wachsenden in- und ausländischen Tourismus. China hatte in den 1990er Jahren die wirtschaftliche Öffnung weiter vorangetrieben. In den Städten, besonders im südchinesischen Shanghai, nahmen die Menschen zunehmend einen westlichen Lebensstil an. Zu einer politischen Öffnung war die chinesische Regierung jedoch nicht bereit. Chinesinnen und Chinesen konnten bei McDonald's essen und bei Starbucks Kaffee trinken gehen. Doch der Zugang zum Internet wurde durch die Regierung zensiert. Regierungsunabhängige Medien gab es nur in Hongkong, das 1999 von Grossbritannien an China zurückgegeben worden war. Die chinesische Regierung hatte den Einwohnerinnen und Einwohnern Hongkongs zugestanden, weiter ihre politischen Rechte ausüben zu können. Foto: 1. Oktober 1999, 50. Jahrestag der Ausrufung der Volksrepublik China.

Familie zum Vorbild. Wer mehr als ein Kind hatte, verlor viele Vorteile im täglichen Leben. Das führte unter anderem dazu, dass viele neugeborene Mädchen ausgesetzt oder getötet wurden, um einem männlichen Stammhalter Platz zu machen. Die Reformen schienen den erhofften Erfolg zu bringen. 1984 gelang es China erstmals, mehr Reis zu erzeugen, als es selbst verbrauchte.

Demonstrationen

Das Leben in China veränderte sich langsam. Es gab Tourismus und Fernsehen. Dadurch bekamen die Menschen einen Eindruck von den Lebensformen in anderen Ländern. Vor allem unter jungen Leuten und Studierenden wuchs die Unzufriedenheit, als sie sahen, wie ihre Altersgenossen andernorts lebten: mit demokratischen Rechten und mehr Konsummöglichkeiten. Einige protestierten und forderten mehr Demokratie und die Einhaltung der Menschenrechte in China. Im Sommer 1989 demonstrierten Zehntausende Chinesinnen und Chinesen mehrere Tage lang auf dem Tien-Anmen-Platz. Sie brachten auch eine Figur mit, die sie «Göttin der Demokratie» nannten. Alle Welt merkte, dass sie der Freiheitsstatue in New York nachempfunden war. Das war eine zu grosse Herausforderung für die kommunistische Partei. Sie wusste, dass ihre Macht auf dem Spiel stand.

In der Nacht zum 4. Juni 1989 vertrieben Soldaten mit Gewehren und Panzern die Demonstrierenden vom Tien-Anmen-Platz. Vermutlich verloren dabei Tausende ihr Leben. Unzählige wurden verletzt. Noch Monate später wurden echte und vermeintliche Anführer verhaftet und zum Tode verurteilt oder für mehrere Jahre ins Gefängnis gesteckt. Danach wurde der Platz streng bewacht. Menschenansammlungen waren verboten. Wenn sich Gruppen auf dem Platz bildeten, wurden sie von Polizisten sofort aufgelöst. All diese Massnahmen konnten aber nicht verhindern, dass der Tien-Anmen-Platz zu einem Symbol für die Freiheit geworden war.

Freiheit!

Die Menschen in den Kolonien in Afrika und Asien wollten unabhängig sein. Dafür kämpften sie in Befreiungs- oder Unabhängigkeitsbewegungen. So wurden in der Zeit nach dem Zweiten Weltkrieg aus vielen afrikanischen und asiatischen Ländern unabhängige Nationalstaaten.

Der junge Soldat ist Angehöriger der britischen Armee-Einheit «King's African Rifles». Im August 1942 besteigt er in Nairobi, Kenia, ein Schiff, das nach Madagaskar fahren wird. Er beginnt seinen Dienst im Namen der englischen Kolonialmacht. Tausende afrikanischer Männer, aber auch Soldaten aus Indien und anderen Kolonien, kämpften in den beiden Weltkriegen für ihr koloniales «Mutterland» in Europa. Viele afrikanische Soldaten hofften, dieser Einsatz würde nach dem Krieg mit der Befreiung von der kolonialen Herrschaft belohnt.

Unabhängigkeitsbewegungen

Wie im 20. Jahrhundert die Geschichte der Länder in Afrika und Asien verlief, kann aus unterschiedlichen Blickwinkeln dargestellt werden. Es beginnt mit der Wortwahl. Wer von Unabhängigkeits- oder Befreiungsbewegungen spricht, weist auf den politischen Kampf der Menschen in afrikanischen und asiatischen Ländern hin. Dieser Begriff betont die Anstrengungen und Hoffnungen dieser Menschen beim langwierigen Vorgang, der aus europäischen Kolonien unabhängige Nationalstaaten machte. Der Begriff drückt auch aus, dass für diese Länder ein neuer Zeitabschnitt ihrer Geschichte begann. Der Ausdruck Entkolonialisierung rückt hingegen eher das Ende einer Zeit in den Mittelpunkt. Er beschreibt das Rückgängigmachen der europäischen Eroberungen in Afrika und Asien. Der Begriff legt nahe, dass die Initiative dazu von den ehemaligen Kolonialländern ausging. Hier soll von Unabhängigkeitsbewegungen die Rede sein.

Viele Gebiete Afrikas und Asiens waren nach dem Ende des Zweiten Weltkrieges Kolonien europäischer Staaten. Doch die Menschen in den Kolonien wollten frei und unabhängig sein. Viele von ihnen schlossen sich in Unabhängigkeits- oder Befreiungsbewegungen zusammen. Durch den politischen und zum Teil auch bewaffneten Kampf gegen die Vertreter der Kolonialmächte wurden aus europäischen Kolonien nach und nach unabhängige Nationalstaaten.

Was waren die Ursachen dieser Entwicklung? War es die Stärke der ehemaligen Kolonien? Oder waren die Kolonialmächte – hauptsächlich Frankreich und Grossbritannien – nach dem Zweiten Weltkrieg einfach finanziell und militärisch zu schwach, um ihre Herrschaft aufrecht zu erhalten? Beides ist richtig. Und beides ist unvollständig.

Unterschiedliche Herrschaftssysteme

Der Unabhängigkeits- oder Befreiungskampf verlief nicht überall gleich. Indien zum Beispiel kam auf völlig anderen Wegen zur Unabhängigkeit als 40 Jahre später Algerien. Einerseits unterschieden sich diese Befreiungsbewegungen in politischer, kultureller und zeitlicher Hinsicht. Aber auch die unterschiedlichen Formen der Kolonisierung spielten eine Rolle. Indien hatte unter britischer Herrschaft gestanden. Algerien war eine französische Kolonie gewesen. Frankreich und England schufen unterschiedliche rechtliche, wirtschaftliche und kulturelle Rahmenbedingungen in diesen Ländern.

Die französische Politik forderte in den Kolonien Anpassung an die französische Kultur, was mit dem Begriff «assimilation» beschrieben wird. Die afrikanischen, asiatischen und amerikanischen Kinder in den französischen Kolonien sollten die französische Sprache, Geschichte und Politik als «eigene» kennen lernen. Französische Kolonialbeamte fällten alle Ent-

Die Bevölkerung feiert die algerische Unabhängigkeit. Der Unabhängigkeitskrieg Algeriens gegen die französische Kolonialbesetzung war blutig und grausam. Beide Seiten übten Gewalt und Terror aus. Der Krieg liess in Algerien chaotische Zustände zurück und stürzte auch die französische Regierung in eine Krise. Auf dem Bild von den Unabhängigkeitsfeiern 1962 lassen sich Spuren zweier Stimmungen entdecken: der überschwänglichen Aufbruchstimmung und der Improvisiertheit jenes Augenblicks.

Une vie de Boy

Madame schaukelte in der Hängematte, ein Buch in der Hand. Als ich ihr etwas zu trinken brachte, fragte sie mich: «Boy, bist du zufrieden, hier im Haus zu arbeiten?»

Verblüfft sperrte ich den Mund auf. Sie fuhr fort: «Du siehst immer aus, als würde dich eine schwere Last drücken. Dabei sind wir sehr zufrieden mit dir. Du bist perfekt … Du bist immer pünktlich, du tust deine Arbeit gewissenhaft. Doch du siehst nicht so lebenslustig aus wie alle anderen eingeborenen Arbeiter … Man könnte meinen, du seist nur so lange Boy, bis du was anderes findest, irgendwas anderes …»

Madame sprach ohne Unterbrechung und starrte geradeaus. Dann drehte sie sich zu mir um. «Was macht dein Vater?»

«Er ist tot.»

«Ah. Mein Beileid.»

«Madame ist sehr gütig …»

Nach einer Pause fuhr sie fort: «Sag mir, was hat er gemacht?»

«Er fing Stachelschweine in Fallen.»

«Was? Das ist vielleicht komisch!», sagte sie lachend. «Kannst du das auch?»

«Natürlich, Madame.»

Sie schaukelte, schnippte die Asche von ihrer Zigarette, deren Rauch sie geniesserisch einsog. Dann blies sie ihn durch Mund und Nase wieder aus in meine Richtung. Sie kratzte sich ein Stückchen Zigarettenpapier von der Unterlippe und spuckte es mir vor die Füsse.

«Siehst du», meinte sie, «du bist nun schon der Boy des Kommandanten …»

Sie schenkte mir ein Lächeln und zog dabei ihre Oberlippe hoch, während ihre strahlenden Augen mein Gesicht zu mustern schienen. Um ihre Verlegenheit zu verbergen, trank sie ihr Glas aus und fragte weiter: «Bist du verheiratet?»

«Nein, Madame.»

«Aber du verdienst doch genug Geld, um dir eine Frau zu kaufen. Man hat mir gesagt, dass du als Boy des Kommandanten eine gute Partie seist … Du musst eine Familie gründen.»

Sie lächelte mir zu. «Eine Familie, eine grosse Familie, nicht wahr?»

«Vielleicht Madame, doch weder meine Frau noch meine Kinder könnten jemals so essen oder sich so anziehen wie Madame oder wie die kleinen Weissen …»

«Mein armer Freund, du bist ja grössenwahnsinnig!», sagte sie und lachte lauthals. «Im Ernst», fuhr sie fort, «du weisst, dass die Klugheit einem jeden gebietet zu wissen, wo sein Platz ist. Du bist Boy, mein Mann ist Kommandant … Daran kann niemand etwas ändern. Du bist Christ, nicht?»

«Ja Madame, Christ so lala …»

«Was heisst das, Christ so lala?»

«Christ halt so, Madame. Christ, weil der Priester mir das Wasser über den Kopf geschüttet hat und mir einen weissen Namen gegeben hat …»

«Aber es ist ja nicht zu fassen, was du mir da erzählst! Dabei hatte der Kommandant mir gesagt, du seist sehr gläubig.»

«Na ja, man muss halt irgendwie an die Geschichten der Weissen glauben.»

«Hör sich das einer an!»

Madame schien es den Atem zu verschlagen.

«Du glaubst also nicht mehr an Gott?», fing sie wieder an. «Bist du wieder Fetischist geworden?»

«Das Wasser fliesst nicht mehr zur Quelle zurück. Ich glaube, dieses Sprichwort gibt es auch im Land von Madame.»

«Natürlich … Das ist ja alles sehr interessant», sagte sie amüsiert.

«Jetzt bereite mir meine Dusche vor. Schrecklich, diese Hitze, diese Hitze …»

Ferdinand Oyono: *Flüchtige Spur Tundi Ondua*. Düsseldorf: Progress, 1958. Oyono, geboren 1929 in Kamerun, ging in Kamerun und Frankreich zur Schule, studierte in Paris und wurde später hoher kamerunischer Beamter und Diplomat. Er hat mehrere berühmte Romane geschrieben, darunter *Une vie de Boy*, Paris, Julliard, 1956, aus dessen deutscher Übersetzung der zitierte Ausschnitt stammt.

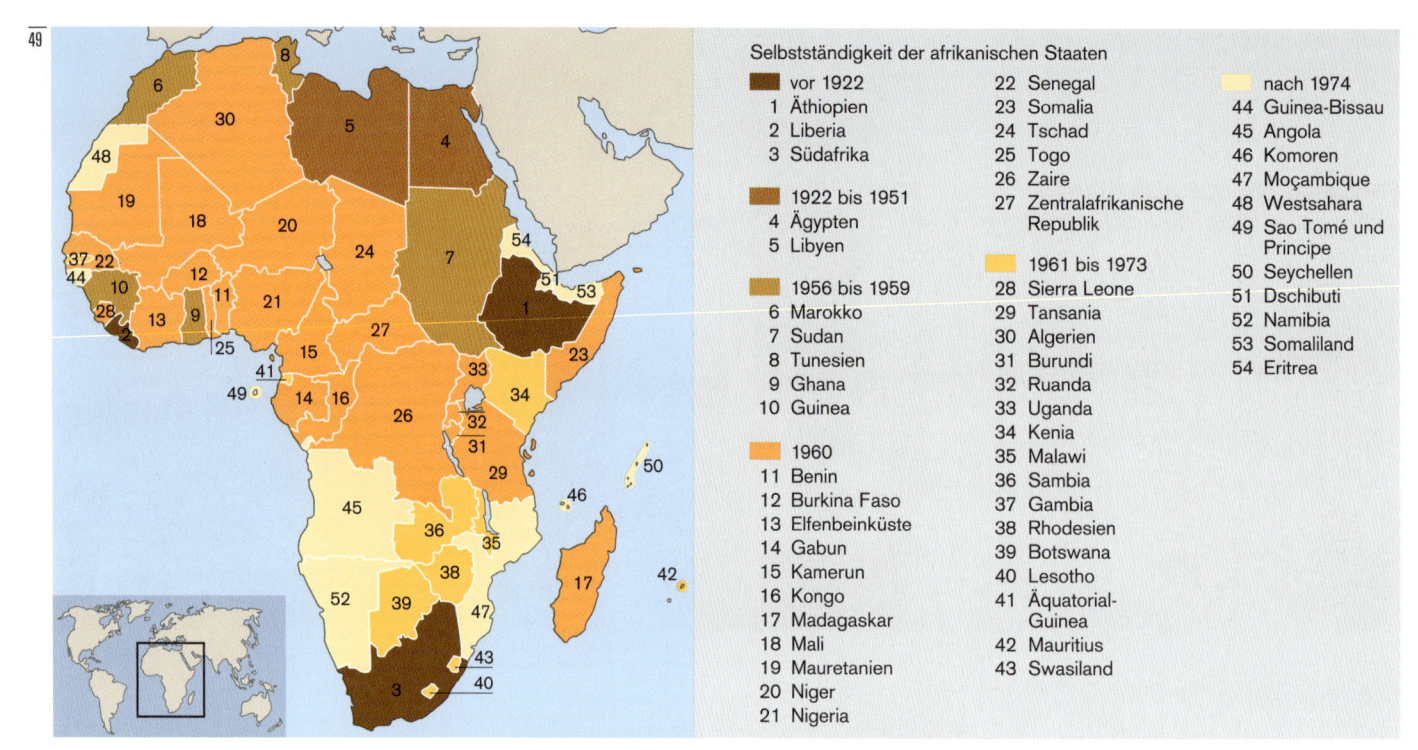

Selbstständigkeit der afrikanischen Staaten. Das Jahr 1960 wird das «afrikanische Jahr» genannt. Damals erlangten am meisten afrikanische Länder die Unabhängigkeit. Doch die neue Freiheit brachte nicht überall Frieden und Demokratie. In einigen Staaten übernahm das jeweilige Militär die Macht. Oft entstanden daraus Diktaturen. Der Kampf um die Herrschaft führte zu Bürgerkriegen. Auch noch zu Beginn des 21. Jahrhunderts kämpften in einigen Ländern verschiedene Interessengruppen um die Macht. Einige ehemalige Kolonien behielten enge Verbindungen zu den früheren Kolonialmächten.

scheide. Das französische Parlament in Paris machte die Gesetze für den Senegal, Algerien oder die Elfenbeinküste und die übrigen französischen Kolonien.

Als Gegenbegriff zum französischen Begriff der Anpassung oder «assimilation» wird der englische Begriff «indirect rule», indirekte Herrschaft, verstanden. Er bezeichnet das britische Herrschaftsmodell. Die einheimische Kultur und die gesellschaftliche Organisation der Kolonie sollten belassen werden. Doch die örtlichen Machthaber waren durch Verträge eng mit den britischen Besatzern verbunden und auf deren (militärische) Hilfe angewiesen.

Wegen dieser unterschiedlichen Herrschaftsformen verlief der Unabhängigkeits- oder Befreiungskampf in den französischen und britischen Kolonien ganz unterschiedlich.

Vorbilder und Einflüsse

Viele Frauen und Männer in den Kolonien waren beeindruckt von den Erfolgen der russischen Revolution. Sie versprach eine neue, gerechtere Gesellschaft, in der alle Menschen gleich waren. Und Gleichheit war den Menschen in den Kolonien wichtig nach den Erfahrungen, die sie als Untertanen einer Kolonialmacht gemacht hatten. Auch das Beispiel Chinas war beeindruckend. Die kommunistische Partei war dort dabei, das Land unabhängig, frei vom Einfluss der Kolonialmächte, zu industrialisieren. Diese Erfolge des Kommunismus beeindruckten einige der Unabhängigkeitskämpferinnen und -kämpfer in Asien und Afrika. Sie strebten für ihre Länder ähnliche Regierungsformen an.

Der Unabhängigkeits- oder Befreiungskampf war nicht nur eine Angelegenheit zwischen den Kolonien und den Kolonialmächten. Eine wichtige Rolle spielte die UNO. Dort konnten die afrikanischen und asiatischen Länder ihre Anliegen vorbringen. Im Rahmen der UNO verhandelten die Länder des Südens mit den Ländern des Nordens. Um in diesen Gesprächen mehr Gewicht zu haben, schlossen sie sich allmählich zusammen. Denn die neuen UNO-Mitglieder hatten es schwer, gegen die Industriestaaten ihre Interessen durchzusetzen.

Auch der Kalte Krieg beeinflusste den Unabhängigkeits- oder Befreiungskampf. Die Sowjetunion suchte im Kalten Krieg nach Verbündeten. Dafür eigneten sich die Länder in Asien oder Afrika, die sich nach ihrer Befreiung am Sozialismus orientierten. Die Sowjetunion unterstützte diese Länder mit Geld, Material und zum Teil auch durch die Entsendung von Soldaten. Oder sie schloss Handelsverträge mit ihnen ab. So kaufte die Sowjetunion zum Beispiel Zucker aus dem sozialistischen Kuba.

Auf der anderen Seite nutzten die westlichen Länder die so genannte Entwicklungshilfe als Instrument der politischen Werbung. Sie förderten kapitalistisch ausgerichtete Länder. Kommunistische Länder, die mit der Sowjetunion zusammenarbeiteten, erhielten hingegen keine Unterstützung. Wie demokratisch die jeweilige Regierung war, war weniger wichtig als ihre Zugehörigkeit zum kommunistischen oder kapitalistischen Lager. Manche afrikanischen oder asiatischen Politiker wussten diese Situation zu ihrem persönlichen Vorteil auszunützen.

Kwame Nkrumah. Als am 6. März 1957 Ghana, die ehemalige englische Goldküste, als erster schwarzafrikanischer Staat im 20. Jahrhundert unabhängig wurde, trug die begeisterte Menge ihren neuen Präsidenten, Kwame Nkrumah, auf den Schultern aus der Wahlversammlung. Bei den offiziellen Feierlichkeiten am Abend desselben Tages wechselte Nkrumah jedoch vom westlichen Hemd mit Krawatte zur traditionellen ghanaischen Kleidung.

Harambee Avenue, Nairobi, 1966. In den 1960er Jahren begannen die afrikanischen Städte stark zu wachsen. Afrikanische Architekten bauten in der damaligen Aufbruchstimmung moderne Häuser, die Zeichen für das «neue Afrika» waren. Diese Städte wuchsen damals sehr schnell – immer mehr Menschen zogen vom Land in die Stadt.

Wachsendes Selbstbewusstsein

Viele Frauen und Männer der damaligen Unabhängigkeitsbewegungen waren gut ausgebildet. Sie hatten Missionsschulen besucht oder eine Ausbildung in europäischen Ländern erhalten. Sie wussten vom Selbstbestimmungsrecht der Völker. Sie kannten die Forderungen der Französischen Revolution nach Freiheit, Gleichheit, Brüderlichkeit. Sie lasen Marx und Lenin. Selbstbewusst glaubten sie daran, dass ihre eigene Kultur wichtig war. Diese Menschen engagierten sich in den Unabhängigkeitsbewegungen. Sie kämpften nicht nur gegen die Kolonialmächte. Sie wandten sich auch gegen einheimische Oberschichten, die mit den Vertretern der Kolonialmächte zusammenarbeiteten.

Krisen und Erfolge

Trotz der rechtlichen Unabhängigkeit blieb die wirtschaftliche Abhängigkeit vieler ehemaliger Kolonien bestehen, vor allem in Afrika. Sie konnten aufgrund des Drucks der industrialisierten Staaten ihre Produkte auf dem Weltmarkt nur zu tiefen Preisen verkaufen. Gleichzeitig mussten sich viele Regierungen verschulden, um den Aufbau ihrer Staaten zu finanzieren. In einigen Ländern hielten sich kleine Gruppen mit guten Beziehungen zu den ehemaligen Kolonialmächten an der Macht und unterdrückten die eigene Bevölkerung. Oft nutzten sie die Einnahmen, um Waffen für Bürgerkriege oder Konflikte mit anderen Ländern zu kaufen. Als der Kalte Krieg endete, konnten zwar viele Stellvertreterkonflikte, etwa in Angola, beendet werden. Dennoch gab es weiterhin blutige Bürgerkriege, etwa 1995 in Ruanda. Und dort, wo Frieden einkehrte, erschwerten die Auswirkungen der globalen Wirtschaft den wirtschaftlichen Aufschwung.

Doch es gab auch positive Entwicklungen. In Südafrika schaffte es die schwarze Bevölkerungsmehrheit, die jahrzehntelange Unterdrückung durch die Weissen zu beenden. 1994 fanden die ersten freien Wahlen statt. Das demokratische Südafrika übernahm trotz des schwierigen Erbes der Apartheid eine führende Rolle auf dem afrikanischen Kontinent.

In Europa und in den USA wuchs die Zahl der Menschen, die sich für afrikanische Musik, Literatur und Kunst interessierten. Afrikanische Kirchenvertreterinnen und -vertreter diskutierten in Europa gleichberechtigt über die Zukunft der Kirche. Das politische Engagement von Afrikanerinnen und Afrikanern gewann international an Bedeutung. Der Sitz der UNO-Umweltorgansiation UNEP befindet sich in Nairobi, Kenia.

Trotz solcher Erfolge litten viele Menschen in Afrika unter Armut, kriegerischen Auseinandersetzungen und ungerechten politischen Zuständen. Viele flohen in die umliegenden afrikanischen Länder. Nach dem Ende des Kalten Krieges wuchs die Zahl der Menschen aus Afrika, die in Europa oder in den USA ein besseres Leben suchten. Dort waren sie aber nicht immer willkommen.

5. Grenzen überschreiten

Welche Grenzen hast du in deinem bisherigen Leben überschritten?

Welche Grenzen sind leicht, welche sind schwer zu überwinden?

Welche Grenzen wollen oder müssen die beiden Frauen mit ihren Kindern überqueren?

Was möchtest du die Frauen fragen?

Stell dir vor, du seist die Fotografin oder der Fotograf, der dieses Foto macht. Mit welcher Schlagzeile und Legende würdest du das Bild in der Zeitung platzieren?

Wie lauten Schlagzeile und Legende, wenn du das Foto von der anderen Seite des Flusses gemacht hättest?

Skizziere das Ufer, das sich rechts im Bild befindet.

Suche Bilder aus verschiedensten Epochen, auf denen Menschen Grenzen überqueren.

Spielt eine Mutter und einen Vater, die versuchen, ihre Tochter und ihren Sohn davon zu überzeugen, über diesen Fluss die Heimat zu verlassen, um in der Ferne Geld zu verdienen. Welche Argumente bringt ihr vor? Wie antwortet der Sohn, der nicht gehen möchte, wie antwortet die Tochter, die gehen möchte?

Die Frauen kommen mit ihren Kindern auf den Uferweg und treffen auf zwei Grenzbeamte. Spielt die Szene.

Den Frauen ist es gelungen, mit ihren Kindern illegal in ein anderes Land zu ihren Ehemännern zu gelangen. Was nun?

Eine weite Reise

Mein Koffer. Die junge Frau, die die unten stehende Geschichte ihrer Flucht in die Schweiz erzählte, hat für die Aufnahme die Kleider und Gegenstände noch einmal zusammengestellt, die sie damals dabei hatte. Einiges, von dem sie spricht, ist auf dem Bild zu erkennen.

Erzählung einer jungen Frau aus Afghanistan
Den Koffer packen

Der Telefonanruf kam überraschend. Am kommenden Tag würde uns der Onkel nach Peschawar fahren. Wir hatten also kaum mehr Zeit zum Packen. Zuerst holte ich natürlich meinen Gebetsteppich und die Tasbi – das ist eine Art Gebetskette. Beides brauche ich fünfmal am Tag. Das weisse Kleid wollte ich auch auf jeden Fall mitnehmen. Es ist ein Geschenk meiner Mutter. Ich hatte es zwar erst einmal auf einem Fest getragen, aber das war damals so schön, dass ich keinesfalls ohne das Kleid wegfahren wollte. Meine Schwester gab mir ihr blaues Kleid in den Koffer. Sie hatte das vom Vater zum Neujahrsfest bekommen. Mutter brachte mir die Teetasse, die sie von ihrem Grossvater bekommen hatte. Die Teetasse war ein Glücksbringer, und deshalb sollten wir sie gut einpacken und mitnehmen. Sie würde uns auf der langen Reise beschützen.

Vieles mussten wir leider zurücklassen. Gerne hätte ich beispielsweise mein Bett mitgenommen, aber das ging natürlich nicht. Auch die Puppen hatten keinen Platz. Fotos hätte ich auch gerne eingepackt, aber wenn die *Taliban sie gefunden hätten, dann hätten sie die Fotos zerrissen. Fotos waren ja verboten. Auch die heiligen Bücher packten wir nicht ein. Es bringt Unglück, wenn sie zu Boden fallen oder zerstört werden. Dieses Risiko wollten wir nicht eingehen.

Schade, dass ich meinen Lieblingsring vergessen habe. Den vermisse ich heute am meisten.

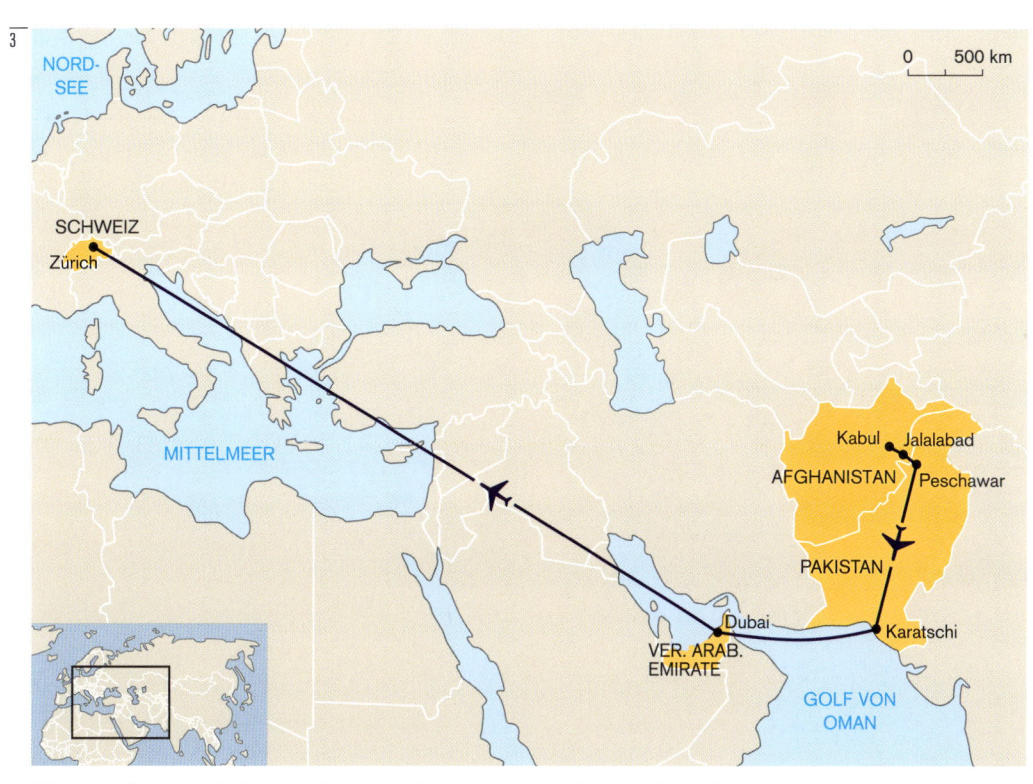

Die lange Reise: Kabul – Jalalabad – Peschawar – Karatschi – Dubai – Zürich.

Den Pass abgeben

Der Onkel kam mit dem Auto. Er hatte unsere Pässe dabei. Wir sechs Kinder hatten natürlich kaum Platz. Zudem war die Strasse von Kabul nach Jalalabad ziemlich kaputt. Es schüttelte uns richtiggehend durch, was nicht sehr angenehm war. Nach Jalalabad ging es in Richtung pakistanische Grenze. Das war eine gebirgige Gegend. Vor der Grenze mussten wir das Auto zurücklassen. Der Onkel bezahlte für uns, damit wir die Grenze überschreiten konnten. Die Beamten schauten die Pässe nicht an. Auf der pakistanischen Seite hatten wir ein anderes Auto und fuhren nach Peschawar. Die ganze Autoreise dauerte etwa neun Stunden. Das war ein anstrengender Tag.

In Peschawar mussten wir eine Woche warten. Leider konnten wir sechs Kinder nicht mehr gemeinsam weiterreisen. Wir mussten uns für den Flug nach Karatschi in zwei Gruppen aufteilen. Das gab lange Diskussionen. Ich flog schliesslich mit einem Bruder und der jüngsten Schwester einen Tag vor den andern. Meine drei weiteren Geschwister sollten einen Tag später folgen. Der Onkel blieb zurück.

Der Flug von Peschawar nach Karatschi verlief gut und erschien mir auch nicht besonders lang. Er dauerte vielleicht etwa drei Stunden. In Karatschi mussten wir im Transitbereich auf unseren Weiterflug warten. Als sie unsere Pässe kontrollierten, musste ich Geld zahlen. Dann liessen sie uns durch. Für den Flug nach Dubai hatten wir ein grösseres Flugzeug.

Vor der Zwischenlandung und dem Flugzeugwechsel in Dubai hatte ich Angst. Der Onkel hatte mir gesagt, hier könne ich mit Geld nichts erreichen. Die Passkontrollen waren sehr genau. Ich musste lange Auskunft geben. Wir hatten verabredet, dass nur ich reden würde. Mein Herz pochte schnell. Je länger das Gespräch dauerte, um so nervöser wurde ich. Ich hatte Angst, dass sie uns zurückschicken würden. Was sollte ich mit meinen beiden Geschwistern in diesem Fall bloss machen? Schliesslich liessen sie uns aber doch passieren. Ich glaubte aber erst an unsern Weiterflug, als in Dubai das Flugzeug Richtung Zürich startete.

Einerseits war ich erleichtert, dass wir in Dubai durchgekommen waren, andererseits wusste ich nicht, was uns in Zürich erwarten würde. Dort ging es aber gut. Sie kontrollierten die Pässe, befragten uns nach unserer Reise und unseren Absichten. Nach der Passkontrolle wurden wir abgeholt. Ein Mann nahm uns in seinem Auto mit zu sich in ein Haus. Dort warteten wir auf die anderen drei Geschwister. Nachdem diese gekommen waren, mussten wir die Pässe abgeben. Der Mann sagte, wir müssten zur Polizei gehen und um Asyl bitten. Ich wusste nicht, was Asyl ist und begann zu weinen, weil ich dachte, jetzt schicken sie uns alle zurück. Der Mann zeigte uns den Weg und verschwand. Wir gingen zu sechst zur Polizei. Dann begann die Befragung.

Aufgezeichnet von Peter Gautschi, 2003.

Ankommen und bleiben

Indische Software-Spezialisten in der Schweiz. Die indischen Software-Spezialisten sind zu einem Symbol geworden. Sie stehen für hoch qualifizierte Migrantinnen und Migranten, die in der Schweiz gesucht und willkommen sind.

Fernhalten, kontrollieren, abschieben, integrieren. Mit Bildern wird Stimmung gemacht – das ist im Bereich der Einwanderung besonders deutlich. Für die einen ist das ein Bild der Ordnung: Polizisten kontrollieren ausländische Jugendliche. Die Szene legt die Vermutung nahe, dass die Jugendlichen eine Straftat begangen haben. Die Polizei sorge für mehr Sicherheit. Für die andern ist das ein Bild der Schikane: Anstatt Ausländerinnen und Ausländer vor rassistischer Gewalt zu schützen, drangsaliere die Polizei sie durch häufige, aber ungerechtfertigte Kontrollen in der Öffentlichkeit. Sie trage damit zu der Vorstellung bei, dass Menschen mit einer anderen Hautfarbe krimineller seien als andere. Foto: Zürich, September 2002.

Schluss mit dem Emmer Roulette!

Zwölf unbescholtene Einwohnerinnen und Einwohner der Gemeinde Emmen haben jahrelang ihr Bestes gegeben, um sich in unsere schweizerdeutsche Gesellschaft zu integrieren. Sie haben keine Kosten und Mühen gescheut dazuzugehören. Und sie haben alle Voraussetzungen erfüllt. Die Einbürgerungskommission unter der Leitung der SVP hat begeistert von den Gesuchstellerinnen und Gesuchstellern berichtet und sich vehement für sie eingesetzt. Im Vorfeld der Abstimmung ist kein einziges konkretes Argument gegen eine der gesuchstellenden Personen auf den Tisch gekommen.

Und dennoch sind sie alle zwölf abgelehnt worden. Nicht würdig, Schweizerinnen und Schweizer zu sein. Nicht wegen ihrer selbst abgelehnt, sondern ausschliesslich, weil sie den unverzeihlichen Fehler «gemacht» haben, aus dem Balkan zu stammen.

Damit hat ein unmögliches Verfahren endgültig Schiffbruch erlitten. Einbürgerungsentscheide gehören nicht an die Urne! Der kleinste Windhauch genügt, und schon werden die Gesuche aus dem Balkan pauschal abgelehnt: Emmer Roulette! Unfair, teuer, schlecht für alle und schlicht eine Schande!

Grünes Bündnis Luzern, 4. Dezember 2001, auf seiner Homepage www.grueneluzern.ch.

Sache der Gemeinde

Der definitive Einbürgerungsentscheid muss Sache der entsprechenden Gemeinde bleiben. Zudem ist ein Einbürgerungsentscheid ein Entscheid des Volkes oder einer vom Volk eingesetzten Behörde und somit ein politischer Entscheid, dem weder Willkür noch Diskriminierung angelastet werden kann. Ein Beschwerderecht würde die direkte Demokratie aushebeln und [...] einem Rechtsanspruch auf Einbürgerung gleichkommen.

Ebenso ist ein Automatismus strikte abzulehnen, weil ein Ausländer selber entscheiden soll, ob er eingebürgert werden möchte. Er soll dafür ein Gesuch stellen und klare Anforderungen (unter anderem Sprache, Vertrautheit mit den schweizerischen Sitten, Lebensgewohnheiten und Gebräuchen) erfüllen. Man darf nicht vergessen, dass das Schweizer Bürgerrecht wegen der direkten Demokratie mit besonderen Rechten verbunden ist!

Die SVP befürwortet eine erleichterte Einbürgerung für die effektive Zweite Generation («in der Schweiz geboren und aufgewachsen») im folgenden Sinn: administrative Vereinfachung des Verfahrens, reduzierte Einbürgerungsgebühr und Beibehaltung der Doppelzählung der Aufenthaltsjahre zwischen dem 10. und 20. Lebensjahr für die verlangte Wohnsitzfrist von zwölf Jahren.

Nationalrat Hans Fehr, SVP, Eglisau, Kurzartikel/Leserbrief, 24. September 2002, Homepage www.hans-fehr.ch.

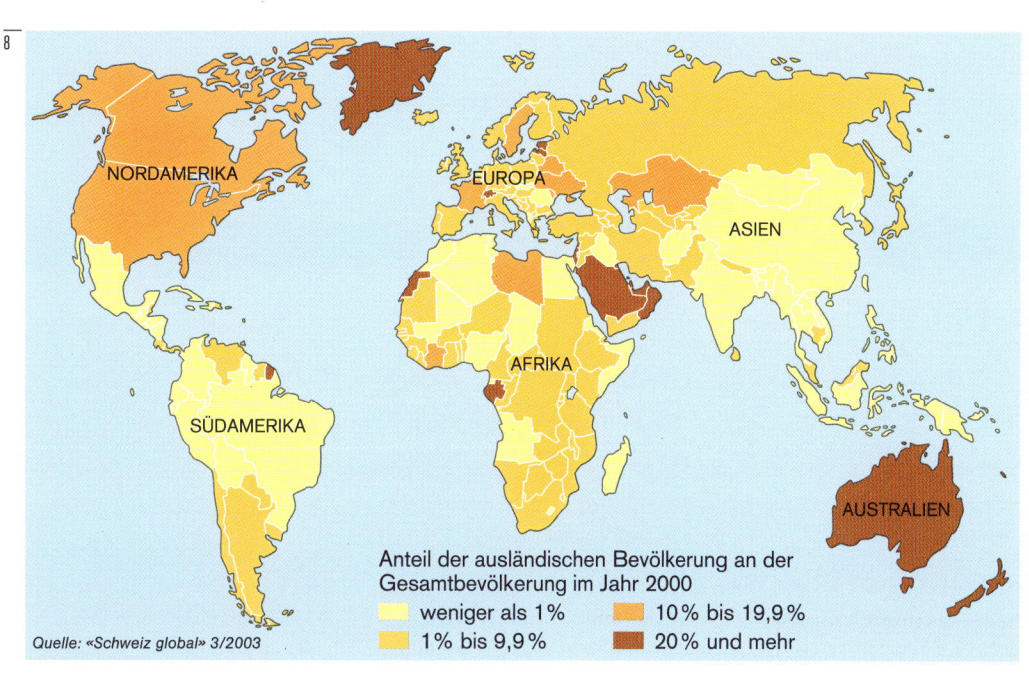

Ausländische Bevölkerung weltweit, 2000.

Anteil der ausländischen Bevölkerung an der Gesamtbevölkerung im Jahr 2000
- weniger als 1%
- 1% bis 9,9%
- 10% bis 19,9%
- 20% und mehr

Quelle: «Schweiz global» 3/2003

Die verschiedenen Bewilligungsarten (Auswahl)

Wer in der Schweiz wohnen und arbeiten möchte, braucht eine amtliche Bewilligung. Für Staatsangehörige der EU-Mitgliedländer gelten seit dem 1. Juni 2002 die Bestimmungen des Freizügigkeitsabkommens. Der darin geregelte «freie Personenverkehr» umfasst das Recht, in die Schweiz einzureisen und sich hier aufzuhalten. Für Staatsangehörige von Ländern ausserhalb der EU gilt das Bundesgesetz über Aufenthalt und Niederlassung der Ausländer.

B: Aufenthalter sind Ausländerinnen und Ausländer, die sich für einen bestimmten Zweck längerfristig mit oder ohne Erwerbstätigkeit in der Schweiz aufhalten. Für Angehörige der *EG und der *EFTA gilt die Aufenthaltsbewilligung für fünf Jahre, für Personen aus anderen Ländern für ein Jahr. Die Bewilligung wird in der Regel immer wieder erneuert.

C: Niedergelassene sind Ausländerinnen und Ausländer, denen nach einem Aufenthalt von fünf oder zehn Jahren in der Schweiz die Niederlassungsbewilligung erteilt worden ist. Das Aufenthaltsrecht ist unbeschränkt und darf nicht an Bedingungen geknüpft werden. Personen aus EG- und EFTA-Ländern sowie aus 15 weiteren Staaten wie USA und Kanada erhalten die Bewilligung nach fünf Jahren, Personen aus anderen Ländern nach zehn Jahren.

G: Grenzgänger sind Ausländerinnen oder Ausländer, die ihren Wohnsitz in der ausländischen Grenzzone haben und innerhalb der benachbarten Grenzzone der Schweiz erwerbstätig sind.

L: Kurzaufenthalter sind Ausländerinnen und Ausländer, die sich befristet, in der Regel für weniger als ein Jahr, für einen bestimmten Aufenthaltszweck mit oder ohne Erwerbstätigkeit in der Schweiz aufhalten.

F: Vorläufig Aufgenommene sind Personen, die aus der Schweiz weggewiesen wurden, wobei sich aber der Vollzug der Wegweisung als unzulässig (Verstoss gegen Völkerrecht), unzumutbar (konkrete Gefährdung des Ausländers) oder unmöglich (vollzugstechnische Gründe) erwiesen hat.

N: Asylsuchende sind Personen, die in der Schweiz ein Asylgesuch gestellt haben und im Asylverfahren stehen. Während des Asylverfahrens haben sie grundsätzlich ein Anwesenheitsrecht in der Schweiz. Unter bestimmten Umständen kann ihnen eine unselbstständige Erwerbstätigkeit erlaubt werden.

Eidg. Justiz- und Polizeidepartement, Bundesamt für Zuwanderung, Integration und Auswanderung, Stand Dezember 2004. www.auslaender.ch.

Statistik: Ausländerinnen und Ausländer in der Schweiz

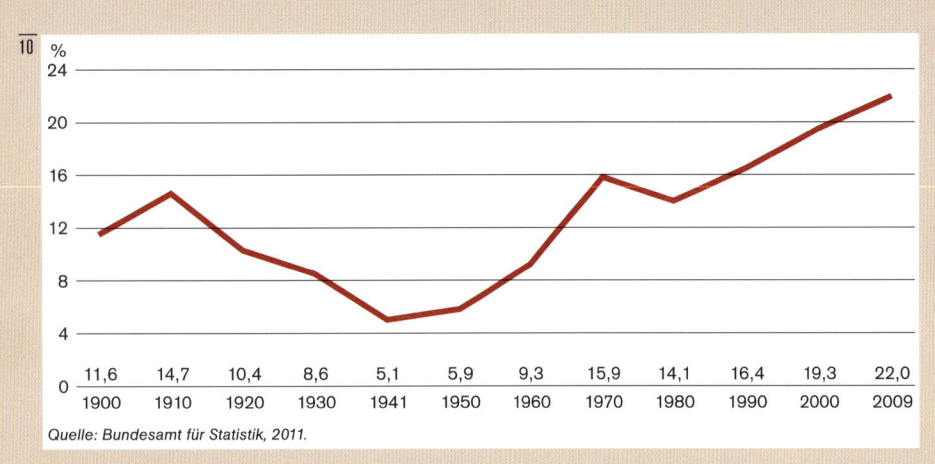

10

Jahr	1900	1910	1920	1930	1941	1950	1960	1970	1980	1990	2000	2009
%	11,6	14,7	10,4	8,6	5,1	5,9	9,3	15,9	14,1	16,4	19,3	22,0

Quelle: Bundesamt für Statistik, 2011.

Liniendiagramm: Ausländeranteil an der ständigen Wohnbevölkerung in der Schweiz, in Prozent.

Statistiken triffst du heute überall an. Sie tauchen im Fernsehen und in Tageszeitungen auf, in Schulbüchern und Zeitschriften. Eine Statistik ist eine Sammlung von Informationen in Form von Zahlen. Mit Statistiken können Zustände oder Veränderungen anschaulich und genau beschrieben werden.

Statistiken können auf verschiedene Art dargestellt werden. Sie können in einem Bericht beschrieben werden. Dann sind sie meist schwer zu verstehen. Werden die Zahlen in Tabellen zusammengestellt, kannst du gut Vergleiche anstellen. Häufig triffst du auch Schaubilder und Diagramme an. So nennt man zeichnerische Darstellungen von Zahlen. Diagramme haben den Vorteil, dass sie anschaulich sind.

Statistiken bergen aber auch Gefahren. Sowohl Tabellen als auch Diagramme täuschen eine *Objektivität vor, die es nicht gibt. Wie Texte oder Fotografien werden auch Statistiken mit Absicht oder aus einem bestimmten Interesse gemacht. Um eine bestimmte Meinung zu untermauern, werden Diagramme häufig übersteigert dargestellt. Am einfachsten geschieht dies, indem die Masseinheiten so gewählt werden, dass ein verstärkender oder abschwächender Eindruck entsteht. Auf diese Weise kann eine Kurve mit den gleichen Zahlen viel steiler oder viel flacher aussehen. Du musst Statistiken deshalb aufmerksam studieren und immer abklären, woher die Statistik stammt und wer dich allenfalls mit der Statistik beeinflussen möchte. Der englische Politiker Churchill soll einmal gesagt haben: «Ich glaube nur denjenigen Statistiken, die ich selber gefälscht habe.»

Anleitung

Tabellen und Diagramme sind nicht leicht zu entschlüsseln. Es lohnt sich, gezielt vorzugehen, damit du den Tabellen und Diagrammen viele Informationen entnehmen kannst. Dabei sind die folgenden sechs Schritte sinnvoll (eine mögliche Antwort ist jeweils angefügt):

1. Gib der Statistik einen eigenen Titel. Ordne sie mit dem Titel sowohl räumlich und zeitlich als auch thematisch ein.
Prozentualer Anteil der Ausländer und Ausländerinnen an der Gesamtbevölkerung im Verlauf des 20. Jahrhunderts in der Schweiz.
2. Finde heraus, wer die Zahlen zusammengestellt hat. Stelle Vermutungen an, welches Interesse dahinter stehen könnte.
Die Zahlen stammen vom Bundesamt für Migration. Sie stimmen vermutlich. Ich denke, sie dienen unter anderem dazu, die Öffentlichkeit zu informieren, Zusammenhänge aufzuzeigen und Planungsgrundlagen zu liefern.
3. Forme die Statistik um. Mache aus Diagrammen eine Tabelle, und entwickle aus Tabellen ein Diagramm. Durch diesen Umformungsprozess soll dir klar werden, welches die extremen Werte sind.
Im Jahr 1941 liegt der Ausländeranteil bei 5,1 Prozent, im Jahr 2000 bei 19,3 Prozent.
4. Beschreibe wichtige Zustände oder Veränderungen, die durch die Statistik veranschaulicht werden. Stelle Vermutungen an, wieso es dazu gekommen ist.
Von 1910 bis 1941 nahm der Anteil der ausländischen Wohnbevölkerung von 14,7 auf 5,1 Prozent ab. Ich vermute, dass es der Wirtschaft schlecht ging und dass deshalb wenig Ausländer und Ausländerinnen in die Schweiz kamen. Der prozentuale Ausländeranteil nahm ab 1980 stetig zu. Ich vermute, dass es der Wirtschaft gut ging und dass deshalb viele Ausländer und Ausländerinnen in die Schweiz kamen.
5. Frage dich, was du nach dem Studium der Statistik über die Vergangenheit wissen möchtest, und formuliere mögliche Antworten auf deine Fragen.
Stimmt es, dass der Ausländeranteil in der Schweiz vor allem von der wirtschaftlichen Situation in der Schweiz abhängt? Ich vermute schon, aber vielleicht gibt es auch andere Faktoren. Wieso nimmt der Anteil der ausländischen Wohnbevölke-

Methoden erlernen

11

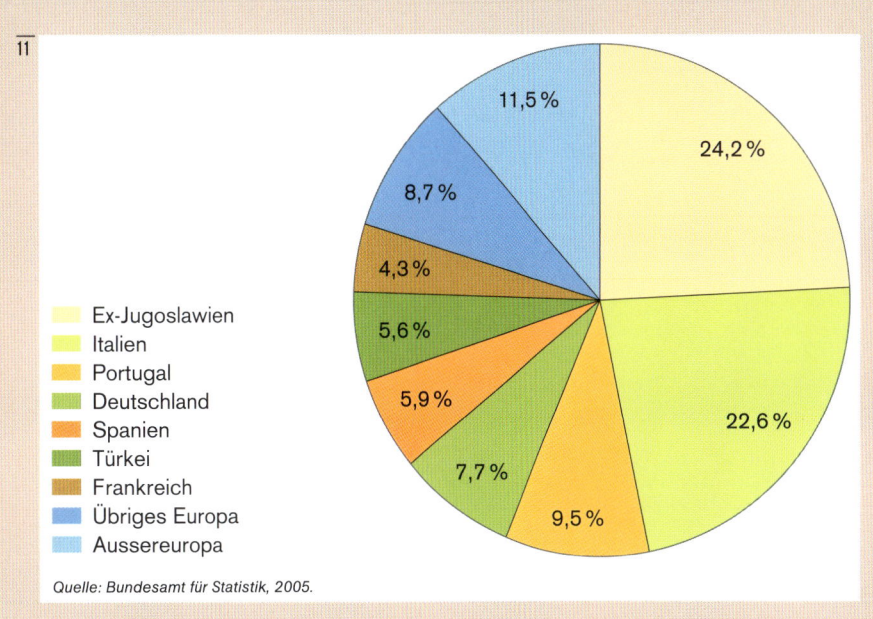

- Ex-Jugoslawien: 24,2 %
- Italien: 22,6 %
- Portugal: 9,5 %
- Deutschland: 7,7 %
- Spanien: 5,9 %
- Türkei: 5,6 %
- Frankreich: 4,3 %
- Übriges Europa: 8,7 %
- Aussereuropa: 11,5 %

Quelle: Bundesamt für Statistik, 2005.

Kreisdiagramm: Nationalität der ständigen ausländischen Wohnbevölkerung in der Schweiz, 2000.

rung zwischen 1970 und 1980 ab? Ich könnte mir vorstellen, dass es der Schweiz wirtschaftlich schlechter ging, aber vielleicht gab es da auch ein ausländerfeindliches Klima in der Schweiz.

6. Suche Unterlagen, die deine Vermutungen bestätigen oder widerlegen. Suche Material, um deine Fragen zu beantworten. Stelle deine Fragen jemandem, der sich beim Thema auskennt. Oder lies den Text «Grenzen überschreiten» (ab Seite 150).

Wende das beschriebene Vorgehen bei den folgenden Statistiken an.

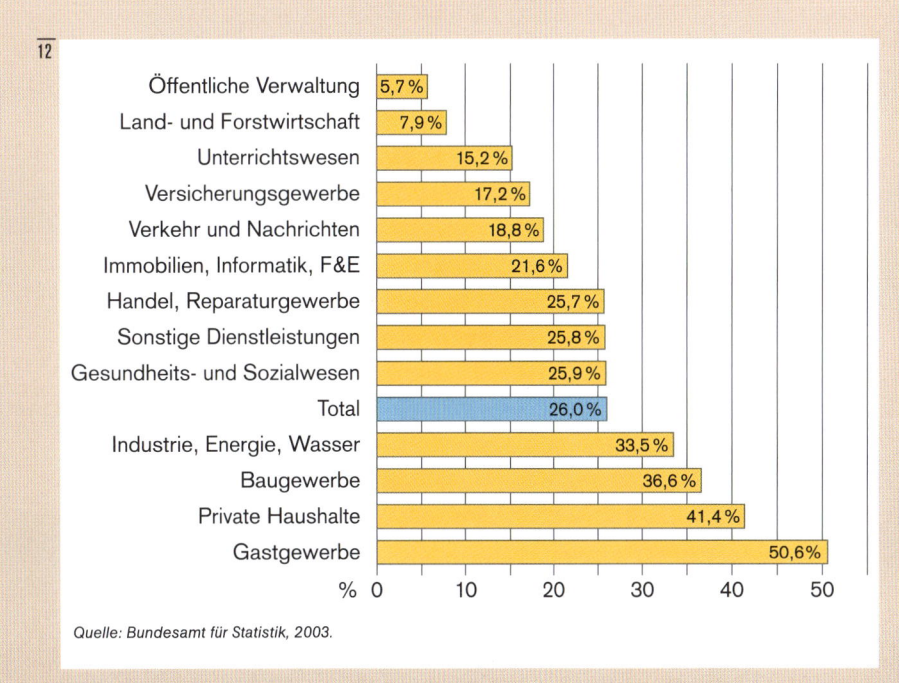

12

Branche	%
Öffentliche Verwaltung	5,7 %
Land- und Forstwirtschaft	7,9 %
Unterrichtswesen	15,2 %
Versicherungsgewerbe	17,2 %
Verkehr und Nachrichten	18,8 %
Immobilien, Informatik, F&E	21,6 %
Handel, Reparaturgewerbe	25,7 %
Sonstige Dienstleistungen	25,8 %
Gesundheits- und Sozialwesen	25,9 %
Total	26,0 %
Industrie, Energie, Wasser	33,5 %
Baugewerbe	36,6 %
Private Haushalte	41,4 %
Gastgewerbe	50,6 %

Quelle: Bundesamt für Statistik, 2003.

Balkendiagramm: Erwerbstätige Ausländerinnen und Ausländer in der Schweiz, in Prozent des Arbeitsvolumens, 2000.

13

	Total	Schweizer	Nord- und Westeuropäer (EU)	Südeuropäer (EU)	Nicht-EU-Ausländer
Führungskräfte	6,1 %	6,2 %	10,9 %	3,8 %	4,1 %
Akademische Berufe	16,0 %	16,9 %	32,5 %	6,5 %	7,4 %
Techniker und gleichrangige Berufe	19,9 %	21,6 %	22,8 %	11,8 %	10,7 %
Bürokräfte, kaufmännische Angestellte	13,7 %	14,6 %	8,5 %	11,9 %	9,9 %
Dienstleistungs- und Verkaufsberufe	13,7 %	12,7 %	8,8 %	16,7 %	23,3 %
Fachkräfte in der Landwirtschaft	4,4 %	5,3 %	2,2 %	1,1 %	0,5 %
Handwerks- und verwandte Berufe	15,1 %	13,6 %	8,1 %	26,9 %	22,3 %
Anlagen- und Maschinenbediener	5,0 %	4,0 %	3,0 %	9,7 %	10,2 %
Hilfsarbeitskräfte	5,5 %	4,4 %	2,7 %	11,4 %	11,1 %
Keine Angabe / Weiss nicht	0,6 %	0,7 %	0,5 %	0,2 %	0,5 %
Total	100 %	100 %	100 %	100 %	100 %

Tabelle: Erwerbstätige in der Schweiz nach ausgeübtem Beruf und Herkunft, in Prozent, 2002 (ständige Wohnbevölkerung).

Quelle: Bundesamt für Statistik, 2003.

Grenzen überschreiten

In der Hoffnung auf ein besseres Leben verlassen jedes Jahr weltweit Millionen Frauen, Kinder und Männer ihre Heimat. Neun von zehn wandern aus wirtschaftlichen Gründen aus. Sie alle überschreiten Grenzen: Landesgrenzen, Sprachgrenzen. Sie kommen an persönliche Grenzen und sind mit eigenen wie fremden Vorurteilen konfrontiert.

LERNZIELE

1. Du kennst den Unterschied zwischen Migration und Flucht.
2. Du weisst, dass die Migration eine grosse wirtschaftliche Bedeutung hat.
3. Du kannst definieren, wer ein Flüchtling ist.
4. Du hast einen Überblick über die Wanderungsgeschichte der Schweiz und weisst, dass sich die Schweiz von einem Auswanderungs- zu einem Einwanderungsland entwickelt hat.
5. Du kennst Gründe, die Menschen veranlassen, an einen anderen Ort zu ziehen.
6. Du hast dir Gedanken darüber gemacht, was Integration bedeutet und wen sie betrifft.

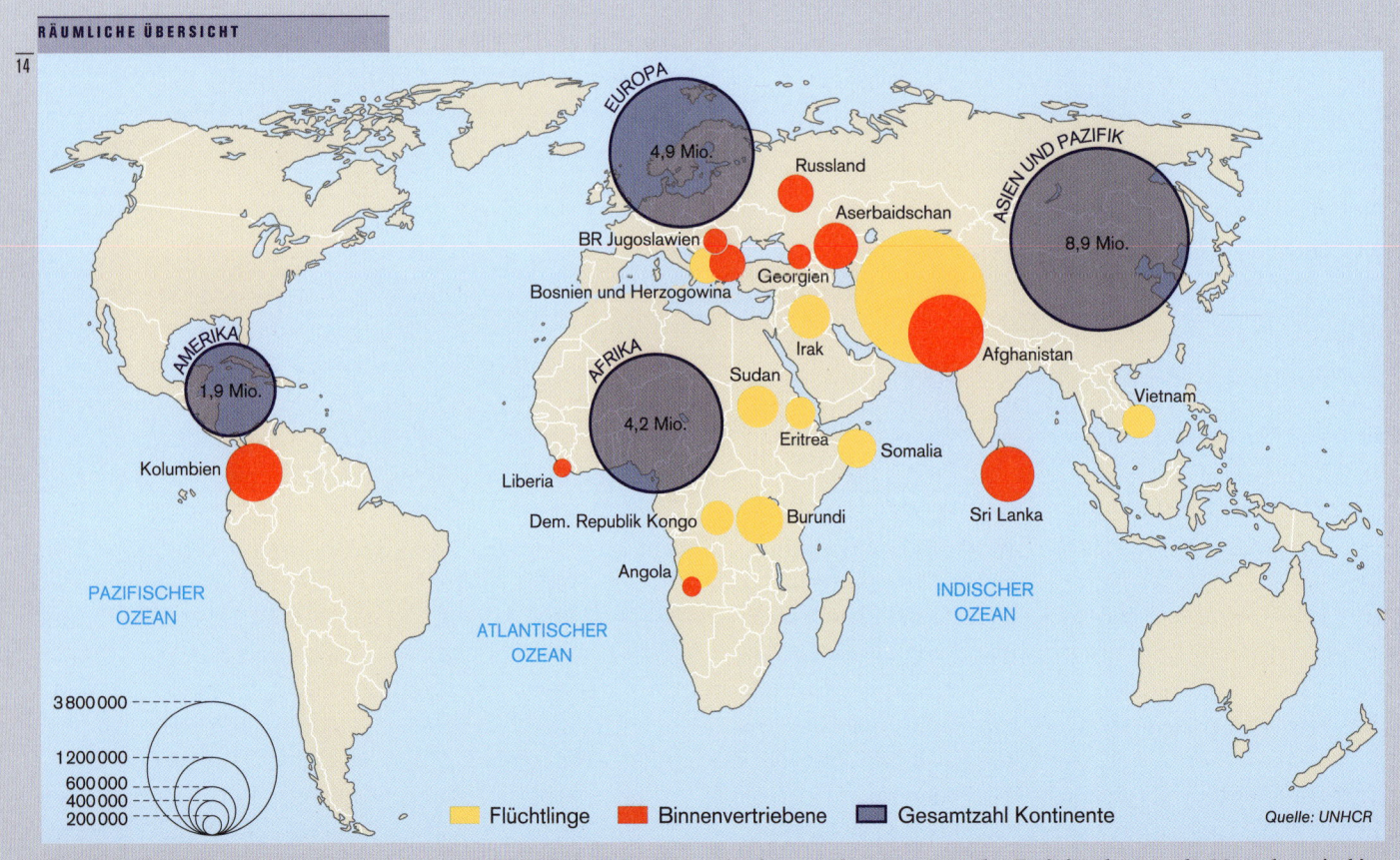

ZEITLICHE ÜBERSICHT

Um 1855	Grosse europäische Auswanderung in die USA
Ab 1870	Beginn der ersten italienischen Einwanderung in die Schweiz
Ab 1880	Einwanderung in die Schweiz erstmals höher als Auswanderung aus der Schweiz
1914–1945	Einwanderungsbeschränkung in die Schweiz
1948–1974	Zweite italienische Einwanderung
1955	Zustimmung der Schweiz zur Internationalen Konvention über das Flüchtlingswesen
1970	Schwarzenbach-Initiative
1979	Schweizer Asylgesetz

RÄUMLICHE ÜBERSICHT

Weltweite Flüchtlingsbewegungen, wie sie vom *UNHCR im Jahr 2001 registriert wurden. Je grösser der Kreis ist, desto mehr Menschen sind in diesem Gebiet als Flüchtlinge unterwegs.

Quelle: UNHCR

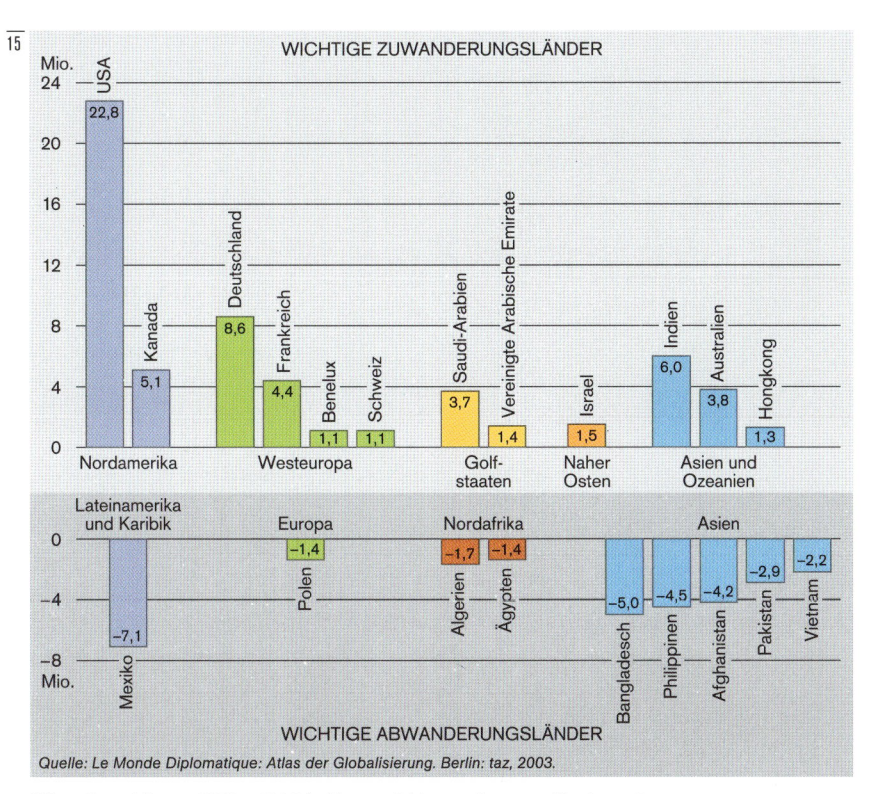

15 Migrationsbilanz 1950–1995 in Zu- und Abwanderungsländern. Der Anteil der Migrantinnen und Migranten an der Weltbevölkerung hat sich seit dem Zweiten Weltkrieg kaum verändert. Die Grafik zeigt, dass Länder in allen Teilen der Erde in der Zeit von 1950 bis 1995 Zielländer für Zuwanderinnen und Zuwanderer waren.

Quelle: Le Monde Diplomatique: Atlas der Globalisierung. Berlin: taz, 2003.

16 Ardian, 16 Jahre, Albanien und Schweiz

An meiner Schule nehmen die meisten nicht zur Kenntnis, dass ich Albaner bin. Ich sehe ja nicht wie ein Albaner aus; das wird mir jedenfalls immer wieder gesagt. Sie wissen zwar, dass ich Ausländer bin, sehen mich aber nicht als einen von «denen». [...] Ich habe Schüler erlebt, die Albanern gegenüber richtig Abneigung hatten, ohne je einen kennen gelernt zu haben. [...] Mache ich aber etwas nicht ganz korrekt, wie ich müsste, oder wenn ich mich falsch verhalte, verbinden sie das mit meiner Kultur. Sie beschimpfen mich dann als Albaner. Damit habe ich grosse Mühe. Das belastet mich und ich weiss nicht, wie ich damit umgehen soll. Aber ich habe keine Mühe zu sagen, wer ich bin und woher ich komme. Ich möchte dies nie verstecken.

Margrit R. Schmid: *Und dann wurde ich ausgeschafft.* SJW von @ bis Zett 3, Zürich: Schweizerisches Jugendschriftenwerk, 2001.

Menschen wandern

Das Wort Migration kommt aus dem Lateinischen und heisst Wanderung, die mit einem Wohnsitzwechsel verbunden ist. Wer einwandert, ist Immigrantin oder Immigrant. Wer auswandert, ist Emigrantin oder Emigrant. UNO-Organisationen zählten im Jahr 2000 rund 150 Millionen Menschen auf Wanderschaft. Migration ist eine weltweite Erscheinung.

Zwischen 1965 und 1990 stieg die Zahl der Menschen, die ihr Heimatland verliessen, weltweit von 76 Millionen auf 120 Millionen. Im Jahr 2000 schätzte die UNO die Zahl dieser grenzüberschreitenden Migrantinnen und Migranten auf 150 Millionen. Zwar hat die Zahl dieser Migrantinnen und Migranten weltweit zugenommen. Wenn man aber den prozentualen Anteil der wandernden Menschen an der Gesamtbevölkerung vergleicht, veränderte sich der Prozentsatz zwischen dem Zweiten Weltkrieg und dem Ende des 20. Jahrhunderts kaum. Es wanderten immer etwa zwei Prozent der Weltbevölkerung.

Für Migrantinnen und Migranten waren im 20. Jahrhundert die Einwanderungsländer USA, Kanada und Indien am attraktivsten, aber auch Europa und Australien waren als Ziele beliebt. Am meisten Menschen wanderten aus Mexiko, Bangladesch, den Philippinen und Afghanistan aus. Aber auch innerhalb Europas wanderten in der zweiten Hälfte des 20. Jahrhunderts viele Menschen.

Binnenwanderung

Migrantinnen und Migranten sind nicht automatisch auch Ausländerinnen oder Ausländer. Es gibt auch Wanderungsbewegungen innerhalb eines Landes. Dann spricht man von Binnenwanderung. Die meisten Migrantinnen und Migranten ziehen innerhalb des Landes, in dem sie wohnen, an einen andern Ort. Häufig ziehen sie in eine Stadt oder in ein grösseres Zentrum, in dem es Arbeit gibt. Migration gibt es auch in der Schweiz. Beispielsweise ziehen Leute aus dem ländlichen Wallis in die Städte Basel oder Zürich, um dort zu arbeiten. Doch ist die Binnenwanderung in der Schweiz nicht sehr bedeutend, weil die Unterschiede zwischen Land und Stadt nicht mehr so gross sind.

In Ländern des Südens ist die Binnenwanderung hingegen sehr häufig. Dafür gibt es unterschiedliche Gründe: Armut, Arbeitslosigkeit, zu wenig Einkommen aus der Landwirtschaft, ungleiche Landverteilung oder Umweltschäden. Menschen, die ihre Heimat verlassen, hoffen, in einer Stadt oder in einer anderen Region mehr zu verdienen und so ihren Lebensstandard zu verbessern. Seine Heimat zu verlassen bedeutet, von Verwandten, Freunden oder Orten Abschied zu nehmen. Migrantinnen und Migranten müssen sich in den

152   5. Grenzen überschreiten

Albanische Flüchtlinge kommen im Juli 1990 in Italien an. Albanien war seit 1944 ein kommunistisches Land. Als sich nach dem Ende der Sowjetunion auch die Grenzen Albaniens öffneten, flüchteten tausende Albanerinnen und Albaner ins Ausland. Viele flohen auf überfüllten Schiffen über das Meer in Richtung Italien. Die Männer auf dem Schiff jubelten, als sie sich der italienischen Küste näherten. Sie glaubten, ihre Flucht sei geglückt. Doch die Grenze öffnete sich nicht. Die italienischen Behörden schickten die meisten Flüchtlinge nach Albanien zurück.

Städten in einer anderen Kultur zurechtfinden. Die Land-Stadt-Wanderung ist eine der wichtigsten Formen der Binnenwanderung, vor allem in den Ländern des Südens.

Grenzüberschreitende Migration

Es gibt auch die Migration, bei der Menschen Landesgrenzen überschreiten. Menschen verlassen also nicht nur ihren Wohnort, sondern auch ihr Land. Es sind nicht immer nur arme und schlecht ausgebildete Frauen und Männer aus ländlichen Gebieten, die in ein anderes Land auswandern. Auch hoch qualifizierte Fachkräfte verlassen ihr Land. Bekannt sind beispielsweise indische Computerspezialistinnen und -spezialisten, die nach Europa oder in die USA ziehen. Die Wege, die Migrantinnen und Migranten zurücklegen, sind oft kompliziert. Vielleicht beginnt ihr Weg als Binnenwanderung, dann sehen sie eine Möglichkeit, in einem anderen Land zu arbeiten. Durch die Arbeit in einem anderen Land finden sie vielleicht sogar Arbeit in einem dritten Land und ziehen erneut weiter.

Migration findet auf allen Kontinenten statt, besonders auch in den asiatischen Ländern und in der Region der Golfstaaten. Beispielsweise wanderten in der zweiten Hälfte des 20. Jahrhunderts in Saudi-Arabien im Verhältnis zur Bevölkerungszahl gleich viele Menschen ein wie in Grossbritannien.

Förderung und Verhinderung von Migration

Migration wird zum Teil staatlich gefördert. In der Europäischen Union EU gilt beispielsweise der freie Personenverkehr, auch Personenfreizügigkeit genannt. Wer als EU-Bürgerin oder -Bürger eine entsprechende Arbeitsbewilligung hat, darf in allen Ländern der Europäischen Union leben.

Die europäischen Länder verschärften seit den 1970er Jahren ihre Einwanderungsbestimmungen. Damals verschlechterte sich in ganz Europa die Wirtschaftslage. Zahlreiche europäische Staaten versuchten, die Zahl der einreisenden Ausländerinnen und Ausländer zu beschränken. Man wollte für die eigenen Bürgerinnen und Bürger Arbeitsplätze garantieren. Das war aber nicht der einzige Grund für eine Beschränkung der Einwanderung. Anhängerinnen und Anhänger fremdenfeindlicher Bewegungen und Parteien forderten ihre Regierungen auf, die Zahl der Ausländerinnen und Ausländer zu verkleinern. Seit die Regierungen die Einwanderungsbestimmungen verschärft haben, gibt es immer wieder Menschen, die «illegal» einreisen. Illegal heisst, dass diese Menschen die notwendigen gesetzlichen Anforderungen für eine Einreise nicht erfüllen und dass sie deshalb kein Recht auf eine Einreise haben. Trotzdem kann der Grund, weshalb sie ihr Land verlassen haben, wichtig und nachvollziehbar sein.

Die meisten Migrantinnen und Migranten, die ihr Land verlassen, wollen nur einige Jahre wegbleiben und später

18 Die Rückkehr

Von dort kehrte ich mit einem Flugzeug der SAS nach Madrid zurück, von Madrid mit dem Schnellzug nach Norden. In der Hauptstadt rieten sie mir, da es seit über zwanzig Jahren einen Linienbus nach Molacegos gibt, nicht mehr notwendigerweise über Pozal de la Culebra zu fahren. Und kaum stand ich in Molacegos del Trigo, traf ich mit Aniano, dem Korsaren, zusammen und indem er mir die Sicht verdeckte, sagte er von oben herab: «Wohin geht der Student?» Und ich sagte: «Auf dem Rückweg. Zum Dorf.» Und er sagte mir: «Auf Zeit?» Und ich sagte zu ihm: «Ich weiss es nicht.» Und er sagte: «Pssst, 48 Jahre.»

Sobald ich den Weg eingeschlagen hatte, erfasste mich ein eigenartiges Zittern, weil der Weg mit Asphalt bedeckt war und ich zweifelte einen Moment, ob nicht alles dort im Dorf, wofür ich mich abgemüht hatte, mit dem Wind davongeweht worden sei. [...] Und wie ich um die Biegung kam, sah ich einen Mann mit der Hacke den südlichen Weg des Páramos von Lahoce hinaufkommen und alles strahlte die gleiche urtümliche Atmosphäre aus wie damals und ich sagte zu meinem Begleiter: «Könnte nicht jener, der dort hinaufsteigt, Hernando Hernando, der vom Wirtshaus sein?» Und er sagte zu mir: «Sein Neffe ist es; der Norberto.»

Und als wir im Dorf ankamen, erkannte ich, dass nur die Menschen gewechselt hatten und das Wichtigste geblieben war und wenn Ponciano das Kind von Ponciano war, und Tadeo der Sohn von Tadeo und Antonio der Neffe von Antonio; der Bach Moradillo floss weiterhin durch das gleiche Bett zwischen Schilf und Rohrkolben. [...] Alles war so da, wie ich es verlassen hatte, noch mit dem Staub des Dreschens an den Lehmmauern.

Miguel Delibes: *Viejas historias de Castilla la Vieja*. Barcelona: Áncora y Delfín, 1980. Übersetzt von Felix Boller.

wieder in ihre Heimat zurückkehren. Sie hoffen, dass die Verhältnisse in ihrer Heimat schon bald wieder besser sind. Vielleicht wechselt in ihrem Heimatland bald die Regierung und sie haben wieder mehr Freiheiten. Vielleicht gibt es dort bald Arbeit für alle.

Wirtschaftliche Bedeutung

Migration hat eine grosse wirtschaftliche Bedeutung. Denn Migrantinnen und Migranten überweisen einen grossen Teil ihrer Ersparnisse in ihre Herkunftsländer. Wirtschaftsexpertinnen und -experten schätzen, dass die Summe aller dieser Ersparnisse zu Beginn der 1990er Jahre jährlich etwa 70 Milliarden Dollar ausmachte. Für viele Länder des Südens sind die Löhne ihrer auswärts lebenden Bürgerinnen und Bürger die wichtigste Einnahmequelle für *Devisen. Die reichen *Länder des Nordens profitieren dafür von den billigen Arbeitskräften. Auch sind viele einwandernde Frauen und Männer bereit, Arbeiten zu verrichten, die Einheimische nicht übernehmen wollen. Migrantinnen und Migranten kommen nicht mit leeren Händen. Sie verfügen über Fachwissen, das dem Einwanderungsland zugute kommt. Einige berühmte Schweizer Firmen und Produkte gehen auf ausländische Gründer zurück. Es waren Einwanderer, die zum Beispiel Nestlé, Bally und auch einen grossen Teil der Uhrenfirmen gründeten.

AUFGABEN

1. *Wieso profitieren Länder des Nordens von Immigrantinnen und Immigranten?*
2. *Wieso profitieren Länder des Südens von Emigrantinnen und Emigranten?*
3. *Nenne für die Zeit von 1950 bis 1995 wichtige Zuwanderungs- und wichtige Abwanderungsländer.*
4. *Was bringt Menschen dazu, innerhalb der Schweiz den Wohnort zu wechseln?*
5. *Was würdest du Ardian empfehlen, wie er reagieren soll, wenn ihn jemand als Albaner beschimpft?*
6. *Wie würde sich die Aussage in der Übersichtskarte (Seite 150) verändern, wenn statt Kreisen Pfeile eingezeichnet wären?*
7. *Bring in Erfahrung, wie es heute ist, in Albanien zu leben. Würdest du bleiben? Unter welchen Bedingungen würdest du bleiben?*

20 Faustina, 15 Jahre, Angola

Faustinas Mutter verschwand mit ihren drei älteren Brüdern, als sie noch ganz klein war. Ihre Stiefmutter wurde umgebracht, «weil sie zu viel redete», und wo ihr Vater sich befindet, weiss sie nicht. Er wurde verdächtigt, ein Spion zu sein, und wollte deswegen mit Faustina Angola verlassen. Er konnte jedoch nicht ausreisen, weil er ein derart zerschlagenes Gesicht hatte, dass er der Person auf dem falschen Pass nicht ähnlich sah, und Faustina mit einem befreundeten Pastor in die Schweiz flog. Sie denkt jeden Tag an ihre Freunde und ihren Vater in Angola. [...] Vielleicht kann sie mit einer vorläufigen Aufnahme rechnen. Die Ungewissheit über ihre Zukunft belastet sie sehr.

Angela Allemann: *Sie brauchen unseren Schutz.* In: HEKS Handeln 280, 2/2003.

21 Warum Jugendliche fliehen

Im Jahr 2002 kamen 1673 unbegleitete minderjährige Asylsuchende in die Schweiz, das sind 6,4 Prozent aller Asylsuchenden. Fast alle der jungen Flüchtlinge sind zwischen 15 und 18 Jahre alt, knapp 90 Prozent sind männlich [...]. Die Gründe für die Flucht der jungen Menschen sind vielfältig: Bürgerkriegswirren, politischer Druck auf die Familie, Einzug in Kinderarmeen. In ihren Heimatländern herrschen Gewalt, Armut und *Repressionen, viele der Länder sind noch immer vermint. Wie bei den Erwachsenen hat auch ein grosser Teil der Minderjährigen ökonomische Gründe für die Flucht. [...] Mütter oder andere Angehörige haben sie weggeschickt, «damit jedenfalls sie es einmal besser haben».

Angela Allemann: *Sie brauchen unseren Schutz.* In: HEKS Handeln 280, 2/2003.

Wer ist ein Flüchtling?

Zu Beginn des 21. Jahrhunderts waren je nach Schätzungen 400 bis 600 Millionen Menschen als Migrantinnen und Migranten unterwegs. Davon waren im Jahr 2003 rund 20 Millionen vom UNHCR als Flüchtlinge registriert. Allerdings ist es schwierig, solche Zahlen zu erheben. Denn in den Fluchtländern führt darüber niemand eine Statistik.

Es gibt einen Unterschied zwischen einer Migrantin und einem Flüchtling. Wer sein Land verlässt, um anderswo Arbeit und ein besseres Leben zu suchen, kann in der Regel ohne Gefahr wieder in sein Land zurückkehren. Flüchtlinge hingegen sind vor Verfolgung, Gewalt, Krieg oder einer Umweltkatastrophe geflohen und können keinen Schutz von ihrer Regierung erwarten. So sind zwar alle Flüchtlinge Migrantinnen und Migranten, aber nicht alle Migrantinnen und Migranten sind Flüchtlinge.

Die Rolle der UNO

Im Jahr 1950 wurde das UNO-Hochkommissariat für Flüchtlinge mit Sitz in Genf gegründet. Die Grundlage aller Flüchtlingsbestimmungen ist die Genfer Flüchtlingskonvention, die im Jahr 1951 verabschiedet wurde. Diese Konvention gilt mittlerweile in vielen Ländern.

Gemäss diesem Abkommen gelten Frauen, Kinder und Männer als Flüchtlinge, die sich «aus wohlbegründeter Furcht» ausserhalb des Landes aufhalten, dessen Staatsbürgerinnen und Staatsbürger sie sind. Zu Flüchtlingen können alle werden, die fürchten müssen, «aufgrund ihrer Rasse, Religion, Nationalität, weil sie einer bestimmten gesellschaftlichen Gruppe angehören oder wegen ihrer politischen Ansichten» verfolgt zu werden. Sie fliehen, weil ihre Menschenrechte verletzt werden und sie sich aufgrund der Umstände nicht darauf verlassen können, dass ihr Staat sie beschützt. Flüchtlinge sind eine besondere Gruppe von Migrantinnen und Migranten. Weil sie besonders schutzbedürftig sind, haben sie ein Recht auf Asyl. Wer dieses Recht in Anspruch nehmen will, muss glaubhaft machen oder beweisen können, dass er die Eigenschaften hat, die einen Flüchtling kennzeichnen.

Die UNO-Hochkommissarin oder der UNO-Hochkommissar für Flüchtlinge setzt sich offiziell für den Schutz der Flüchtlinge ein. Zwischen dem Hochkommissariat und den Regierungen vieler Staaten gibt es aber immer wieder Mei-

Wissen erarbeiten 155

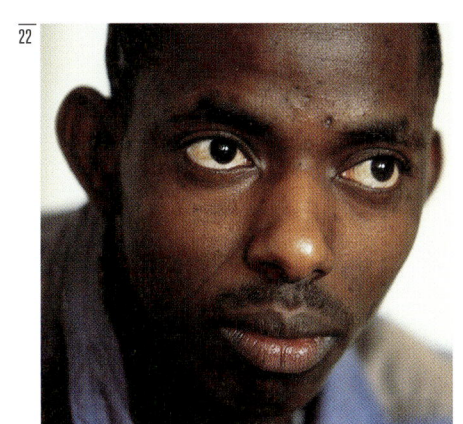

23 Mamadudjan, 16 Jahre, Guinea

Mamadudjan [...] bewohnt jetzt mit einem Kollegen aus Sierra Leone ein Zimmer in einem alten Hotel, das als Sozialwohnung umgerüstet wurde. Er hat [innert eines Jahres] Französisch lesen und schreiben gelernt, denn in seinem Dorf ging er nie zur Schule. Er lebte bei Bekannten seines Vaters, der bei kriegerischen Auseinandersetzungen ums Leben kam. Es ging ihm nicht gut. [...] Eine wohlmeinende Bekannte hat ihn in der Hafenstadt Conakry auf ein Schiff geschmuggelt. Im Kofferraum eines Autos kam er über die Grenze bei Chiasso. Sein Asylbegehren wurde abgelehnt. Ein *Rekurs könnte es ihm ermöglichen, bis zur Volljährigkeit in der Schweiz zu bleiben. Ihm ist das recht, denn er hat Heimweh. Bis dann möchte er so viel wie möglich lernen. Er könnte sich vorstellen, Maurer zu werden.

Angela Allemann: *Sie brauchen unseren Schutz.* In: HEKS Handeln 280, 2/2003.

24 Wer ist ein Flüchtling?

Artikel 3, Absatz 1: Flüchtlinge sind Personen, die in ihrem Heimatstaat oder im Land, in dem sie zuletzt wohnten, wegen ihrer Rasse, Religion, Nationalität, Zugehörigkeit zu einer bestimmten sozialen Gruppe oder wegen ihrer politischen Anschauungen ernsthaften Nachteilen ausgesetzt sind oder begründete Furcht haben, solchen Nachteilen ausgesetzt zu werden.

Artikel 3, Absatz 2: Als ernsthafte Nachteile gelten namentlich die Gefährdung des Leibes, des Lebens oder der Freiheit sowie Massnahmen, die einen unerträglichen psychischen Druck bewirken. Den frauenspezifischen Fluchtgründen ist Rechnung zu tragen.

Schweizer Asylgesetz von 1955.

---

nungsverschiedenheiten darüber, wer als Flüchtling gilt. Auch wird immer wieder diskutiert, welche Rechte und Pflichten ein Flüchtling hat und wie den Menschen, die auf der Flucht sind, am besten geholfen werden kann. Das Hochkommissariat versteht sich dabei als Anwalt der Flüchtlinge.

Flüchtlinge in der Schweiz

Auch in der Schweiz bestehen genaue Bestimmungen, wer als Flüchtling anerkannt wird und wer nicht. Die Bestimmungen beruhen auf der Genfer Flüchtlingskonvention. Die Schweiz hat sie 1955 in ihren nationalen Gesetzen umgesetzt.

Zu Beginn des 21. Jahrhunderts lebten in der Schweiz etwa 20 000 bis 30 000 Menschen, die sich selbst als Flüchtlinge bezeichneten. Das Bundesamt für Migration (BFM) entscheidet darüber, wer als Flüchtling aufgenommen werden kann. In Gesetzen und Verordnungen ist genau definiert, wer Flüchtling ist und wer nicht. Im Einzelfall ist die Abklärung aber nicht immer einfach. Die Angestellten des Bundesamtes befragen mit Hilfe von Dolmetscherinnen und Dolmetschern jeden einzelnen Flüchtling. Sie müssen die Lebensgeschichte, die der Flüchtling erzählt, überprüfen. Denn wer aus wirtschaftlichen Gründen in die Schweiz kommt, wird nicht als Flüchtling anerkannt und muss wieder ausreisen.

Über 90 Prozent aller Migrantinnen und Migranten, die unsere Grenzen überschreiten und sich als Flüchtlinge bezeichnen, sind gemäss Gesetz keine Flüchtlinge. Manche dürfen trotzdem für eine gewisse Zeit bleiben, bis sich die Situation in ihrem Herkunftsland wieder gebessert hat. Es ist nicht bekannt, wie viele von den abgewiesenen Flüchtlingen untertauchen und illegal in der Schweiz bleiben.

AUFGABEN

8 *Welche Menschen gelten gemäss internationalen Abkommen als Flüchtlinge?*

9 *Wer entscheidet in der Schweiz, ob jemand ein Flüchtling ist oder nicht?*

10 *Worin besteht der Unterschied zwischen Migrantinnen, Migranten und Flüchtlingen?*

11 *Wenn du aus einem afrikanischen Land fliehen müsstest, was würde dich dazu bewegen, in die Schweiz zu gehen, und was würde dich davon abhalten?*

Immigrantinnen und Immigranten in Castle Garden, ca. 1871. Sie bereiten sich auf ihre Weiterreise nach Westen vor. Castle Garden war von 1855 bis 1890 das Empfangszentrum für Immigrierende in New York. Im 19. und 20. Jahrhundert wanderten Millionen Menschen aus Europa nach Amerika aus. Zwischen 1881 und 1890 waren es allein aus der Schweiz über 90 000. Für viele war die Auswanderung ein Abenteuer, die meisten verliessen die Heimat aber aus blanker Not. Für alle war die Ankunft ein Neubeginn.

Die Schweiz: von der Auswanderung zur Einwanderung

Vor etwa 150 Jahren herrschte in der Schweiz wie in ganz Europa grosse Armut. Viele Menschen wanderten damals aus, die meisten in die USA. Sie bauten sich dort eine zweite Heimat auf, die von nun an zum Beispiel Lucerne oder New Bern hiess. Auf den Karten der USA finden sich unzählige europäische Orts- und Städtenamen. Bis zum Ende des 19. Jahrhunderts war die Schweiz ein Auswanderungsland.

Auswanderung

Europa war nicht immer ein Ziel für Einwanderinnen und Einwanderer. Im 19. Jahrhundert waren es Millionen von Europäerinnen und Europäern, darunter auch viele Schweizerinnen und Schweizer, die nach Amerika auswanderten. Sie verliessen ihre Dörfer und Städte aus demselben Grund, aus dem Menschen heute noch auswandern wollen: Sie waren arm und fanden keine Arbeit. Aus besonders armen Tessiner Gegenden wie zum Beispiel dem Malcantone oder dem Maggiatal, aus Urner, Walliser und Engadiner Bergdörfern wanderte manchmal fast die gesamte Bevölkerung aus. Die Schweiz war zwischen der Mitte des 16. und dem Ende des 19. Jahrhunderts ein Auswanderungsland.

Verschiedene Umstände bestärkten viele Auswanderungswillige in ihrem Vorhaben. Die Überfahrt auf den Auswandererschiffen wurde schneller und billiger. Ab den 1850er Jahren wurden in der Schweiz Auswanderungsagenturen eröffnet. Diese organisierten die Schiffspassagen, nahmen den Auswandernden die vielen Formalitäten ab und versprachen ihnen eine rosige Zukunft in Übersee. In Inseraten und Flugblättern und an Werbeveranstaltungen riefen sie zur Auswanderung auf. Briefe von bereits Ausgewanderten, die in der Heimat herumgereicht wurden, schilderten häufig nur die positiven Seiten des neuen Lebens.

Die Behörden reagierten unterschiedlich auf die Auswanderungen. Einige Kantone und Gemeinden verboten sie. Doch in den meisten Kantonen wurde die Auswanderung staatlich gefördert. Auf diese Weise versuchten Gemeinden und Kantone, ihre Armen loszuwerden, die sie nicht mehr unterstützen konnten oder wollten. Eine solche Politik betrieben auch andere europäische Staaten.

Die Auswanderung war anstrengend. Viele starben auf der Überfahrt auf dem Schiff oder auf dem Landweg in den Westen der USA. Wer sein Ziel erreichte, baute mit viel Energie ein neues Leben auf und hoffte auf Wohlstand. Unter den Siedlern befanden sich auch Abenteurer und Kriminelle, wie wir sie aus Wildwestfilmen kennen. Sie hofften, in der neuen Gesellschaft auf leichte Art zu Geld zu kommen. Der Westen der USA war gefährlich, auch wenn er vertraut aussah. Manche Gegend dort erinnert an die Schweiz.

Einwanderung vor dem Zweiten Weltkrieg

Um das Jahr 1880 wendete sich die Wanderungsbilanz. Erstmals wanderten mehr Menschen in die Schweiz ein als aus ihr aus. Der Grund dafür lag in der veränderten Wirtschaftslage. Seit 1848, der Gründung des Bundesstaates, galten in der Schweiz einheitliche Masse, Währungen und Gesetze. Das

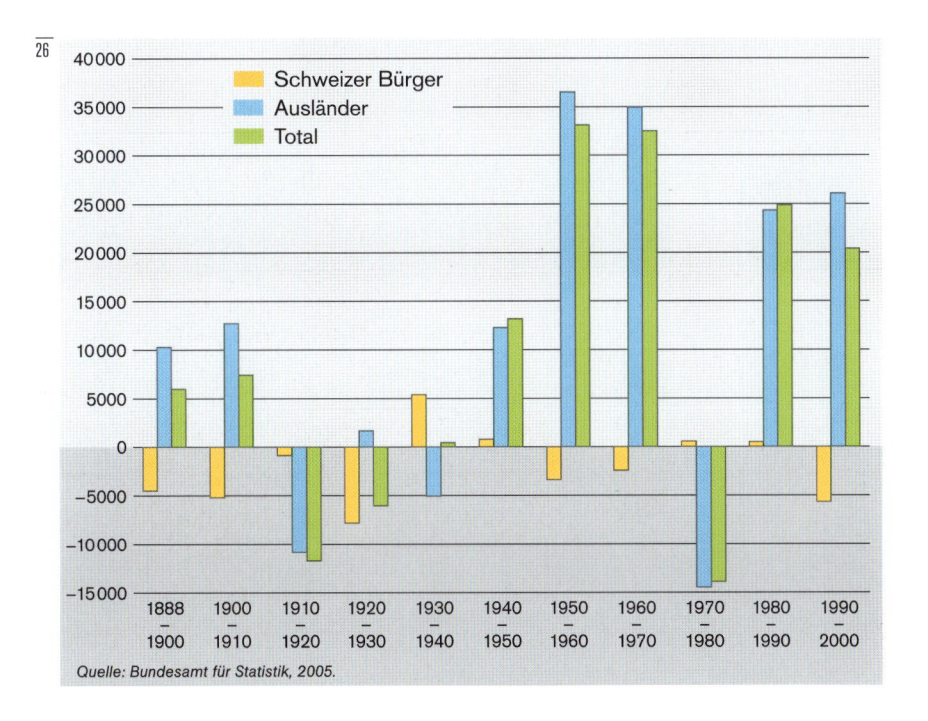

Wanderungsbilanz nach der Heimatzugehörigkeit der Gewanderten. Die Darstellung zeigt die Differenz zwischen eingewanderten und ausgewanderten Personen pro Jahr im Durchschnitt von zehn Jahren. Wanderten mehr Menschen ein als aus, ist der Wert positiv; wanderten mehr Menschen aus als ein, ist der Wert negativ. Zum Beispiel gab es in den Jahren 1930 bis 1940 bei den Ausländerinnen und Ausländern jedes Jahr einen Auswanderungsüberschuss von durchschnittlich knapp 5000. Bei den Schweizerinnen und Schweizern gab es in diesen Jahren jährlich einen Einwanderungsüberschuss von etwas mehr als 5000. Im Durchschnitt dieser Jahre war die Einwanderung in die Schweiz folglich etwas grösser als die Auswanderung. Dieser Einwanderungsüberschuss wurde, anders als 20 Jahre später, durch Schweizerinnen und Schweizer erzeugt.

erleichterte die Produktion von Waren. Anfang der 1870er Jahre endete eine längere Zeit kriegerischer Auseinandersetzungen in den angrenzenden Ländern. Die Schweizer Industrie konnte in der nun anbrechenden Friedenszeit die beiden wichtigsten Produkte, Textilien und Maschinen, fast unbeschränkt ausführen.

Der Wirtschaft ging es dadurch besser. Die Fabriken brauchten mehr Arbeitskräfte. Immer weniger Schweizerinnen und Schweizer suchten ein besseres Leben im Ausland. Die Mehrheit der Arbeiterinnen und Arbeiter in den neuen Industriezentren stammte nach wie vor aus den ländlichen Gebieten der Schweiz.

Mit dem Beginn des Eisenbahnbaus zogen viele Italiener in die Schweiz. Besonders für den Bau der Gotthardbahn zwischen 1872 und 1882 brauchte es viele Arbeitskräfte. Viele liessen sich entlang der Bahnlinien nieder. Ausländische Arbeitskräfte waren auch für den Strassen- und Häuserbau gefragt. Die schweizerische Regierung förderte die Einwanderung, um die Erschliessung der Schweiz mit verschiedenen Bauwerken (Eisenbahn, Strassen, Flussbegradigungen) voranzutreiben. Die Städte wuchsen sehr rasch.

Erst 1914 änderte sich die Situation wieder. Der Bund erliess Gesetze, die die Einwanderung stark einschränkten. Die Schweizer Behörden wollten nur eine bestimmte Menge von Arbeitskräften ins Land lassen. Während des Zweiten Weltkrieges war nur noch bestimmten Flüchtlingen das Überschreiten der Schweizer Grenze erlaubt. Jüdinnen und Juden zählten lange nicht dazu. Die Schweiz schloss sich nach aussen ab.

Einwanderung nach dem Zweiten Weltkrieg

Zwischen 1960 und 1970 stieg der Anteil der ausländischen Erwerbstätigen in der Schweiz von 10,8 auf rund 17,2 Prozent. Denn in der Schweiz herrschte bis 1974 Mangel an Arbeitskräften. Grund dafür war die Wirtschaftslage. Länder wie Italien oder Spanien handelten mit der Schweiz Abkommen aus, weil die Arbeitslosigkeit in diesen Ländern damals hoch war. Sie wollten ihren Bürgerinnen und Bürgern ermöglichen, im Ausland Geld zu verdienen. Die italienischen und spanischen Frauen und Männer übernahmen Arbeiten, die Schweizerinnen und Schweizer nicht attraktiv fanden. Die Arbeitgeber bezahlten den ausländischen Arbeitskräften weniger Lohn als den einheimischen und sparten dadurch Geld. Die ausländischen Arbeitnehmenden lebten in der Schweiz so bescheiden wie möglich. Denn sie wollten möglichst viel von ihrem Lohn der Familie nach Hause schicken.

Die ausländischen Arbeitnehmenden waren darum bei ihren Schweizer Kolleginnen und Kollegen oft unbeliebt. Gewerkschaften ärgerten sich darüber, dass wegen der ausländischen Konkurrenz die Löhne sanken. Nicht alle Immigrantinnen und Immigranten arbeiteten in der Fabrik oder auf dem Bau. Einige eröffneten eigene Geschäfte. Dadurch fühlten sich Schweizer Ladenbesitzerinnen und -besitzer konkurrenziert. Zur selben Zeit entdeckten Schweizerinnen und Schweizer Italien als Ferienland. Sie begannen Pizza, Pasta und die italienische Lebensart zu schätzen. 1970 stammten 54 Prozent aller Ausländerinnen und Ausländer in der Schweiz aus Italien. Das waren über 500 000 Menschen.

In den 1970er Jahren wohnten auch 220 000 Menschen aus dem spanischen Galicien in der Schweiz. Die Sommerferien

27 Ich war die Fremde

Ich lebte in Ungarn immer in der Hauptstadt, war Studentin, war mit Männern und Frauen befreundet und kam aus einem brodelnden, pulsierenden Leben in ein sehr stilles Dorf. Jesus Maria! Ich kann darüber nur Schlechtes sagen. Das war mein individuelles, soziales Problem. Ein zusätzliches Problem war auch, dass es keine Bibliothek gab, und ich hatte kein Geld. Ich hatte das Gefühl, verrückt zu werden. Das ganze Dorf beobachtete mich. Ich war die Fremde, die Verdächtige.

Katalin N., geboren 1946, aus Budapest (Ungarn), seit 1971 in der Schweiz, in: Heinz Nigg: *Da und fort. Leben in zwei Welten.* Zürich: Limmat, 1999.

verbrachten diese Menschen zu Hause in ihrem Heimatdorf und halfen den Eltern bei der Getreideernte und beim Heuen. In einem Dorf standen Autos mit Nummernschildern aus dem Kanton Schaffhausen, im nächsten Dorf solche aus dem Wallis. Die Migrantinnen und Migranten eines Dorfes wohnten auch in der Schweiz nahe beieinander. Jene, die als erste auswanderten, erzählten zu Hause von den guten Löhnen in der Schweiz. Es gab Dörfer, aus denen zog ein Drittel der Bevölkerung in die Schweiz, um dort zu arbeiten. Ab 1985 kehrten viele wieder nach Galicien zurück, denn die wirtschaftlichen Verhältnisse in Spanien hatten sich deutlich verbessert.

Bedeutung der Einwanderung

Ohne die ausländischen Arbeitskräfte wäre die Schweizer Wirtschaft zwischen 1950 und 1973 nicht so schnell gewachsen. Die Schweiz konnte profitieren. Was den Staat Geld kostet, nämlich die Schul- und Berufsbildung, hatten die Arbeitskräfte in ihrem Herkunftsland erhalten. Zudem waren es vor allem junge und gesunde Menschen, die in die Schweiz arbeiten kamen. Sie nahmen deshalb Einrichtungen wie Krankenhäuser oder Sozialleistungen kaum in Anspruch. Auch bezahlten sie Beiträge an die AHV, von deren Leistungen sie erst viel später profitieren konnten.

In den 1960er Jahren lockerten die Behörden die Regelungen zum Familiennachzug. Das bedeutete, dass vermehrt nicht berufstätige Frauen und Kinder in die Schweiz zogen und hier die Schulen und andere staatliche Einrichtungen nutzten.

AUFGABEN

12 *Wie reagierten die Schweizer Behörden Mitte des 19. Jahrhunderts, als viele Schweizerinnen und Schweizer auswandern wollten?*

13 *Wieso wurde die Schweiz Ende des 19. Jahrhunderts vom Auswanderungs- zum Einwanderungsland?*

14 *Erkläre in wenigen Sätzen das Verhältnis der Schweiz zu Ausländerinnen und Ausländern im 20. Jahrhundert.*

15 *Wie erklärst du die (in Abbildung 26 dargestellte) Tatsache, dass im Zeitraum von 1970 bis 1980 rund 15 000 Ausländerinnen und Ausländer mehr auswanderten als einwanderten?*

16 *Vergleiche das Bild von den Immigranten und Immigrantinnen in Castle Garden (Abbildung 25) mit dem Titelbild dieses Kapitels auf den Seiten 142 und 143. Was ist den beiden Situationen gemeinsam, was unterscheidet sie? Formuliere Vermutungen zu den Gedanken und Gefühlen der Menschen auf den beiden Bildern.*

17 *Wenn du auswandern würdest, wohin möchtest du gehen? Begründe deine Wahl.*

Interview mit Arben, der seit 11 Jahren in der Schweiz lebt

Arben: Bei uns Albanern ist vieles anders. Ich zum Beispiel bin der Jüngste. Der Jüngste bleibt für immer bei seiner Familie. Das gilt nur für den Jüngsten, nicht für das jüngste Mädchen. Es geht weg, wenn es heiratet. Wenn der Jüngste heiratet, kommt die Schwiegertochter ins Haus und lebt mit den Eltern. So ist es seit Urzeiten. [...] Gut, auch für die Mädchen ist vieles nicht einfach. Für sie gelten andere Regeln als für die Jungen. Meine kleine Schwester zum Beispiel darf nicht allein das Haus verlassen, nicht allein zur Schule, nicht allein einkaufen gehen, auch nicht mit Kolleginnen. [...]

Arben und seine Familie.

Margrit: Wie ist eure Familie in die Schweiz gekommen?
Arben: Mein Vater kam vor 23 Jahren als Saisonnier. Er hat längst Bewilligung C, spricht aber kaum Französisch. Meine Mutter versteht überhaupt kein Französisch. Damals war er bereits verheiratet. Im Sommer, meistens im August, kam er uns besuchen, [...]. Praktisch das ganze Jahr hatten wir ihn nicht gesehen! Dann kam er und brachte uns Geschenke und erzählte die schönsten Dinge über sein Leben in der Schweiz. [...]
Meine Eltern verstehen nicht, weshalb ich, als Jüngster, weggegangen bin. Wäre unsere Familie nicht in die Schweiz gekommen, hätte ich das nie gemacht. Ich hätte nie die Mentalität von hier angenommen. Ich habe in der Schweiz viele Freunde, Kosova-Albaner, die als Jüngste bei den Eltern leben müssen, die diesen Schritt, den ich gemacht habe, nie wagen würden.
Margrit: Viele Albaner arbeiten in der Schweiz und bauen mit dem verdienten Geld ein Haus in Kosova. Wie ist das bei dir?
Arben: Ich nicht. Da habe ich ganz andere Ideen. [...] Heute kann ich die Schweiz nicht verlassen, weil ich keine gültigen Papiere habe. Und ich bekomme keine neuen. Auf dem jugoslawischen Konsulat heisst es einfach, ich hätte kein Militär gemacht, ich müsse warten, bis ich neue Papiere bekomme. Ich habe versucht, mich in meinem Dorf einzubürgern. Ich lebe jetzt über zehn Jahre hier. Aber mein Gesuch wurde abgelehnt. Das hat mich erschüttert. Ich hatte es nicht erwartet und war sehr enttäuscht.

Margrit R. Schmid: *Und dann wurde ich ausgeschafft.* SJW von @ bis Zett 3, Zürich: Schweizerisches Jugendschriftenwerk, 2001.

Warum wandern Menschen?

Warum wandern Menschen? Es gibt meist mehrere Gründe, die einen Menschen dazu bringen, seine Heimat zu verlassen. Die Gründe lassen sich in zwei Gruppen einteilen. So gibt es Gründe, von einem Ort wegzugehen, und es gibt Gründe, an einen ganz bestimmten Ort zu ziehen. Aber immer sind Menschen unterwegs in der Hoffnung auf ein besseres Leben.

Vielfältige Gründe

Es gibt viele Gründe, die Menschen veranlassen, aus ihrer Heimat wegzuziehen: Armut, Übervölkerung, Naturkatastrophen, Arbeitslosigkeit, schlechte Berufsaussichten, Gewalt, Krieg, die Gründung neuer Staaten, aber auch Benachteiligungen aufgrund einer bestimmten Religion, des Geschlechts, der politischen Meinung, der Hautfarbe oder der *ethnischen Zugehörigkeit.

Es gibt aber auch Gründe, die Menschen dazu veranlassen, an einen ganz bestimmten Ort zu ziehen. Warum hat für manche ein Ort als Einwanderungsziel eine solche Anziehungskraft? Die Gründe können attraktive Arbeitsplätze, höhere Löhne, bessere Berufsaussichten, die Möglichkeit Land zu erwerben, Religionsfreiheit, politische und wirtschaftliche Sicherheit sein.

Wenn ein Krieg ausbricht oder wenn wegen einer Dürre eine Hungersnot herrscht, dann scheint es sehr einleuchtend, dass Menschen weggehen. Aber selbst in solchen extremen Situationen gibt es Menschen, die nicht aufbrechen und zu Hause bleiben. Anderseits gibt es auch heute noch Menschen, die aus der reichen Schweiz auswandern. Das zeigt, dass Armut nicht der einzige Grund ist, auszuwandern.

Studien zeigen, dass hauptsächlich Menschen auswandern, die einer mittleren sozialen Schicht angehören. Diese Menschen haben eine höhere Bildung und finden leicht Zugang zu wichtigen Informationen. Sie haben vielfältige Beziehungen zu Familienmitgliedern oder zu Freunden, die ihnen weiterhelfen können. Menschen aus der Mittelschicht verfügen auch über genügend Geld, um eine Reise in die nächste grössere Stadt oder in ein anderes Land überhaupt bezahlen zu können. Deshalb sind die ganz Armen oft gar nicht in der Lage, ihre Heimat zu verlassen.

31 Min Gong: chinesische Wanderarbeiter

Sie kommen aus den verarmten agrarischen Provinzen des chinesischen Hinterlands. Viele von ihnen sind vor fünf, zehn Jahren in die Städte aufgebrochen, in der Hoffnung, dort bessere Verdienstmöglichkeiten zu finden. Sie arbeiten auf Baustellen und in Fabriken, verdingen sich als Portiers oder Lastwagenfahrer, putzen Fenster oder suchen Schutthalden nach Verwertbarem ab. Die «min gong», wie die Wanderarbeiter genannt werden, stehen in China nicht in hohem Ansehen. Schätzungen zufolge sind heute 100 Millionen Menschen unterwegs. Guangzhou [Kanton], China, September 2000.

Andreas Seibert: *Ins Nirgendwo gebaut.* In: Daniel Schwartz (Hrsg.): *Geschichten von der Globalisierung.* Göttingen: Steidl, 2003.

Wirtschaftliche und politische Beziehungen zwischen zwei Staaten können auch eine Rolle dabei spielen, dass ein bestimmtes Land für Menschen attraktiv wird. Beispielsweise wandern Menschen aus ehemaligen Kolonien eher in Städte der ehemaligen Kolonialmacht. Oder Menschen aus einem kommunistischen Land gehen in ein anderes kommunistisches Land. Auch neu geschaffene Wirtschaftsräume, wie beispielsweise die Europäische Union, regen Menschen dazu an, in anderen Ländern ihr Glück zu versuchen.

Migration als persönliches Schicksal

Es gibt noch viele weitere Gründe, die jemanden dazu veranlassen, an einen anderen Ort zu ziehen. Auch sind einem Menschen, der wandert, vermutlich selbst nicht alle Gründe bewusst. Migration ist einerseits etwas ganz Persönliches. Andererseits betrifft sie manchmal die ganze Familie. Jemand aus der Familie geht weg, um die Angehörigen in der Heimat zu unterstützen. Jemand baut beispielsweise ein Geschäft auf oder absolviert fern der Heimat eine Ausbildung, die den übrigen Familienmitgliedern nützlich sein kann. Durch die Migration verändern sich auch die Familien. Oft lebt ein Teil der Familie bereits an einem neuen Ort, die übrigen Familienmitglieder folgen erst viel später. Für keines der Familienmitglieder ist eine solche Situation einfach.

Es ist auch nicht einfach zurückzukehren, wenn man lange Zeit an einem fremden Ort gelebt hat. Die meisten Migrantinnen und Migranten wollen wieder an den Ort zurück, von wo sie aufgebrochen sind. In der Zwischenzeit haben aber ihre Kinder die Schulen in einem anderen Land besucht und fühlen sich dort heimisch. Auch die Erwachsenen verändern sich durch ein Leben fern der Heimat. So können bei einer geplanten Rückkehr vielfältige Konflikte entstehen zwischen Mann und Frau, Eltern und Kindern, Verwandten und Freunden.

Migration von Frauen

Lange hat sich die Migrationsforschung nur mit Männern beschäftigt. Dabei stellte man schon früh fest, dass Frauen mehr wandern als Männer. Frauen folgten nicht einfach nur Männern oder wanderten vom Land in die Stadt. Oft zogen sie allein oder mit ihren Kindern dorthin, wo sie bessere Lebensbedingungen oder ein Auskommen fanden.

Schon immer gab es eine ganze Reihe von Berufen und Arbeiten, die vorwiegend von Frauen ausgeübt und ausgeführt wurden. Frauen waren beispielsweise als Dienstmägde oder Haushälterinnen in privaten Haushalten angestellt. Oder sie arbeiteten in Fabriken. Viele Frauen betrieben und betreiben heute noch Handel, entweder auf Märkten oder in Ladenlokalen. Allerdings sind die meisten Arbeitsmöglichkeiten, die Frauen mit geringer Ausbildung offen stehen, sehr schlecht bezahlt. Die Arbeitszeiten sind lang. Nur die wenigsten Migrantinnen sind gegen Krankheit und Unfall versichert.

33 Rückkehr nach Goražde, Bosnien-Herzegowina

Annähernd zwei Millionen Bosnier wurden während des Krieges vertrieben. Ein Teil suchte Schutz in Drittländern, die meisten wurden zu Binnenflüchtlingen. Städte waren Hochburgen des Widerstands, und viele Menschen aus den ländlichen Gebieten suchten hier Zuflucht. Sie kamen in verlassenen Wohnungen unter, deren Eigentümer entweder zur feindlichen Armee übergelaufen waren oder das Land verlassen hatten; als der Krieg endete, mussten die Wohnungen für die Rückkehrer geräumt werden. Infolgedessen gibt es heute viele Menschen, die in Zelten oder heruntergebrannten Häusern hausen. Diese *orthodoxe Familie aus der Umgebung von Goražde war glimpflich davongekommen. Als der Krieg ausbrach, schlossen sich die Männer der serbischen Armee an und beteiligten sich an der Belagerung Goraždes, die sich über vier Jahre hinzog und Tausende von Zivilisten das Leben kostete. Ihr Haus lag an der Front und brannte nieder, aber sie bauten es wieder auf. Jetzt zogen sie ein. Goražde, Bosnien-Herzegowina, April 2000.

Ziyo Gafic: *Nach dem Krieg.* In: Daniel Schwartz (Hrsg.): *Geschichten von der Globalisierung.* Göttingen: Steidl, 2003.

Und nur wenige Frauen sind Mitglied einer Gewerkschaft, die ihre Interessen vertritt. Erst seit kurzem machen Gewerkschaften und Hilfsorganisationen die Migrationsbedingungen für Frauen zum Thema. Gemeinsam mit engagierten Frauen versuchen sie, diese Bedingungen zu verbessern.

Migration als Wagnis

Nicht allen gelingt die Reise in eine bessere Zukunft. Hunderte Millionen Menschen leben heute am Rand von Grossstädten in *Slums. Vor allem in den Ländern des Südens leben viele Menschen ohne Hoffnung auf Arbeit, Unterkunft und Versorgung. Es gibt weltweit wahrscheinlich 400 bis 600 Millionen Migrantinnen und Migranten, die auf ihrer Wanderung gar nie eine Landesgrenze überschritten haben. Sie sind nur vom Land in die Stadt geflüchtet. Zum Teil geht es ihnen in der *Anonymität der Grossstadt schlechter als zuvor auf dem Land, wo sie bereits in schlechten Verhältnissen gelebt haben.

Wanderungen sind schliesslich auch nicht geradlinig und planbar. Manchmal entstehen aus einer anfänglichen Migration ganze Folgeketten von Wanderungen. Beispielsweise arbeitete der Grossvater aus Kroatien in den 1950er Jahren als Gastarbeiter in Deutschland. Sein Sohn fand eine Stelle in der Schweiz und sah dadurch eine Chance, seine Familie zu ernähren. Wegen der Gesetze, die in den 1970er und 1980er Jahren in der Schweiz galten, konnte er seine Familie nicht mitnehmen. Doch als der Bürgerkrieg im ehemaligen Jugoslawien ausbrach, durfte er seine Familie in die Schweiz holen. Seither lebt er mit seiner Frau und den drei Kindern in der Schweiz. Begonnen hatte es mit einer Arbeitswanderung und am Schluss stand die Flucht der Familie.

So sind sich Forscherinnen und Forscher einig: Fast immer sind es vielfältige Gründe, die Menschen zur Migration bewegen.

AUFGABEN

18 *Nenne sechs Gründe, warum Menschen aus ihrer Heimat auswandern.*
19 *Nenne fünf Gegebenheiten, die einen Ort als Einwanderungsziel attraktiv machen.*
20 *Begründe, wieso es vor allem Menschen der mittleren sozialen Schichten sind, die wegziehen.*
21 *Wieso ist Arben (Quelle 28, Seite 159) in die Schweiz gekommen?*
22 *Wieso planst du für deine Zukunft einen kürzeren oder längeren Aufenthalt (oder keinen Aufenthalt) ausserhalb der Schweiz?*

**Vom roten Feld zum weissen Kreuz!
Herzliche Aufnahme tschechischer Flüchtlinge in der Schweiz.**
Jean Leffel, im «Nebelspalter» 38/1968.

Ohne Titel.
Orlando Eisenmann, im «Nebelspalter» 36/1995.

Integration

«Der Fremde ist der, der heute kommt und morgen bleibt.» Dieser Satz stammt vom deutschen Gesellschaftswissenschaftler Georg Simmel, der Anfang des 20. Jahrhunderts lebte. Was bedeutet es zu «bleiben»? Was bedeutet es für diejenigen, die gekommen sind, und was für diejenigen, die schon da waren? In diesem Zusammenhang wird oft von Integration gesprochen. Integration heisst Eingliederung, Zusammenschluss, Verschmelzung. Das sind ganz unterschiedliche Bedeutungen. Und so werden auch verschiedene Möglichkeiten der Integration diskutiert.

Was ist Integration?

Wer in ein anderes Land einwandert, bringt zunächst einmal seine Sprache, seine Kultur, seine Wertvorstellungen, sein Wissen und Können mit. Vielleicht wird sie oder er für immer an diesem Ort bleiben, vielleicht aber auch nicht. Soll diese Person nun die Sprache des neuen Landes lernen? Soll sich die Person möglichst vollständig den Gepflogenheiten eines Landes anpassen? Darf sie ihre Familie mitbringen? Das sind Fragen, die mit dem Begriff Integration verknüpft werden. Aber was heisst eigentlich Integration und was bedeutet es, integriert zu sein?

Integration bedeutet, dass sich Migrantinnen und Migranten im neuen Land zurechtfinden. Ein wichtiger Teil der Integration ist auch, eine Arbeit zu haben. Migrantenkinder sind integriert, wenn sie in der Schule dem normalen Unterricht folgen können. Integration bedeutet auch, dass Migrantenfamilien ohne fremde Hilfe auf eine Amtsstelle gehen oder einen Vertrag lesen und unterschreiben können. Integration heisst auch, im neuen Land einen Freundeskreis zu haben. Integration bedeutet, eine Ausbildung absolvieren und Fürsorge- und Sozialleistungen beanspruchen zu können. Integriert sein heisst, aktiv am gesellschaftlichen Leben teilzunehmen.

Hilfe bei der Integration

Die Behörden helfen bei den ersten Schritten der Integration. Sie unterstützen Migrantinnen und Migranten bei der Arbeitssuche. Oder sie finanzieren Sprachkurse für Migrantinnen und Migranten mit mangelnden Sprachkenntnissen, damit diese leichter eine Arbeit finden können.

Auch verschiedene private Hilfsorganisationen helfen den Immigrantinnen und Immigranten bei der Integration. Diese Hilfsorganisationen erhalten Spendengelder von Privaten und Kirchen oder sie bekommen Geld vom Bund und von den Kantonen. Freiwillige, meist gut ausgebildete Helferinnen und Helfer kümmern sich um Menschen, die von sich aus

36 Fremd ist der Fremde nur in der Fremde

Liesl Karlstadt (LK): Wir haben in der letzten Unterrichtsstunde über die Kleidung der Menschen gesprochen, und zwar über das Hemd. Wer von euch kann mir einen Reim auf Hemd sagen?
Karl Valentin (KV): Auf Hemd reimt sich fremd!
LK: Gut – und wie heisst die Mehrzahl von fremd?
KV: Die Fremden.
LK: Jawohl, die Fremden. – Und aus was bestehen die Fremden?
KV: Aus «frem» und aus «den».
LK: Gut – und was ist ein Fremder?
KV: Fleisch, Gemüse, Obst, Mehlspeisen und so weiter.
LK: Nein, nein, nicht was er isst, will ich wissen, sondern wie er ist.
KV: Ja, ein Fremder ist nicht immer ein Fremder.
LK: Wieso?
KV: Fremd ist der Fremde nur in der Fremde.
LK: Das ist nicht unrichtig. – Und warum fühlt sich ein Fremder nur in der Fremde fremd?
KV: Weil jeder Fremde, der sich fremd fühlt, ein Fremder ist, und zwar so lange, bis er sich nicht mehr fremd fühlt, dann ist er kein Fremder mehr.

Karl Valentin, bayerischer Komiker (1882–1948): *Die Fremden.* 1939/1940.

37 Code-Switching

Über Fernsehen und Grossfamilie ist die seconda generazione mit ihrer Muttersprache verbunden. Mit ihrem italienisch-deutschen Mischmasch zeigt sie nicht Gedächtnislücken, sondern Abstand. Sie will sagen: O.k., wir sind keine Schweizer, aber Italiener sind wir auch nicht. Wir sind etwas anderes, etwas Drittes. Etwas zwischen Stuhl und Bank, wenn ihr so wollt. Ihre Sprache ist ihre Identität. [...] Code-Switching, das schnelle Wechseln von der Muttersprache in die Sprache des Gastlandes, wird auf der ganzen Welt betrieben, von den Puertoricanern in den Ghettos von New York bis zu den Chinesen in England. [...] Switchen kann ein vorübergehendes Ritual sein oder eine richtige neue Sprache. Man kann als Code-Switcher alt werden. Bewusstes und spielerisches Switchen bereichert die Kommunikation, meinen die Wissenschaftler. Problematisch wird es, wenn man in die andere Sprache wechselt, weil man ein Wort nicht mehr weiss.

Miklós Gimes: *Giovanni scho weiss.* In: Helena Kanyar (Hrsg.): *Die Schweiz und die Fremden 1798 – 1848 – 1998.* Begleitheft zur Ausstellung der Universitätsbibliothek Basel, 1998.

---

kaum in die Öffentlichkeit gehen würden. Hilfswerke führen Kurse für Männer und Frauen durch, in denen sie lernen, sicher aufzutreten, zum Beispiel an einem Elternabend oder vor den Steuerbehörden. Es gibt Organisationen, die sich gezielt an Frauen wenden, andere sind vor allem für Jugendliche da oder beschäftigen sich mit Themen wie Gewalt oder Rassismus.

Es geht aber nicht nur darum, die «Fremden» über die Schweiz zu informieren. Mit gezielter Information sollen auch Vorurteile gegenüber den «Fremden» abgebaut werden. Damit Integration gelingt, sind Anstrengungen von beiden Seiten nötig. Die Migrantinnen und Migranten bemühen sich um Integration. Die Gesellschaft, die die Migrantinnen und Migranten bei sich aufnimmt, bietet im Gegenzug Hilfen zur Integration.

Integration und gesellschaftlicher Wandel

Bis vor einigen Jahrzehnten erwarteten Behörden und Bevölkerung, dass sich Ausländerinnen und Ausländer «den Schweizern» anpassen. In der Zwischenzeit hat man erkannt, dass es «die Schweizerin» oder «den Schweizer» gar nicht gibt. Denn auch Schweizerinnen und Schweizer sind so verschieden wie es Ausländerinnen und Ausländer sind.

Mit der Zuwanderung von Menschen aus verschiedenen Ländern entsteht etwas Neues. Die Schweizer Verpflegungsgewohnheiten ändern sich durch das Angebot an indischem, thailändischem, türkischem, italienischem oder griechischem Essen. Migrantinnen und Migranten bringen Musik aus den Herkunftsländern mit. Auch die Sprache verändert sich. Jede neue Gruppe von Fremden beeinflusst die schweizerischen Verhaltensweisen und Lebensformen. Somit befindet sich «das Schweizerische» ständig im Wandel.

Integrationsleitbilder

Es ist ein Ziel vieler Politikerinnen und Politiker, dass die Ausländerinnen und Ausländer, die hier leben, integriert sind. Deshalb haben verschiedene Schweizer Städte Leitbilder zur Integration erarbeitet. Diese Leitbilder zeigen, in welche Richtung sich die Integration entwickeln sollte. Leitbilder fassen Ideen zusammen, sind aber keine verbindlichen Gesetze. Nehmen wir als Beispiel die Stadt Basel.

In der Stadt Basel lebten zu Beginn des 21. Jahrhunderts 160 000 Einwohnerinnen und Einwohner. Von ihnen hatten über 50 000 keinen Schweizer Pass. Diese Menschen lebten zum Teil schon lange in der Schweiz. Sie stammten aus 150 Ländern, viele aus den Nachbarländern Deutschland und Frankreich. Der Ausländeranteil an der Bevölkerung betrug durchschnittlich 27 Prozent. Es gab aber Quartiere, in denen fast die Hälfte der Bewohnerinnen und Bewohner ausländischer Herkunft waren. Darunter waren viele Familien

Bärennacht. In Basel starteten eine private Vereinigung, eine Versicherung und das Sportamt im Oktober 2000 die «Bärennacht». Interessierten Jugendlichen wird jede Woche eine Turnhalle zum Basketballspiel zur Verfügung gestellt. Die Migrationszeitung berichtete von diesem Anlass als gelungenem Versuch der Integration. «Zwischen 30 und 60 Jugendliche im Alter von 14 bis 18 Jahren treffen sich nun im Winterhalbjahr samstags von halb elf bis ein Uhr nachts bei fetziger Musik, vom DJ aufgelegt, zu locker geführten Matches.» Foto: 2003.

UNO-Menschenrechte

Artikel 1: Alle Menschen sind frei und gleich an Würde und Rechten geboren. Sie sind mit Vernunft und Wissen begabt und sollen einander im Geist der Brüderlichkeit begegnen.
Artikel 2: Jeder hat Anspruch auf die in dieser Erklärung verkündeten Rechte und Freiheiten ohne irgendeinen Unterschied, etwa nach Rasse, Hautfarbe, Geschlecht, Sprache, Religion, politischer oder sonstiger Überzeugung, nationaler oder sozialer Herkunft, Vermögen, Geburt oder sonstigem Stand. [...]
Artikel 3: Jeder hat das Recht auf Leben, Freiheit und Sicherheit der Person.
Artikel 9: Niemand darf willkürlich festgenommen, in Haft gehalten oder des Landes verwiesen werden.
Artikel 14: Jeder hat das Recht, in andern Ländern vor Verfolgung Asyl zu suchen und zu geniessen.
UNO-Resolution 217 A (III) vom 10. Dezember 1948.

---

mit Kindern. In vielen Basler Schulklassen stammten mehr als die Hälfte der Kinder aus dem Ausland.

Das Basler Integrationsleitbild ging von den Erfahrungen, Fähigkeiten und Kompetenzen aller Beteiligten aus. Integration sollte ein Anliegen sein, das die ganze Stadt verbindet, also Einheimische und Zugezogene. Ein wichtiger Punkt im Integrationsleitbild der Stadt Basel war die Förderung der Mehrsprachigkeit in den Schulen. Weiter sollte ausländischen Jugendlichen geholfen werden, eine Lehrstelle zu finden. Wichtig war auch die Weiterbildung von Erwachsenen. Das Integrationsleitbild sah schliesslich vor, die Bevölkerung immer wieder gezielt und sachbezogen zu informieren. Die Regierung setzte zudem einen Migrationsbeauftragten zusammen mit einem Team ein. Diese Mitarbeiterinnen und Mitarbeiter organisierten gemeinsam mit Leuten in den Quartieren Kampagnen und Feste. Sie gaben eine Zeitung heraus. Sie richteten Stellen ein, wo sich die Migrantinnen und Migranten bei besonderen Problemen informieren konnten. Und sie halfen bei der Lösung von Konflikten.

Grundlage für ein Leitbild wie dieses sind die Menschenrechte, die für alle Menschen der Welt gleichermassen gelten, aus welcher Kultur sie auch stammen.

AUFGABEN

23 *Wann sind Immigrantinnen und Immigranten in der Schweiz integriert? Nenne fünf Merkmale.*
24 *Woran erkennst du im Alltag, dass die Schweizer Kultur durch Immigrantinnen und Immigranten geprägt ist?*
25 *Welche Gewohnheiten – Essen, Wohnen, Kleidung, Feste usw. – würdest du im Ausland problemlos aufgeben können? Worauf möchtest du keinesfalls verzichten?*
26 *Was ist deiner Meinung nach «typisch schweizerisch»?*
27 *Welche Massnahme scheint dir die Wichtigste zu sein, damit Immigrantinnen und Immigranten in der Schweiz gut integriert werden?*

Wissen erarbeiten

Porträt eines Menschen

Portfolioauftrag

Im Verlauf der Geschichte gab es immer wieder Frauen, Männer, Jugendliche und Kinder, die Grenzen überschritten. Auch in deiner Umgebung gibt es solche Menschen. Einen dieser Menschen aus deiner Umgebung sollst du porträtieren. Es kann eine Frau, ein Mann, ein Jugendlicher oder ein Kind sein. Die von dir gewählte Person ist aus einem anderen Land in die Schweiz eingewandert oder aus der Schweiz in ein anderes Land ausgewandert. Diese Person hat also Grenzen überschritten.

Aufgabe

Du sollst für dein Portfolio einen Menschen porträtieren. Du findest in Zeitschriften, in Schulbüchern oder im Internet eine Reihe von Beispielen, an denen du dich orientieren kannst.

Deine Dokumentation umfasst jedenfalls die folgenden Teile:

- Vorstellen der Person: Nenne den Namen und die Lebensdaten (Geburtsdatum, Geburtsort, Beruf usw.) der gewählten Person. Frage die Person, ob du für dein Porträt ein Foto von ihr haben kannst.
- Erzählung oder Interview: In deiner Erzählung oder in dem von dir aufgezeichneten Interview wird deutlich, welche Grenzen die von dir porträtierte Person überschritten hat. Eine Karte oder Bilder können dabei die Reise veranschaulichen.
- Begründung: Ein wichtiger Teil der Dokumentation ist deine persönliche Begründung, weshalb du gerade diesen Menschen ausgewählt hast.

Achte auf eine klare Gliederung und gute Verständlichkeit deines Textes und überprüfe am Schluss noch einmal die Rechtschreibung. Wer deine Arbeit liest, erfährt das Wesentliche über die porträtierte Person.

Vorgehen

1. Suche in deiner Bekanntschaft oder in deiner Umgebung Menschen, die Grenzen überschritten haben. Überlege dir dann, wen du porträtieren möchtest.
2. Frage die Person an, ob sie bereit ist, sich porträtieren zu lassen. Das kannst du mit einem Brief oder aber, wenn du sie schon besser kennst, per Telefon tun. Erkläre der Person, um was es bei der Aufgabe geht.
3. Kläre die Rahmenbedingungen der Aufgabe: Welche Form soll dein Porträt haben? Wie viel Zeit kannst du für die Aufgabe aufwenden? Wird deine Arbeit benotet? Wann musst du dein Porträt abgeben?
4. Wenn du die Zusage der Person hast, musst du dich sorgfältig vorbereiten. Überlege dir, zu welchen Fragen du von der Person etwas erfahren und wie du das Gespräch gliedern möchtest.
5. Verabrede mit der Person einen Gesprächstermin und führe das Gespräch durch. Falls du Ton- oder Bildaufnahmen machen willst, musst du um Erlaubnis fragen.
6. Schreibe nun dein Porträt und illustriere es eventuell mit Bildern. Achte auf die Aufgabenstellung, damit du nicht wesentliche Teile vergisst.
7. Bevor du dein Porträt in deinem Portfolio ablegst oder in der Klasse öffentlich machst, schickst oder zeigst du es der porträtierten Person. Sicher hat sie auch Freude, wenn du ihr eine Kopie deiner Arbeit schenkst.

Hinweise

- Am besten triffst du dich mit dem Menschen, den du porträtieren willst, in einer Umgebung, die ihm vertraut ist, zum Beispiel bei ihm zu Hause. Dort hat er auch Fotos und andere wichtige Unterlagen zur Hand.
- Je sorgfältiger du die Befragung vorbereitest, desto erfolgreicher wird das Interview verlaufen. Einige Fragen wirst du Wort für Wort vorbereiten und exakt stellen. Es braucht aber auch so genannte offene Fragen, die den Befragten oder die Befragte zum Erzählen anregen, weil sie sich nicht mit einem Wort oder einer Zahl beantworten lassen. Die Kunst bei der Durchführung von Interviews besteht auch darin, gut zuzuhören.
- Vereinbare für die Durchführung des Interviews genügend Zeit, und bombardiere die zu porträtierende Person nicht von Anfang an mit deinen Fragen. Auch wenn du mit Tonband oder Videokamera arbeitest, musst du Notizen machen. Denn es können technische Probleme auftreten, und dann ist alles verloren. Bedenke aber, dass es äusserst zeitraubend ist, von einem Tonband ein schriftliches Protokoll herzustellen.
- Natürlich kann dieser Portfolioauftrag auch gut in Partnerarbeit gelöst werden.

Kavithas «Kavi» Jeyabalan

40 Sri Lanka und die von der tamilischen Befreiungsorganisation «*Tamil Tigers» beanspruchten Gebiete. 2002 nahmen Vertreter der beiden sich bekämpfenden Bevölkerungsgruppen, Singhalesen und Tamilen, Verhandlungen auf mit dem Ziel, nach 20 Jahren Bürgerkrieg einen dauerhaften Frieden zu schliessen. Das daraufhin 2002 ausgehandelte Waffenstillstandsabkommen ist seit Januar 2008 nicht mehr in Kraft.

41 Eine Integrationsgeschichte

Ich war nicht direkt durch den Bürgerkrieg bedroht, der zur Zeit meiner Flucht 1984 Sri Lanka erschütterte. Ich lebte in der Hochburg der Widerstandskämpfer Tamil Tigers in Jaffna. Seit Jahren kämpften sie für eine grössere Eigenständigkeit der Tamilen, der Volksgruppe, die vor allem im Osten und Norden der Insel Sri Lanka lebt. Ich war 19 Jahre alt und hatte Angst, auf die Strasse zu gehen. Es waren immer wieder Menschen erschossen worden. Ich bin sicher, dass ich, wenn ich geblieben wäre, von den Tamil Tigers zum Kämpfen gezwungen worden wäre.

Mein Bruder war aus Angst und Unsicherheit schon ein Jahr früher geflohen und lebte in Chur. Er ermunterte mich, auch nach Europa zu kommen. Er schickte mir sogar den Flugschein. In der Schweiz angekommen, stellte ich einen *Asylantrag, der nie endgültig entschieden wurde. Ich erhielt einen Ausweis für «Personen mit hängigem Asylverfahren».

Die Lage in Sri Lanka war so gefährlich, dass die Schweizer Behörden mich nicht zurückschicken konnten. Aber einen eindeutigen Asylgrund hatte ich auch nicht.

Ich lebte drei Monate in einem Heim für Asyl Suchende in Chur mit anderen Tamilen zusammen in einem grossen Raum mit 20 Betten. Ich war für den Anfang mit dieser Unterkunft durchaus zufrieden. Nach drei Monaten bekam ich die Bewilligung, eine Arbeit anzunehmen. Nur ein eigenes Geschäft eröffnen durfte ich nicht. Ich schaute mich in der weiteren Region um. Schliesslich fand ich bei einem Gespräch (auf Englisch natürlich, denn Deutsch konnte ich nur einige Worte) in einem Restaurant in Arosa einen aufgeschlossenen Kleinunternehmer mit einer Schreinerei. Da es auf den Winter zu ging, konnte er eine Hilfskraft gut brauchen. Ich solle für zwei Monate kommen, lud er mich ein. Aus den zwei Monaten wurden aber zehn Jahre. Als ich zu arbeiten begann, musste ich dann zuerst die drei Monate im Heim abzahlen, Kost und Logis.

Der Chef war mit meiner Arbeit zufrieden, und mir gefielen die Arbeit und der Betrieb. Ich hatte schon zu Hause als Schreiner gearbeitet, da mein Vater einen kleinen Betrieb hatte, natürlich ohne all die wertvollen Maschinen, die in der Schweiz in der Schreinerei benötigt werden. Ich arbeitete viel und lernte meinen Beruf und die Sprache.

Ich bin überzeugt, dass dies zwei absolut notwendige Voraussetzungen sind, um sich an einem neuen Ort zu integrieren. Mein Chef schickte mich sogar eine Zeit lang in die Gewerbeschule, ohne dass ich eine offizielle Lehre machte. Ich solle mir noch mehr theoretische Kenntnisse aneignen, meinte er. Damit lernte ich meinen Beruf, und es war auch eine Motivation, meine Deutschkenntnisse zu verbessern. Die Schule war eigentlich auch der einzige Ort, wo ich als dunkelhäutiger Ausländer schief angesehen wurde. Einige Lehr-

Thema ausweiten

Kavithas «Kavi» Jeyabalan an der Hobelmaschine in seiner Schreinerei in Peist, 2002.

linge beschimpften mich und riefen, Tamilen gehörten nicht in die Gewerbeschule.

Sonst habe ich mit Schweizerinnen und Schweizern fast nur gute Erfahrungen gemacht. Ich fand in Peist, etwas weiter unten im Tal als Arosa, ein sehr günstiges Zimmer bei einer Familie, zu der ich heute dazugehöre.

Es war eine wichtige Entscheidung für mein zukünftiges Leben. Im Dorf lernte ich Vreni, meine zukünftige Frau, kennen. 1990 heirateten wir und schon bald waren wir eine wachsende Familie. Heute haben wir fünf Kinder, die im kleinen Dorf Peist mit etwa 200 Einwohnern zufrieden aufwachsen.

Ich war von Anfang an gut integriert. Da meine «neue Familie» eifrig in der Trachtengruppe mitmachte, war ich bald auch Vereinsmitglied. Ich plauderte und diskutierte auch mit den anderen Dorfbewohnern bei Einladungen oder in der Dorfbeiz. Heute bin ich als Kavi im ganzen Schanfigg bekannt. Kavi ist eigentlich mein Vorname; aber alle nennen mich so, da wir ja auch alle du zueinander sagen.

1994 musste mein Arbeitgeber *Konkurs anmelden. Schon eine Weile hatte ich bemerkt, dass es an der Dorfstrasse einen alten Stall mit Scheune gab, der seit Jahren leer stand. Nach langer Überlegung und Diskussionen mit meiner Frau, entschloss ich mich, eine eigene Firma zu gründen. Da ich nach der Heirat Schweizer geworden war, gab es von der rechtlichen Seite her keine Probleme. Mit viel Mut und Risikofreude mietete ich die Scheune und begann mit einem Kollegen den alten Ramsch auszuräumen. Einige einfache Maschinen kaufte ich mir.

Meine neue «Schreinerei Kavi» lief von Anfang an überraschend gut. Ich kannte schon viele Leute im Tal, die sagten: «Kavi, könntest du meine Küche umbauen?» «Kavi, ich brauche eine neue Haustüre.» «Kavi, ich möchte das *Maiensäss meiner Eltern zu einem Ferienhaus ausbauen. Kannst du die Schreinerarbeiten machen?» So konnte ich schon bald einen Arbeiter anstellen. Heute arbeiten wir zu viert und brauchen immer wieder auch Aushilfen. Wir stellen Küchen aus Holz her, bauen Küchen um, erstellen Veranden, Holzanbauten, bauen alte Maiensässe um. Manchmal haben wir sogar Aufträge in Zürich, Basel oder Appenzell.

Ich bin aber auch auf meine Spezialität stolz. Wir sind einer der wenigen Betriebe in der Schweiz, die noch die guten, alten Holzschlitten ganz selber herstellen. Hier heissen sie Schanfigger; besser bekannt sind sie als Aroser Schlitten. Ich muss auf den Winter hin wieder 150 Stück herstellen, da einige bestellt sind.

Die Integration verlief, von mir aus gesehen, sehr rasch und ohne grosse Konflikte. Ich wurde in diesem kleinen Dorf gut akzeptiert und als gleichwertiger Bürger aufgenommen. Den Anfang machte sicher meine Arbeit in Arosa, die mich von den anderen Tamilen entfernte. Somit musste ich die Sprache lernen und neue Freunde suchen. Als ich dann nach Peist kam, hatte ich eine feste Arbeit und konnte schon recht gut den Schanfigger Dialekt sprechen. Ich bin mir im Klaren, dass meine Integration dank meinem Willen, mich in der Schweiz einzugliedern, gelungen ist.

In meinem Freundeskreis wurde ich sehr gut aufgenommen, aber es interessierte sich kaum jemand für meinen kulturellen Hintergrund. Ich bin hier einfach der Kavi, der Schreiner mit seiner grossen Familie und der Vreni als Frau. Dass Vreni im Dorf aufgewachsen ist, spielt sicher auch eine wichtige Rolle. Unsere Familie gehört einfach zu Peist. Ich habe kaum je Heimweh oder vermisse meine Kultur. Das kommt wahrscheinlich daher, dass ich mit meiner Firma und meiner grossen Familie schon so stark ausgelastet bin, dass ich gar keine Zeit mehr habe, daran zu denken.

Erzählung von Kavithas Jeyabalan, aufgezeichnet von Felix Boller, Juni 2002.

Sadiye aus der Osttürkei

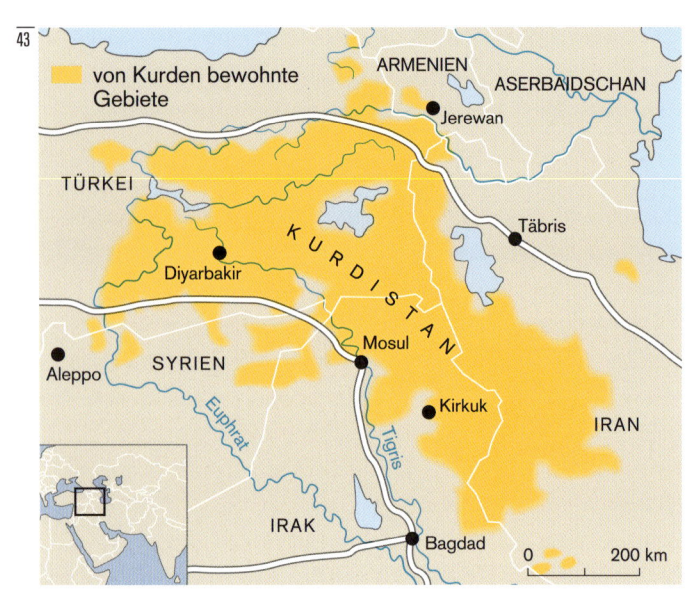

Wo liegt Kurdistan? Karten erscheinen den Betrachterinnen und Betrachtern oft als objektive Darstellung unbestrittener Tatsachen. Karten können aber sehr umstritten sein, so etwa wegen ihrer politischen Aussage. Ein Beispiel dafür ist diese Karte von Kurdistan. Hier ist ein Gebiet mit klaren Grenzen eingefärbt. Doch diese Grenzen sind nicht allgemein anerkannt. Kurdistan ist eine geografische Bezeichnung. Es umfasst ein Gebiet, auf dem Menschen leben, die eine gemeinsame Kultur verbindet. Diese Menschen nennen sich Kurdinnen beziehungsweise Kurden. Sie haben jedoch türkische, syrische, iranische oder irakische Pässe. Denn Kurdistan ist kein offizieller Staat. Ob es das sein könnte und wenn ja, wie dessen Grenzen verlaufen würden, ist politisch sehr umstritten. Die Kurdinnen und Kurden fordern zwar seit langer Zeit das Recht auf politische Selbstbestimmung. Aber in den Ländern, in denen sie wohnen, stiessen sie mit dieser Forderung auf Ablehnung.

Protokoll

Ganz vage kann ich mich noch an jenen Tag erinnern, als unsere Stadt plötzlich voller Militär war, überall Uniformen, Jeeps, Panzer. Ich selber realisierte damals nicht, wie einschneidend dieser Tag für unsere weitere Entwicklung sein sollte. Zwar erlaubte mir der Vater eine Zeit lang kaum mehr, draussen zu spielen. Später erfuhr ich, dass das Militär zwei Brüder meines Vaters, bei denen wir manchmal auf Besuch gewesen waren, festgenommen hatte. Auch mein Vater hatte Probleme. Genaueres weiss ich aber nicht.

In der Schule war ich gut; dank guter Leistungen wurde ich als 15-Jährige in das Gymnasium in unserer Stadt Tunceli (Osttürkei) aufgenommen. Ich war vor allem interessiert an den Sprachfächern; dank guter Kenntnisse in meinem Lieblingsfach Französisch war es mir möglich, Briefkontakte zu einem schon in den 1970er Jahren in die Schweiz ausgewanderten Onkel zu pflegen.

1994 wurde zu einem traurigen Jahr. Ich kann mich noch genau an den Tag erinnern, als ich von Motorenlärm und Gepolter jäh aus dem Schlaf gerissen wurde; es war noch dunkel, nicht einmal halb sechs. Vater wurde abgeführt. Ich konnte mich kaum noch von ihm verabschieden. «Macht euch keine Sorgen um mich, ich bin bestimmt bald zurück.» An diese zuversichtlich klingenden Worte kann ich mich noch ganz genau erinnern. Tage später gingen dann Mutter und Gün, mein älterer Bruder, zum Polizeiposten. Vater werde verdächtigt, so erzählten sie uns, die Guerilla zu unterstützen; jemand habe ihn angezeigt. Zwei Wochen haben sie ihn damals festgehalten, ich glaube, er wurde auch misshandelt.

Vielleicht wurde Vater wegen Emine, meiner Schwester, festgenommen. Sie hat sich der PKK, der damaligen kurdischen Untergrundorganisation, angeschlossen. Ich sah sie nur noch dreimal. Das erste Mal war ich erfreut, sie zu sehen, aber zugleich etwas enttäuscht, dass sie keine Uniform trug. Sie wolle für einen freien Staat Kurdistan kämpfen, sagte sie. Das zweite Mal hatten wir uns in einem Dorf verabredet, wohin ich ihr Verbandsmaterial und Medikamente bringen musste. Das letzte Mal wurde mir zum Verhängnis. Über Verwandte in der Schweiz hatte ich Emine ein Handy besorgt. Ich hatte das Gefühl, dass sie mehr an der Ware als an mir interessiert war.

Später zog ich zum Studieren nach Istanbul, wo ich bei einer Tante wohnte. Als ich eines Abends von der Uni nach Hause zurückkehrte, sagte mir meine Tante, die Polizei sei da gewesen und habe sich nach mir erkundigt.

Am nächsten Morgen kamen sie wieder, waren eigentlich ganz freundlich. Kaum waren wir im Polizeigebäude, war es aus mit der gespielten Freundlichkeit. Einer der Polizisten packte mich an den Haaren und zerrte mich in ein Zimmer. Dort drin stand nur ein Tisch, davor und dahinter je ein Stuhl. Ich setzte mich auf einen der Stühle und wartete. Stundenlang, wie mir damals schien. Nichts geschah. Plötzlich ging die Tür auf. Zwei Männer kamen rein. Einer in Uniform, der andere in Zivil. Mein Gegenüber hatte auffallende Augenbrauen, einen Schnurrbart, recht gepflegt. Er griff in seine Jackentasche und kramte etwas hervor, legte es auf den Tisch. Ich glaube, dass mein Herz fast still stand, als ich den Gegenstand sah. Er muss das bemerkt haben, hatte plötzlich einen triumphierenden Ausdruck.

Auf dem Tisch lag das Handy, das ich seinerzeit meiner Schwester gebracht hatte. Er sagte zu mir, er wisse genau, was für Tätigkeiten ich ausübe. Plötzlich kam noch einer herein, stellte weitere Fragen. Ich sagte nicht viel, bestritt, etwas mit dem Handy zu tun zu haben. Offenbar war eine Person festgenommen worden, welche dieses Gerät auf sich getragen hatte.

Auf jeden Fall hat dann der später erschienene Polizist angefangen, mir Ohrfeigen zu verpassen. Je weniger ich sagte, desto härter schlug er zu. Ich fiel zu Boden. Sie trugen mich dann raus und warfen mich in eine Zelle. Ich war alleine dort, blutete aus der Nase, schlief irgendeinmal ein. Tags darauf wurde ich wieder abgeholt, erneut verhört, immer wieder die gleichen Fragen. Ich verlangte nach einem Anwalt, erhielt dafür Schläge. Nach vier Tagen wurde ich provisorisch freigelassen. Ich habe noch vergessen zu erzählen, dass ich zuvor einem Richter vorgeführt worden bin.

Sie haben vor dem Staatssicherheitsgericht in Istanbul ein Strafverfahren gegen mich eingeleitet. Erst hier in der Schweiz habe ich erfahren, dass ich nach meiner Ausreise zu einer Gefängnisstrafe von drei Jahren und neun Monaten verurteilt wurde. Weil ich die PKK unterstützt habe.

Die Reise mit dem Schiff nach Griechenland und von dort in einem Lastwagen nach Italien war sehr beschwerlich, unterwegs war ich krank, fühlte mich miserabel. Aber jetzt bin ich da, ich bin froh darüber. Auch wenn ich mich manchmal nach meiner Heimat sehne ...

Sadiye ist nicht der wirkliche Name der Frau, die 2002 von Beamten des Bundesamtes für Flüchtlinge über ihre Fluchtgründe befragt wurde. Das Interview wurde anonymisiert und bearbeitet von Felix Boller.

45 Bewaffneter Kampf der PKK

Ab August 1984 begann eine marxistische Gruppe, die «Kurdische Arbeiterpartei» (Partiya Karkeren Kurdistan, PKK), unter ihrem Führer Abdullah Öcalan mit einem bewaffneten Kampf gegen den türkischen Staat, der terroristische Aktivitäten einschloss. Ziele der 1978 gegründeten Organisation waren die Abschaffung der *feudalen Verhältnisse in Kurdistan und die Gründung einer unabhängigen sozialistischen Kurdenrepublik mit der Hauptstadt Diyarbakir. [...]

Der Gewalttätigkeit der PKK begegneten die türkischen Sicherheitskräfte durch *eskalierende Übergriffe und zunehmend flächendeckende *Repressalien. Dies, die Ermordung Unbeteiligter, die Ausweisung von Personen aus der Region, die Räumung von Dörfern und die Zerstörung von Ortschaften, denen die Unterstützung der PKK nachgesagt wurde, führten mit den Jahren zu einer zunehmenden Identifizierung immer breiterer Teile der kurdischen Bevölkerung im Osten und Südosten des Landes mit den Kämpfern in den Bergen. [...]

Seit 1993 hatte Abdullah Öcalan den Kurs der PKK geändert. Sie vertrat nicht mehr die Errichtung eines unabhängigen kurdischen Staates als Lösung der Kurdenfrage in der Türkei. Vielmehr forderte Öcalan mit wachsendem Nachdruck demokratische Bedingungen, die es gestatteten, eine kurdische Identität im privaten und öffentlichen Leben der Türkei zum Ausdruck zu bringen. Dieses Bestreben einer Lösung der kurdischen Frage im Rahmen des türkischen Staates teilt die weit überwiegende Mehrheit der Kurden.

Udo Steinbach: *Gesellschaft zwischen Tradition und Moderne.* In «Informationen zur politischen Bildung», Heft 277: *Türkei,* 4. Quartal 2002.

Die kurdische Rechtsanwältin Eren Keskin. Eren Keskin ist Anwältin in Istanbul. Sie ist Mitbegründerin eines Frauenhilfeprojektes. Ihre Mandantinnen sind vor allem kurdischer Herkunft. Sie ist Stellvertreterin der Menschenrechtsvereinigung in der Türkei. Foto: Hamburg 2001.

47 Was ist die PKK?

Die PKK [...], welche 1978 von Abdullah Öcalan formiert wurde, ist die berüchtigtste Terrororganisation der Welt. [...]

Die PKK hat versucht, ihre ruchlosen Ziele durch Mord, Einschüchterung, Entführung und Zerstörung zu erreichen. Ihre Aktivitäten zielen auf normale Menschen, da sie versucht, die Bevölkerung Südostanatoliens zu unterjochen um sie dazu zu bringen, ihre üblen Taten zu unterstützen. Sinn und Zweck dieser Angriffe ist es, die Region unbewohnbar zu machen. Die PKK zerstört Schulen, setzt Wälder in Flammen, sprengt Eisenbahnverbindungen und Brücken in die Luft, vermint Strassen, steckt Baumaschinen in Brand und zerstört ärztliche Einrichtungen. [...]

Als Gegenmassnahme haben die zuständigen Behörden die Dorfbewohner in Selbstverteidigung geschult. Gleichzeitig wurden einige Bewohner in sicherere Gegenden umgesiedelt. Diese beiden Massnahmen zum Schutze der dortigen Bevölkerung wurden von der PKK und ihren Sympathisanten zum Schwerpunkt einer grossen Fehlinformationskampagne gemacht. [...]

Website der türkischen Botschaft in Berlin vom 14. Dezember 2004. www.tcberlinbe.de/de/aussenpolitik/terorrismus/ter03.htm.

Schweizergeschichten

Donghua Li – Schweizer Olympiasieger aus China

Die grosse Terrasse seiner Wohnung hoch über Luzern ist sein privater Sportplatz. Da trainiert er täglich seine eineinhalb Stunden: der erfolgreichste Schweizer Kunstturner aller Zeiten mit dem Vornamen Donghua: das heisst Blume aus dem Osten.

Mit sieben begann er zu turnen, mit elf gehörte er zum Kader der chinesischen Provinz Sichuan, die hundert Millionen Einwohner zählt, mit 16 war er ein Star. Er wurde nach Peking ins Nationalkader berufen. Und da wusste er: «Ich will Weltmeister werden, dafür werde ich trainieren und alle Hindernisse überspringen.» So erzählt er mit freundlich-leiser Stimme. Auf dem Schrank in seinem Büro stehen Pokale, und in der Vitrine sein erster, schon voll gestempelter Schweizer Pass.

Hindernisse standen zuhauf im Weg.

Eine erste Verletzung beim Pferdsprung. Sie erforderte eine schwere Operation: eine Niere wurde entfernt und die Milz. Es hiess: «Sie werden ein Leben lang im Büro arbeiten müssen.» Ärzte begleiteten sein Wiederaufbautraining mit sorgfältigen Messungen. «So etwas hat es im Spitzensport nie gegeben.» Nach sechs Monaten hat er seine frühere Leistung wieder erreicht.

Bis zum zweiten schweren Unfall: Riss beider Achillessehnen an der Hinterseite des Fussgelenks. Nicht etwa bei einer unsanften Landung, wie sich der Laie vorstellen mag. «Bei der Landung entstehen keine solchen Kräfte», sagt Donghua Li. «Beim Absprung geschahs.» Die Kraft des Absprungs zum Doppelsalto zerriss die Achillessehnen buchstäblich. Donghua Li machte erneut weiter. Er spezialisierte sich aufs Pferdpauschen, wo der Einsatz der Arme besonders gefragt ist. Woher er seine Energie nahm, ist für den Aussenstehenden ein Rätsel. Zumal er als Person – jedenfalls heute – keineswegs verbissen wirkt. Er lächelt bescheiden, seiner Leistungen bewusst. Donghua Li wurde chinesischer Meister.

Der letzte «Unfall» war die Liebe. In den Augen der chinesischen Sportfunktionäre. Denn die Frau, die er liebte, war eine Ausländerin. Die Geschichte ging durch die bunte Presse: Die Luzernerin hatte sich als Touristin in Peking verlaufen und zufällig Donghua nach dem Weg gefragt.

Er hatte sich in sie verliebt. Die Funktionäre stellten ihm ein *Ultimatum, in drei Tagen wollten sie Antwort. Er entschied sich für Esperanza – deren Name Hoffnung bedeutet – und musste das Nationalkader verlassen. Aus der Traum von einer sportlichen Karriere für China!

In China heirateten die beiden.

Doch Donghua Li wollte beides: die Liebe und den Weltmeistertitel. So bestiegen er und seine Frau 1989 in Peking den Zug und fuhren mit der Bahn durch die Mongolei und Russland und Osteuropa bis in die Schweiz, die nun sportlich wahrhaftig keine Weltmacht ist. Er erlebte die bare Provinz, als er trainieren wollte. «Im Sportzentrum des Bürgerturnvereins Luzern wurde das Pauschenpferd vor jedem Training aus dem Geräteschuppen geholt und musste nachher wieder abgeräumt werden. So etwas habe ich in China nie erlebt.» Für die Nachwuchsförderung im Spitzensport habe man dort alles getan; in der Schweiz werde zwar Hobbysport breit betrieben, die Elite aber wenig gefördert. Hier gab es für den Einwanderer Donghua Li weder Gratisbetreuung durch Sportärzte noch finanzielle Unterstützung. Er begann zu 50 Prozent in einer Garage zu arbeiten, Reifen wechseln, Autos waschen. Unsäglich für einen, der Weltmeister werden will und täglich bis acht, neun Stunden trainieren muss. «Spitzensport ist ein Beruf», sagt Li nur.

Schlimmer: Die Zeit verrann. Als Donghua Li in die Schweiz kam, war er 21-jährig. Es würden ihm nur noch drei, vier Jahre bleiben, nachher wäre er als Kunstturner zu alt für die Weltelite. Im Schweizerischen Turnverband aber herrschten Meinungsverschiedenheiten darüber, ob man diesen Ausländer ins Nationalkader aufnehmen sollte. So blieb er draussen. Und die politischen Behörden erlaubten keine beschleunigte Einbürgerung. Auch wenn ein chinesischer Meister kommt. Der hatte wie alle fünf Jahre zu warten, bis er als Ehemann einer Schweizerin den Antrag auf Einbürgerung stellen durfte.

Donghua Li gibt gerne zu, dass er manchmal ans Aufgeben gedacht hat.

Dann fand man einen Kompromiss. Donghua Li war so sensationell an Ringen, Pauschenpferd und in den Bodenübungen, dass er in der Nationalmannschaft in Magglingen mitturnen durfte, ohne ihr anzugehören. Und leider auch: ohne internationale Kämpfe bestreiten zu dürfen. Trainieren ohne Chance auf einen Start.

Es kam zu absurden Situationen, wenn etwa ans Kader neue Sportkleider ausgegeben wurden. Alle standen sie in einer Reihe. Wie bei der Bescherung an Sankt Nikolaus wurde

Donghua Li mit seinem Vater, in der Provinz Sichuan, China 1974.

Donghua Li am Pauschenpferd, bei den Olympischen Spielen in Atlanta, USA 1996.

jedem sein Trainingsanzug ausgehändigt. Der kleine Chinese am Schluss der Reihe ging stets leer aus. Keiner fragte, warum das so sei. Donghua Li sagt sanft: «Jeder schaute auf sich selbst.»

Die Situation belastete. Er hatte sich die unbekannte Schweiz als Heimat ausgewählt, doch vieles verstand er nicht. Li beklagt sich nicht, er berichtet nur. Was er erlebte, kleidet er in ein Bild. «Enten legen im Spätsommer ihr Federkleid vollständig ab und tun sich dann ein neues zu. So bin ich mir in den ersten fünf Jahren in diesem Land vorgekommen, wie eine solche federlose kleine Ente im kalten Wasser.»

Erst als er die ordentliche Wartefrist abgesessen hatte, erfolgte die Einbürgerung. Das war 1994. Endlich Mitglied in der Nationalmannschaft. Mit 26 Jahren. Endlich Teilnahme an internationalen Wettkämpfen. Der Sportler der insgesamt drei schwere Verletzungen überwunden hatte, den Wechsel von China in die Schweiz verkraftete und nach bisherigen Massstäben für die Weltelite zu alt war, explodierte förmlich. Schon drei Wochen später holte er an der WM in Australien eine Bronzemedaille. 40 Jahre lang hatten die Schweizer Kunstturner nie mehr eine Medaille erkämpft.

Ein Jahr darauf wurde er Weltmeister im Pferdpauschen. «Es war eine Sensation für die Schweiz», sagt er; nicht für Li: Er hatte diesen Titel ja angestrebt, sein halbes Leben lang. Mit einer Zielstrebigkeit sondergleichen.

Er pflückte alles Edelmetall, so hoch es hing. Wenige Monate danach: Europameister. Als Donghua Li das erzählt, merkt man erstmals an einem maliziösen Lächeln, dass es einen zweiten Donghua Li gibt, einen Menschen, der beobachtet, was da alles mit Menschen angestellt wird. Es gibt einen weniger bekannten Donghua Li, der die Gesellschaft und die Politik kritisch betrachtet und seine eigenen Schlussfolgerungen zieht. Der Sportler Li sagt nur: «Es ist ungewöhnlich, dass ein Asiate Europameister wird.» Noch ungewöhnlicher, dass ein Chinesischer Meister auch Schweizer Meister ist, und zudem Weltmeister und Olympiasieger, wie Donghua Li mit sichtlicher Freude aufzählt. «So etwas wird es nie mehr geben», sagt er. Und es ist nicht überheblich, denn er hat Recht.

Donghua Li krönte nämlich seine Karriere damit, dass er an der Olympiade von Atlanta die Goldmedaille holte. Für die Schweiz, die es ihm nicht leicht gemacht hatte. Li lächelt: «In allen Büchern zur Sportgeschichte wird es heissen: Kunstturnen 1996, Pferdpauschen: Goldmedaille, Donghua Li – Switzerland.»

Nun ist er Familienvater in Luzern. Er arbeitet als technischer Berater für die Kunstturn-Nationalmannschaft und widmet sich seiner Familie. Eben bringt er seiner Tochter Jasmin Chinesisch bei. «Meine Wurzeln sind in China», sagt er; mit dem Land, in dem er geboren wurde, bleibt er verbunden. Seine Autobiografie erzielt dort Verkaufserfolge. Das zeigt, Donghua Li hat noch etwas geschafft. Er hat den Traum vieler Chinesen verwirklicht, im Ausland Karriere zu machen. «Das ist wie der Traum der Schweizer Auswanderer im letzten Jahrhundert vom Glück in Amerika», erklärt Donghua Li.

Der Titel seines Buches lautet auf Deutsch übersetzt: «Die Grenzen durchbrechen».

Willi Wottreng: *Ein einzig Volk von Immigranten. Die Geschichte der Einwanderung in die Schweiz.* Zürich: Orell Füssli, 2000.

Kinder im Dunkeln

Die schöne Seite von Rio, wie sie von Postkarten und Reiseprospekten her bekannt ist: Flamengo, Botagoyo und der Zuckerhut, ca. 1996.

«**Mama**», rief ich

«Warte hier, ich bin gleich wieder da», sagte Mama.
«Versprochen, Mama?»
«Natürlich! Ich kaufe nur schnell ein Kilo Reis fürs Abendessen!»
Sie hatte gelogen. Sie kam nicht wieder. Ich blieb allein zurück.
Erst ging ich hinein in den Supermarkt. Rein und raus. Noch mal rein, wieder raus. Ich weinte, suchte meine Mutter. Sie blieb verschwunden. Lange lief ich durch die Strasse.
«Mama», rief ich. «Mama! Mama! Mama!» Mit der Einsamkeit wuchs die Angst. Erschöpft setzte ich mich auf den Platz. Die Welt um mich herum war gross wie die Einsamkeit. Alles erschreckte mich. [...]
Doca. Auf einmal stand sie da, wie ein Engel. Aus Schmerz und Einsamkeit tauchte ihr Lächeln auf, strahlte über ihr ganzes Gesicht. Ihre Augen waren voll Zuversicht. Mit ihrer Art, über einen zu lächeln, wuchs sie weit über ihre zehn Jahre hinaus. Sie war so gross wie das Lächeln und die Zuversicht in ihrem Gesicht. Ein Gesicht, schwarz wie die Nacht. Schwarz und nass. «Dummes Kind», sagte sie in ihrer erwachsenen Art, «was machst du denn da im Regen? Komm mit!»
Sie zog mich unter eine Brücke. Dort gab es ein Haus. Oder jedenfalls so etwas Ähnliches wie ein Haus. Ein Haufen Holz und Pappe, irgendwie zusammengebaut, ein Unterschlupf, um sich vor dem Regen und den feindseligen Blicken der Leute zu verstecken.
Andere Gesichter tauchten aus der Dunkelheit auf. Ich wurde hineingenommen. Bekam etwas Warmes aus einer Dose zu trinken.
Mädchen. Lauter Mädchen. Verschiedene Mädchen. Doca ist nicht die Grösste von ihnen.

Unser Leben dreht sich um Doca. Sie macht etwas, wir machen es nach. Sie sagt etwas, und keine getraut sich zu widersprechen. Sie weiss es besser, sie hat mehr Erfahrung im Leiden. Sie ist auch die Stärkste von uns allen und hat eine kräftige Hand. Ich habe sie zwei- oder dreimal zu spüren bekommen. Santinha noch öfter. Alle bekamen sie schon zu spüren. Es gehört offenbar zur Lehrzeit. [...]
Doca entscheidet alles. Sie ist es, die mit den Altpapierhändlern verhandelt oder mit den Schrotthändlern. Sie sagt, wo wir hingehen und wo nicht – sie weiss, wo die Polizei mit ihren Pferden ist und wo das Schlechte in den Herzen der Menschen. Auf ihrem Kindergesicht ist ein uralter Schmerz eingegraben. Dabei ist sie erst zehn.
Das Haus besteht aus Pappe, aus Holz, aus allem möglichen Brauchbaren, das gerade zur Hand ist. Wir schlafen auf dem Fussboden, auf Zeitungspapier. [...]
Wir legen uns schlafen, sieben Mädchen und ich. Batata (ein Spitzname, er bedeutet «Kartoffel») hustet, hustet, hustet. Batata ist sehr schwach. Es geht ihr nicht gut.
Sie sammeln Altpapier. Suchen leere Flaschen zusammen. Stehlen da und dort – nichts Grosses, nichts, was jemand bemerkt oder vermisst. Routine. Wie lange noch? Das ist Doca egal. Wem ist es nicht egal?
Doca kennt sich aus. Alle wissen, dass sie den Überblick hat. Sogar Pegador, ein Junge, behandelt sie mit Respekt.
In Docas Schatten herrscht Friede, tiefer Friede. In ihrem Schatten fühle ich mich sicher, da erreichen mich weder böse Dinge noch Menschen – was manchmal dasselbe ist.
Wenn Doca es zuliesse, würde ich sie Mama nennen.
Ich kann meine Mutter einfach nicht begreifen. Auch wenn sie von Armut, Hunger und vom fehlenden Dach über dem Kopf gesprochen hat – es ist so schwer zu verstehen, warum sie mich im Stich gelassen hat. [...]
Ich bin von Doca weggegangen und habe versucht, meine Mutter zu finden. Ich bin gelaufen, gelaufen, den ganzen Tag, und mit der U-Bahn bis ans Ende der Strecke gefahren,

Thema ausweiten

Die arme Seite von Rio, die viele am liebsten verschweigen würden: unzureichende Behausungen und soziale Not in den Favelas, 1985.

weit weg von Doca und den anderen. U-Bahn fahren ist schön, alles ist so sauber da drinnen.

Meine Mutter habe ich nicht gefunden.

_{Júlio Emílio Braz: *Kinder im Dunkeln*. Zürich: Nagel & Kimche, 1996. In seinem Nachwort schreibt Júlio Emílio Braz, worum es in seinem Buch «Kinder im Dunkeln» geht: «Es erzählt von Not und Alltag. Es hält sich streng an die Tatsachen, die ich weder beschönigt noch mit Fantasiegeschichten überspielt habe. Erfunden ist nichts in diesen Seiten. Ich habe versucht, die Wahrheit zu sagen, die ich kenne, die Ungerechtigkeiten zu benennen, die ich bezeugen kann, und von den Schmerzen zu erzählen, von denen man mir berichtet hat. Die Darstellerinnen und Darsteller, die im Buch vorkommen, sind in jeder grossen Stadt Brasiliens anzutreffen.»}

Was ist eine Favela?

Der Name kommt von «Fava». Die Fava ist ein bohnenartiges Gewächs, welches sich – je mehr es gepflückt wird – unkrautartig vermehrt. Bohnen waren die Basisnahrung der Sklavinnen und Sklaven in Brasilien. Die Bezeichnung Favela ist von «Bohnenessern» abgeleitet – und bezieht sich auf städtische, arme Viertel, meist auf den Hügeln von Rio, welche von den Nachfahrinnen und Nachfahren der Sklaven besiedelt wurden. [...] In der 10-Millionen-Stadt Rio de Janeiro leben heute zwei bis vier Millionen Menschen in etwa 750 so genannten Favelas. Aus diesen Favelas kommen auch die berühmten Sambaschulen Rio de Janeiros, ja sogar der Samba selbst wurde dort entwickelt (Semba ist eine angolanische Musikrichtung, die dem Samba als Vorlage diente).

_{Silvia Santangelo Jura auf www.celia-mara.net, September 2003. www.silvias.net.}

Bischof Romer, ein Schweizer in den Favelas von Rio

Brückenbauer (BB): Bischof Romer, vor dem ersten Hahnenschrei hört man schon die Schüsse aus der nahen Favela. Haben Sie sich schnell daran gewöhnt?

Karl Josef Romer (KJR): Am Anfang hatte ich Mühe, mich an das Knallen der Schüsse zu gewöhnen. Ich wusste manchmal nicht, in welcher Umwelt ich mich befand. Dann begann ich das komplexe soziale Gewebe zu durchschauen.

Diese Armenviertel – auch Favelas oder Comunidades genannt – sind ohne behördliche Regulierung entstanden. Polizisten wagen sich oft nur in Gruppen und mit Maschinenpistolen hinein. Doch es sind vielschichtige soziale Gebilde.

Da leben Menschen, die vielleicht als Sicherheitsleute die Häuser der Reichen bewachen, oder Primarlehrerinnen, die ihre Wohnung nicht mehr bezahlen können – und Drogenhändler, die hier untertauchen: In der Nacht, aber oft auch am Tag liefern sich Banden Gefechte um die Vorherrschaft.

BB: Droht eine soziale Explosion?

KJR: Wir können nur vermuten, was sich in den Favelas zusammenbraut: Man spürt eine halb unterdrückte Wut. Viele Löhne sind beschämend tief. Oft fehlt das Nötigste zum Leben. Die Bildung ist katastrophal. [...]

BB: Wo müssen Verbesserungen ansetzen?

KJR: Viele Politiker finden sich zu leicht mit der grossen Unordnung ab. Es gibt zu wenig Schulen, und die Korruption ist ein ernstes Problem. Verbesserungen müssen auf verschiedenen Ebenen ansetzen. Bei der Würde des Menschen: Es gibt keine Sozialpolitik, wenn nicht das Selbstbewusstsein des einzelnen Menschen gestärkt wird. Er soll seine Grundrechte kennen, aber auch seine Pflichten. Bei der Solidarität: Das Leben ist nicht einfach ein Wettrennen. Wenn man die Benachteiligten und Behinderten zurücklässt, nehmen die sozialen Probleme zu. [...]

Die Kirche hat [...] drei Grundforderungen für eine «Urbanisierung» der Favelas formuliert: Sie brauchen Wasser, Abwasserleitungen und wenn möglich Licht.

Heute haben sich die Wohnverhältnisse in den Favelas verbessert – obwohl sie uns immer noch ein schlechtes Gewissen verursachen.

_{Interview im «Brückenbauer» Nr. 43, 23. Oktober 2001. Weihbischof Karl Josef Romer, geboren 1932 in Benken (Gasterland SG), hat in Rio de Janeiro mehr als 200 Projekte und Hilfswerke ins Leben gerufen und erhielt im Jahr 2001 den von der Migros verliehenen Adele Duttweiler-Preis.}

6. Die Welt, ein globales Dorf?

Mit wem telefoniert die junge Frau im Vordergrund? Äussere Vermutungen und begründe sie.

Welche Menschen haben keinen Zugang zum Internet?

Hat die grosse Verbreitung von Internet und Handys bei uns auch Nachteile?

Suche im Internet nach andern Bildern von Internetcafés aus der ganzen Welt und klebe sie zu einer Collage zusammen.	Der Vater eines der beiden Mädchen kommt in das Internetcafé. Spielt das Gespräch, das sich entwickelt.
Gestalte eine Internetseite, die für ein Internetcafé wirbt.	Die Polizei betritt plötzlich das Internetcafé und beginnt, euch zu verhören.
Gestalte ein Plakat, auf dem du gegen Handys protestierst.	Dein bester Freund, deine beste Freundin absolviert ein Austauschjahr in einem weit entfernten Land. Ihr erzählt euch am Telefon gegenseitig, wie sich die beiden Länder unterscheiden.
Gestalte eine Einstiegsseite zu deiner eigenen Homepage oder präsentiere sie, wenn du schon eine hast.	

Die ganze Welt in einem Dorf

Erdaufgang über dem Mond, aufgenommen vom Raumschiff Apollo 10, 1969. Die Raumfahrt hat die Sicht der Menschen auf die Erde verändert. Erstmals konnten Menschen sozusagen einen Schritt zurücktreten und ihre Heimat von aussen betrachten. Die Erde wurde mit einem Augenblick, durch ein Bild, von unserer «ganzen Welt» zum «kleinen, blauen Planeten» mitten in einem riesigen Universum. Auf einmal wirkte sie klein, aber auch überschaubar. Dieser neue (Foto-)Blick hat auch die Sicht vieler Menschen auf die Erde verändert. Wer sich die Welt als Dorf vorstellt, verknüpft diesen Blick aus dem Universum mit dem Alltag von Menschen, die durch Kommunikation und Transportmittel vernetzt sind.

Die ganze Welt in einem Dorf

Angenommen, die ganze Menschheit würde – unter Berücksichtigung aller ethnischen, sozialen und religiösen *Proportionen – auf ein Dorf von 100 Einwohnern reduziert, so würde sich diese Gemeinschaft wie folgt zusammensetzen:

57 Asiaten,
21 Europäer,
14 Amerikaner (Nord und Süd),
52 Frauen,
48 Männer,
70 Nicht-Weisse,
30 Weisse,
70 Nicht-Christen,
30 Christen,
89 Heterosexuelle,
11 Homosexuelle.
 6 Einwohner – alle aus den USA – würden 59 Prozent des gesamten Reichtums besitzen.
80 Personen hätten keine Wohnung;
70 wären Analphabeten,
50 wären unterernährt.
 1 Dorfbewohner hätte einen PC,
 1 weiterer hätte einen akademischen Abschluss.

Und ausserdem:
– Wer ohne Bedrohung in die Kirche gehen kann, gehört nicht zu den drei Milliarden Menschen, die das nur unter Lebensgefahr tun können.
– Wer ein wenig Geld auf der Seite hat, gehört zu den 8 Prozent Reichen der Welt.
– Wer essen kann, Kleider und ein Bett hat, ist bereits wohlhabender als 75 Prozent der Weltbevölkerung.

P. S. Wer das gelesen hat, unterscheidet sich von den zwei Milliarden Menschen auf der Welt, die nicht lesen können.

Wortlaut eines E-Mail-Kettenbriefs aus dem Jahr 2001, hier in einer Version, die der «Basler Zeitung» vom 26. April 2003 entstammt. Der Inhalt geht zurück auf einen Artikel von Donella H. Meadows, Mitherausgeberin des Reports «Die Grenzen des Wachstums» (1972). Der Artikel erschien 1990 unter dem Titel «State of the Village Report» in über 20 Zeitungen. Er bezog sich auf 1000 Menschen und war ausführlicher als die hier zitierte kurze Version, die via Internet auf der ganzen Welt in unzähligen Sprachen verbreitet wurde.

Jeans – eine Hose reist um die Welt

3 Jeans-Geografie

Die Globalisierung zeigt sich darin, dass die Produktion in einzelne Elemente zerlegt wird und an völlig verschiedenen Orten stattfindet. So wie die Angabe «Swiss Made» bis zu 50 Prozent Zulieferungen aus dem Ausland zulässt, so verbirgt sich auch hinter Importen aus dem Ausland ein internationales Zusammenspiel. Der Weg von der Baumwolle bis zu den fertigen Jeans am Verbrauchsort wird auf bis zu 19 000 Kilometer geschätzt. [...]

- Schnittmuster und Design werden aus der Schweiz per Fax oder Internet in die Konfektionsfabrik auf den Philippinen gesendet.
- Die Baumwolle wird in Kasachstan oder Indien geerntet und nach China versandt.
- In China wird die Baumwolle mit Schweizer Ringspinnmaschinen versponnen.
- Auf den Philippinen wird die versponnene Baumwolle mit Indigofarbe aus Deutschland oder der Schweiz eingefärbt.
- In Polen wird sie verwebt mit schweizerischen Webmaschinen und nach Marseille (Frankreich) transportiert.
- Innenfutter und Wasch-Label stammen aus Frankreich, Knöpfe und Nieten aus Italien.
- Alle Zutaten werden auf die Philippinen geflogen und dort zusammengenäht.
- In Griechenland erfolgt die Endverarbeitung der Jeans mit Bimsstein.
- Die Jeans werden in der Schweiz verkauft und getragen.
- Die Jeans «wandern» nach Gebrauch in eine Altkleidersammlung und gelangen in ein Sortierwerk. Anschliessend werden sie nach Afrika gebracht und in Ghana nochmals gekauft und getragen.

Richard Gerster: *Globalisierung und Gerechtigkeit*. Bern: hep, 2001.

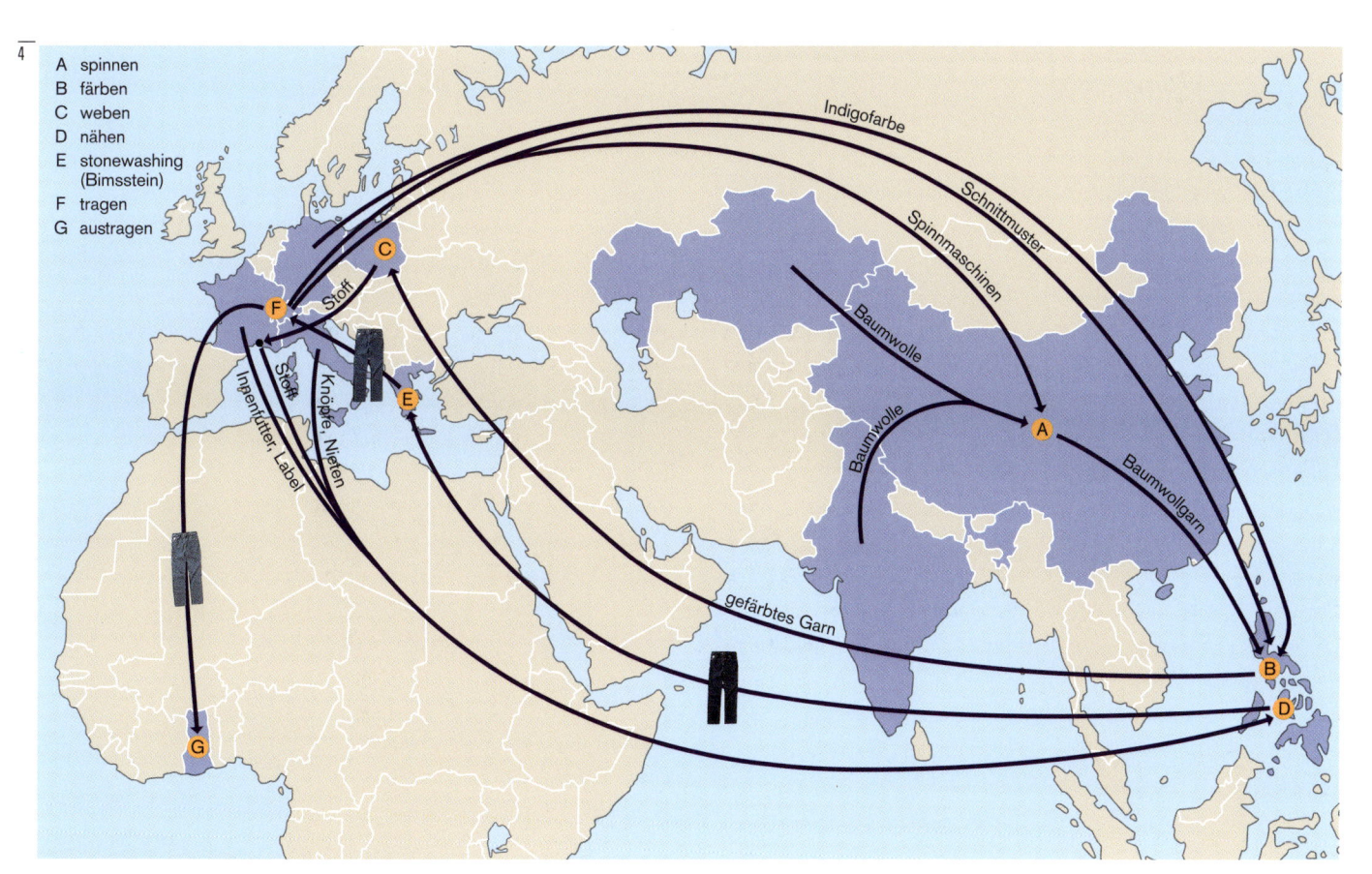

4

A spinnen
B färben
C weben
D nähen
E stonewashing (Bimsstein)
F tragen
G austragen

Von der Baumwolle zu den fertigen Jeans.

Arundhati Roy

Arundhati Roy ist eine indische Schriftstellerin. Mit ihrem Buch «Der Gott der kleinen Dinge» gewann sie 1997 den berühmten englischen Booker-Preis. Sie gilt als die «Stimme Indiens», aber sie mag diesen Titel nicht. Arundhati Roy ist nicht nur wegen dieses Buches berühmt. Sie ist Mitglied einer Gruppe, die sich gegen den Bau von Staudämmen in Indien wehrt, die die indische Regierung plant und die von der Weltbank mitfinanziert werden. Arundhati Roy übt scharfe Kritik an der Globalisierung, die sich ihrer Ansicht nach in den nichtwestlichen Ländern, zum Beispiel in Indien, sehr nachteilig auswirkt. Sie ist überzeugt, dass sich die Bevölkerung dieser Länder gegen die Globalisierung wehren muss. Foto: 1998.

Indien lebt in verschiedenen Jahrhunderten zugleich

David Barsamian (DB): Sie sind in Kerala aufgewachsen. Welche Stellung haben die Frauen dort?

Arundhati Roy (AR): Frauen von Kerala arbeiten überall in Indien und in der Welt um Geld zu verdienen, das sie nach Hause schicken können. Und trotzdem sind sie es, die die Mitgift bezahlen müssen, um heiraten zu können, und in Beziehungen leben, in denen sie ihren Ehemännern völlig untergeordnet sind. Ich bin in einem kleinen Dorf in Kerala aufgewachsen. Es war ein Albtraum für mich. Alles, was ich wollte, war abzuhauen, dem zu entkommen, nie jemanden von dort zu heiraten. (Sie lacht.) Natürlich sind die Männer dort auch nicht Schlange gestanden, um mich zu heiraten. Ich war das Schlimmste, was man sein konnte: dünn, schwarz und gescheit. [...]

DB: Sie verwenden eine Metapher von zwei Lastwagenkolonnen. Die eine ist gross, mit vielen Leuten, die in die Dunkelheit fährt. Die andere ist viel kleiner und fährt ins Licht des gelobten Landes. Erklären Sie mir, was Sie damit meinen.

AR: Indien lebt in ganz verschiedenen Jahrhunderten zugleich. Jede Nacht gehe ich vor meinem Haus an einer Gruppe von Arbeitern vorbei, die einen Graben buddeln um Glasfaserkabel zu verlegen, die unsere *digitale Revolution beschleunigen. Sie arbeiten im Licht einiger weniger Kerzen. Das ist es, was heute in ganz Indien geschieht. Dieser Konvoi verschmilzt mit der Dunkelheit, er verschwindet und hat keine Stimme. Er existiert nicht am Fernsehen. Er hat keinen Platz in den nationalen Zeitungen. Und so existiert er auch nicht. Diejenigen, die im kleinen Konvoi sitzen, auf ihrem Weg zu ihrem glitzernden und funkelnden Ziel an der Weltspitze, haben die Fähigkeit verloren, die andern zu sehen. Also werden in Delhi die Autos grösser und schnittiger, die Hotels immer feiner, die Tore immer höher und die Wächter sind nicht mehr länger die alten Chowkidars (traditionelle Wächter), sondern es sind Kerle mit Waffen. Und trotzdem bevölkern Arme jede Ritze der Stadt wie Läuse. Die Menschen sehen das nicht mehr. Es ist so, wie wenn du mit einem sehr hellen Licht an einen Ort leuchtest, dann ist die Dunkelheit darum herum umso dichter. Sie wollen nicht wissen, was los ist. Die Menschen, die reich werden, können sich nicht vorstellen, dass nicht die ganze Welt ein schöner Ort geworden ist.

Arundhati Roy in einem Interview von David Barsamian in der Zeitschrift «The Progressive», April 2001.

Klaus Schwab

Klaus Schwab ist Gründer und Präsident des Weltwirtschaftsforums (World Economic Forum WEF), einer privaten Institution mit Sitz in Genf. Das WEF gilt als Schrittmacher der Globalisierung. Seine Mitglieder sind die 1000 weltweit grössten privaten Wirtschaftsunternehmen, deren Jahresumsatz mindestens eine Milliarde US-Dollar betragen muss. Ihr jährlicher Mitgliederbeitrag beläuft sich auf rund 15 000 Dollar. Das WEF will die weltweit wichtigsten Meinungsführer und Entscheidungsträger zusammenbringen. Dafür treffen sie sich einmal im Jahr in Davos. Dorthin kommen nicht nur die Mitglieder des WEF, sondern auch hochrangige Politikerinnen und Politiker, Wissenschaftlerinnen, Führungsleute angesehener Medienkonzerne und einige Vertreter von Gewerkschaften und Nichtregierungsorganisationen. Foto: 2002.

Wir müssen die Globalisierung globalisieren

Maeil Business Newspaper (MBN): Das World Economic Forum wurde gegründet, um den Zustand der Welt zu verbessern. Sind Sie persönlich zufrieden mit dem, was Sie erreicht haben?

Klaus Schwab (KS): Nein, man kann nie zufrieden sein. Aber wir haben einige ganz bemerkenswerte Dinge erreicht. Nur als Beispiel im Bereich der Gesundheit, hier haben wir zur Gründung einer Stiftung beigetragen und zur Zusammenarbeit zwischen der Wirtschaft, der *pharmazeutischen Industrie, einigen Regierungen und internationalen Organisationen, die das Leben von Menschen in Afrika ganz direkt positiv beeinflussen. Wir spielten eine wichtige Rolle als UNO-Generalsekretär Kofi Annan vor zwei Jahren in Davos einen Pakt vorschlug, in dem sich zahlreiche Geschäftsleute dazu verpflichteten, in ihren Unternehmen einige minimale Menschenrechte, Arbeitsrechte und Umweltstandards einzuhalten. Das sind nur zwei Beispiele. Aber ich glaube, es wird und es kann noch viel mehr getan werden.

MBN: Heute Abend hielten Sie einen Vortrag über die Globalisierung. Kritikerinnen und Kritiker der Globalisierung weisen darauf hin, dass nicht alle Länder von der Globalisierung profitieren. Was denken Sie?

KS: In meinem Vortrag sagte ich, wir müssen die Globalisierung globalisieren. Das heisst, wir müssen sicherstellen, dass der Globalisierungsprozess nicht von der Politik oder der Kultur eines einzigen Landes bestimmt und dominiert wird. Global heisst, wir sind alles Teilhaber, wir müssen alle Teil des Prozesses sein. Ich glaube, dass Globalisierung nur dann nachhaltig sein wird, wenn wir in diese Richtung gehen. Sonst werden wir Rückschläge erleben.

Übrigens nenne ich mich selbst den ersten Anti-Globalisierungsaktivisten der Welt. 1995 und 1996 veröffentlichte ich Artikel, in denen ich davor warnte, dass Globalisierung nicht nachhaltig sein und zu Rückschlägen führen wird, wenn wir nicht beachten, dass die Globalisierung zum Wohl aller arbeiten muss. Es muss ein Prozess sein, an dem jedes Land teilnimmt. Globalisierung muss so gestaltet werden, dass nicht zu viele Leute davon ausgeschlossen sind. [...]

MBN: Nachhaltiges Wachstum ist ein sehr wichtiges Anliegen für die Welt heute. Was können die Unternehmen tun, um nachhaltiges Wachstum zu ermöglichen?

KS: Nachhaltiges Wachstum kann nicht nur aus wirtschaftlichen Gesichtspunkten gefördert werden, sondern auch in sozialer Hinsicht und in Umweltfragen. Darum sollen Unternehmen ihr Bestes tun, um nicht nur die Wirtschaft zu fördern, sondern auch die Gesellschaft und die Umwelt. In dieser Zeit der Globalisierung müssen die Unternehmen eine wichtigere Rolle spielen. Sie können nicht einfach nur in ihren Unternehmen menschenfreundlich sein, sondern sie müssen Bürgerrechte für alle in ihre Kerngeschäftsstrategien einbauen.

Klaus Schwab in einem Interview der «Maeil Business Newspaper», einer koreanischen Wirtschaftszeitung, kurz vor dem Davoser WEF-Treffen 2002.

Internet: Fairer Handel

Homepage von «Max Havelaar», 16. April 2003. Das Internet ist eine gute Möglichkeit, um Informationen zu finden. Diese müssen aber sorgfältig geprüft werden.

Neben verschiedenen Lexika und sonstigen Nachschlagewerken hilft dir auch das Internet bei der Informationssuche. Hier erfährst du zu allen möglichen Stichwörtern Wissenswertes. Dies kann dir helfen, bereits Gelerntes zu vertiefen. Und es kann dich dabei unterstützen, offene Fragen zu klären. Das Internet ist besonders praktisch, wenn du Informationen zu bestimmten Personen oder zu bestimmten Produkten suchst.

Es gibt verschiedene Möglichkeiten, im Internet Informationen zu finden.

Jede Information ist im Internet unter einer bestimmten Adresse abgelegt. Die Adresse besteht aus dem Kürzel www, das für World Wide Web steht. Statt vom World Wide Web sprechen wir aber häufiger vom Internet. Nach dem www folgt ein Name oder eine Abkürzung, zum Beispiel maxhavelaar. Anschliessend folgt meist eine Länderabkürzung, zum Beispiel ch für die Schweiz oder de für Deutschland oder at für Österreich (Austria).

Eine weitere gute Möglichkeit, im Internet Informationen zu finden, sind Suchmaschinen. Bekannte Suchmaschinen sind zum Beispiel Google, Yahoo, Lycos, AltaVista, Search und viele mehr. Bei einer Suchmaschine gibst du ein Stichwort ein. Du erhältst dann eine Liste aller Internetadressen, unter denen das Stichwort vorkommt. Es gibt jedoch unglaublich viele Informationen im Internet. Und viele Informationen sind wertlos oder für dich nicht brauchbar. Deshalb ist es wichtig, dass du passende, nicht zu allgemeine Suchbegriffe wählst. So findest du unter dem Stichwort «globalisierung» tausende von Einträgen. Wenn du nun weitere Stichwörter eingibst, kannst du gezielter nach etwas suchen. So erhältst du zum Beispiel mit «globalisierung fairer handel schweiz produkte bananen» weniger Einträge. Mit jedem weiteren Stichwort, das du hinzufügst, wird die Auswahl kleiner.

Wenn du eine Internetadresse nicht kennst, kann dir auch ein Suchkatalog weiterhelfen. Das ist so etwas wie ein Telefonbuch für das Internet. Bei diesen Suchkatalogen wurden wichtige Informationen von Menschen bereits ausgewählt und vorsortiert. In diesen Suchkatalogen sind so genannte Links (Verbindungen) aufgelistet. Diese Links führen dich auf andere Internetseiten zu einem gewählten Thema. Unter www.blinde-kuh.ch findest du eine Auswahl von Suchkatalogen.

Eine manchmal anstrengende, manchmal aber auch lustvolle Art und Weise etwas zu suchen, ist das Surfen. Du beginnst bei irgendeiner Internetadresse und schaust dir die Informationen an. Dann klickst du auf einen Link auf der entsprechenden Seite und schaust dir auch diese weitere(n) Seite(n) an. Von hier aus gehst du weiter zu einem nächsten Link. Auf diese Weise surfst du durch verschiedene Internetseiten. Die Auswahl ist zufällig und du lässt dich vor allem von deiner Neugier leiten.

Anleitung

Das Internet ist ein Datendschungel. Damit du dich darin nicht verirrst, ist es wichtig, systematisch vorzugehen. Wenn du im Internet nach Informationen suchst, gehst du am besten entlang des folgenden Musters in sechs Schritten vor (eine mögliche Antwort ist jeweils angefügt):

1. **Was suchst du?**
   Ich suche zum Thema «Globalisierung» Informationen, wie ich mich als Konsumentin, als Konsument fair verhalten kann. Ich möchte wissen, welche Produkte ich mit gutem Gewissen kaufen kann. Bei welchen Konsumgütern bin ich sicher, dass die Arbeiterinnen und Arbeiter nicht ausgenützt werden? Mich interessieren vor allem Bananen.
2. **Welchen Suchweg wählst du?** Entscheide dich für eine Möglichkeit und schreibe genau auf, welche Seiten du während deiner Suche findest und anschaust.
   Ich suche mit der Suchmaschine www.google.ch und beschränke mich auf Seiten aus der Schweiz. Ich gebe folgende Suchbegriffe ein: globalisierung "fairer handel" schweiz produkte bananen. Fairer Handel setze ich zwischen Anführungszeichen, damit die Wörter «fairer» und «Handel» nicht als einzelne Begriffe, sondern nur in dieser Verbindung gesucht werden. Am 07. Juli 2008 finde ich dazu 71 Seiten. Ich schaue mir die Seite der Basler Zeitung an. Ich denke, diese Adresse ist glaubwürdig. Der Artikel aus dem Jahr 2002 zeigt mir einiges. Danach schaue ich mir die Seite von Max Havelaar genauer an.
3. **Wenn du aus einer ausgewählten Seite Informationen gewinnen willst, musst du genauer abklären, wer die Seite gemacht hat.** Folgende Fragen helfen dir dabei:
   - Wer genau ist für die Seite verantwortlich?
   - Ist eine Postadresse angegeben?
   - Mit welcher Absicht wurde die Seite ins Internet gestellt?
   - Gibt es Hinweise dafür, dass du den für die Seite verantwortlichen Menschen vertrauen kannst?
   - Wann wurde die Seite ins Internet gestellt?

   In der Rubrik Kontakte finde ich heraus, dass die Seite von der Max-Havelaar-Stiftung an der Malzgasse 25 in Basel ins Internet gestellt wurde. Die Seite scheint zwei Ziele zu haben. Zum einen erfahre ich viel Neues über fairen Handel, etwa dass die Stiftung ein «Gütesiegel» führt. Dieses stehe für fairen Handel, also für kostendeckende Preise oder für garantierte Mindestlöhne für Arbeiterinnen und Arbeiter. Zum andern gibt es einen Online-Shop. Max Havelaar will also Produkte mit dem Max-Havelaar-Gütesiegel verkaufen. Die Stiftung scheint eine Vertrauen erweckende Institution zu sein. Sowohl die beiden Grossverteiler Coop und Migros als auch das Hilfswerk «Terre des hommes» arbeiten mit der Stiftung zusammen. Zudem gibt es eine Reihe von Medienberichten zu Max Havelaar. Ein Erstellungsdatum oder Aktualisierungsdatum habe ich nicht gefunden.
4. **Wenn du festgestellt hast, dass die Seite Vertrauen erweckend ist, kannst du daraus Informationen gewinnen.** Die Informationen im Internet sind oft sehr kompliziert geschrieben, manchmal mit vielen Fremdwörtern, oft sogar in einer anderen Sprache. Damit dir die Informationen wirklich etwas bringen, darfst du sie nicht einfach aus dem Netz herunterladen oder ausdrucken. Du musst sie verarbeiten. Du kannst das tun, indem du das Gefundene in eigenen Worten zusammenfasst oder indem du die Texte oder Bilder in eine eigene Datei hineinkopierst und dazu persönliche Gedanken festhältst.
   Ich entwickle eine kleine Mindmap entlang der Stichwörter auf dem Navigationsmenü in der linken Spalte. So schreibe ich je zwei Sätze zu den Zielen der Stiftung, zu den Produzentinnen und Produzenten, den Produkten und zu dem, was ich als Konsumentin, als Konsument machen kann. Natürlich interessieren mich die häufig gestellten Fragen, so zum Beispiel, ob es einen Menschen mit dem Namen Max Havelaar wirklich gibt.

Wende das beschriebene Vorgehen beim folgenden Thema an.

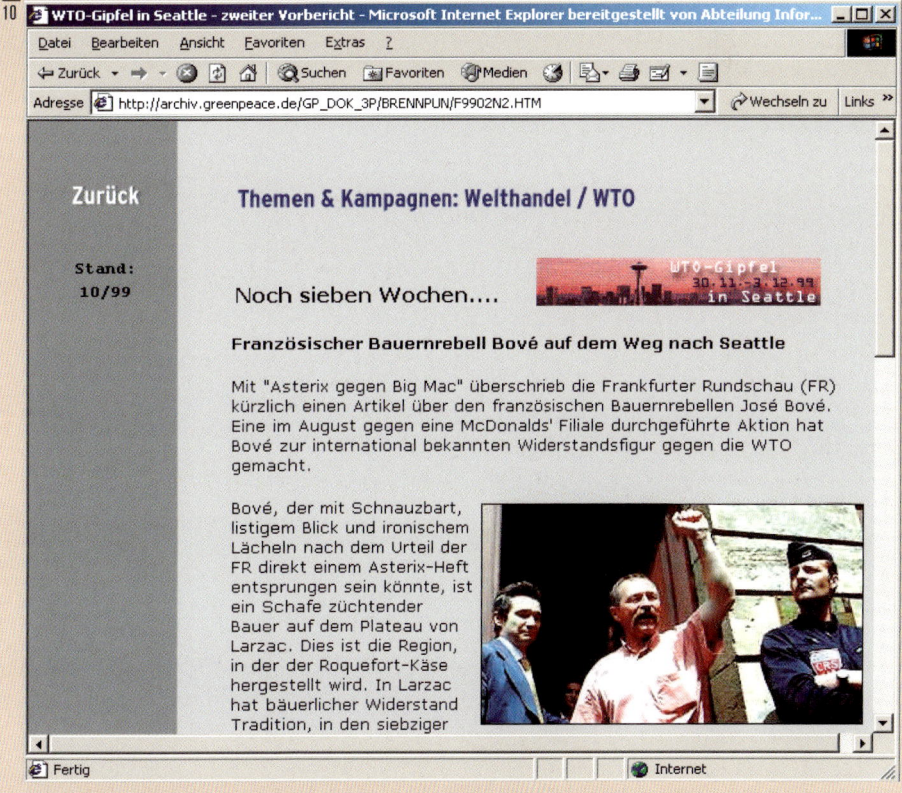

Homepage von Greenpeace (Archiv), 7. Juli 2003, mit einem Artikel über den französischen Bauernführer José Bové und seinen Widerstand gegen die WTO.

Umgang mit aktuellen Meldungen: Der Darfur-Konflikt

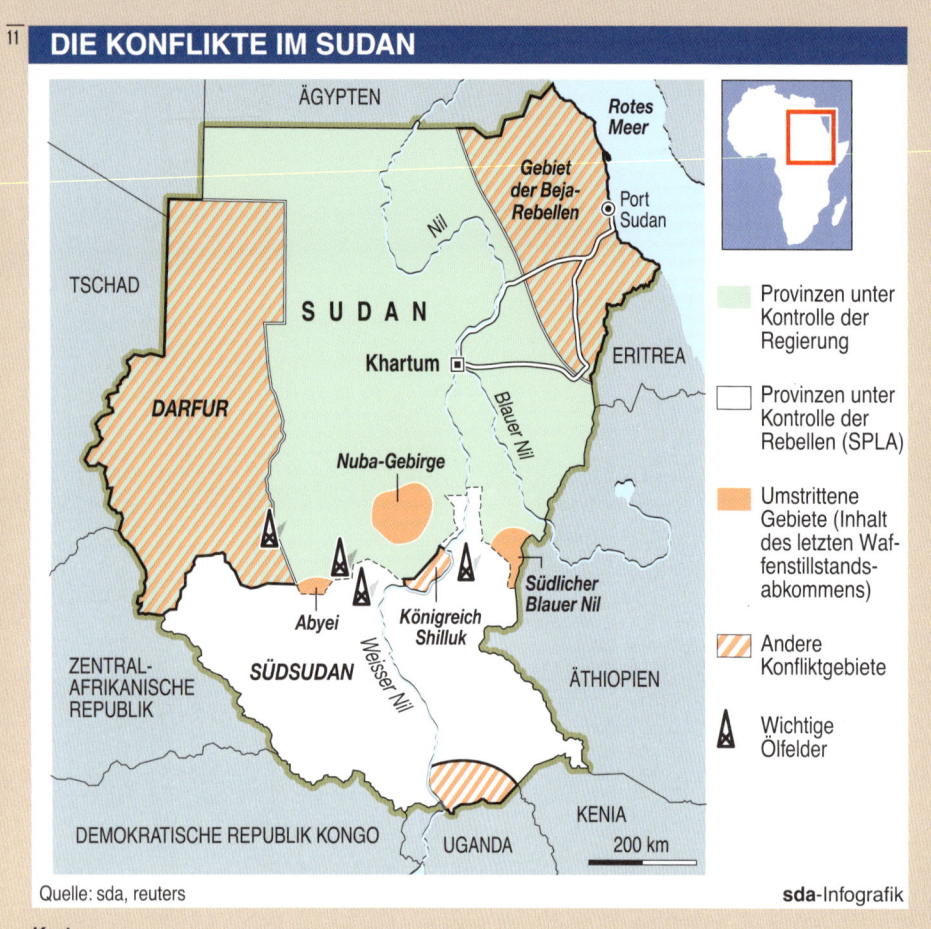

11 DIE KONFLIKTE IM SUDAN

Legende:
- Provinzen unter Kontrolle der Regierung
- Provinzen unter Kontrolle der Rebellen (SPLA)
- Umstrittene Gebiete (Inhalt des letzten Waffenstillstandsabkommens)
- Andere Konfliktgebiete
- Wichtige Ölfelder

Quelle: sda, reuters — sda-Infografik

Karte.
sda-Infografik. «Mittellandzeitung», Donnerstag, 16. September 2004.

Im Herbst 2004 war in den Medien viel vom Konflikt in Darfur, einer Provinz im Sudan, die Rede. An diesem Beispiel soll aufgezeigt werden, welche Fragen helfen, mit Meldungen in den Medien umzugehen.

Täglich passiert überall Neues. Vieles ist wichtig für einzelne Menschen, bleibt aber für viele andere bedeutungslos. Die Medien greifen aus der Vielzahl der täglichen Ereignisse das heraus, von dem sie annehmen, dass es viele interessiert oder dass es viele interessieren sollte. So ermöglicht unsere Aufmerksamkeit für Medienberichte, dass wir wahrnehmen, was heute geschieht. Um dieses aktuelle Geschehen zu verstehen, lohnt sich ein Blick in die Geschichte. Wer Gegenwärtiges wahrnimmt und mit Vergangenem verknüpft, verschafft sich Orientierung für sein künftiges Handeln.

Anleitung

Um herauszufinden, ob Ereignisse – beispielsweise aktuelle Konflikte – Einfluss auf unser Leben haben könnten oder haben sollten, ist es wichtig, das aktuelle Geschehen systematisch entlang des folgenden Musters in zehn Schritten zu hinterfragen (eine mögliche Antwort ist jeweils angefügt):

1. **Interesse**: Wieso interessiert mich das Thema? Wie bin ich auf das Thema aufmerksam geworden?
   Ich habe in Fernsehen und Radio mehrmals Meldungen über den Sudan und Darfur gesehen bzw. gehört. Danach habe ich die Zeitungen aufmerksamer gelesen und im Internet nach Berichten über dieses Gebiet gesucht.

2. **Quellen**: Aus welchen Medien entnehme ich die Informationen? Wie schätze ich ihre Vertrauenswürdigkeit ein?
   Ich habe die Informationen im Herbst 2004 in verschiedenen Medien gefunden, zum Beispiel in der Mittellandzeitung vom 16. September, in der NZZ am Sonntag vom 10. Oktober, der NZZ vom 23. Oktober,

der Basler Zeitung vom 29. Oktober. Ausserdem habe ich eine Recherche im Internet gemacht. Dort fand ich Informationen, die ich für vertrauenswürdig halte, weil sie mit den Informationen aus den anderen Quellen zusammenpassen. Verschiedene Hilfswerke, die vor Ort Menschen unterstützen, bestätigen die Darstellungen in den Zeitungen. Auch UNO-Organisationen und die WHO berichten von der katastrophalen Situation vor Ort. Die meisten Berichte scheinen mir eher regierungskritisch. Es wird kaum erwähnt, dass Präsident Omar al-Baschir immer wieder bekräftigt, er habe nichts mit den Gräueltaten zu tun und die militärischen Operationen seien eingestellt.

3. **Raum**: Wo finden die beschriebenen Ereignisse statt? Wie weit ist das von meinem Wohnort entfernt?
Darfur ist eine Gegend im Westen des Sudan. Der Sudan ist der Staat mit der grössten Fläche in Afrika und umfasst 2,5 Millionen Quadratkilometer. Im Sudan leben rund 40 Millionen Menschen. Er liegt etwa 5000 Kilometer von der Schweiz entfernt und hat zahlreiche Nachbarstaaten. Darfur selber grenzt an drei Länder: Libyen, den Tschad und die Zentralafrikanische Republik. Darfur hat etwa die Grösse Frankreichs und liegt im Landesinneren, ohne Verbindung zum Meer.

4. **Zeit**: Was geschah vor den beschriebenen Ereignissen? In welchem Entwicklungs- oder Veränderungsprozess steht die dargestellte Aktualität?
Während des Ersten Weltkrieges stand Darfur unter britisch-ägyptischer Herrschaft. Nachdem verschiedene Befreiungsversuche der Menschen in Darfur zum Teil blutig niedergeschlagen wurden, verbündeten sie sich unter Führung des Sultans von Darfur mit dem Osmanischen Reich und führten einen Aufstand gegen das britische Imperium durch. Auch dieser wurde niedergeschlagen, der Sultan getötet und Darfur in den britisch beherrschten Sudan eingegliedert. 1956 gelang es den Menschen im Sudan, sich von der Kolonialherrschaft Englands zu befreien: Der Sudan wurde unabhängig, Darfur blieb ein Teil des Sudans. Doch der Kolonialismus wirkte noch lange Zeit nach. Als 1989 eine neue, islamistisch orientierte Regierung die Macht übernahm, verschlechterte sich die Lage für die Menschen in Darfur. Im Jahr 2003 begannen die «Sudanesische Befreiungsarmee» (Sudanese Liberation Army SLA) und die «Bewegung für Gleichheit und Gerechtigkeit» (Justice and Equality Movement JEM) einen Aufstand gegen die sudanesische Regierung. Sie warfen der Regierung vor, sie würde die Einwohner von Darfur benachteiligen. Der Präsident des Sudan, General Omar al-Baschir, schlug mit seinen Truppen massiv zurück. Bei diesem Konflikt sind auch arabische Reitermilizen beteiligt, die Dschandschawid. Diese werden beschuldigt, Gräueltaten gegen die Bevölkerung in Darfur auszuüben. Nach UN-Angaben sind im Sudan mehr als eine Million Menschen aus Darfur auf der Flucht, rund 130 000 Menschen sind in den Tschad geflohen, täglich verhungern Frauen und Kinder zu Tausenden.

5. **Gesellschaft**: Wer ist beteiligt? Können verschiedene Gruppen von Menschen unterschieden werden?
In Darfur leben Menschen unterschiedlicher Herkunft und mit unterschiedlicher Wirtschaftsweise. Die Fur sind schwarzafrikanische Bauern und Hirten, die sesshaft in Dörfern leben. Sie sind Muslime. Die meisten Mitglieder der Befreiungsbewegungen sind Fur.

Dem gegenüber gibt es arabischstämmige Menschen, die Baggara. Sie sind auch Muslime und leben als Nomaden, ziehen also mit ihren Rinderherden von einem Ort zum anderen. Aus dieser Bevölkerungsgruppe stammen die Dschandschawid, was «Mann mit einem Pferd und einer Waffe» bedeutet. Sie werden auch als «bewaffnete Teufelsreiter» bezeichnet. Sie überfallen die Dörfer der Fur.

In Darfur sind auch reguläre sudanesische Truppen der Regierung anwesend,

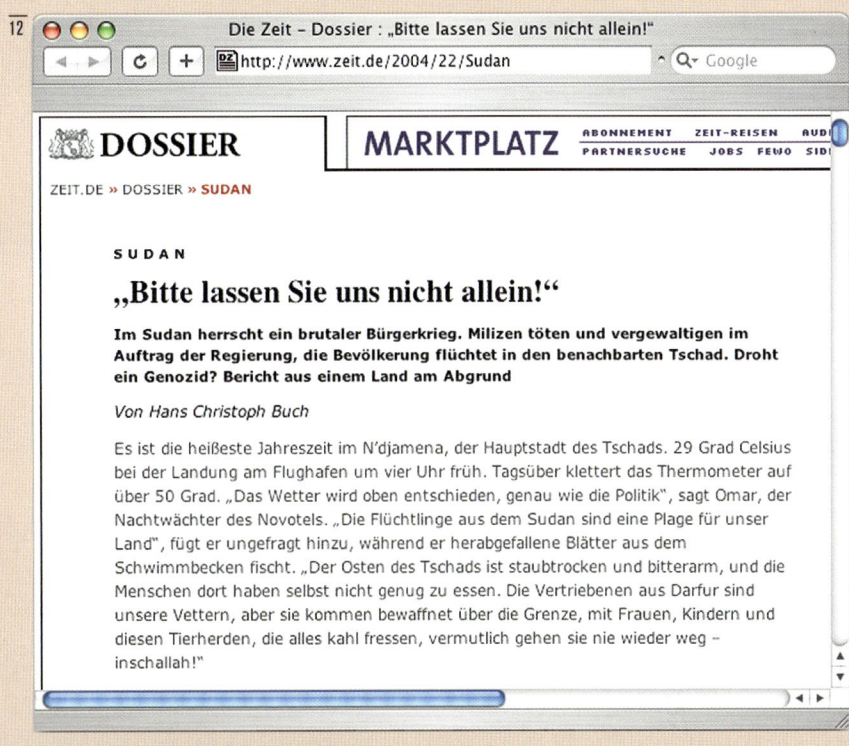

Informationen aus dem Internet.
www.zeit.de/2004/22/Sudan, 7. Mai 2004.

international.

baz | Freitag, 29. Oktober 2004 | Seite 10

Das bange Warten unter blauen Plastikplanen

Noch immer werden in Darfur Menschen gejagt. Sudans Regierung schaut zu

FRANK RÄTHER, Abdu Shakour

Die arabischen Reitermilizen ziehen weiter mordend und plündernd durch die Dörfer Darfurs. Armee und Polizei nehmen den Menschen die Angst nicht – im Gegenteil.

Es ist still an diesem Ort, der einmal ein Dorf war. Ein lebendiges Dorf, mit Hirse kochenden Frauen und rauchender Feuerstelle, mit den Rufen der Jungen, die die störrischen Ziegen hüten, dem quirligen Lachen der Mädchen, die Wasser holen, dem Schwatzen der Männer im Schatten der Hütte. Nichts davon ist mehr. Abdu Shakour ist tot. Nur noch Ruinen sind zu sehen, nichts mehr ist zu hören. Totenstille.

Abdu Shakour liegt in Darfur, fast 1000 Kilometer von der sudanesischen Hauptstadt Khartum entfernt. Rundum gibt es nur Sand. Ein paar dunklere Flecken zeigen, wo einst die Sorghum-Felder waren. In der Nähe ragt ein Hügel mit zerklüftetem Felsgestein empor. Er war für viele der einstigen Bewohner von Abdu Shakour die Rettung. «Dorthin flohen alle, die den Angriff der Janjaweed überlebten», erzählt Adam Ahmed Adjen. Der 80-jährige traditionelle Führer der Region [...] die Scherben grosser Tontöpfe, in denen einst Hirse und Wasser aufbewahrt wurden.

Ausser Abdu Shakour waren am 14. Juli noch zehn weitere Dörfer in der Umgegend angegriffen worden, berichtet Adam Ahmed Adjen. «Von uns wurden 117 Bewohner ermordet, vor allem Männer und Jungen. 13 Frauen und Mädchen wurden vergewaltigt.» Der alte Mann schweigt. Die Überlebenden des Angriffs flohen erst auf den felsigen Hügel. Als die Janjaweed abzogen, wanderten sie drei Tage lang nach Südwesten, zur Distriktstadt Kutum. An deren Rand befindet sich ein grosses Flüchtlingslager. Tausenden erging es ähnlich wie den Bewohnern von Abdu Shakour. 40 000 Menschen hausen jetzt hier, ernährt vom Welternährungsprogramm der UNO und internationalen Hilfsorganisationen.

Ein Militärposten an der Strasse hält unser Fahrzeug auf. Der Kommandant im Leutnantsrang ist ein Janjaweed, murmelt der Fahrer. Hier zeigt sich, wie die Reitermilizen und die Armee zusammenwirken. Auch dies [...]

Bild.
«Basler Zeitung», Freitag, 29. Oktober 2004.

die zum Teil aus anderen Regionen des Sudan stammen. Sie kämpfen gegen Mitglieder der Befreiungsbewegung.

6. **Herrschaft**: Wer von den Beteiligten hat Macht? Wer ist machtlos? Gibt es Gewinner und Verlierer? Gibt es Täter oder Opfer?

Die Macht im Sudan liegt bei General Omar al-Baschir, der von der Hauptstadt Khartum aus regiert. Hilfswerke, internationale Organisationen und einzelne Regierungen werfen ihm vor, er sei verantwortlich für die Verbrechen der Dschandschawid. Im Kampf gegen die Befreiungsbewegung kommt ihm das Verhalten der Dschandschawid vielleicht gelegen, weil die Menschen vertrieben werden, die die Befreiungsbewegung unterstützen. Vielleicht hat die Regierung die Dschandschawid aber auch bewusst zu ihren Angriffen aufgefordert.

Die Befreiungsbewegungen in Darfur scheinen nicht stark genug zu sein, um die Bevölkerung vor den Dschandschawid zu schützen. Sie wollen mehr Macht im Sudan und die Interessen der Bevölkerung in Darfur, vor allem jene der Fur, in der Landesregierung besser zur Geltung bringen. Auch die Bevölkerung selber scheint den Dschandschawid nichts entgegensetzen zu können.

7. **Wirtschaft**: Werden beteiligte Menschen durch die Ereignisse reicher? Verlieren andere Geld oder Güter?

Die sesshaften Bauern und ihre Familien verlieren bei den Angriffen der Dschandschawid alles: ihre Heimat, ihr Auskommen, ihre Ehre oder gar ihr Leben. Die Dschandschawid machen von Zeit zu Zeit Beute. Sie plündern und brandschatzen. Trotzdem bleiben sie arm. Wenn Arme gegen Arme kämpfen, wird niemand reich. Vielleicht hat ihnen die Regierung Geld oder andere Güter für ihre Taten versprochen. Das weiss ich aber nicht. Die Machthaber in Khartum, selber von den Kämpfen wenig betroffen, verdienen Geld mit dem sudanesischen Erdöl, das sie grossen Ölgesellschaften verkaufen.

Auch die Preise für Gummi Arabicum, das in Darfur gewonnen und für Lebensmittel und Medikamente gebraucht wird, haben sich wegen des Konflikts verdoppelt. Aus Darfur stammen 90 Prozent der Welternte von Gummi Arabicum. Wer hier profitiert, kann ich nicht beantworten.

8. **Kultur**: Welchen Einfluss hat die Lebensweise der Beteiligten auf den Konflikt, welche Auswirkungen hat der Konflikt auf ihre Lebensweise?

Von vielen Seiten wird als Grund für die Auseinandersetzungen angeführt, die Machthaber wollten den Sudan «ethnisch säubern» und die Menschen schwarzafrikanischer Abstammung aus dem Sudan vertreiben und nur noch Menschen arabischer Abstammung dulden. Vielleicht sind diese ethnischen Begründungen aber nur ein Vorwand für politische und wirtschaftliche Interessen.

Die Religion spielt, anders als bei anderen Konflikten, hier keine vordergründige

14 Zeitungsmeldung

Der sudanesische Botschafter im Tschad ist mit dieser Sichtweise nicht einverstanden. [...]

«In Darfur lebten zahlreiche Ethnien friedlich nebeneinander: Zaghawa, Fur, Massalit und andere. Letztes Jahr zettelten die Zaghawas einen Aufstand gegen die Zentralregierung an, unterstützt durch Waffen und Soldaten aus dem Tschad. Dessen Staatschef Déby ist unser Freund, denn er kam mit sudanesischer Hilfe an die Macht. Aber die tschadische Armee wird von Zaghawas dominiert, die in Darfur einen separaten Staat errichten wollen. Sie glauben, der Moment zum Losschlagen sei gekommen, als unsere Regierung, als Zeichen ihres guten Willens, Waffenstillstand schloss mit den Rebellen im Südsudan. Um den Friedensprozess zu stören, griffen die Zaghawas Polizei- und Militärposten an.» Die sudanesische Regierung sei verpflichtet, die nationale Souveränität zu verteidigen, und die Armee habe den Aufstand niedergeschlagen. «Falls es dabei zu Menschenrechtsverletzungen kam, bedauern wir dies und haben unsere Bereitschaft erklärt, UN-Beobachter und Hilfsorganisationen nach Darfur einreisen zu lassen. Trotzdem wird Sudan als Schurkenstaat verteufelt und in den Medien an den Pranger gestellt!»

Hans Christoph Buch in «Die Zeit» Nr. 22, 19. Mai 2004.

Rolle. Sowohl Angreifer als auch Vertriebene sind Muslime.
Die Auswirkungen zeigen sich am deutlichsten bei den vertriebenen Bauern und ihren Familien. Sie mussten ihre Heimat und ihren Besitz zurücklassen, fliehen, und leben jetzt zum Teil unter katastrophalen hygienischen Bedingungen in Flüchtlingslagern.

9. **Selbstbezug**: Und was hat das mit mir zu tun? Verändert sich durch die Ereignisse mein Alltagsleben?
Das Alltagsleben hier bei uns wird durch die Ereignisse in Darfur kaum beeinflusst. Vielleicht gelingt es einigen der Opfer, in die Schweiz zu flüchten und hier Asyl zu beantragen. Vielleicht wohnen sie dann in einer Asylunterkunft in meiner Nähe.

10. **Handlungsorientierung**: Soll ich etwas tun? Kann ich etwas tun?
Zuerst will ich mich weiter informieren. Ich versuche, den Wahrheitsgehalt der Informationen zu überprüfen, indem ich zusätzliche Quellen aus verschiedenen Perspektiven studiere. Ich erkundige mich zudem in meiner Umgebung, ob andere Menschen eine besondere Beziehung zum Gebiet oder ein spezielles Wissen über die Geschehnisse haben. Ich mache mich kundig, ob es Organisationen gibt, die viel mit dem Ort der Geschehnisse zu tun haben und mehr über die Hintergründe wissen.
Falls ein Unrecht geschieht, will ich mich engagieren und nicht ruhig und still bleiben. Ich will mich einmischen und nicht Augen, Ohren und Mund verschliessen. Deshalb berate ich mit Kolleginnen, Freunden und Bekannten, ob wir etwas machen können oder sollen. Allein kann ich wenig ausrichten. Ich brauche Verbündete und entscheide auf Grund meiner aktuellen Lebenssituation,

- *ob ich bei der Bildung der öffentlichen Meinung mithelfe: Vortrag über Darfur, Leserbriefe, Beiträge in Diskussionsgruppen im Internet;*
- *ob ich mich mit persönlichem oder finanziellem Engagement für die Menschen in Darfur einsetze: Spende an eine Hilfsorganisation, Informationsstand auf dem Marktplatz;*
- *ob ich Ideen zur Lösung des Konfliktes unterstütze: UNO-Resolution gegen den Sudan, Öl-Embargo gegen den Sudan, Entsendung von UNO-Friedenstruppen in den Sudan;*
- *ob ich selber aktiv in Hilfsorganisationen mitarbeite: Eintritt in Friedenstruppen, Arbeit als Krankenpfleger in einem Flüchtlingslager, Lastwagenfahrerin bei der UNO.*

Wende dieses Vorgehen bei einem aktuellen Konflikt an, von dem du aus der Zeitung, aus dem Fernsehen oder aus dem Radio erfahren hast.

Die Welt, ein globales Dorf?

Mit dem Wort Globalisierung werden Vorgänge in Wirtschaft, Politik und Kultur beschrieben. Sie lassen die Menschen näher zueinander rücken und machen sie stärker voneinander abhängig. Die internationalen Verflechtungen der Wirtschaft vermindern die Einflussmöglichkeiten der Menschen in den einzelnen Ländern. Viele fürchten daher, dass sich alle Menschen noch stärker dem wirtschaftlichen Gewinnstreben unterordnen müssen.

LERNZIELE

1. Du kannst verschiedene Menschengruppen aufzählen, die sich für die Globalisierung einsetzen, und du kennst drei Gründe, wieso sie das tun.

2. Du kannst Globalisierung definieren und je einen politischen, wirtschaftlichen und kulturellen Aspekt davon nennen.

3. Du weisst, auf welch unterschiedliche Weise die Weltgemeinschaft im Golfkrieg 1991 und im Irakkrieg 2003 gehandelt hat.

4. Du kannst die Aussage «Im globalen Dorf entsteht ein digitaler Graben» erklären.

5. Du weisst, was nachhaltige Entwicklung bedeutet und in welchen Städten diese diskutiert und festgelegt wurde.

6. Du hast dir eine Meinung erarbeitet, wie du mit der Globalisierung umgehen willst.

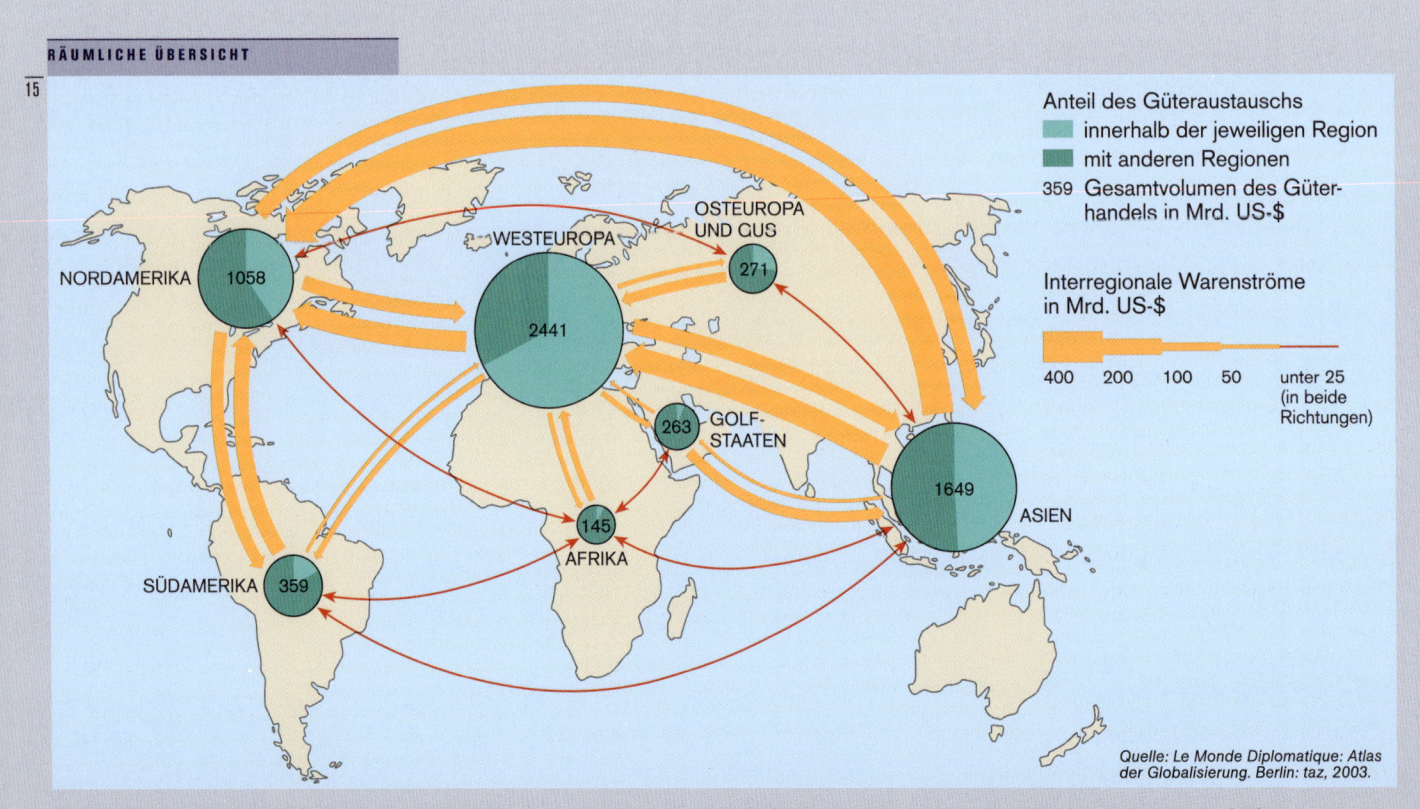

ZEITLICHE ÜBERSICHT

1989	Fall der Berliner Mauer
1990	Entwicklung des World Wide Web
1991	Golfkrieg um Kuwait
Ab 1991	Verstärkung der Globalisierungsprozesse
1992	Gründung der Europäischen Union (EU)
1992	Erster Erdgipfel in Rio de Janeiro
1995	Gründung der Welthandelsorganisation (WTO)
1999	Protestkundgebungen gegen die Globalisierung in Seattle
2001	Anschlag auf das World Trade Center in New York
2003	Irakkrieg: Sturz Saddam Husseins
2004	EU-Osterweiterung

RÄUMLICHE ÜBERSICHT

15

Anteil des Güteraustauschs
- innerhalb der jeweiligen Region
- mit anderen Regionen
- 359 Gesamtvolumen des Güterhandels in Mrd. US-$

Interregionale Warenströme in Mrd. US-$
400 200 100 50 unter 25 (in beide Richtungen)

NORDAMERIKA 1058
WESTEUROPA 2441
OSTEUROPA UND GUS 271
GOLFSTAATEN 263
ASIEN 1649
AFRIKA 145
SÜDAMERIKA 359

Quelle: Le Monde Diplomatique: Atlas der Globalisierung. Berlin: taz, 2003.

Weltumspannende Handelsströme im Jahr 2000. Unter internationalem Handel versteht man den Austausch von Gütern und Dienstleistungen zwischen den einzelnen Ländern. Hier dargestellt ist ausschliesslich der Handel mit Gütern (ohne Geldhandel). Ein wachsender Anteil der Handelsströme fliesst zwischen verschiedenen Unternehmen derselben *multinationalen Konzerne (1999 waren es 45 Prozent).

Von der zweigeteilten zur einen Welt?

Nach dem Ende des Kalten Krieges öffneten sich viele Grenzen. Die Menschen konnten nun einfacher durch die Welt reisen und andere Orte und andere Menschen kennen lernen. Die Welt schien ein «globales Dorf» zu werden. Am Anfang der Globalisierung standen wirtschaftliche Interessen. Diese hatten Auswirkungen auf die Politik, die Kultur, die Natur. Verschiedene Gruppen von Menschen profitierten von der Globalisierung, andere kritisierten sie. Doch alle Menschen waren von der Globalisierung betroffen.

Das Wort Globalisierung kommt von Globus, der Kugel mit dem Abbild der Erdoberfläche. Das Verb globalisieren beschreibt somit einen Vorgang, der sich über die ganze Erde ausdehnt, der die ganze Welt umspannt. Doch werden ganz unterschiedliche Entwicklungen als Globalisierung bezeichnet. Und Globalisierung ist eine Erscheinung, die viele verschiedene Lebensbereiche betrifft. Vor 1990 war das Wort Globalisierung kaum in Gebrauch, obwohl manche Vorgänge der Globalisierung bereits früher begonnen haben.

Weltweite Gemeinschaft?

Mit dem Fall der Berliner Mauer und dem Ende des kommunistischen Systems in Osteuropa und der UdSSR nahmen viele Menschen die Welt mit neuen Augen wahr. Das westliche marktwirtschaftliche Modell schien sich als Vorbild für die ganze Welt durchzusetzen. In dieser Welt, die nicht mehr vom Ost-West-Gegensatz geprägt war, boten sich vielen Menschen neue Möglichkeiten. Sie konnten einfacher reisen, ihre Meinung kundtun, Bücher lesen, auf der ganzen Welt Geschäfte abwickeln und vor allem andere Menschen treffen.

Manche Menschen bezeichneten die Welt nun als ein «globales Dorf». Sie hatten den Eindruck, dass die Welt dank den neuen Informationstechnologien wie Internet oder Mobiltelefon zu einem kleinen, überschaubaren Ort geworden sei. Alle Menschen würden sich wie Nachbarinnen und Nachbarn begegnen, obwohl in Wirklichkeit manchmal ganze Kontinente zwischen ihnen lagen. Doch dieser idealen Vorstellung von einer weltweiten Gemeinschaft stand in Wirklichkeit die Ungleichheit zwischen Entwicklungsländern und Industriestaaten gegenüber.

Wirtschaftliche Interessen

Im Zentrum der Globalisierung standen wirtschaftliche Interessen. Führende Persönlichkeiten aus Wirtschaft und Politik strebten eine Wirtschaftsordnung an, bei der der Staat möglichst wenig in das Wirtschaftsgeschehen eingreifen sollte. Stattdessen vertrauten sie auf den «freien Markt». «Frei» bedeutet in diesem Zusammenhang frei von staatlichem Einfluss. Es sei nicht Aufgabe des Staates, unternehmerisch tätig zu werden. Vielmehr sollten Staatsbetriebe privatisiert und Gesetze und Verordnungen auf das Notwendigste reduziert werden. Diese Vorstellung, wie Wirtschaft funktionieren soll, heisst *Neoliberalismus. Der freie Handel trägt nach Einschätzung der Neoliberalen zur Förderung von weltweitem Wohlstand bei. Vor allem grosse Konzerne und Unternehmen in den Industrienationen befürworteten die Globalisierung im Sinne einer Förderung des Freihandels zwischen den Staaten. Sie profitierten auch am meisten von ihr.

Doch viele Menschen mit sehr unterschiedlichen Interessen trugen zur Globalisierung bei. An ihrer Entwicklung beteiligt waren sowohl die Techniker, die das Internet erfanden, als auch Musikerinnen, die Erfolg haben wollten, oder auch Beamte und Politikerinnen, die ihre Weltanschauung vertraten.

Neue Möglichkeiten

Durch die Möglichkeiten der neuen Informationstechnologien wie Internet oder Mobiltelefon und die schnelle und billige Beförderung von Waren und Menschen bekam die Globalisierung den nötigen Schwung. Diese Mittel standen aber nicht nur den Befürworterinnen und Befürwortern der Globalisierung zur Verfügung. Auch Kritikerinnen und Gegner nutzten Medien wie das Internet, um ihre Anliegen vorzubringen. Sie wiesen auf Ungerechtigkeiten in der Politik der grossen Konzerne hin und auf die Bedrohung der Umwelt. Denn durch den grösseren Ressourcenverbrauch hatte die Globalisierung auch Auswirkungen auf die Natur. Und mit der Zunahme der Mobilität und des Verkehrs veränderte sich die Lebensweise der Menschen in vielen Ländern. Kritikerinnen und Gegner setzten sich auch für die Rechte von Minderheiten ein und machten darauf aufmerksam, dass es auch Verliererinnen und Verlierer der Globalisierung gibt. Damit gestalteten auch sie die Globalisierung mit.

AUFGABEN

1. *Wieso bezeichnete man die Welt am Ende des letzten Jahrhunderts als «globales Dorf»?*
2. *Nenne drei verschiedene Menschengruppen, die von der Globalisierung profitierten oder immer noch profitieren. Vermute, wie und wieso sie profitierten.*
3. *Wieso setzte sich die Globalisierung in so kurzer Zeit weltweit durch?*
4. *Nenne drei Lebenssituationen aus deinem Alltag, in denen du von der Globalisierung profitierst oder unter ihr leidest.*
5. *Bist du eine Befürworterin, ein Befürworter oder eine Gegnerin, ein Gegner der Globalisierung? Begründe deine Ansicht.*
6. *Erkläre, was die Übersichtskarte (Seite 186) mit dem Thema Globalisierung zu tun hat.*

Protest gegen die WTO, Seattle, Dezember 1999.
Während der Demonstration verteilte ein Demonstrant das Gedicht «Why we are here» – «Warum wir hier sind». Eine Strophe lautet:

17 What we want, money no longer recognizes
like the vitality of nature, the integrity of work.
We don't want cheaper wood, we want living trees.
We don't want engineered fruit, we want to see and smell the food
growing in our neighborhoods.

Robert Arthur Lewis: *Why We Are Here* (Seattle Poem). 1999.

Internationale Wirtschaft

In den 1940er Jahren wurden drei wichtige internationale Organisationen gegründet, die sich mit Handels- und Wirtschaftsbeziehungen beschäftigen. Es entstand allmählich eine weltweite Wirtschaft. Diese Entwicklung vergrösserte die Kluft zwischen Arm und Reich. Die USA und Europa spielten bei der wirtschaftlichen Globalisierung eine führende Rolle.

Wenn von Globalisierung die Rede ist, fallen oft die Namen von Organisationen wie Internationaler Währungsfonds IWF (International Monetary Fund), Weltbank (World Bank) oder Welthandelsorganisation (World Trade Organization WTO). Welche Aufgaben haben diese Organisationen und was haben sie mit der Globalisierung zu tun?

Im Juli 1944 trafen sich Vertreterinnen und Vertreter von 45 Staaten in der amerikanischen Ortschaft Bretton Woods. Dort gründeten sie den Internationalen Währungsfonds und die Weltbank. Die USA waren treibende Kraft bei der Gründung dieser beiden Organisationen. Sie hofften, dass möglichst viele Länder das kapitalistische System übernehmen oder beibehalten würden. Das war besonders während des Kalten Krieges ein wichtiger Aspekt. Deshalb konnten nur kapitalistische Länder die Dienstleistungen von IWF und Weltbank in Anspruch nehmen. Ausserdem war es den Vereinigten Staaten ein Anliegen, dass es möglichst vielen Ländern wirtschaftlich gut geht, damit US-Firmen ihre Produkte dort verkaufen konnten.

Weltbank

Die Weltbank vergibt Kredite an Staaten, um sie in schwierigen Situationen zu unterstützen. Die ersten Kredite vergab sie, damit das vom Krieg zerstörte Europa wieder aufgebaut werden konnte. Heute ist die Weltbank ein Dachverband von fünf Teilorganisationen. Wiederaufbauprojekte nach kriegerischen Konflikten oder nach Naturkatastrophen sind immer noch ein wichtiger Teil ihrer Arbeit. Ausserdem vergibt sie Kredite für Entwicklungsprojekte in Ländern des Südens. Die Ideen für diese Projekte kommen von den betreffenden Ländern selbst oder von den Organisationen der Weltbank. Ziel der Hilfsprojekte ist es, die Armut zu bekämpfen, die Artenvielfalt von Tieren und Pflanzen zu fördern, die Ausbreitung von Aids zu verhindern und Schulen zu unterstützen.

Internationaler Währungsfonds

Der Internationale Währungsfonds soll die Stabilität des internationalen Finanzsystems garantieren. Er soll sicherstellen, dass die 182 Mitgliedländer über genügend ausländisches Geld verfügen, damit sie mit anderen Staaten Handel treiben können. Die reichen Industriestaaten (zum Beispiel USA, Deutschland, Grossbritannien, Frankreich und Japan) müssen den IWF kaum mehr in Anspruch nehmen. Hingegen beantragen die Länder des ehemaligen Ostblocks und des Südens Kredite beim IWF. Obwohl sich der Währungsfonds sehr offen gibt, unterstützt er nur Projekte, die seinen wirtschaftspolitischen Vorstellungen entsprechen. Deshalb gerät der Währungsfonds immer wieder ins Kreuzfeuer der Kritik. Er wird kritisiert, weil er Kredite für fragwürdige Projekte ver-

Demonstration von Postangestellten, Februar 2004. Im Februar 2004 legten in Zürich und in anderen Schweizer Städten mehrere Hundert Postangestellte die Arbeit nieder. Sie protestierten gemeinsam mit ihrer Gewerkschaft gegen die drohende Auflösung des Gesamtarbeitsvertrags, gegen die Schliessung von Poststellen und Lohnkürzungen. Zu reden gab auch der Umstand, dass die Angestellten bei der Demonstration ihre Uniform trugen. Die Leitung der Post drohte, den Lohn derjenigen zu kürzen, die während der Arbeitszeit an der Kundgebung teilnehmen.

gibt. Oder es wird beanstandet, dass er Kredite zu schlechten Bedingungen oder mit umstrittenen Auflagen gewährt.

Welthandelsorganisation

1947 beschlossen 23 Staaten eine wichtige wirtschaftspolitische Vereinbarung, das Freihandelsabkommen GATT (General Agreement on Tariffs and Trade). 1995 löste die neu gegründete Welthandelsorganisation WTO das GATT ab. Auch bei dieser Organisation waren die USA eine treibende Kraft. Freihandel bedeutet, dass zwischen den Mitgliedstaaten keine so genannten Handelshemmnisse bestehen. Handelshemmnisse sind zum Beispiel Zölle, Importbeschränkungen oder Steuern auf ausländischen Produkten und Dienstleistungen. Die Welthandelsorganisation hat das Ziel, solche Hemmnisse abzubauen. Auch Unterstützungszahlungen für einheimische Wirtschaftszweige, zum Beispiel Subventionen für die Landwirtschaft, gelten als Hemmnisse des Freihandels.

Der Freihandel ist vorwiegend für Unternehmen interessant, die sich international durchsetzen können. Dafür müssen sie in erster Linie günstige Produkte anbieten. Für die Schweizer Landwirtschaft zum Beispiel ist dies schwierig. Weil die Bauernhöfe klein sind oder in unwegsamem Gebiet liegen, ist eine billige Massenproduktion nicht möglich.

Die Macht internationaler Konzerne

Mit der Globalisierung ergab sich eine ganze Reihe weiterer wirtschaftlicher Entwicklungen. Anfang der 1990er Jahre sanken die Gewinne vieler Unternehmen und Konzerne. Sie reagierten darauf, indem sie die Möglichkeiten der globalisierten Wirtschaft geschickt ausnutzten. Viele Firmen aus den industrialisierten Ländern liessen die Arbeit von Frauen und Männern in so genannten Niedriglohnländern des Ostens oder des Südens ausführen, zum Beispiel Kleider nähen oder Computer zusammensetzen. Sie verlagerten Arbeitsplätze in Länder, in denen sie weniger Steuern entrichten und weniger strenge Umweltgesetze beachten mussten. In diesen Ländern galten auch weniger strenge Sozialgesetze und die Firmen konnten ihren Angestellten niedrigere Löhne bezahlen. Dafür schlossen sie ihre Produktionsstätten in den Ursprungsländern und entliessen die Angestellten, die dort teurer waren.

Andere Firmen schlossen sich zusammen und konnten dadurch Arbeitsplätze abbauen. Trotz weniger Personal konnten sie so gleich viel oder mehr Produkte herstellen oder Dienstleistungen erbringen. In der Schweiz fusionierten beispielsweise 1997 zwei der drei grössten Banken: Der Schweizerische Bankverein und die Schweizerische Bankgesellschaft wurden zur UBS. Auch in der chemischen Industrie gab es einen grossen Zusammenschluss: CIBA und Sandoz wurden 1996 zum Pharmakonzern Novartis.

Die Börsen, an denen die Aktien einer Firma gekauft und verkauft werden, wurden immer wichtiger. Eine Firma, die möglichst wenig für die Herstellung ihrer Produkte ausgab und daher viel Gewinn machte, war für die Aktionärinnen und Börsenhändler interessant. Die Aktienkurse dieser Firmen stiegen. Auch dies führte dazu, dass die Firmen vor allem danach strebten, ihre Kosten zu senken.

19 Die Schweizer Post *liberalisieren?

Alle Menschen unseres Landes, ob arm oder reich, jung oder alt, ob sie in der Stadt wohnen oder in einem Bergtal, haben das Recht, zu gleichen Bedingungen mit guten Dienstleistungen bedient zu werden. Der *Service public ist ein wichtiges Element einer gerechten Gesellschaft, wie wir sie uns vorstellen. [...] Die Post hat schon heute Mühe, den flächendeckenden Service public ohne staatliche Subventionen zu gewährleisten. Subventionen für die Post wären heute aber kaum mehrheitsfähig. Was sollen wir also tun? Den Service public beschwören und zuschauen, wie die Post ins Trudeln gerät?

Wir haben uns auch hier für eine offensive Strategie entschieden: Die Post soll neue Geschäftsfelder erschliessen und dadurch wirtschaftlich stärker werden können.

Moritz Leuenberger, Bundesrat, am SP-Parteitag vom 14. Oktober 2000.

20 Die Post als Unternehmen

Wenn wir jetzt nicht reagieren, also Kosten senken und modernisieren, sind qualifizierte Arbeitsplätze gefährdet. Die Post ist sehr personalintensiv – und bei der Brief- und Paketpost machen die Geschäftskunden mehr als 80 Prozent des Umsatzes aus. Wenn wir also wichtige Geschäftskunden an die Konkurrenz verlieren, wirkt sich das [...] direkt auf die Arbeitsplätze aus. [...] Im Paketbereich gibts schon länger Konkurrenz. [...] Ab 2004 wird der Paketmarkt vollständig liberalisiert – aber wir haben eine sehr gute Qualität, gute Produkte – und eine flächendeckende Zustellung. [...] Aber der Tag wird kommen, an dem wir dem Bund erklären werden: Entweder müsst ihr den Service public, den wir schon heute flächendeckend erbringen, abgelten – oder wir müssen noch weitere Massnahmen ergreifen. [...] Wenn künftig weniger Briefe und Pakete durch unsere Kanäle gehen sollten, dann müssen wir Personal abbauen.

Ulrich Gygi, Generaldirektor der Post, in einem Interview des «Blick», 26. April 2003.

Kritik an der Globalisierung

Bei der wirtschaftlichen Globalisierung gab es auch Verliererinnen und Verlierer. In den Industrieländern waren es alle diejenigen, die ihre Stelle verloren. Für diese Menschen musste der Staat in Form von Arbeitslosengeldern oder Sozialhilfe aufkommen. Die Regierungen der so genannten Niedriglohnländer hingegen wagten nicht, Mindestlöhne zu fordern oder Gesetze zum Arbeits- oder Umweltschutz umzusetzen. Sie fürchteten, sonst Arbeitsplätze und Steuereinkünfte zu verlieren, weil die internationalen Firmen die Arbeiten dann in einem noch billigeren Land ausführen liessen. Deshalb setzten sich diese Regierungen kaum für die Arbeiterinnen und Arbeiter in ihrem Land ein.

Immer mehr Menschen empörten sich über diese Art der Globalisierung. Sie kritisierten, dass vor allem die Inhaber und leitenden Angestellten von grossen Konzernen von der Globalisierung profitierten. Der Protest verteilte sich aber auf viele kleine Gruppen in vielen Ländern und richtete sich gegen die unterschiedlichsten Auswirkungen der Globalisierung. Viele Kritikerinnen und Kritiker schlossen sich darauf in so genannten Nichtregierungsorganisationen (Non-governmental organizations NGO) zusammen. Sie vertraten die Interessen von Menschen, die sich als Einzelne kein Gehör verschaffen konnten. Einige Globalisierungskritikerinnen und -kritiker suchten auch das Gespräch mit Vertretern der WTO, des IWF und der Weltbank.

Als 1999 in der nordamerikanischen Stadt Seattle eine WTO-Konferenz stattfand, reisten zehntausende von Demonstrantinnen und Demonstranten aus der ganzen Welt dorthin: Gewerkschafterinnen und Umweltschützer, Menschenrechtlerinnen, Christen, Gegnerinnen der *Gentechnologie und Bürgerrechtler. Zwar vertraten sie ganz unterschiedliche Interessen und Anliegen. Aber sie lehnten alle die Welthandelsorganisation ab. Für die Demonstrierenden war die WTO zu einseitig an einer bloss wirtschaftlichen Globalisierung orientiert. Tagelang protestierten sie, mehrheitlich friedlich. Ihr Protest führte dazu, dass die Veranstalter die Konferenz ergebnislos abbrachen. Eine Antiglobalisierungsbewegung war entstanden. Auch an späteren Veranstaltungen protestierte die neu entstandene Bewegung, zum Beispiel am Weltwirtschaftsforum in Davos.

AUFGABEN

7 *Beschreibe in je zwei Sätzen die Organisationen IWF, Weltbank und WTO.*

8 *Erkläre, weshalb der Freihandel für die Schweizer Landwirtschaft wenig vorteilhaft ist.*

9 *Nenne drei Gründe, wieso Schweizer Firmen in den 1990er Jahren ihre Arbeitsplätze ins Ausland verlagerten.*

10 *Nenne drei Menschengruppen, die gegen die Globalisierung protestierten. Erläutere ihre Gründe.*

11 *Bist du für oder gegen die Liberalisierung der Schweizer Post? Begründe deine Ansicht.*

12 *Weshalb waren Gewerkschafterinnen und Gewerkschafter überzeugt, dass es gerade in Zeiten der Globalisierung wichtig sei, einer Gewerkschaft anzugehören?*

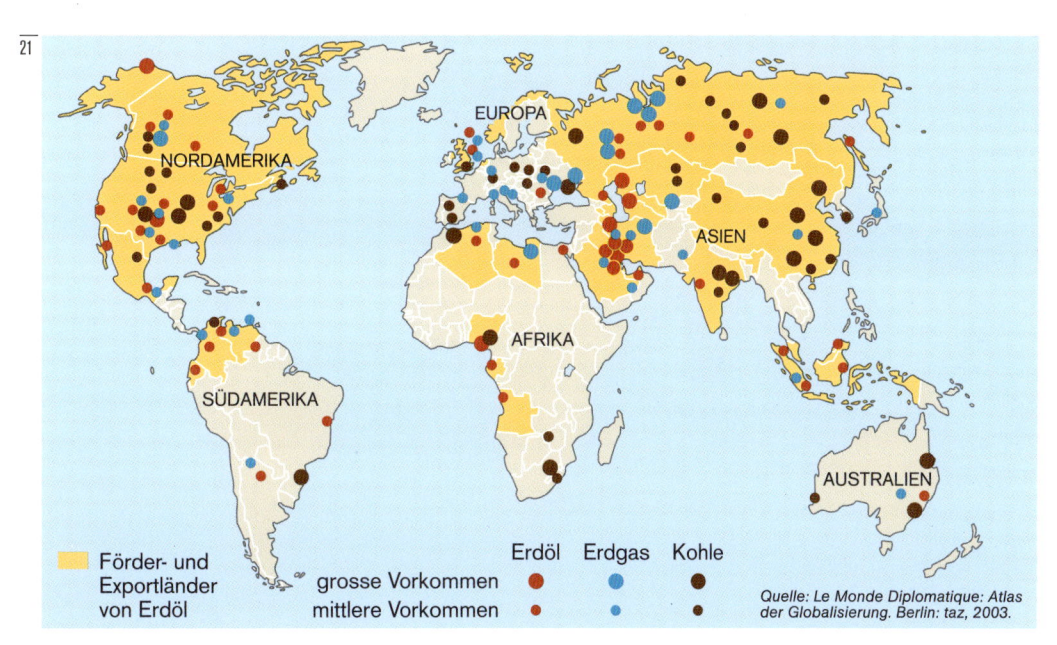

Energievorkommen weltweit, 1999/2002. Um die Jahrhundertwende waren fast überall auf der Welt Vorräte *fossiler Energieträger (Kohle, Gas, Erdöl) erschlossen. Grosse Vorkommen gab es nicht nur im Nahen Osten, sondern auch in Russland, in China und in den USA. Die Atomenergienutzung hatte nur in Europa, Russland und den USA eine grössere Bedeutung für die Stromgewinnung.

Ansätze zu einer Weltregierung

In der zweiten Hälfte des 20. Jahrhunderts schlossen sich immer mehr Staaten in internationalen Organisationen zusammen. Kriege, Umweltprobleme, Armut und Gewalt betrafen alle und sollten daher auch gemeinsam gelöst werden. Internationale Organisationen wie die UNO oder die Europäische Union EU sollten Konflikte verhindern oder zu ihrer Lösung beitragen. Zwei Kriege im Irak zeigten die Hoffnungen und Grenzen, die mit der Idee einer Weltregierung verbunden waren.

Seit der Gründung der UNO 1945 haben die Mitgliedstaaten immer wieder über wichtige Fragen von weltweiter Bedeutung diskutiert. Bis 1989 war die Arbeit der UNO aber vom Ost-West-Konflikt überschattet. Sowohl die USA als auch die UdSSR blockierten mit ihren Einsprachemöglichkeiten viele Aktionen der UNO, um ihre eigenen Interessen besser verfolgen zu können. Nach dem Ende des Kalten Krieges glaubten viele, dass nun die UNO zu einer handlungsfähigen Weltorganisation werde. Denn die USA verblieben als einzige Weltmacht und übernahmen die Führung.

Der Golfkrieg 1990/1991

Anfang August 1990 überfiel der irakische Diktator Saddam Hussein das Nachbarland Kuwait. Er behauptete, dass dieses Gebiet schon immer zum Irak gehört habe. Saddam Hussein interessierte sich für die grossen Ölfelder, die auf der kuwaitischen Seite der Grenze lagen. Die ganze Welt verurteilte die irakische Invasion in Kuwait. Die Stunde der UNO war gekommen. Denn in früheren regionalen Kriegen hatten die USA und die UdSSR oft entgegengesetzte Interessen vertreten. Dies hatte ein gemeinsames Vorgehen der Staatengemeinschaft verhindert. Nun konnte die UNO endlich ungehindert tätig werden, wie es ihren Zielen als friedenserhaltende Weltorganisation entsprach.

Die UNO verabschiedete einstimmig einen Beschluss, in dem der Irak aufgefordert wurde, seine Truppen unverzüglich zurückzuziehen. Der Irak sollte den Konflikt mit Kuwait friedlich beilegen. Als der Irak dieser Forderung nicht nachkam, beschloss die UNO einen Wirtschaftsboykott gegen den Irak, um Saddam Hussein zum Rückzug zu zwingen. Auch dieser blieb erfolglos.

Auf Antrag der USA stellte die UNO dem irakischen Herrscher schliesslich ein *Ultimatum: Saddam Hussein solle seine Armee bis zum 15. Januar 1991 aus Kuwait abziehen. Sonst würde im Namen der UNO eine Armee mit Soldaten aus verschiedenen Ländern die irakischen Truppen in Kuwait

«Highway of Death», die «Autobahn des Todes» nannten die amerikanischen Soldaten eine Strasse im Norden von Kuwait City im Golfkrieg 1991. Dort stauten sich die Fahrzeuge von irakischen Kämpfern, vielleicht auch von einigen Privatpersonen, die sich zurückziehen wollten. Die vereinten Truppen bombardierten diese Fahrzeuge und töteten fast alle Insassen. Dies entsprach nicht dem Bild vom «sauberen Krieg» mit den menschenleeren Aufnahmen, das der Öffentlichkeit im Fernsehen präsentiert wurde.

angreifen und vertreiben. Saddam Hussein weigerte sich, diese Aufforderung zu befolgen. Zwei Tage nach Ablauf des Ultimatums, am 17. Januar, begann der Golfkrieg oder der «Krieg zur Befreiung Kuwaits». Kriegsflugzeuge bombardierten die Stellungen der Iraker. Auf Bagdad wurden von Satelliten gesteuerte Marschflugkörper abgefeuert. Eine Woche später marschierten die UNO-Truppen ein, und nach wenigen Tagen war die irakische Armee in Kuwait und im Süden Iraks geschlagen. Nach insgesamt etwas mehr als einem Monat endeten die Kämpfe.

Die Truppen, die im Namen der UNO gekämpft hatten, zogen sich aus dem Irak zurück. Doch das Ergebnis dieses Krieges konnte man nicht Frieden nennen. Die UNO wollte mit dem wirtschaftlichen Boykott, der weiterhin galt, eigentlich die irakische Führung hart bestrafen. Doch hatte vorwiegend die irakische Bevölkerung darunter zu leiden. Es fehlte an allem: Nahrungsmittel, Medikamente, Ersatzteile für Wasser- und Stromversorgung oder für Transportmittel. Es funktionierte kaum mehr etwas. UNO-Experten überwachten die militärischen Einrichtungen. Saddam Hussein sollte in Zukunft keine Gelegenheit mehr haben, ein Land zu überfallen oder eine Volksgruppe zu verfolgen.

Die USA hatten bei den Kriegsvorbereitungen eine Führungsrolle übernommen. Sie hatten auch am meisten Soldaten und Waffen gestellt und trugen den grössten Teil der Kosten dieser militärischen Aktion. Doch war der Einsatz der USA nicht uneigennützig. Die USA hatten sich schon während des Kalten Krieges für die Region um den Persischen Golf interessiert. Sie hatten jahrzehntelang dafür gesorgt, dass sie in dieser Gegend ihren Einfluss gegenüber der UdSSR behaupten konnten und wollten diese Stellung behalten. Denn unter dem arabischen Wüstensand lagern riesige Erdöl- und Erdgasvorräte. Vor allem die Länder Europas beziehen ihr Erdöl aus dieser Gegend. Zudem wollten die USA das befreundete Land Israel vor Angriffen aus der arabischen Welt schützen.

Die Ohnmacht der UNO

Die Macht der UNO war begrenzt. Ohne die militärische Unterstützung der USA hätte sie Kuwait nicht von den irakischen Truppen befreien können. Die USA waren auch der wichtigste Geldgeber der UNO. Diese hatte kaum Druckmittel, die Weltmacht USA davon abzubringen, in erster Linie ihre eigenen Interessen zu verfolgen. Dies zeigte sich in den Konflikten der folgenden Jahre, besonders beim Irakkrieg im Jahr 2003. Die USA warfen Saddam Hussein vor, gegen die Bestimmungen der UNO zu verstossen und heimlich Massenvernichtungswaffen herzustellen. Die USA drängten deshalb auf einen Militärschlag. Frankreich, Deutschland, Russland und etliche weitere Staaten waren gegen diesen Krieg. Die USA, Grossbritannien und weitere Länder setzten sich über die Bedenken hinweg. Sie griffen den Irak ohne Zustimmung der UNO an, besetzten das Land und stürzten Saddam Hussein. Damit

Kofi Annan am Weltgipfel für eine nachhaltige Entwicklung in Johannesburg, Südafrika 2002. Der UNO-Generalsekretär Kofi Annan reiste anlässlich des Weltgipfels auf den Somoho, den Berg der Hoffnung in *Soweto. Soweto war 1976 in die Schlagzeilen geraten. Die weisse südafrikanische Polizei hatte damals auf schwarze Südafrikanerinnen und Südafrikaner geschossen, die gegen das Apartheidregime protestierten. Der UNO-Generalsekretär stammt zwar aus Ghana und nicht aus Südafrika. Seine Präsenz in Soweto war aber dennoch sehr symbolhaft. Er forderte am Weltgipfel ein Programm für eine Weltentwicklung, die die Umwelt schont und dennoch Armut bekämpft.

zeigte sich, dass die UNO noch weit von einer allseits anerkannten Weltregierung entfernt war. Die Länder der Welt wollten sich nicht gemeinsamen Prinzipien unterordnen. Jedes Land beanspruchte für sich Sonderrechte. Dies führte auf vielen UNO-Konferenzen mit unterschiedlichen Themen zu zähen Verhandlungen. Oft bewirkten die dabei erzielten Ergebnisse kaum etwas.

Europäische Union

Die Bildung eines Staatenverbandes ist schwierig. Denn die Mitglieder müssen Befugnisse an eine zentrale Einrichtung abgeben. Das zeigte sich auch in Europa. Die Europäische Union war seit ihrer Gründung im Jahr 1957 stetig gewachsen. Im Jahr 2004 traten zehn weitere Staaten, vor allem aus Ost- und Mitteleuropa, der EU bei. Damit stieg die Zahl der Mitgliedstaaten auf 25. Doch die europäische Union war vor allem wirtschaftlich und nur teilweise politisch ausgerichtet. So hatte die EU keine Regierung, die von der Bevölkerung oder vom Europaparlament gewählt wurde. Die Entscheide wurden von Räten gefällt. In diesen Räten war je ein Regierungsmitglied von jedem EU-Land vertreten. Wichtige Entscheide mussten aber einstimmig gefasst werden. Ein einzelnes Land konnte also unliebsame Vereinbarungen einfach blockieren. Die EU-Mitgliedsländer behielten in vielen Fragen ihre nationalen Gesetzgebungen bei und vertraten auch unterschiedliche Interessen in der Aussenpolitik.

Trotzdem war und ist die Zusammenarbeit zwischen den Staaten ein wichtiges Element der Globalisierung. Auch wenn es viele Einschränkungen gibt, so hatten und haben die UNO und die EU wie auch andere Organisationen einige Macht. Denn solche Organisationen und Vereinigungen legen die Rahmenbedingungen für die wirtschaftliche Globalisierung fest. Regierungen, Parteien und Organisationen auf der ganzen Welt forderten, dass solche Institutionen für eine gerechte und sozial verträgliche Ausgestaltung der Globalisierung sorgen sollten. Die einzelnen Staaten könnten diese Aufgaben allein nicht bewältigen.

AUFGABEN

13 *Mit welchen Massnahmen ging die UNO 1990 gegen den Irak vor, nachdem dieser Kuwait überfallen hatte?*

14 *Welche Gründe veranlassten die USA, sich in der Region des Persischen Golfes militärisch zu engagieren?*

15 *Worin unterscheiden sich der Golfkrieg von 1990/91 und der Irakkrieg von 2003?*

16 *Bist du für oder gegen den Beitritt der Schweiz zur EU? Begründe deine Meinung.*

17 *Was lernst du aus der Karte der Energievorkommen auf Seite 191 zur Situation der Schweiz und der Welt heute?*

Die Grameen Phone Ladies. In Bangladesch nennt man sie Grameen Phone Ladies. Leute aus dem Dorf stehen Schlange, um ihr Mobiltelefon benutzen zu können. Sie rufen damit ihre Verwandten an, Freunde oder das Krankenhaus und bezahlen die Phone Ladies pro Gesprächsminute. Nirgendwo in Asien besitzen so wenig Leute ein Telefon wie in Bangladesch. Grameen ist der Name einer nicht staatlichen Entwicklungsbank, die zu tiefen Preisen Mobiltelefone an Frauen vermietet, die sich damit ihren Lebensunterhalt verdienen. Im Oktober 2002 gab es in Bangladesch über 50 000 Grameen Phone Ladies. Das Mobiltelefongeschäft veränderte das Leben vieler Frauen. Sie werde im Dorf respektiert, seit sie Phone Lady sei, erzählte eine von ihnen. Sogar ihr Mann und ihre Familie behandelten sie mit mehr Achtung. Foto: April 1998.

Information und Mobilität

Internet und Mobiltelefone erleichterten seit 1990 die weltweite Verständigung. Die Transportmöglichkeiten für Menschen und Güter wurden schneller und günstiger. Diese Entwicklungen liessen die Welt scheinbar schrumpfen.

Internet

Das Internet wurde in den 1990er Jahren zum Inbegriff der globalisierten Kommunikation. Es war von US-Forschungsteams im Auftrag des Militärs schon in den 1960er und 1970er Jahren entwickelt worden. Die Idee des Internets war einfach und durchschlagend. Im Internet konnten mehrere Computer gleichzeitig und über das gleiche Verbindungskabel Daten austauschen. In den 1980er Jahren setzte es sich vor allem an Universitäten und wissenschaftlichen Forschungsinstituten durch. Dort wurde es am Anfang hauptsächlich zum Versenden von *E-Mail-Nachrichten genutzt.

Anfang der 1990er Jahre entwickelte ein englischer Physiker namens Tim Berners-Lee an einem Forschungsinstitut in Genf die Grundlagen für das World Wide Web, das ein Teil des Internets ist. Das WWW war ein riesiger Erfolg. Von Jahr zu Jahr stieg die Zahl von Menschen, die Anschluss an das Internet hatten.

Zahlreiche Unternehmen wollten das Internet als Chance zum Geldverdienen nutzen. Viele glaubten, der Handel werde in Zukunft vor allem über das Internet abgewickelt. Man werde dann seinen alltäglichen Einkauf nicht mehr im Supermarkt oder im Fachgeschäft, sondern zu Hause am Bildschirm tätigen. Doch diese Hoffnungen erwiesen sich zunächst als übertrieben. Der Internetbuchladen Amazon beispielsweise war das erste Unternehmen, das seine Produkte ausschliesslich über das Internet verkaufte. Doch Amazon machte jahrelang Verluste in Millionenhöhe. Viele Internetunternehmen, die zunächst mit Lob und auch mit Krediten überhäuft wurden, gingen Anfang des 21. Jahrhunderts Konkurs.

Telekommunikation

Hand in Hand mit der Globalisierung kam der Neoliberalismus auf. Dies führte dazu, dass viele Länder staatliche Dienstleistungen privatisierten. In der Schweiz betrieben die PTT, ein staatliches Unternehmen, den Postverkehr und das Telefonnetz. Das Telefongeschäft der PTT wurde 1998 als privatwirtschaftlich organisierte Firma ausgegliedert. Das neue Unternehmen hiess Swisscom. Zudem erlaubte die Schweizer Regierung auch anderen *Telekommunikationsanbietern, Telefondienste in der Schweiz zu verkaufen.

Die neuen Anbieter mussten aber erst einmal Kundinnen und Kunden gewinnen. Hierzu eigneten sich die Mobiltelefone. 1990 hatten fast alle Menschen in der Schweiz zu Hause einen Telefonanschluss. Aber erst wenige besassen ein Mobiltelefon. Die Telekommunikationsunternehmen investierten hohe Summen in den Ausbau des Netzes und in die Entwicklung neuer Dienste. Um neue Kundinnen und Kunden zu gewinnen, lockten sie mit tiefen Gebühren und verschenkten Mobiltelefone.

Vor allem in den USA und in Europa entwickelte sich die Telekommunikation in den 1990er Jahren rasend schnell. Doch in manchen Ländern des Südens besassen Millionen von Menschen kein eigenes Telefon und hatten noch nie im

25 SMS: Jugendliche tappen in die Schuldenfalle

Gerade mal elf Ziffern trennen viele Jugendliche von der Schuldenfalle. Schnell ins Handy die Nummer eines Freundes getippt, um über die WM-Ergebnisse zu quatschen, mal eben unter der Schulbank eine SMS geschickt, um über den Sitznachbarn zu lästern – so läppern sich bei vielen Jugendlichen Monat für Monat hohe Summen zusammen. Ausgaben, die das Taschen- oder Lehrlingsgeld oft nicht hergibt. Mehr als jeder zehnte 13- bis 17-Jährige in Deutschland hat laut einer Studie des Instituts für Jugendforschung in München Schulden.

Zehn Prozent davon fallen durch Telefonate an. Von einer «Handyseuche» spricht Peter Zwegat, Leiter der Schuldnerberatung DILAB in Berlin. Zu ihm kommen immer mehr Jugendliche und junge Erwachsene mit monströs hohen Telefonkosten. Beträge von bis zu 6000 Euro hat er schon auf Rechnungen gesehen, im Durchschnitt haben die Jugendlichen nach seinen Worten Handy-Schulden von mehreren hundert Euro im Monat.

«Das Handy ist für viele Jugendliche zwischen zwölf und 18 ein entscheidendes Statussymbol», sagt der Marktforscher Dieter Korczak vom Münchner Institut für Grundlagen- und Programmforschung. «Es hat etwa den gleichen Stellenwert wie rauchen und Alkohol trinken.» Auch Schuldenberater Zwegat fragt bei Schulbesuchen längst nicht mehr, wer ein Handy hat, sondern wer keins hat. «Dann gehen höchstens ein bis zwei Arme hoch.» Selbst acht- bis neunjährige Kinder sähen im Taschentelefon bereits einen unverzichtbaren Begleiter. [...] Die einzige Chance, eine Schuldenlawine zu vermeiden, sieht Schulz [...] in Prepaid-Handys. Zwar sind die Kosten dort höher, das Guthaben, das abtelefoniert werden kann, ist jedoch vorher festgelegt.

Martin Fiutak: *SMS: Jugendliche tappen in die Schuldenfalle.* ZDNet mit Material von AFP, 7. Juni 2002.

Internet gesurft. Für einen Internetzugang waren technische Geräte nötig, die teuer waren. Die meisten Menschen hatten auch zu wenig Geld, um regelmässig zu telefonieren. Daher beschränkten sich die Mobilfunknetze anfänglich auf die grösseren Siedlungen. So blieben viele Menschen von der weltumspannenden Informationstechnologie ausgeschlossen. Im globalen Dorf entstand ein «digitaler Graben». Ein Teil der Menschen hatte Zugang zu den neuen Informationsmöglichkeiten, ein grosser Teil aber nicht.

Um den vorhandenen digitalen Graben zu überwinden, brauchte es nicht nur Geld. Wer das Internet nutzen wollte, musste auch lesen und schreiben können. Ausserdem waren zu Beginn viele Internetangebote auf Englisch geschrieben und auf das Publikum in den industrialisierten Ländern des Nordens ausgerichtet. Innert weniger Jahre bauten aber Regierungen und Privatanbieter die Telekommunikation auch in vielen Ländern des Südens weiter aus. Diese enge Anknüpfung an das internationale Informationsnetz schuf Arbeitsplätze. Internationale Konzerne verlegten Teile ihrer Produktion in die Niedriglohnländer. Aber auch Unternehmer dieser Regionen bauten Firmen auf. Sie boten ihre Dienste im Bereich von Programmierung, Auskunftsdiensten und Ähnlichem international erfolgreich an.

Transport

Doch die Welt rückte nicht nur dank den Informationstechnologien näher zusammen. Auch die Transportmöglichkeiten für Menschen wie für Güter wurden immer billiger und schneller. Viele Länder bauten im Flugverkehr und zum Teil im Bahnverkehr staatliche Regelungen ab und strebten einen freien Markt an. Die Preise im Flugverkehr sanken, und damit nahm auch die Zahl der Flüge zu. Viele konnten es sich nun leisten, in die Badeferien nach Ägypten oder auf die Kanarischen Inseln zu fliegen.

Auch Waren wurden vermehrt mit dem Flugzeug transportiert. Die Unternehmen konnten so ihre Produkte oder Ersatzteile schneller liefern. Die tiefen Flugpreise waren nur möglich, weil der Ölpreis niedrig war. Viele Staaten unterstützten ausserdem die Fluggesellschaften finanziell. Die Hoffnung, dass das Internet und andere neue Kommunikationstechnologien Reisen und Transporte unnötig machen würden, zerschlug sich. Im Gegenteil: Der Informationsfluss schien den Verkehr noch anzukurbeln, denn mit den neuen Informationstechnologien konnte der Verkehrsfluss besser organisiert und dadurch gesteigert werden.

AUFGABEN

18 *Wieso kann man behaupten, die Welt rücke zusammen? Nenne mindestens zwei Begründungen dafür.*
19 *Was ist nötig, damit Menschen das Internet benutzen können? Nenne mindestens drei Voraussetzungen.*
20 *Erkläre den Begriff «digitaler Graben».*
21 *Wie nutzt du Internet und Mobiltelefonie?*
22 *Weshalb hältst du das Projekt der Grameen Phone Ladies für eine gute Sache? Weshalb nicht?*

Im Anflug. Eine Maschine der Swiss setzt am 6. Mai 2002 in Oberglatt zur Landung auf dem Zürcher Flughafen an.

Lärmverschmutzung

Lärm ist inzwischen die am häufigsten wahrgenommene Form von Umweltbelastung. Die Weltgesundheitsorganisation WHO spricht von «Lärmverschmutzung». [...] Als Folge der massiven Verkehrszunahme in den letzten Jahren reagieren immer mehr Leute empfindlich auf Lärm. Allgemein werden die gesundheitlichen Auswirkungen aber nach wie vor unterschätzt. So beeinträchtigt übermässiger Lärm nicht nur das Gehör, sondern belastet den gesamten Organismus: Er stört vor allem den Schlaf, erschwert die Kommunikation und schwächt die Konzentration. Lärm zerrt an den Nerven und macht dadurch schleichend krank.

Stefan Hartmann: *Ruhe bitte!* In: «Umwelt» 1/2003.

Nachhaltige Entwicklung

Die globale Wirtschaft, die steigende Mobilität und der zunehmende Konsum belasteten die ganze Erde. Diese globalen Umweltprobleme mussten von allen Staaten gemeinsam gelöst werden. Während aber die einen Menschen die Umwelt schonen wollten, mochten die andern nicht auf die Annehmlichkeiten des Technologiezeitalters verzichten. Die Idee der nachhaltigen Entwicklung war ein Versuch, diesen Widerspruch aufzulösen.

Schon zu Beginn der 1970er Jahre befassten sich Wissenschaftlerinnen, Politiker und Naturschutzorganisationen mit weltweiten Umweltproblemen. 1972 erschien ein Bericht des *Club of Rome mit dem Titel «Die Grenzen des Wachstums». Die Verfasser kritisierten, dass sich die Wirtschaft der westlichen Länder immer mehr an Gewinn und Wachstum orientiere. Die Menschen in den Industrieländern würden immer mehr konsumieren. Der steigende Verbrauch von Energie, Wasser und Rohstoffen bedrohe auf Dauer aber die Lebensgrundlagen aller Menschen. So zerstörte zum Beispiel der chemische Stoff *FCKW, der unter anderem als Treibmittel in Spraydosen eingesetzt wurde, langsam die Ozonschicht der Erde. Diese Ozonschicht ist aber wichtig, weil sie die Erde und damit die Menschen vor schädlicher Ultraviolettstrahlung schützt. Die Abgase von Autos und Lastwagen belasteten die Wälder und führten bei vielen Menschen zu Atemwegserkrankungen.

Eine UNO-Kommission unter der Leitung von Gro Harlem Brundtland (damals Ministerpräsidentin von Norwegen, später Generaldirektorin der Weltgesundheitsorganisation WHO) untersuchte in den 1980er Jahren den Zusammenhang von Umweltverschmutzung und wirtschaftlicher und gesellschaftlicher Entwicklung. Sie kam zum Schluss, dass es eine nachhaltige Entwicklung brauche. Das war ein neuer Ansatz gesellschaftlicher Entwicklung, der auf lange Sicht das Zusammenspiel von Umwelt, Wirtschaft und Gesellschaft berücksichtigen wollte. Nachhaltige Entwicklung, so umschrieb es die Kommission 1987 in ihrem Schlussbericht «Unsere gemeinsame Zukunft», sei eine Entwicklung, «die den Bedürfnissen der heutigen Generation entspricht, ohne die Möglichkeiten künftiger Generationen zu gefährden, ihre eigenen Bedürfnisse zu befriedigen und ihren Lebensstil zu wählen.»

Erdgipfel 1992

Im Jahr 1992 fand in Rio de Janeiro die UNO-Konferenz zu Umwelt und Entwicklung statt (Erdgipfel 1992). Das war bis dahin die grösste internationale Versammlung von Staats- und Regierungschefs. Die Teilnehmerstaaten einigten sich auf ein gemeinsames Ziel. Sie entwarfen ein Leitbild für eine nachhaltige Entwicklung. In der Rio-Erklärung verabschiedeten sie 27 kurz gefasste Grundsätze zu globalen Umweltfragen und die Agenda 21. Dabei steht 21 für das 21. Jahrhundert. Die Agenda 21 beschreibt in 40 Kapiteln ein Aktionsprogramm für nachhaltige Entwicklung. Die Staaten versprachen, dieses Programm in den folgenden Jahren umzusetzen. Aus diesem

29 Lokale Agenda 21:
Beatrix Mühlethaler in Illnau-Effretikon

Illnau-Effretikon könnte Schweizer Meister im Energiesparen sein. An Impulsen hat es nicht gefehlt: Einwohnerinnen und Einwohner, Industrielle und Gewerbetreibende erhielten alle erdenklichen Anregungen zu Sparmassnahmen. Es gab Ausstellungen, Vorträge, auf Wunsch sogar eine individuelle Energieberatung. [...] Es liesse sich noch einiges mehr aufzählen, was die Lokale Agenda 21 in Illnau-Effretikon an Aktivitäten und Diskussionen gebracht hat: Feiern mit andern Kulturen, Einsatz für Bio- und Regionalprodukte, Bauteilbörse... Ein aktiver Kern von Leuten hält den Prozess wach. Doch zur Meisterschaft hat es bisher nicht gereicht. Dazu muss erst noch das breite Publikum gewonnen werden. Motor des Prozesses ist der Verein Forum 21, den engagierte Menschen 1999 gegründet haben. [...] Zehntausend Franken pro Jahr stellt die Stadt dem Verein zur Verfügung; einen Beitrag leistete auch das *BUWAL.

Beatrix Mühlethaler, Mitglied der Vereine Naturschutz Illnau-Effretikon und Forum 21, im Buwal-Magazin «Umwelt» 2/2002.

Programm leiten sich auch die Aktivitäten der Lokalen Agenda 21 ab. Mit der Lokalen Agenda 21 sollten die Gemeinden die Grundsätze der nachhaltigen Entwicklung durchsetzen, im Sinne des Leitspruchs «global denken, lokal handeln». Alle Bürgerinnen und Bürger sollten sich daran beteiligen können.

Die Teilnehmerinnen und Teilnehmer vereinbarten zudem an der Rio-Konferenz Massnahmen zur Bekämpfung der Klimaerwärmung, zur Erhaltung der biologischen Vielfalt und zum Schutz der Wälder. Vom Aussterben bedrohte Pflanzen- und Tierarten sollten geschützt und ihre Lebensräume erhalten werden. Und die Klimaerwärmung sollte mit einer Verminderung des Kohlendioxid-Ausstosses gebremst werden.

Klimaerwärmung

Bei der Verbrennung von Kohle, Öl und Erdgas, den so genannten fossilen Brennstoffen, wird Kohlendioxid (CO_2) freigesetzt. Kohlendioxid ist zwar ein lebensnotwendiger Stoff: Die Pflanzen wandeln ihn in Sauerstoff um. Ein zu hoher Anteil an Kohlendioxid in der Atmosphäre führt aber dazu, dass die Sonneneinstrahlung in der Atmosphäre verbleibt und nicht mehr in den Weltraum abstrahlt. Dieser so genannte Treibhauseffekt führt zur Erhöhung der durchschnittlichen Temperatur auf der Erde.

Bereits in den 1960er Jahren vermuteten Wissenschaftlerinnen und Wissenschaftler, dass die Verbrennung fossiler Brennstoffe zu einem weltweiten Anstieg des Kohlendioxid-Anteils in der Atmosphäre führen könnte. In den 1980er Jahren mehrten sich die Anzeichen, dass sich das Erdklima wegen der steigenden Kohlendioxidmenge dauerhaft erwärmen könnte. Als Folge davon rechneten die Wissenschaftlerinnen und Wissenschaftler mit extremen Wetterereignissen wie Orkanen, Gewitterstürmen und Überschwemmungen. Sie befürchteten vor allem, dass die dicht besiedelten Küstengebiete überflutet würden, falls die beiden Polkappen abschmelzen und der Meeresspiegel um einige Meter ansteigen würde.

Mit entsprechenden Regierungsprogrammen und gesetzlichen Vorschriften sollte der Verbrauch von fossilen Brennstoffen und damit der Ausstoss von Kohlendioxid vermindert werden. Doch staatliche Eingriffe widersprachen den Idealen der wirtschaftlichen Liberalisierung. Insbesondere die grossen Unternehmen in den USA, aber auch die US-Regierung wandten sich daher gegen Massnahmen zur Verminderung des Kohlendioxid-Ausstosses.

Gentechnologie

Bei der *Gentechnologie entstand ein weiterer Konflikt zwischen den Interessen an einer freien wirtschaftlichen Entfaltung und dem Wunsch nach einschränkenden Regeln. In der Medizin war die Anwendung der Gentechnologie weniger umstritten. Hingegen kritisierten viele den Einsatz der Gentechnologie in der Landwirtschaft. Die Befürworterinnen und Befürworter hofften, durch gentechnisch veränderte Nutzpflanzen und Nutztiere höhere Erträge zu erzielen. Andere gentechnische Veränderungen sollten die Nutzpflanzen widerstandsfähiger gegen Trockenheit oder Kälte machen.

Hühner in Auslaufhaltung. Thomas und Claudia Ryffel zeigen im Frühling 2002 auf ihrem biologisch geführten Bauernhof in Schwamendingen ihre Hühnerhaltung. Das Foto erschien in einer Reportage zur Bio-Landwirtschaft. Es schafft einen Kontrast zu den Tierfabriken der industriellen Nutztierhaltung. Denn es präsentiert Bauer und Bäuerin, wie sie sich noch persönlich um ihre Tiere kümmern. Damit passte das Foto in das bewusst aufgebaute Image der Bio-Landwirtschaft. Diese verzichtete nicht nur auf chemische Hilfsmittel wie Dünger oder Insektenvertilgungsmittel. Wichtig war auch die artgerechte und naturnahe Haltung der Nutztiere. Legehühner zum Beispiel wurden nicht mehr in Käfigen zusammengepfercht, sondern erhielten regelmässig Auslauf in einem Aussengehege.

Dadurch könnten gewisse Nutzpflanzen auch in klimatisch ungünstigeren Gebieten angebaut werden. Manche *genveränderte Pflanzen müssten ausserdem weniger mit Schädlingsbekämpfungsmitteln gespritzt werden und seien darum gesünder.

Die Gegnerinnen und Gegner befürchteten nicht nur unvorhersehbare Veränderungen im natürlichen Gleichgewicht, wenn plötzlich neuartige Pflanzen und Tiere in die Natur entlassen würden. Sie wiesen auch darauf hin, dass das gentechnisch veränderte Saatgut nicht mehr frei zugänglich, sondern im Besitz von grossen Konzernen sei. Damit würden die Bäuerinnen und Bauern auf der ganzen Welt, besonders aber jene im Süden, von diesen Konzernen abhängig. Viele Konsumentinnen und Konsumenten bezweifelten auch, dass der Verzehr von gentechnisch veränderten Lebensmitteln wirklich so unbedenklich sei, wie das die Befürworterinnen und Befürworter darstellten.

Die nicht gentechnisch veränderten Lebensmittel auf der anderen Seite waren auch nicht in jedem Fall gesund. Sie enthielten immer mehr chemische Rückstände. Viele Menschen wünschten sich darum wieder ungespritzte Äpfel, Eier von Hühnern mit Auslauf im Freien sowie Fleisch und Milch von Kühen, die nicht ihr ganzes Leben in einem Stall ohne Tageslicht verbrachten. Nachdem biologische Produkte zunächst nur in kleinen so genannten Bioläden erhältlich gewesen waren, begannen in den 1990er Jahren auch die Grossverteiler Migros und Coop Bioprodukte zu verkaufen. Diese Produkte hatten grossen Erfolg. Immer mehr Bäuerinnen und Bauern stellten ihre Betriebe auf biologische Produktion um.

Sie sahen darin eine Chance, sich mit Bioprodukten im globalisierten Markt gegen billigere, aber nicht biologisch hergestellte Lebensmittel aus dem Ausland zu behaupten.

AUFGABEN

23 *Nenne drei Umweltprobleme, die die ganze Welt betreffen.*
24 *Welches ist das Kennzeichen der so genannten nachhaltigen Entwicklung?*
25 *Nenne drei mögliche Massnahmen, um die Lärmbelastung für Menschen in der Nähe eines Flugplatzes erträglicher zu machen.*
26 *Erkläre das Motto «global denken, lokal handeln».*
27 *Nenne je zwei Argumente der Befürworterinnen, Befürworter und der Gegnerinnen, Gegner von gentechnisch veränderten Pflanzen. Nimm selbst Stellung zur Frage, ob gentechnisch veränderte Pflanzen in der Schweizer Landwirtschaft angepflanzt werden sollen.*

31 Hip-Hop auf Hindi

Vor ein paar Jahren fristete die indische *Bollywoodkultur bei uns noch eine recht verdruckste Existenz. Um sich gemeinsam mit Familie und Freunden die Filme aus der Heimat anzuschauen, mieteten beispielsweise in Berlin lebende Inder ganze Kinos für exklusive Privatvorstellungen – meistens mit verschrammten Kopien. […] Dem westlichen Zuschauer begegneten die populären indischen Bollywoodfilme mit ihren melodramatischen Liebesmythen und durchgeknallten Tanzeinlagen allenfalls auf Festivals, wo sie allerdings immer ein wenig wie *ethnografische Prestigeobjekte einer fremdartigen Populärkultur wirkten.

In letzter Zeit bewegte sich das Bollywoodkino plötzlich in leicht modernisierter Form aus der Exotenecke hinaus und begann einen stetigen Triumphzug in die internationale Unterhaltungsbranche. Angesichts einer Kinoindustrie, die alljährlich 800 Filme für einen gigantischen Markt herstellt, der von Bombay über Afrika und die arabische Welt bis in die indischen Subkulturen von London und Queens reicht, mag es verwunderlich sein, dass sich die indische Populärkultur erst jetzt in der westlichen Wahrnehmung etabliert.

Katja Nicodemus in «Die Zeit» 31/2002.

32 Kinoplakat zum indischen Film «Lagaan – Es war einmal in Indien» (Ashutosh Gowariker 2001). Das Gleichnis für den Weg Indiens aus der kolonialen Abhängigkeit hatte auch im Westen Erfolg. Lagaan erhielt eine Oscar-Nomination für den besten fremdsprachigen Film des Jahrs 2001 und ist mit über 500 Mio. Eintritten einer der erfolgreichsten Filme überhaupt. Die Schweiz war das erste europäische Land, wo er in die Kinos kam.

Kulturelle Globalisierung

Die Globalisierung hat auch eine kulturelle Seite. Sie hat Einfluss darauf, welche Musik wir hören, welche Filme wir sehen, welche Bücher wir lesen, welche Kleider wir tragen, oder darauf, was wir essen und trinken. Der Einfluss der USA scheint so gross zu sein, dass manche von einer McDonaldisierung der Welt sprechen. Doch muss die Globalisierung keine Einbahnstrasse sein. Regionale Besonderheiten vermögen sich oft sehr gut zu behaupten oder gewinnen gar an Bedeutung. Die Frage bleibt jedoch, was wir an Traditionen erhalten oder gar schützen wollen. Die Globalisierung erfordert in jedem Fall eine Antwort auf die Frage, wer wir sind und was uns ausmacht.

Ein altes Sprichwort lautet: «Andere Länder, andere Sitten.» Es weist darauf hin, dass in jeder Gesellschaft andere Verhaltensregeln gelten. Was bei uns als unanständig gilt, ist in anderen Ländern anständig. Das kann einfache Dinge wie das Rülpsen bei Tisch betreffen: In China gilt dies als höflich, bei uns aber nicht. Es umfasst aber auch viel wichtigere Themen, wie etwa die Vorstellungen darüber, wie das gesellschaftliche Zusammenleben geregelt ist.

Vereinheitlichung der Kulturen?

Die kulturelle Globalisierung ist eine Tatsache. Doch die Menschen reagieren unterschiedlich auf diese Entwicklung. Die einen begrüssen sie, die anderen stehen ihr skeptisch gegenüber. Manche widmen sich verstärkt der Pflege der eigenen Traditionen und des überlieferten Brauchtums. Es gibt viele Menschen auf der Welt, die ihre Bräuche pflegen, die einen mehr, die anderen weniger. Menschen, die bewusst und manchmal in übertriebener Weise an einer Tradition festhalten und sich ihr stark verbunden fühlen, nennt man Traditionalisten. Traditionalistinnen und Traditionalisten findet man überall auf der Welt.

Viele Verfechterinnen und Verfechter von alten Traditionen fürchten, dass die Menschen einseitig von amerikanischen Vorbildern, die in modernen Filmen, moderner Musik und Werbung zu sehen und zu hören sind, beeinflusst wer-

33 Weltmusik, Musik der Welt?

Mit dem Begriff «Weltmusik» (auch World Music, Weltbeat, Worldbeat, Ethnopop u. a.) wird seit den 80er Jahren ein zunehmend erfolgreiches Label bezeichnet, mit dem die Musikindustrie eine Vielzahl populärer und traditioneller Musikstile aus «nichtwestlichen» Ländern vermarktet. Weltmusik ist also kein eigener Musikstil, vielmehr werden hierunter derzeit alle Musikformen gefasst, die nur negativ definiert werden können: sie sind weder angloamerikanische Popmusik, noch europäische Klassik, noch Jazz, noch Musikstile des jeweiligen Landes, in dem sie vermarktet werden. [...] Weltmusik transformiert sich inzwischen aber auch zu einer Ausdrucksform verschiedener MigrantInnengruppen, die die Musikstile ihrer Herkunftsländer (oder der ihrer Eltern) mit den Trends des Musikmarktes kombinieren. Als besonders erfolgreich erwiesen sich dabei der «Rai» in Frankreich, «Asian Underground» in Grossbritannien und deutschtürkische Pop- und Hip-Hop-Produktionen. Diese bewussten Hybride [Mischformen] aus verschiedenen Traditionen feiert die Presse als neue globale Popmusik, deren grösster Star Manu Chao als musikalisches Emblem [Symbol] jener Protestbewegung gilt, die von den Medien ironischerweise als «Globalisierungsgegner» tituliert wird.

Hauke Dorsch, Ethnologe, Ausschreibung zu einem Seminar an der Universität Hamburg im April 2003.

Manu Chao, Genua, Juli 2001, wo er im Rahmen von Protestkundgebungen von Globalisierungskritikern ein Konzert gab. Manu Chao kam in Paris als Sohn spanischer Eltern zur Welt. Er spielte in Bands, die sich vom Massengeschmack der Hitparaden bewusst absetzen wollten. Er interessierte sich für spanische, französische, lateinamerikanische und auch afrikanische Musik. Manu Chao wurde wegen seines politischen Engagements zu einem Symbol der Bewegung, die sich gegen die wirtschaftliche Globalisierung wandte. Seine Musik steht aber für eine sehr erfolgreiche musikalische Globalisierung.

den. Sie fürchten, dass sich der amerikanische Lebensstil weltweit durchsetzt. Und sie befürchten, dass alle anderen kulturellen Traditionen dabei vergessen gehen.

Unbestritten ist, dass Kultur- und Konsumgüter aus den USA einen grossen Erfolg haben. Das mag mit der Betonung der Rolle des Einzelnen in der amerikanischen Gesellschaft zu tun haben. Jeder soll aus sich machen können, was er will und wozu er fähig ist. Es spielt scheinbar keine Rolle, aus welcher Umgebung jemand kommt. Noch immer haben viele Menschen die Hoffnung, den Aufstieg vom einfachen Tellerwäscher bis zum Millionär zu schaffen.

Wenn nun aber alle Menschen der Welt Coca-Cola trinken, Big Macs essen, Levi's-Jeans und Nike-Turnschuhe tragen und Michael Jackson hören, worin unterscheidet sich dann noch ein Schweizer von einer Pakistanerin, eine Argentinierin von einem Senegalesen?

Kulturelle Globalisierung muss nicht Vereinheitlichung der Kultur bedeuten. Die Globalisierung kann Traditionen auch stärken und bereichern. Nicht nur Schweizerinnen und Schweizer wollen mehr erfahren über unbekannte Kulturen im In- und Ausland. Umgekehrt interessieren sich auch Menschen aus anderen Gesellschaften für die Schweiz, für ihre Musik und ihre Kunst. Oder sie interessieren sich für die politische Organisation der Schweiz oder wie sie mit Minderheiten umgeht. Oder manche wollen wissen, wie in der Schweiz die Mitbestimmung gewährleistet wird. Dieses Interesse kann schweizerische Traditionen beeinflussen. Durch die Globalisierung werden Traditionen nicht überflüssig, sondern sie können sich weiterentwickeln.

Der internationale Austausch hat dazu geführt, dass wir auch in der Schweiz indonesisch essen, afrikanische Tänze lernen, unsere Wohnung nach chinesischen *Feng-Shui-Kriterien einrichten, sie mit indischen Räucherstäbchen parfümieren und dazu Salsa aus Kuba hören können. Trotzdem können wir uns schweizerisch fühlen. Die kulturelle Globalisierung muss keine Einbahnstrasse sein.

Werthaltungen

Neben dem Essen, der Musik und den Filmen, der Kleidung und sonstigen Konsumgütern gibt es aber auch andere Aspekte der kulturellen Globalisierung. Sie betreffen mehr die Werthaltungen und Einstellungen der Menschen sowie die Vorstellungen darüber, wie unser gesellschaftliches Zusammenleben geregelt ist oder geregelt sein soll. Wie ist beispielsweise die Stellung der Frau in Familie und Gesellschaft zu sehen? Welche Stellung haben die Kinder in einer Gesellschaft?

Stephan Eicher ist einer der wenigen Schweizer Musiker, die Schweizer Musik in die internationalen Hitparaden brachten. 1991 spielte er im Kursaal in Engelberg ein Album ein, das ihn zuerst in Frankreich bekannt und dann international zum Star machte. Auf «Engelberg» findet sich auch «Hemmige», das auf Berndeutsch gesungene Lied von Mani Matter. Stephan Eicher singt deutsch, französisch, englisch oder berndeutsch, neben Blues und Chansons auch Schweizer Volkslieder wie das «Guggisberglied». Er gab Konzerte in Afrika, Indochina, Südamerika, auf den Komoren und Madagaskar. Er trat immer wieder mit Künstlern auf, die traditionelle Musik spielten, z. B. aus Rumänien oder der Bretagne.

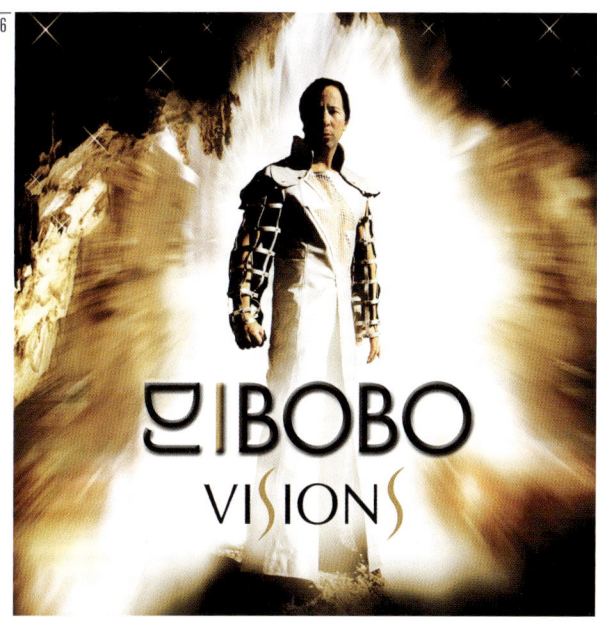

DJ Bobo heisst mit bürgerlichem Namen René Baumann, kommt aus Kölliken im Aargau und ist gelernter Bäcker. Er machte sich international einen Namen mit eingängiger Discomusik und aufwändigen Bühnenshows nach amerikanischem Vorbild. In den 1990er Jahren verkaufte er in Deutschland mehr Platten als Madonna oder Whitney Houston. Seine Konzerte ziehen zehntausende von Fans an. Dennoch scheint er nicht das Leben eines internationalen Stars zu führen. Seine Wurzeln drückt er nicht musikalisch aus, sondern indem er von sich selbst sagt, er wolle seinen Fans an den Konzerten einfach gute Schweizer Qualität abliefern.

Bei diesen Fragen gibt es trotz der laufenden Globalisierungsprozesse zwischen den Gesellschaften noch immer grosse Unterschiede. In manchen Kulturen wird den Frauen eine untergeordnete Rolle zugewiesen. In Europa und in den USA haben die Frauen jahrzehntelang für eine gleichberechtigte Stellung in der Gesellschaft gekämpft. In Ländern wie Pakistan oder Indien müssen viele Kinder zum Lebensunterhalt der Eltern beitragen und können keine Schule besuchen. In der Schweiz haben die Kinder nicht nur das Recht, sondern sogar die Pflicht, eine Schule zu besuchen.

Fundamentalismus

Die Veränderungen, die mit der Globalisierung zusammenhängen, bringen die Menschen in vielen Ländern und Gesellschaften in ein schwieriges Spannungsfeld. Auf der einen Seite gibt es Traditionen, die sie bewahren wollen. Auf der anderen Seite gibt es auch viele neue Entwicklungen und Erfindungen, die sie nicht einfach ablehnen können und wollen. Die Unsicherheit, wie mit den Herausforderungen der Globalisierung umzugehen ist, fördert bei manchen Menschen den Fundamentalismus.

Fundamentalismus ist eine geistige Haltung oder Einstellung. Fundamentalistinnen und Fundamentalisten halten an ideologischen oder religiösen Grundsätzen fest. Sie gehen keine Kompromisse ein. Beim ideologischen Fundamentalismus halten sich Menschen zum Beispiel an einem bestimmten politischen Parteiprogramm fest. Sie lassen keine Abweichungen zu. Beim religiösen Fundamentalismus halten sich die Menschen ausschliesslich an den Grundsätzen und Vorschriften ihrer Religion fest. Es gibt Fundamentalisten und Fundamentalistinnen, die ihre Anschauungen mit Gewalt durchsetzen und anderen Menschen aufzwingen wollen.

AUFGABEN

28 *Nenne ein konkretes Beispiel, das das Sprichwort «Andere Länder, andere Sitten» belegt.*
29 *Nenne Traditionen, die in der Schweiz gepflegt werden.*
30 *Erkläre den Unterschied zwischen Traditionalisten, Traditionalistinnen und Fundamentalisten, Fundamentalistinnen.*
31 *Wie unterscheiden sich DJ Bobo und Stephan Eicher in ihrem Umgang mit der Globalisierung?*
32 *Welches ist deine Meinung zur kulturellen Globalisierung? Betrachtest du sie eher als Chance oder als Gefahr?*

Die Google-Geschichte

37 Die Google-Geschichte

Eine Stunde südlich von San Francisco, bei der Ausfahrt Mountain View, Bayshore Parkway 2400, steht ein einstöckiges grünes Gebäude. Davor Tannen, Pinien und Zedern, drinnen im Eingangsbereich ein Flügel, ein Billardtisch, ein Kicker sowie mehrere Sitzecken mit roten Plüschsofas. Gleich daneben gibt es einen Fitnessraum, in der Kantine brutzelt Charlie Ayers, der Ex-Koch der Rockgruppe Grateful Dead, Thai-Hähnchen mit Broccoli.

Die Firma heisst Google. [...] Larry Page (Jahrgang 1973) und Sergey Brin (1974), die beiden Gründer der Firma, sitzen hinter einfachen Holzschreibtischen aus dem Baumarkt. Jeder arbeitet an zwei Computern. Papiere stapeln sich, Hockeystöcke für die Turniere auf dem Firmenparkplatz liegen in der Ecke. Zwischen all dem eine aktuelle Pressemitteilung: Nach einer Umfrage der Markenagentur Interbrand ist Google die «globale Marke des Jahres 2002». [...] Page, Sohn eines Computerwissenschaftlers, baute schon als Kind einen Tintenstrahldrucker aus Legosteinen. Heute steht der Apparat im Museum der Stanford Universität. Dort lernte er auch Brin kennen, einen gebürtigen Moskauer [...].

Ihr Lebensweg änderte sich, als sie im Frühjahr 1995 mehrere Computer zusammenschalteten und mit Pagerank fütterten, der von ihnen entworfenen Such-Software. Die ist nicht nur schnell, sondern listet die Suchergebnisse auch nach ihrer Bedeutung auf. Die dazu gehörende Homepage gestalteten sie fanatisch schlicht: viel Weiss, nur ein Google-Schriftzug und eine Textbox zur Eingabe der Suchbegriffe. Keine poppenden Werbefenster, die den Nutzer verwirren und das System langsam machen.

Die Vermarktung ihres Produktes lief schleppend an. Page und Brin klopften erfolglos bei mehreren Firmen an – darunter heutige Konkurrenten –, um sich mit ihrem Produkt ins Geschäft zu bringen. Erst bei Sun Microsystems gab man ihnen 100 000 Dollar, mit denen die beiden 1998 ihr eigenes Unternehmen gründeten – in einer Garage. Heute, viereinhalb Jahre später und mit einer 25-Millionen-Dollar-Geldspritze von Risiko-Kapitalgesellschaften ausgestattet, steht Google so gut da wie nie zuvor. [...] Analysten schätzen, dass Google jährlich 100 bis 150 Millionen Dollar umsetzt. Doch Page wohnt immer noch in einem Ein-Zimmer-Appartement in Downtown Palo Alto und fährt jeden Tag mit dem Fahrrad die zwölf Kilometer zur Firma. Reichtum ist für ihn nicht alles: «Ich will die Lebensqualität unserer Mitarbeiter verbessern. Das ist oft wichtiger als Gehalt.»

Das Geld verdient Google zum einen über kleine Anzeigen, die neben den gefundenen Seiten auftauchen. Zum anderen durch den Verkauf von *Lizenzen. Laut «New York Times» zahlt Yahoo jährlich 6,1 Millionen Dollar, um die Google-Technik nutzen zu dürfen. Kürzlich haben Page und Brin einen 80-Millionen-Dollar-Vertrag mit AOL unterzeichnet. Konkurrenten wie Excite, Altavista, Infoseek oder Hotbot sind längst abgehängt, während Google in 86 Sprachen existiert. Dabei hat die Firma kaum Werbung für sich gemacht. Ihr Ruf hat sich per Mausklick und Mundpropaganda verbreitet. Viele sähen Google angesichts dieses Erfolges gerne an der Börse. Der Wert des Unternehmens würde an der Wall Street mit mehreren Milliarden Dollar gehandelt werden. Doch Page und Brin, die sich mittlerweile wieder um die Technologie kümmern und für das Management erfahrene Leute eingestellt haben, sträuben sich. Brin: «Wir produzieren Cash. Wir brauchen kein Geld von der Börse.»

Die Suchsoftware Pagerank ist das Erfolgsrezept von Google. Im Gegensatz zu Konkurrenzprogrammen sucht sie mit ihrer komplizierten Formel nicht nur nach Schlagwörtern, sondern auch nach Empfehlungen anderer Internet-Seiten. Auf diese Weise listet Google jene Seiten auf, die wirklich wichtig sind. Dabei scannen mehr als 10 000 vernetzte Linux-Computer das Internet nach dem Suchbegriff. 5000 Computer stehen in Kalifornien, weitere 5000 an der US-Ostküste. Der Begriff Google leitet sich vom mathematischen Begriff Googol ab. Der steht für einen riesigen Wert, eine 1 mit 100 Nullen.

Thorsten Schüller in der Zeitschrift «Euro am Sonntag», 16. Februar 2003. Google ging im Oktober 2004 doch an die Börse und hatte kurz darauf einen Wert von über 30 Milliarden Dollar.

38 Google-Zensur?

Ein Münchner *Stoiber-Gegner hat als Privatmann eine Kampagne gegen den [...] Kanzlerkandidaten gestartet. Er verkauft T-Shirts mit dem Aufdruck «Stoiber darf nicht Kanzler werden». Um diese zu bewerben, nutzte er die Möglichkeit einer Google-Textanzeige (AdWords). Doch nach wenigen Tagen wurde diese Anzeige von Google gestoppt.

Larry Page (links) und Sergey Brin, die beiden Gründer von Google, präsentierten sich gern unkompliziert – hier auf so genannten Beanbags im Hauptbüro von Google. Foto: November 2000.

Thema ausweiten

40 Schematische Darstellung der wichtigsten interregionalen Internetverbindungen Mitte 2002. Je breiter die Verbindungslinie zwischen Städten und Kontinenten ist, desto wichtiger ist die Verbindung. Das Schema stellt die Internet-Bandbreiten dar, die von und zu den USA über Staatsgrenzen hinweg zu städtischen Agglomerationen führen. Verbindungen innerhalb der Länder und Regionen sind nicht berücksichtigt.

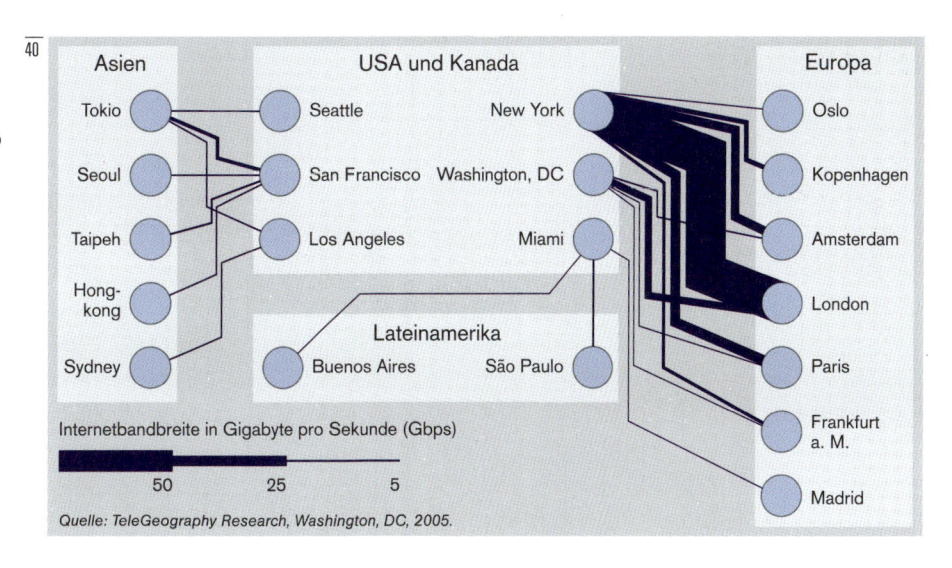

Quelle: TeleGeography Research, Washington, DC, 2005.

In dem Formschreiben an den Werbetreibenden wird das mit einem «unakzeptablen Produkt» begründet. Die Anzeige wurde «ausgesetzt», eine Überprüfung ist anhängig (Pending Revision). Das gesamte Schreiben lässt darauf schliessen, dass es sich hier um eine vollautomatische Massnahme handelt. [...]

Google akzeptiert auch Anzeigen für nicht jugendfreie beziehungsweise sexuell *explizite Inhalte. Bei der Bestellung muss daher angegeben werden, in welche Kategorie die Anzeige fällt. Nun dürfte die Anti-Stoiber Kampagne in die Kategorie «jugendfrei» fallen.

Die Suchmaschine überprüft aber auch «von Fall zu Fall», ob die beworbenen Seiten den Angaben entsprechen. Und in dieser Überprüfung dürfte die Lösung des Problems liegen. Jugendfreie Seiten dürfen in den USA keines der «sieben schmutzigen Wörter» [...] enthalten.

Das ist aber auf der beworbenen Seite der Fall, auch wenn es nur auf einem Rechtschreibfehler beruht. Unter der Überschrift «Bald droht Stoiber!» wird nicht für T-Shirts, sondern für «T-Shits» geworben. Und «Shit» ist nun einmal eines der in den USA verbotenen Wörter.

Hinter der «Zensur» steht also vermutlich wirklich «jemand mit Macht»: die Suchmaschine selbst, die gnadenlos nach Begriffen sucht, die auf einer jugendfreien Site nicht auftauchen dürfen. Man kann also davon ausgehen, dass nach der «Pending Revision» und nach der Einfügung eines «r» bei Google wieder für «Stoiber darf nicht Kanzler werden» geworben werden darf.

intern.de Fachinformationsdienst, 30. August 2002. www.intern.de/news/3392.html.

41 Verantwortung von Suchmaschinenbetreibern

Die Bertelsmann-Stiftung untersuchte die Suchmaschinen im Internet und kam unter anderem zu folgenden Schlüssen:

Allzuleicht akzeptierten Nutzer die Ergebnisse von Suchmaschinen – allen voran die vom Marktführer Google – als objektiv und letztgültig. Die Nutzer wüssten zu wenig über die Funktionsweise und auch die Finanzierungsmodelle der Suchmaschinen. Nur rund ein Drittel rechne damit, dass man durch gekaufte Treffer verschaukelt wird.

Als besonders problematisch für die Qualität der Suchanfragen bezeichneten die Bertelsmann-Vertreter das grassierende «Suchmaschinen-Spamming». Mit allen legalen und illegalen Tricks versuchen die Anbieter zum Beispiel im automatisierten *Ranking von Google weiter nach oben zu rücken. Anbieter wie Ebay oder auch Amazon belohnen ihre Kunden für Weiterleitungen auf ihre Seiten.

Noch dicker werden den Suchmaschinenbetreibern irreführende Treffer angekreidet, die Kinder ungewollt auf Pornoseiten leiten. Eine falsch geschriebene «Brittney Spears» bringt die Kleinen nach Ansicht der Männer aus Gütersloh zu leicht auf nicht für sie bestimmte Angebote.

Heise Online-News: *Verhaltensrichtlinien für Suchmaschinenanbieter*, 22. Oktober 2003. www.heise.de/newsticker/result.xhtml?url=/newsticker/meldung/41302.

42 Google findet nur 61 Prozent der .de-Domains

Google *indiziert mehr Webseiten als andere Suchmaschinen. Doch selbst dem Spitzenreiter unter den Suchmaschinen bleibt mehr als ein Drittel aller .de-Webseiten verborgen. Daher lohnt sich bei vielen Suchanfragen ein Blick auf andere Angebote oder spezialisierte Kataloge, so das Computermagazin c't in der aktuellen Ausgabe 26/04. [...]

Obwohl Google noch immer die meisten Treffer erzielt, kommt man bei vielen Anfragen mit themenspezifischen Webkatalogen eher ans Ziel. Weithin bekannt dürften dastelefonbuch.de oder dasoertliche.de sein. [...]

Themenspezifische Suchangebote werden in der Regel von Hand bearbeitet, das kann die *Relevanz der Treffer stark erhöhen. Eine exakte Eingrenzung der Thematik mit mehreren passenden Suchbegriffen hilft ebenfalls, schneller an relevante Webseiten zu gelangen – das gilt sowohl für Suchmaschinen als auch für spezialisierte Webkataloge.

Heise Online News: *Google findet nur 61 Prozent der .de-Domains*, 11. Dezember 2004. www.heise.de/newsticker/result.xhtml?url=/newsticker/meldung/54151.

Greenpeace

43

Brent Spar. Im April 1995 verhinderten Greenpeace-Aktivistinnen und -Aktivisten, dass die Erdölgesellschaft Shell ihre Ölplattform namens «Brent Spar» im Atlantik versenken konnte. Die Brent Spar wurde zur Stellvertreterin aller Ölplattformen und für die Gefährdung, die sie für die Meeresumwelt bedeuteten. Mehrere Jahre später wurde die Versenkung solcher Plattformen im Nordostatlantik verboten. Greenpeace wirbt mit diesem Symbolbild für seinen Erfolg.

44 Auf die Weltbühne

Süddeutsche Zeitung: Was war der grösste Sieg?
Moore: Ich glaube, den kommerziellen Walfang gestoppt zu haben, diese Kampagne hat Greenpeace berühmt gemacht. Als wir 1975 nach der ersten Konfrontation mit der sowjetischen Walfangflotte nach San Francisco zurückkamen, hatten wir brisantes Filmmaterial dabei. Es zeigte, wie eine Harpune vom Fangschiff über unser Boot, direkt über unsere Köpfe, hinwegzischte und einen Wal traf. Drei Sekunden, die um die Welt gingen. Wir sassen in einem Café am Hafen und sahen uns als Top-Nachricht des Tages. Da wussten wir, dass wir es geschafft hatten – auf die Weltbühne.

Greenpeace-Mitbegründer Patrick Moore in einem Interview von Martin Thurau in der «Süddeutschen Zeitung», 18. Juni 2002.

45 Greenpeace verändert das Denken!

Am Anfang war eine Idee, viel Engagement und noch mehr Chaos [...]. Viele Kampagnen wurden erdacht, die den Realitätstest nie bestanden. Wir haben Umwege gemacht, sind in Sackgassen gelaufen, mussten Rückschläge verkraften, Widersprüche aushalten und Richtungskämpfe durchfechten. Trotzdem oder gerade deswegen – haben wir Siege errungen, auf die wir heute stolz sind: Im Meer dürfen keine radioaktiven Abfälle mehr versenkt, in der Antarktis 50 Jahre lang keine Rohstoffe abgebaut werden. Der Giftmüllexport in die *Dritte Welt ist verboten und der FCKW-freie Kühlschrank hat den Hausgerätemarkt erobert, sogar in China. [...]

Erfolge, die sich in Verboten und Verträgen messen lassen, sind jedoch nicht alles. Ich glaube, dass das grösste Verdienst von Greenpeace darin liegt, dass es das Denken und die Wertvorstellungen der Menschen verändert hat. Das Walfang*moratorium von 1986 steht wie kein anderes internationales Abkommen für die wachsende Erkenntnis, dass der Mensch nicht das Recht hat, die anderen Arten dieses Planeten auszulöschen. [...]

Wo können und müssen wir heute Wertvorstellungen verändern? Ich meine, es ist überfällig, dass die Bürger der reichen westlichen Industriestaaten ernsthaft darüber nachdenken, wie sich ihre Art der Produktion und des Konsums ändern muss. Dass sie beispielsweise das Auto nicht mehr als Statussymbol, sondern als (hoffentlich immer seltener) notwendiges Transportmittel zwischen A und B betrachten. Oder dass sie erkennen, wie sehr braves Müllsortieren dem Umstellen der Liegestühle auf dem Deck der Titanic gleicht; dass viel eher die Fernreise in die Karibik darüber entscheidet, welche Zukunft ihre Enkelkinder noch erwarten dürfen. Dazu einen Anstoss zu geben – nicht belehrend, sondern solidarisch und glaubwürdig – das ist die zukünftige Herausforderung für Greenpeace.

Verantwortlicher Umgang mit der Natur bedeutet weniger Verbrauch von Rohstoffen und Energie. Um dieses globale Ziel zu erreichen, müssen wir die kulturelle Kluft zwischen dem reichen Norden und dem armen Süden überwinden. Das gilt nicht nur im Grossen für den Interessenausgleich zwischen Staaten, sondern auch innerhalb unserer Organisation. [...] Wir müssen ein Gegengewicht bilden zu der internationalen Wirtschaftsideologie, die unbegrenztes Wachstum in einer begrenzten Welt vorgaukelt [...].

Thilo Bode, Geschäftsführer von Greenpeace International: *Greenpeace verändert das Denken!* Im «Greenpeace Magazin» 3/1996.

Thema ausweiten

46 Nur ein Teil der Geschichte

Weltwoche (WW): Sie gelten als Schreckgespenst der Umweltbewegung. Dabei waren Sie früher Mitglied von Greenpeace. Würden Sie jungen Menschen heute noch raten, der Organisation beizutreten?

Bjørn Lomborg (BL): Schwierige Frage. Ich finde es gut, dass es Organisationen gibt, die Geld und Macht scharf bewachen, und dass Menschen bereit sind, für wenig Geld ihre Zeit zu investieren und Verhaftungen in Kauf zu nehmen. Problematisch wird es, wenn wir nur diesen Organisationen trauen. Untersuchungen haben gezeigt, dass die Bevölkerung Greenpeace mehr vertraut als Universitäts- und Industrieforschern. Wenn Greenpeace sagt: «Wir müssen das verhindern, sonst werden wir alle sterben», dann sollten wir zuhören. Aber wir sollten uns auch darüber im Klaren sein, dass wir nur einen Teil der Geschichte hören. Ob ein junger Mensch also Greenpeace beitreten oder sonst etwas Gutes für die Welt tun soll, das kann ich nicht sagen. [...]

WW: In den meisten Entwicklungsländern hat sich die Umweltqualität drastisch verschlechtert. Ihre Behauptungen treffen also vor allem auf die entwickelten Länder zu. [...]

BL: Was die Luftqualität betrifft, hat sich die Lage in diesen Ländern eindeutig verschlechtert. Aber die Menschen dort tun im Grunde das, was wir vor hundert Jahren taten. Sie geben eine Antwort auf die Frage: «Möchte ich lieber mehr essen oder weniger husten?» Wenn man arm ist, liegt die Antwort auf der Hand. Das ist eine wichtige Aussage in meinem Buch und auch im Artikel, den ich vor dem Johannesburger Gipfel in der «New York Times» veröffentlicht habe: Nur die Reichen können es sich leisten, sich übermässig über die Umwelt zu sorgen. Wird man genügend reich, lassen sich die meisten Probleme lösen. Der Schlüssel zu einer nachhaltigen Welt liegt also in der Entwicklung. [...]

WW: Was sind denn die wirklichen Probleme?

BL: Das weitaus grösste Problem ist die Feinstaubbelastung in den Städten. Unser Institut hat gerade einen Bericht veröffentlicht, in dem wir zeigen, dass Investitionen in diesem Bereich sehr kosteneffizient sind. Aber das sind die Sorgen der Reichen. In Entwicklungsländern gibt es viel grössere Probleme, wie Nahrungsmittelknappheit, fehlende Ausbildung, dreckiges Trinkwasser, HIV, Tuberkulose, Malaria. Diese Probleme müssen zuerst gelöst werden.

Bjørn Lomborg, Bestsellerautor und schwarzes Schaf der Ökobewegung, in einem Interview von Donat Agosti und Theres Lüthi in «Die Weltwoche» 17/2003.

47 Undemokratische Organisation?

Greenpeace ist eine völlig undemokratische Organisation mit – allein in Deutschland nach ihren eigenen Angaben – über 500 000 Mitgliedern. Doch haben diese keinerlei Einfluss auf die Politik von Greenpeace, sie sind lediglich Fördermitglied, das heisst sie zahlen Spenden und bekennen sich zum Vereinszweck. Die Entscheidung über die Politik treffen allein die 36 (!) stimmberechtigten Mitglieder, die sich zusammen mit der Greenpeace-Zentrale praktisch selbst bestimmen. Es gibt etwa 2000 aktive Mitglieder, doch sind erst seit 1992 neun von ihnen im Kreis der 36 stimmberechtigt. Die Führung von Greenpeace verteidigt diese hierarchische Struktur damit, dass nur eine zentralistische Organisation die nötige Schlagkraft bei Kampagnen garantiert. Das Argument ist für sich genommen nicht falsch, aber warum sollte es falsch sein, dass die zentrale Führung gewählt wird und so die aktiven Mitglieder ihre Führung kontrollieren?

Werner Halbauer, Verein für Geschichte und Zeitgeschichte der Arbeiterbewegung, Frankfurt a. M., in «Sozialismus von unten» Nr. 5, Januar 1996.

Greenpeace-Aktion gegen den japanischen Walfang im Jahr 2000. Das Greenpeace-Schlauchboot versucht zu verhindern, dass ein Wal ins Fabrikschiff Nisshin Maru gezogen wird. Das Bild ist dramatisch und macht Werbung für die Unerschrockenheit der Greenpeace-Leute.

Wir können etwas verändern

El Salvador ist das kleinste Land in Zentralamerika. Deshalb wird es auch als «El Pulgarcito de América» (der Däumling Amerikas) bezeichnet. Mit über sechs Millionen Einwohnerinnen und Einwohnern ist das Land dicht besiedelt. Die Amtssprache ist Spanisch. El Salvador ist eines der Länder, in denen global tätige Konzerne billig Textilien herstellen lassen können. Die Arbeitsbedingungen sind schlecht, und die ausländischen Unternehmen bezahlen keine Steuern und Zölle. Rund 60 000 Menschen arbeiteten dort 1997 in «freien Produktionszonen».

Ich habe viele Träume

Mein Name ist Adela Revas. Ich bin 26 Jahre alt und wohne in San Salvador, der Hauptstadt El Salvadors. Der Stadtteil wurde 1986 von einem Erdbeben weitgehend zerstört. Die Bewohnerinnen haben die Häuser wieder aufgebaut, finanzielle Unterstützung kam dabei von der EU. Ich bin allein erziehende Mutter, habe eine Tochter (ein Jahr alt) und wohne mit vier weiteren Personen in einem kleinen Haus.

Mein Arbeitstag

Von Beruf bin ich eigentlich Buchhalterin. Seit einigen Jahren arbeite ich jedoch als «promotora social» bei der Nichtregierungsorganisation ISD (Iniciativa social para la democracia). Unser Auftrag ist es, Frauen- oder Dorfgruppen über ihre Rechte und Pflichten in einer Demokratie aufzuklären. Wir wollen alle auffordern, am Demokratiebildungsprozess in El Salvador teilzunehmen.

Es ist eine anstrengende Arbeit, weil sie mit vielen Ortswechseln verbunden ist. Wir besuchen verschiedene Gruppen und diskutieren viel. Mein Tagesablauf ist dabei nicht fest geregelt, ich arbeite auch oft abends oder am Wochenende. Einen freien Tag gibt es für uns Frauen nie. Es bleibt höchstens einmal die Zeit für einen Kaffee oder einen kleinen Schwatz. An einem Sonntag beispielsweise erledige ich die Dinge, die die Woche über liegen geblieben sind (Haushalt, Wäsche).

Freizeit und Konsum

Für meinen Lebensunterhalt steht mir das Geld zur Verfügung, das ich durch meine Arbeit verdiene. Vom Vater meines Kindes bekomme ich keine Unterstützung. Das meiste Geld gebe ich für Strom, Wasser, Fahrtkosten, Nahrungsmittel für mein Kind und die nötigen Kosmetika für mich aus.

Ich habe keinen besonderen Essensplan, nach dem ich mich richte. Ich esse, was mich satt macht und mir Energie für meine Arbeit gibt. Zum Frühstück trinke ich oft nur einen Kaffee. Das Mittagessen ist bei uns sehr reichhaltig. Es gibt zum Beispiel Fleisch, Gemüse (Kartoffeln, Karotten) und Früchte, vor allem Melonen und Mango. Die grünen Mangos enthalten übrigens besonders viel Vitamin C. Zum Abendessen oder auch zum Frühstück gibt es oft gebratene Kochbananen, Bohnenpüree, weissen Käse, Huhn und Tortillas. Mein Lieblingsessen ist eine Art Maccaroni. Ich esse es gerne mit scharf eingelegtem Gemüse (Karotten) und scharfem Fleisch.

Meine Lieblingsgetränke sind frisch gepresste Fruchtsäfte, Coca-Cola, Wasser und Kaffee; Alkohol trinke ich prinzipiell nicht. Das Lieblingsgetränk der Salvadorianer ist Coca-Cola; die Werbeslogans im Fernsehen und in Zeitungen lauten: «Trinkt eine Coca-Cola!»

Kommunikation und Medien

Telefon und Fax funktionieren viel besser als früher (Bürgerkrieg). Daheim habe ich kein Telefon. Doch in unserem Viertel sind wir gut organisiert: Es gibt eine Kooperative, die uns Telefongespräche ausrichtet und wir können dann von dort aus zurückrufen. Einen Computer habe ich zu Hause. Gelegentlich schaue ich Fernsehen. Ich mag vor allem die Nachrichten. Sie geben mir politische, soziale, kulturelle und wirtschaftliche Informationen. Ich sehe mir aber auch gerne Serien an. Eine meiner Lieblingsserien ist mit Charles Bronson, ansonsten sehe ich mir noch gerne romantische Sendungen an.

Radio höre ich sehr häufig, und zwar verschiedene Programme. Da wäre zum Beispiel der Sender «Radio Cavalle». Das ist ein Programm für Jugendliche, in denen ihre Probleme und Bedürfnisse zur Sprache kommen. Ich höre aber auch gerne ein Frauenprogramm. Oder auch Musikprogramme, vor allem mit romantischer Musik. Es gibt auch einen Sender, der sich «Radio Corazón» nennt. Den höre ich sehr gerne, wenn ich müde bin, da sie Instrumentalmusik spielen, bei der ich mich sehr gut entspannen kann.

Transportmöglichkeiten

Das ist etwas, was hier sehr positiv ist. Die Busse fahren sehr häufig, aber es gibt da ein Problem mit den Zeiten. Wenn ich bis ca. 21.00 Uhr arbeite, fahren die Busse nicht mehr direkt bis zu meinem Viertel. Der Bus hält 10 cuadras (Blocks) weit entfernt. Den Rest der Strecke muss ich dann zu Fuss zurücklegen. Aber sonst verkehrt der Bus sehr regelmässig. So alle fünf Minuten fährt einer von meinem Viertel ab.

Internationale Kontakte und politisches Engagement

Ich kenne Menschen aus Costa Rica, Guatemala und Honduras, weil ich diese Länder schon selbst besucht habe. Aber auch Personen aus Italien, den USA und Kanada. Die Kontakte kamen alle zustande, weil wir uns mit Organisationen getroffen haben, die ähnlich wie wir arbeiten.

Natürlich engagiere ich mich politisch. Ich bin Mitglied einer linken Partei (FMLN). Ich bin davon überzeugt, dass unsere politische Einflussnahme wichtig ist und wir etwas verändern können. Wir haben die letzten Wahlen (März 1997) zwar nicht insgesamt gewonnen, aber wir konnten Zugewinne erringen. Mit meiner Arbeit als «Promotora social» engagiere ich mich im sozialen Bereich.

Zukunftsaussichten

Für die Zukunft habe ich mir vier grosse Projekte vorgenommen: meine Lebensumstände verbessern, mein Kind erziehen, meine Berufschancen durch Weiterbildung verbessern und als Frau etwas verändern.

Als einzige Angst habe ich, dass mir etwas zustösst und ich mein Kind nicht versorgen kann. Die einzige Angst ist, zu sterben. Aber ich habe viele Träume. Ich möchte noch mehr Kinder und auf dem politischen Gebiet möchte ich Abgeordnete werden oder sogar einmal Präsidentin von El Salvador.

Brot für die Welt (Hrsg.): *Leben in Zeiten der Globalisierung. Biographien und Hinweise für den Unterricht.* Stuttgart, 1997.

52 Textilproduktion und «freie Produktionszonen»

Dicht gedrängt sitzen Hunderte von Arbeiterinnen an Nähmaschinen in einer von Hitze dampfenden Halle, in einem kleinen Mittelgang gehen Aufseher auf und ab. Sie kontrollieren das Tempo der Näherinnen, Pöbeleien und Schikanen sind an der Tagesordnung.

«Die Arbeit ist mörderisch», berichtet die ehemalige Maquiladora-Arbeiterin Rosa Morales (Maquiladora werden in Lateinamerika die freien Produktionszonen genannt). «Sie verlangen ein Arbeitspensum von 1400 Kleidungsstücken pro Tag. Wer das nicht schafft, muss weiterarbeiten, um überhaupt die sechs Mark Tageslohn zu verdienen.» Als Morales um ihr Salär betrogen wurde, gründete sie mit anderen Frauen zusammen eine Betriebsgewerkschaft. Daraufhin wurde sie entlassen. Seitdem arbeitet sie in der Organisation von Maquila-Arbeiterinnen. «Eine mühsame Arbeit», stöhnt Morales. Die Maquiladora-Arbeiterinnen haben grosse Angst, sich zu organisieren, denn «in der Regel wird sofort die ganze Belegschaft entlassen, wenn wir Gewerkschaftsausweise ausgeben.» Aber diese Arbeitsbedingungen seien einfach nicht auszuhalten, fährt sie fort. «Manche Frauen arbeiten bis zu 21 Stunden, um ihr Pensum zu schaffen.» Teilweise schlafen sie unter den Maschinen, denn um sieben Uhr morgens beginnt die nächste Schicht. Schikanen schwächen die überlasteten Arbeiterinnen zusätzlich. Viele Frauen sind krank. Sie haben Nierenschmerzen, Infektionen der Harnwege, Bronchitis ...

Nach einer Studie zur Maquila in Mittelamerika arbeiten in den Nähereien junge Frauen mit zwei oder drei Kindern,

Sweatshop in Thailand, 1990er Jahre. Nicht nur in El Salvador müssen Näherinnen unter schlechten Bedingungen in Maquilas oder in *Sweatshops Kleider nähen, sondern auf der ganzen Welt: in Asien und Südamerika, ja selbst in gewissen Einwandererquartieren in den USA. Es ist eng und dunkel in diesen Fabriken. Den Lärm der ratternden Maschinen kann man sich kaum vorstellen. Für die Menschen, die Auftragsarbeiten für berühmte Marken ausführen, gelten Arbeitsbedingungen, die die Auftraggeber begünstigen.

zu 80 Prozent sind sie allein erziehend. Die fehlende Zukunft auf dem Land treibt sie in die Elendsviertel von San Salvador. Erfahrungen mit Lohnarbeit fehlen völlig. Bei einer Arbeitslosigkeit von 40 Prozent sind sie froh, überhaupt Arbeit zu haben. Die Armut dieser Frauen schafft ein hohes Mass an Abhängigkeit, ihr Verdienst liegt unter dem Existenzminimum.

Es ist wie ein Labyrinth ohne Ausgang: Wer einen höheren Lohn fordert, wird entlassen. Wer nicht erscheint, bekommt kein Geld; deshalb gehen die Frauen auch krank zur Arbeit. Wer zu oft krank zur Arbeit geht, trägt bleibende Gesundheitsschäden davon.

Karl Schaaf: *Profit ohne Grenzen. In El Salvadors Exportindustrie herrschen frühkapitalistische Zustände.* In «Die Zeit», 5. April 1996.

53 Shopping for a Better World! Kampagne für «saubere Kleidung»

Wirtschafts*ethische Zielsetzungen über den Markt durchzusetzen, hat in Deutschland bislang wenig Tradition. Erfahrungen aus den USA und aus Grossbritannien zeigen jedoch, dass Unternehmen durchaus sensibel reagieren, wenn ihr Verhalten ein öffentliches Thema wird. Erfolgreiches Beispiel aus der jüngsten Zeit: Der Ölmulti Shell hat sich im Fall der Bohrinsel «Brent Spar» dem Druck der Öffentlichkeit – verstärkt durch den Boykott von Shell-Tankstellen – gebeugt. Doch der Boykott als Druckmittel gegenüber besonders skandalösen Verhaltensweisen ist nur eine Möglichkeit, Unternehmen für ökologische und soziale Ziele zu beeinflussen. Will man – wie in der Textil- und Bekleidungsbranche – nicht nur ein «schwarzes Schaf» besonders herausstellen, sondern die üblichen Praktiken einer ganzen Branche, scheint es Erfolg versprechender, positive Empfehlungen auszusprechen. Dies kann in Form von «Verbraucherinformationen» geschehen [...].

Ein Unternehmen kann sich aber auch dadurch positive Marktvorteile verschaffen, indem es sich freiwillig auf bestimmte Verhaltensregeln festlegt. Levi Strauss hat sich beispielsweise in einem Verhaltenskodex (Code of Conduct) verpflichtet, nicht in Ländern produzieren zu lassen, in denen die Menschenrechte missachtet werden. Dass es dennoch immer wieder Klagen über einzelne Betriebsstätten von Levi Strauss gibt, zeigt, dass eine solche Selbstverpflichtung nur ein erster Schritt in einem langen mühsamen Prozess sein kann.

Dritte Welt Information: *Für saubere Kleidung.* Heft Nr. 15/16, 1995.

Kleiderfabrik in Kambodscha. Angestellte Frauen arbeiten an Nähmaschinen in der Archid Garment Factory in Phnom Penh, 2005.

55 Kambodschas Verkaufsangebot: «Sweatshop-freie» Produkte

Bis Mitte der 1990er Jahre gab es in Kambodscha keine Bekleidungsindustrie. Jetzt beschäftigt sie 265 000 Personen, und ihre Exporte in der Höhe von 1,9 Milliarden US-Dollar machen rund 80 Prozent aller Ausfuhrerlöse des Landes aus. [...]

«Kambodscha kann nie wirklich mit Ländern wie China konkurrieren. Unmöglich», sagt Loo vom Industrieverband.

Um sich eine Marktnische zu erschliessen, preist sich Kambodscha als «Sweatshop-frei» an. Im Dezember erreichte die kambodschanische Bekleidungsindustrie in einem Gutachten der Weltbank [...] für ihre Arbeitsbedingungen den ersten Rang. Bis jetzt hat dies Kambodscha geholfen, namhafte Verluste an China zu verhindern – trotz seiner höheren Kosten. [...]

Kambodschas grosser Vorteil ist, dass seine Fabriken von einer unabhängigen Aufsichtsbehörde mit internationaler Glaubwürdigkeit zertifiziert werden, der *ILO. Das Programm wurde 2001 [...] eingeführt und schickt Inspektoren, die mit einer 500-Punkte-Prüfliste ausgerüstet sind, auf unangemeldete Fabrikbesuche. Das Ziel: dafür sorgen, dass sich die Fabriken an das kambodschanische Arbeitsgesetz halten, das einen Mindestlohn von 45 US-Dollar pro Monat vorsieht, eine 6-Tage-Woche mit 48 Stunden Arbeitszeit und höchstens zwei Überstunden pro Tag.

David J. Lynch in der Zeitung «USA Today», 4. April 2005.

Thema ausweiten

Zukunftswerkstatt: die Vergangenheit kennen, die Zukunft denken, die Gegenwart gestalten

Damit wir Menschen die Gegenwart gestalten können, brauchen wir zum einen Kenntnisse über die Vergangenheit, um die aktuelle Situation besser einzuschätzen und bereits gemachte Fehler zu vermeiden. Wir brauchen zum anderen eine gut ausgebildete Kritikfähigkeit, um Fehler und Probleme zu erkennen. Schliesslich brauchen wir auch Fantasie, damit wir kreative und angepasste Lösungen für Probleme und Antworten auf Fragen finden. In der Zukunftswerkstatt kannst du all diese Fähigkeiten und Fertigkeiten weiter ausbilden.

Portfolioauftrag

Aufgabe

Du hast dich mit verschiedenen Menschen aus verschiedenen Zeiten und in verschiedenen Räumen beschäftigt. Dabei hast du deinen Blick für die Gegenwart geschärft. Dir ist bewusster geworden, wie sich dein Leben vom Leben anderer Menschen unterscheidet. Du hast einmal mehr festgestellt, wie sich die Gesellschaft, in der du lebst, von anderen Gesellschaften an andern Orten unterscheidet. Du weisst, in welchen Bereichen du es gut hast. Und dir ist klar geworden, was dir in unserer Welt und in deiner Umgebung nicht gefällt und was dich stört.

In der Zukunftswerkstatt sollst du zuerst im Gespräch mit Kolleginnen und Kollegen aufschreiben, was dich stört. Du darfst und sollst kritisieren und auf Missstände aufmerksam machen. Anschliessend versuchst du herauszufinden, wie es zu dieser unbefriedigenden Situation gekommen ist. Was waren die Ursachen? Wie verlief die Entwicklung? Danach kannst du fantasieren, wie deiner Meinung nach die Welt in Zukunft aussehen sollte. Diese Fantasiephase ist die wichtigste und lustvollste der Zukunftswerkstatt. Am besten geht das in Kleingruppen. Schliesslich überlegst du, was du zur Verwirklichung der idealen Zukunft beitragen kannst und wie dich andere dabei unterstützen könnten.

Vorgehen

1. Bildet mehrere Vierergruppen und stellt euch die folgenden Fragen: Was gefällt uns nicht an unserer Welt heute? Wie ist es dazu gekommen? Gestaltet dann während dieser *Kritik- und Reflexionsphase* in Partnerarbeit ein A3-Blatt. Auf diesem Blatt schreibt ihr die Frage auf und gebt Antworten. Ihr könnt die Antworten entweder in Form eines Bildes, eines Textes oder einer Mindmap darstellen.
2. Bildet eine neue Vierergruppe. Jede und jeder soll nun berichten, was sie oder er an der heutigen Welt kritisiert hat. Nun stellt ihr euch die folgende Frage: Wie sollte unser Quartier (oder unsere Gemeinde, die Schweiz, die Welt) in 20 Jahren sein? Gestaltet auch zu dieser Frage in Partnerarbeit ein A3-Blatt mit Antworten. In dieser *Fantasiephase* sollt ihr eine Idealvorstellung entwickeln. Haltet diese in einem Bild, einem Text oder einer Mindmap fest.
3. Bildet eine neue Vierergruppe. Jede und jeder berichtet wiederum von seinen Vorstellungen aus der Fantasiephase. Von diesen Vorstellungen wählt ihr ein bestimmtes Thema aus und stellt euch die folgenden Fragen: Welchen ersten Schritt müsstet ihr unternehmen, damit eure Idealvorstellungen Realität werden? Wer könnte euch dabei unterstützen? Stellt während dieser *Realisierungsphase* jemandem eure Gedanken vor (Kritik, Idealvorstellung und mögliche Massnahmen). Bittet die entsprechende Person, eine konkrete Handlung durchzuführen, die euch bei der Realisierung der Massnahmen nützt. Schreibt der Person deshalb einen Brief oder eine E-Mail.

Hinweise

▶ In der Kritikphase sollt ihr neugierig sein, aus eurer Reserve kommen, aktiv und mutig auftreten. Ein Spaziergang kann hier genauso gut Impulse geben wie ein Film oder ein Bild. Wichtig ist, dass ihr euch nicht zu sehr in Diskussionen verstrickt.
▶ Für die Weiterarbeit ist es günstig, wenn ihr die einzelnen Aspekte der Kritik mit wenigen Stichwörtern festhaltet oder mit Symbolen anschaulich darstellt. Am Schluss der Kritikphase bündelt ihr die einzelnen Kritikpunkte und verdichtet sie zu einem Themenkreis. Ein Produkt der Kritikphase kann natürlich auch ein Plakat, ein Film oder ein anderes Dokument sein.
▶ In der Fantasie- und in der Realisierungsphase entstehen ebenfalls Produkte, sodass ihr am Schluss der Zukunftswerkstatt drei verschiedene Arbeiten in eurem Portfolio ablegen könnt.

Glossar

Im Glossar erklärte Wörter sind im Text, wenn sie das erste Mal vorkommen, mit einem Asterisk (*Sternchen) markiert. Einige Begriffe sind ==gelb markiert==. Das sind historische Grundbegriffe des 20. Jahrhunderts. Du solltest sie kennen und mit eigenen Worten erklären können. Ein Pfeil (→) verweist auf einen anderen Eintrag im Glossar. Im Glossar wird aus Gründen der Lesbarkeit und Verständlichkeit darauf verzichtet, neben der männlichen jeweils auch die weibliche Form aufzuführen. Die Ausführungen beziehen sich selbstverständlich immer auch auf weibliche Personen.

68er-Bewegung *die:* Dieser Begriff wird – neben «68er-Revolution», «Studentenunruhen» oder «Studentenbewegung» – im deutschsprachigen Raum verwendet, um eine internationale Strömung zu bezeichnen. Verschiedene Jugendbewegungen protestierten Ende der 1960er Jahre in Deutschland, Frankreich, der Schweiz, den USA und vielen anderen Ländern gegen die bestehenden politischen, sozialen und kulturellen Verhältnisse. Die Bewegung war vor allem von Studentinnen und Studenten geprägt.

A

Abdankung *die,* **abdanken**: förmlicher Verzicht auf ein öffentliches Amt oder ein Amt mit Erbfolge. Mit Abdankung wird vor allem der Thronverzicht eines Monarchen (Kaiser, König) bezeichnet. In der Schweiz ist eine Abdankung eine Trauerfeier.

Achsenmächte *die:* seit 1936 die Bezeichnung für das Deutsche Reich und Italien, während des Zweiten Weltkrieges für alle Verbündeten des nationalsozialistischen Deutschlands (Italien, Japan, Ungarn, Rumänien, Bulgarien und andere mehr).

Agent Orange *das:* Codename für ein Pflanzenvernichtungsmittel (nach dem orangen Band auf den Behältern), das für militärische Zwecke entwickelt wurde. Das US-Militär sprühte es im Vietnamkrieg aus Flugzeugen, um Bäume zu entlauben und damit dem Vietcong die Deckung zu nehmen. Agent Orange enthält Dioxin und Kerosin/Diesel und ist giftig für Menschen.

Agglomeration *die:* Siedlungsgebiet um eine Kernstadt. Die Agglomeration kann auch mehrere Kernstädte zu einem grossen Ballungsraum verbinden.

==**AHV**== *die:* Die Eidgenössische Alters- und Hinterlassenenversicherung dient vornehmlich der Altersvorsorge. Sie soll den wegen Alter und Tod zurückgehenden oder wegfallenden Arbeitsverdienst wenigstens teilweise ersetzen. Sie unterstützt hauptsächlich zwei Personengruppen: die Pensionierten und die so genannten Hinterlassenen. So werden jene Menschen bezeichnet, deren Ehepartner oder Eltern gestorben sind. Die Altersrente soll dazu beitragen, einen materiell gesicherten Ruhestand zu gewährleisten. Die Hinterlassenenrente will verhindern, dass zum menschlichen Leid auch noch eine finanzielle Notlage hinzukommt. Der Bundesrat und im Speziellen das Bundesamt für Sozialversicherung (BSV) beaufsichtigen die AHV. Wer wie viel Geld einzahlen muss und wer wie viel bekommt, ist gesetzlich vorgeschrieben.

Alliierten *die (Plural):* Mitglieder eines Bündnisses. Als Alliierte bezeichnete man sowohl im Ersten als auch im Zweiten Weltkrieg die Staaten, die sich gegen Deutschland verbündet hatten. Nach 1945 und bis zum Beginn des Kalten Krieges wurden Frankreich, Grossbritannien, die UdSSR und die USA als Alliierte bezeichnet.

Anonymität *die,* **anonym**: Unbekanntheit des Namens, Namenlosigkeit.

Antisemitismus *der,* **antisemitisch**: feindliche Ablehnung und Bekämpfung der Menschen jüdischer Religion aus rassistischen, religiösen oder sozialen Gründen.

Apartheid *die:* System der Rassentrennung in Südafrika von 1910 bis 1989/1994. Die Apartheid war ein System, mit dem die weisse Bevölkerungsminderheit die schwarze Bevölkerungsmehrheit unterdrückte. 1994 fanden die ersten freien und allgemeinen Wahlen in Südafrika statt.

Arier *der,* **arisch** (vom altiranischen Wort «Aryan», der Sohn des Reinen): Als Arier bezeichneten Völkerkundler im 19. und 20. Jahrhundert ein Volk, von dem die weissen Europäer angeblich abstammten. Sie vermuteten nur, dass es dieses Volk gegeben habe, es gibt dafür keine Beweise. Die Ideologie des Nationalsozialismus missbrauchte den Begriff Arier und bezeichnete so eine rein nordische oder germanische «Herrenrasse». Ihre Bestimmung sei es, alle angeblich «nichtarischen» Völker (insbesondere die Juden) zu unterwerfen oder auszulöschen.

==**Asyl**== *das,* ==**Asylrecht**== *das* (griechisch-lateinisch: Unverletzliches): Als Asylrecht wird das Recht bezeichnet, das Menschen vor Verfolgung schützen soll. Früher erlangten Verfolgte Schutz, wenn sie eine heilige Stätte, zum Beispiel eine Kirche, betraten. Heute ist es das Recht und die Pflicht eines Staates, einem politisch Verfolgten Schutz und Zuflucht zu bieten und ihn nicht an einen anderen Staat auszuliefern. Viele Staaten haben diesen Grundsatz in ihrer Verfassung verankert.

Asylantrag *der:* Gesuch, um in einem Land als Flüchtling anerkannt zu werden.

Atomenergie *die,* **Atomkraft** *die:* → Kernkraft.

Authentizität *die:* Echtheit, Wahrhaftigkeit.

autonom: selbstständig, unabhängig, selbstbestimmt.

B

Babyboom *der:* starker Anstieg der Geburtenrate. Der Begriff wird besonders für die ansteigende Geburtenrate nach dem Zweiten Weltkrieg verwendet.

Bollywood: Wortspiel aus Bombay (Mumbai) und Hollywood. Bollywood bezeichnet die aufwändig produzierten Filme aus Indien, die ein grosses Publikum ansprechen.

Bolschewik oder **Bolschewist** *der,* **bolschewistisch** (russisch: Mehrheitler): Auf dem Parteitag der Sozialdemokratischen Arbeiterpartei Russlands in London 1903 spaltete sich die Partei. Die Anhänger Lenins verfolgten das Ziel, die Zarenherrschaft mit einer Revolution zu stürzen. Sie waren auf dem Parteitag in der Mehrheit und nannten sich von da an «Bolschewiki». Der Name kann aber auch verwirren: In den Arbeiter- und Soldatenräten bildete die bolschewistische Partei bis zum September 1917 eine Minderheit.

Boykott *der,* **boykottieren**: nicht mehr beachten, gezielt die Waren eines Herstellers oder eines Landes nicht mehr kaufen bzw. einen Käufer oder ein Land nicht mehr mit Waren beliefern.

BUWAL *das:* Bundesamt für Umwelt, Wald und Landschaft.

C

CERN *das* (Abkürzung für: Conseil Européen pour la Recherche Nucléaire, offizieller Name: Organisation Européenne pour la Recherche Nucléaire): europäisches Kernforschungslabor mit Teilchenbeschleuniger in der Nähe von Genf. Beim CERN wird die Zusammensetzung der Materie erforscht, indem Teile von Atomen (Elementarteilchen) sehr stark beschleunigt und dann zur Kollision gebracht werden. Am CERN wurde auch die Idee des World Wide Web von Tim Berners-Lee entwickelt. Das CERN wurde am 29. September 1954 gegründet. 2004 hatte es 20 Mitgliedländer. Etwa 6500 Wissenschaftler aus aller Welt arbeiteten an CERN-Experimenten.

Charta *die:* Verfassungsurkunde, Staatsgrundgesetz.

Clinton, Hillary Rodham: geboren am 26. Oktober 1947 in Chicago, Illinois. Sie ist eine US-amerikanische Politikerin und Juristin. Verheiratet mit Bill Clinton, der von 1993 bis 2001 Präsident der USA war. Hillary Clinton ist seit dem Jahr 2000 Senatorin und bewarb sich 2008 selbst für das US-amerikanische Präsidentschaftsamt.

Club of Rome *der:* eine nichtkommerzielle Organisation mit Sitz in Deutschland, die einen globalen Gedankenaustausch zu verschiedenen internationalen politischen Fragen betreibt. Die Organisation wurde 1968 gegründet und befasst sich mit Zukunftsfragen. Sie veröffentlichte 1972 den Bericht «Grenzen des Wachstums».

Collage *die:* Klebebild, das aus verschiedenen Dingen zusammengefügt ist.

Containment *das* (englisch: Eindämmung): Politik der USA im Kalten Krieg, die zum Ziel hatte, die Verbreitung des Kommunismus zu verhindern.

CPU *die:* central processor unit, zentrale Rechen- und Steuereinheit eines Computers.

D

DDR *die:* Abkürzung für Deutsche Demokratische Republik, 1949–1990, «Ostdeutschland». Die DDR gehörte zu den Ländern im Einflussbereich der Sowjetunion und wurde von der kommunistischen Partei regiert.

Demokratie *die,* **demokratisch**: Das Wort Demokratie kommt aus dem Griechischen und bedeutet ursprünglich «Volksherrschaft». Heute wird «Demokratie» zumeist als Bezeichnung für Regierungsformen gebraucht, deren Herrschaftsgrundlage aus dem Volk abgeleitet wird. In den so genannten repräsentativen Demokratien werden von den Bürgerinnen und Bürgern eines Staates Vertreterinnen und Vertreter gewählt, die in → Parlamenten oder in der Regierung im Auftrag des Volkes Herrschaft ausüben sollen. Bei direktdemokratischen Regierungsformen übt das Volk die Macht selbst aus, beispielsweise mittels Volksentscheiden oder an Landsgemeinden.

Deportation *die,* **deportieren**: zwangsweise Verschickung, Verschleppung, Verbannung oder Umsiedlung von politischen Gegnern, Bevölkerungsgruppen oder Verbrechern an einen Ort, wo diese nicht mehr als Störung oder Gefährdung erscheinen.

Desertion *die,* **desertieren**: Fahnenflucht; das Flüchten oder Fernbleiben eines Soldaten von militärischen Verpflichtungen in Kriegs- oder Friedenszeiten.

Devisen *die (Plural):* ausländische Zahlungsmittel.

digital: Bezeichnung für die gestufte, in Zahlenwerte umgewandelte und daher elektronisch umsetzbare Aufzeichnung von Bild, Ton und Text. Insbesondere in Computern werden alle Daten als Folge von Nullen und Einsen dargestellt.

Diktatur *die,* **Diktator** *der,* **diktatorisch**: Das Wort «Diktatur» kommt aus dem Lateinischen und bedeutet das Gegenteil von Demokratie: Nicht die Mehrheit des Volkes bestimmt darüber, was im Staat geschieht, sondern nur einige wenige Menschen. Das kann eine einzige Partei oder sogar nur eine einzelne Person sein. Das ist der Diktator. Er befiehlt oder «diktiert» den Menschen in seinem Staat, was sie zu tun oder zu lassen haben. Der Diktator ist meistens nicht gewählt worden, sondern er hat sich selber mit Gewalt an die Macht gebracht. Oft geschieht dies mit der Hilfe des Militärs. Menschen, die in einer Diktatur leben, können ihre Meinung nicht mehr frei sagen. Wenn sie es doch tun, «verschwinden» sie, kommen ins Gefängnis, werden gefoltert oder sogar umgebracht.

Dilettant *der* (von italienisch «dilettare», sich ergötzen): Laie, Amateur oder Nichtfachmann, der eine Sache um ihrer selbst willen, d. h. zum Vergnügen ausübt. Oft in abschätzigem Sinne auf eine Person, die eine Tätigkeit unfachmännisch, stümperhaft und fehlerhaft ausübt, verwendet.

Diskriminierung *die,* **diskriminieren**: verächtlich machen, herabsetzen, benachteiligen; wissenschaftlich auch: unterscheiden.

Dividende *die:* der Anteil am Reingewinn einer Aktiengesellschaft, der den Aktionären (Aktienbesitzern) pro Aktie jährlich ausbezahlt wird.

Dritte Welt *die:* Die «Erste Welt» bildeten während des Kalten Krieges die kapitalistischen Länder des «Westens», als «Zweite Welt» bezeichnete man die kommunistischen Staaten und als «Dritte Welt» galten die Länder, die keinem dieser zwei Blöcke angehörten. Heute wird diese Bezeichnung jedoch nicht mehr verwendet, sondern → Länder des Südens.

E

EFTA *die:* European Free Trade Association. Europäische Freihandelszone, die seit 1995 noch vier Länder umfasst: Island, Liechtenstein, Norwegen und die Schweiz.

EG *die:* Europäische Gemeinschaft. Teil der → Europäischen Union, in dem vor allem wirtschaftliche Fragen geregelt werden.

EJPD *das:* Eidgenössisches Justiz- und Polizeidepartement, zuständig für Gesetzgebung, Gesetzesvollzug und Verwaltungsrechtsprechung auf verschiedenen Gebieten, Polizeiwesen, Asyl- und Ausländerfragen, begleitende Rechtsetzung.

E-Mail *die:* electronic mail, elektronische Nachricht, Post.

Emanzipation *die,* **emanzipiert** (von lateinisch «emancipare», frei lassen): Die Römer bezeichneten mit Emanzipation die Entlassung eines Sklaven in die Selbstständigkeit. Im 17./18. Jahrhundert änderte sich die Bedeutung. Emanzipation bedeutete nicht mehr länger, dass ein Mensch passiv die Selbstständigkeit erhielt. Stattdessen bezeichnete der Begriff das aktive Streben nach gesellschaftlicher und insbesondere politischer Selbstbefreiung. Emanzipation hat zum Ziel, Freiheit und Gleichheit zu gewinnen und Unterdrückung und Bevormundung zu kritisieren und zu beseitigen. Oft bezeichnet Emanzipation die Befreiung von Gruppen, die aufgrund ihrer Rasse, Volks- oder Klassenzugehörigkeit, ihres Geschlechts usw. benachteiligt, unterdrückt und von politischen Entscheidungsprozessen ausgeschlossen sind. In der Alltagssprache bezeichnete «Emanzipation» Ende des 20. Jahrhunderts meist die Frauenemanzipation, welche die Gleichberechtigung und Gleichstellung von Mann und Frau erreichen wollte.

EMD *das:* Eidgenössisches Militärdepartement, seit 1997 → VBS.

Emigration *die,* **Emigrant** *der,* **emigrieren**: freiwilliges oder erzwungenes Verlassen des Heimatlandes aus religiösen, wirtschaftlichen, politischen oder persönlichen Gründen.

eskalieren: sich stufenweise steigern, verschärfen.

ethisch: die von Verantwortung und Verpflichtung anderen gegenüber getragene Lebensführung, -haltung betreffend, auf ihr beruhend; sittlich.

Ethnie *die,* **ethnisch**: Menschengruppe mit einheitlicher Kultur und Sprache.

ethnografisch: einen Teilbereich der Völkerkunde betreffend, der die Merkmale der verschiedenen Völker und Kulturen systematisch beschreibt.

Europäische Union (EU) *die:* Die EU ist ein Zusammenschluss demokratischer europäischer Länder für die wirtschaftliche und politische Zusammenarbeit. Ursprung der EU war die am 18. April 1951 gegründete «Montanunion». Deren Hauptziel war die Sicherung der Versorgung mit Stahl und Energie für den Wiederaufbau nach dem Zweiten Weltkrieg. Zur Montanunion gehörten Belgien, Deutschland, Frankreich, Italien, Luxemburg und die Niederlande. Diese Länder gründeten 1957 mit den Römischen Verträgen die Europäische Wirtschaftsgemeinschaft (EWG). Ihr wichtigstes Ziel war das Errichten einer Zollunion. Als diese 1987 in Kraft trat, nannte sich die EWG neu Europäische Gemeinschaft (EG). Mit den Maastrichter Verträgen von 1992 begründeten die Mitgliedstaaten die Europäische Union (EU) und erweiterten ihre Zusammenarbeit. Sie strebten nun auch eine gemeinsame Aussen- und Sicherheitspolitik an und arbeiteten in gerichtlichen Fragen zusammen. Gleichzeitig beschlossen sie die Einführung des Euros. Eine weitere wichtige Etappe war die Arbeit des Europäischen Konvents für eine Europäische Verfassung in den Jahren 2002 bis 2004. Seit 1957 wuchs die Zahl der Mitgliedstaaten stetig an. Im Mai 2004 wurde die Union von 15 auf 25 Mitglieder erweitert. Ihr gehören alle Länder West- und Mitteleuropas, ausser Norwegen und der Schweiz, an. Das Leitorgan der EU ist der Europäische Rat. Er setzt sich zusammen aus den Regierungschefs und den Aussenministern aller Mitgliedstaaten. Er formuliert die politischen Leitlinien und beschliesst Reformen des Vertragswerkes. Der Rat der Europäischen Union (Ministerrat) ist das gesetzgebende Organ. In ihm sitzen die jeweiligen Fachminister aus den Mitgliedstaaten. Er kann Richtlinien und Verordnungen erlassen, muss dabei aber mit dem Europäischen Parlament zusammenarbeiten. Das Europäische Parlament wird von den Bürgerinnen und Bürgern der Mitgliedstaaten gewählt. Es muss den vom Ministerrat beschlossenen Gesetzen ebenfalls zustimmen. Die Europäische Kommission führt die Geschäfte und ist sozusagen die Regierung der EU. Der Präsident und die Mitglieder der Kommission werden von den Mitgliedstaaten mit der Zustimmung des Europäischen Parlaments ernannt.

Europäische Wirtschaftsgemeinschaft (EWG) *die:* Vorläuferin der → Europäischen Union (EU).

Existenzminimum *das:* minimales Einkommen, um überleben zu können.

explizit: ausdrücklich, deutlich.

F

Fallout *der* (englisch): → radioaktiver Niederschlag.

Faschismus *der,* **Faschist** *der,* **faschistisch**: Faschismus ist eine politische Bewegung, die Benito Mussolini 1919 in Italien gründete. Die Faschisten hatten als Zeichen auf ihren Fahnen und Parteiabzeichen das altrömische Rutenbündel (lateinisch: «fasces»). Schon bald nach ihrer Gründung übernahm die faschistische Partei mit Gewalt und Terror die Macht in Italien. Der unbedingte Gehorsam gegenüber der Partei und dem Führer der Bewegung, Benito Mussolini, war die oberste Pflicht der Mitglieder. Der Faschismus bestand aus rechtsextremem, rassistischem und fremdenfeindlichem Gedankengut. Die Faschisten errichteten eine → Diktatur, in der das demokratisch gewählte Parlament nichts mehr zu sagen hatte und die Gewaltenteilung abgeschafft war. Die faschistische Partei schrieb das gesellschaftliche Leben der Menschen bis zur Freizeitgestaltung vor. Sie sicherte ihre Macht mit Propaganda, Terror und einer Geheimpolizei. Weil es vielen Menschen in dieser Zeit wirtschaftlich schlecht ging, hatten sich einige nach einem starken Führer gesehnt. Sie hofften, dass er ihnen aus ihrer Not heraushelfen würde. Der Faschismus konnte aus diesem Grund auch in anderen Ländern Fuss fassen. In Deutschland entstand die faschistische Bewegung unter der Bezeichnung → Nationalsozialismus.

FCKW *das:* Fluor-Chlor-Kohlen-Wasserstoff, ein Stoff, der in Spraydosen und Kühlmitteln, z. B. in Kühlschränken, verwendet wurde und die Ozonschicht schädigt.

Feng-Shui *das* (wörtlich: Wind-Wasser): die chinesische Kunst, Lebensräume harmonisch zu gestalten.

feudal: 1. Als Feudalwesen oder Lehnswesen wird das politisch-wirtschaftliche System von sozialen Beziehungen zwischen Lehnsherren (meist Grundbesitzern) und belehnten, also abhängigen Gefolgsleuten bezeichnet. 2. vornehm, herrschaftlich, in Reichtum schwelgend.

fossil: Fossilien sind Überreste von Lebewesen aus der Urzeit, die im Laufe der Zeit entweder zu Stein oder aber zu Kohle oder Erdöl (fossilen Brennstoffen) geworden sind.

Frauenverbände *die (Plural):* Organisationen, die sich für die Anliegen der Frauen einsetzen oder deren Interessen in Gesellschaft, Politik und Wirtschaft durchzusetzen versuchen. Sie unterstützen Frauen auch in verschiedenen Bereichen des Lebens.

Fundamentalismus *der,* **Fundamentalist** *der,* **fundamentalistisch**: Mit Fundamentalismus wird eine geistige Haltung bezeichnet, welche die eigene Überzeugung als einzig richtige ansieht und keine Toleranz gegen Andersdenkende duldet. Fundamentalisten bestehen kompromisslos auf den ursprünglichen Grundlagen (Fundament) – oder dem, was sie darunter verstehen – ihrer Religion oder Partei und lassen darüber keine Diskussion zu. Der Fundamentalismus entstand im 19. Jahrhundert in Amerika in christlich-protestantischen Kreisen. Heute findet der Fundamentalismus viele Anhänger im Islam. Aber auch in anderen Religionen gibt es fundamentalistische Strömungen, etwa im Katholizismus und Protestantismus. Der religiöse Fundamentalismus sieht die grundlegenden Prinzipien einer Religion durch Gleichgültigkeit, sexuelle Freizügigkeit, Meinungsfreiheit, Toleranz und das Fehlen von Autorität gefährdet. Er fordert die Rückkehr zu traditionellen Werten und ein striktes Festhalten an religiösen Glaubenssätzen. Ein Mittel dazu sieht er in der Politik. Um seine Ziele auch mit politischen Mitteln durchsetzen zu können, will der Fundamentalismus die in westlichen Ländern übliche Trennung von Kirche und Staat aufgeben bzw. nicht zulassen. Im umgangssprachlichen Gebrauch wird Fundamentalismus auch für extreme politische oder nationalistische Überzeugungen verwendet.

G

Genozid *der:* Völkermord.

Gentechnologie *die:* Verfahren zum gezielten Eingriff in das Erbgut (Gene).

genverändert: durch den Menschen in der Erbinformation verändert; dazu dient die → Gentechnologie.

Gestapo *die:* Geheime Staatspolizei. Von 1933 bis 1945 politische Polizei des nationalsozialistischen Regimes. Ihre Aktionen konnte die Gestapo durchführen, ohne sich dabei an ein Gesetz halten zu müssen. So konnte sie zum Beispiel ohne richterlichen Befehl Menschen verhaften, Gefangene foltern und sogar hinrichten. Die Gestapo beteiligte sich auch an den Deportationen und der Massenvernichtung der Juden.

Getto oder Ghetto *das:* ursprünglich räumlich begrenzte und von den Behörden erzwungene jüdische Wohnviertel. Heute werden im übertragenen Sinn Stadtbezirke als Getto bezeichnet, in denen eine → ethnische oder religiöse Minderheit lebt.

Gewerkschaft *die:* Im 19. Jahrhundert schlossen sich während der Industrialisierung viele Arbeiter zu Selbsthilfe- oder Schutzvereinen zusammen, um für menschenwürdige Arbeitsbedingungen, für mehr Lohn und gegen Kinderarbeit zu kämpfen. Sie waren davon überzeugt, dass sie gemeinsam in den Vereinen stärker waren als allein. Aus diesen Vereinen entwickelten sich die Gewerkschaften. Diese wurden nach und nach als offizielle Vertreter der Arbeiter und Angestellten anerkannt. Heute gibt es für viele verschiedene Berufe Gewerkschaften. Zwar hat sich die Situation der arbeitenden Menschen seit der Gründung der Schutzvereine und später der Gewerkschaften zum Besseren verändert. Doch noch immer sind die Hauptziele aller freien Gewerkschaften in demokratischen Ländern fast die gleichen wie zu Beginn ihrer Entstehung: Arbeit für alle Menschen, genügend Lohn und Gehalt, um ohne Sorgen leben zu können, kürzere Arbeitszeiten und Mitbestimmung in den Betrieben. Für diese Ziele verhandeln die Gewerkschaften in bestimmten Abständen mit den Unternehmern und das Ergebnis steht in einem Gesamtarbeitsvertrag. Wenn sich die Gewerkschaften nicht mit den Unternehmern einigen können, kann die Gewerkschaft einen Streik ausrufen.

Globalisierung *die,* **global**: Globalisierung nennt man das weltweite Zusammenwirken der nationalen Märkte und Gesellschaften, das durch Entwicklungen im Bereich des Informationen- und Warentransportes begünstigt wurde. Globalisierung bezeichnet folglich eine Zunahme der nationenübergreifenden wirtschaftlichen und sozialen Beziehungen und die wachsende gegenseitige Abhängigkeit bei wirtschaftlichen und sozialen Entwicklungen. Der Prozess der Globalisierung begann schon im 19. Jahrhundert mit der Industrialisierung. Nach dem Ende des Kalten Krieges und dem Zusammenbruch des sozialistisch organisierten Wirtschaftsraums in der Sowjetunion und den mit ihr verbündeten Staaten bekam der Prozess der Globalisierung einen starken Schub.

Guerilla(krieg) *der* (spanisch: kleiner Krieg): kleine Gruppen, oft auch Einzelpersonen, kämpfen aus dem Hinterhalt gegen eine militärische Macht mittels Sabotageakten, Überfällen, Attentaten.

«Gulaschkommunismus» *der:* ironische Bezeichnung, die sich vom ungarischen Nationalgericht Gulasch ableitete. Der Begriff «Gulaschkommunismus» ist eine Bezeichnung für den Kommunismus in Ungarn. Er deutet darauf hin, dass im kommunistischen Ungarn der Regierung das Essen, also die Versorgung der Bevölkerung mit Gütern des täglichen Bedarfs, wichtiger war als das Festhalten an der kommunistischen → Ideologie.

GUS *die:* Gemeinschaft Unabhängiger Staaten; bezeichnet den Zusammenschluss der verschiedenen Nachfolgestaaten der Sowjetunion (UdSSR) nach deren Zusammenbruch. Diesem Zusammenschluss gehören alle Nachfolgestaaten mit Ausnahme der baltischen Staaten an.

H

Hippie *der:* Anhänger und Anhängerinnen einer besonders in den USA und in Grossbritannien in den 1960er Jahren ausgebildeten, betont antibürgerlichen und → pazifistischen Lebensform; auch «Blumenkind».

Historiker *der:* Wissenschaftler, der die Geschichte erforscht und darstellt.

Hitlerjugend (HJ) *die:* Jugendorganisation der → NSDAP, die zur «Erziehung» der Jugend diente und dafür sorgte, dass sich bei den Heranwachsenden ein Bewusstsein bildete, das dem Nationalsozialismus dienlich war.

Holocaust *der* (vom griechischen Wort «holókaustos», völlig verbrannt, Brandopfer): Massenvernichtung menschlichen Lebens. Vor allem die Ausrottung der Juden während des → Nationalsozialismus wird als Holocaust bezeichnet; in Israel spricht man von der → Schoah.

humanitär: mitmenschlich, hilfsbereit; auch im Zusammenhang mit Menschenrechten: humanitäres Recht.

I

Ideologie *die,* **ideologisch**: weltanschauliches Leitprogramm, in dem Ideen der Erreichung politischer und wirtschaftlicher Ziele dienen.

ILO *die:* International Labour Organization, Internationale Arbeitsorganisation. Die ILO mit Sitz in Genf ist eine Sonderorganisation der Vereinten Nationen, die bereits im Jahr 1919 gegründet wurde. Sie verfügt über eine dreigliedrige Struktur, die im UN-System einzigartig ist: Die 178 Mitgliedstaaten sind durch Repräsentanten sowohl von Regierungen als auch von Arbeitnehmern und Arbeitgebern in den Organen der ILO vertreten. Schwerpunkte der Arbeit der ILO sind die Formulierung und Durchsetzung internationaler Arbeits- und Sozialnormen, die soziale und faire Gestaltung der Globalisierung sowie die Schaffung von menschenwürdiger Arbeit als einer zentralen Voraussetzung für die Armutsbekämpfung.

Imperialismus *der:* 1. Bestrebung einer Grossmacht, ihren politischen, militärischen und wirtschaftlichen Einflussbereich ständig auszudehnen. 2. (nach marxistischer Anschauung) die Endstufe des Kapitalismus mit Verflechtung der Industrie- und Bankmonopole.

indizieren: anzeigen, verschlagworten, in ein Verzeichnis (Index) aufnehmen.

Indochina: die Länder Kambodscha, Laos und Vietnam zur Zeit der französischen Kolonialherrschaft in Südostasien.

Inflation *die:* Inflation ist ein Zustand, bei dem in einem Staat insgesamt mehr Geld vorhanden ist, als es Waren und Güter gibt. Das kann passieren, wenn eine Regierung zu viele Schulden hat und deshalb mehr Geld drucken lässt, um diese Schulden zu bezahlen. Eine Inflation kann aber auch in Gang kommen, wenn bestimmte Waren schneller gekauft werden, als sie hergestellt werden können. Dann steigen die Preise für diese Waren und die Menschen beeilen sich, diese Waren zu kaufen, bevor sie noch teurer werden. Oft befürchten Menschen und Unternehmen, dass auch andere Waren teurer werden und kaufen auch von diesen Waren. So wollen immer mehr Menschen ihr Geld nicht mehr behalten, sondern ausgeben. Vielleicht machen einige Menschen sogar Schulden, um noch mehr Waren kaufen zu können. Das führt alles dazu, dass es noch mehr Geld und noch weniger Waren gibt und die Inflation sich verstärkt.

Initiative *die*: schweizerische Bezeichnung für Volksbegehren. Auf Bundesebene können Stimmbürger eine Änderung der Verfassung verlangen. Damit eine Volksinitiative zustandekommt, müssen innerhalb von 18 Monaten 100 000 Unterschriften von Stimmberechtigten gesammelt werden. Da es bei einer solchen Initiative um eine Verfassungsänderung geht, muss sie sowohl durch Volksmehr (Mehrheit der Stimmberechtigten) als auch durch Ständemehr (Mehrheit der Kantone) angenommen werden, um in Kraft zu treten. Daneben gibt es weitere Möglichkeiten für Initiativen, auf Kantonsebene z. B. auch Gesetzesinitiativen.

Initiator *der*: jemand, der etwas veranlasst oder in Gang bringt.

Integration *die*, **integrieren**: in ein übergeordnetes Ganzes aufnehmen; sich integrieren: sich in ein übergeordnetes Ganzes einfügen.

Internationale *die*: Kampflied der internationalen Arbeiterbewegung («Wacht auf, Verdammte dieser Erde …»); zugleich Bezeichnung für die Verbindung der sozialistischen und kommunistischen Parteien verschiedener Länder.

Invasion *die*: feindseliges Einrücken von Truppen in fremdes Gebiet.

K

Kant, Hermann: deutscher Schriftsteller, geboren 1926 in Hamburg. 1949 zog er in die → DDR.

Kapitalismus *der*, **Kapitalist** *der*, **kapitalistisch**: In der kapitalistischen Wirtschaftsordnung befindet sich das Kapital in privatem Besitz. Als Kapital bezeichnet man einerseits das Geld, andererseits die Fabrikhallen, Anlagen, Maschinen, Fahrzeuge usw., die zur Herstellung von Gütern nötig sind. Das Kapital ist ein so genannter Produktionsfaktor; die weiteren Produktionsfaktoren sind die Arbeit und der Boden mit seinen Rohstoffen. Der Kapitalist strebt danach, für sein eingesetztes Kapital einen möglichst hohen Ertrag zu erzielen. Der Kapitalismus ist → marktwirtschaftlich organisiert.

Im 19. Jahrhundert gewann der Kapitalismus mit der Industrialisierung an Bedeutung. Der Staat folgte der Idee des → Liberalismus: Er liess die Unternehmen frei gewähren, es gab kaum Gesetze zum Schutz der Arbeiterschaft. Dies führte oft zur Ausbeutung der Arbeiter, die unter schlechten Bedingungen für wenig Lohn arbeiten mussten. Die Unternehmen und ihre Besitzer häuften immer mehr Kapital an, die Arbeitnehmenden wurden ärmer. Im Zuge der Industrialisierung bestimmte die Arbeit in der Fabrik das Leben von immer mehr Menschen. In der Folge entstanden Bewegungen, die Kritik am kapitalistischen Wirtschaftssystem übten. Diese Bewegungen strebten eine Veränderung des Wirtschafts- und Gesellschaftssystems an (→ Kommunismus, → Sozialismus). Im 20. Jahrhundert begannen die kapitalistischen Staaten, immer mehr gesetzliche Vorschriften zum Schutz der Arbeiter und Angestellten zu erlassen. Dagegen wandten sich die Vertreter des → Neoliberalismus.

Kapitulation *die*, **kapitulieren**: Erklärung einer Krieg führenden Macht, sie habe verloren, stelle die Kampfhandlungen ein und unterwerfe sich dem Gegner.

Katalysator *der*: ein Stoff, der eine chemische Reaktion beeinflusst, ohne dabei verbraucht zu werden. Beim Auto verwandelt ein solcher Katalysator die giftigen Bestandteile der Abgase (wie etwa das Atemgift Kohlenmonoxid) in ungiftige Bestandteile (wie Kohlendioxid).

Kernkraft *die*: die in einem Kernkraftwerk betriebene Spaltung des Atomkerns zur Stromgewinnung. Bei der Spaltung wird Wärme freigesetzt, die zu Strom umgewandelt wird.

Kien: kommt nur in «auf dem Kien sein» vor und bedeutet wachsam sein, gut aufpassen.

Klassenfeind *der*: in der → kommunistischen → Ideologie die Bezeichnung für den politischen Gegner der Arbeiterklasse, die → Kapitalisten. Der Klassenfeind will gemäss der kommunistischen Ideologie den Kommunismus mit allen Mitteln verhindern, weil er selbst der anderen, der kapitalistischen Klasse angehört.

Kolonialismus *der* (von lateinisch «colonia», Niederlassung, Ansiedlung): eine Politik von Staaten, die Kolonien errichten wollen. Kolonien sind Gebiete ausserhalb des eigenen Staatsgebietes, die wirtschaftlich oder militärisch von Nutzen sind. In der Regel werden die ursprünglichen Einwohner der Kolonien politisch unterdrückt und wirtschaftlich ausgebeutet.

Kommilitone *der*: in der Studentensprache Studienkollege.

Kommunismus *der*, **Kommunist** *der*, **kommunistisch**: Der Begriff Kommunismus geht auf das lateinische Wort «communis» zurück, was «gemeinsam» bedeutet. Der Kommunismus hat eine bestimmte Vorstellung von der idealen menschlichen Gesellschaft: Allen Menschen sollen gemeinsam die Produktionsmittel gehören, die für den Lebensunterhalt notwendig sind. Das sind zum Beispiel Geräte und Maschinen, das Land, auf dem angepflanzt wird, die Tiere, von denen die Menschen leben, die Häuser, in denen sie wohnen. Nach dieser Vorstellung, die es schon im Altertum gab, sollen alle Dinge, die gemeinsam hergestellt werden, auch gerecht an alle verteilt werden. Als politische → Ideologie entstand der Kommunismus im 19. Jahrhundert, als die Industrialisierung begann. Immer mehr Menschen arbeiteten damals in den Fabriken für wenig Lohn. Diejenigen, denen die Maschinen und Fabriken gehörten (die so genannten → Kapitalisten), wurden immer reicher. Die Arbeiter hatten aber keinen Anteil am wachsenden Wohlstand der Besitzenden. Karl → Marx machte sich Gedanken darüber, wie man die Wirtschaft und den technischen Fortschritt gerecht gestalten könnte. Er formulierte gemeinsam mit Friedrich Engels die → Utopie der freien Gesellschaft. Die Anhängerinnen und Anhänger des Kommunismus gründeten Parteien und versuchten in verschiedenen Ländern die Macht zu ergreifen. Dies gelang etwa bei den Revolutionen in Russland (spätere → UdSSR) im Jahr 1917 und in China im Jahr 1949. Diese Staaten bezeichneten sich selbst als Volksdemokratien oder Volksrepubliken. Zumeist regierte aber die kommunistische Partei diese Staaten in Alleinherrschaft. Die Einwohner hatten keine wirklichen Freiheits- oder Wahlrechte. Deshalb waren diese so genannten kommunistischen Staaten für die kapitalistischen Staaten mit bürgerlich-demokratischen Staatssystemen → Diktaturen.

Konkurs *der:* Zahlungsunfähigkeit, Bankrott, Pleite.

konservativ: bewahrend. In der Politik bezeichnet konservativ den Standpunkt jener Menschen, die am bestehenden System möglichst nichts ändern möchten.

Konsum *der:* Verbrauch und Gebrauch von Gütern oder Dienstleistungen zur direkten Befriedigung von Bedürfnissen.

Konsumgesellschaft *die:* Gesellschaft, die ihr Leben in hohem Mass am → Konsum ausrichtet.

Konsumgüter *die:* Güter, die vorrangig für den privaten Gebrauch, und nicht für die Verwendung in einem Produktionsprozess hergestellt und gehandelt werden.

kontaminieren: verschmutzen, verunreinigen, vergiften; im militärischen Sprachgebrauch: verunreinigen mit chemischen oder biologischen Kampfstoffen oder mit → radioaktiven Teilchen, die von einer atomaren Explosion herrühren.

Kontingent *das:* begrenzte, festgelegte Menge.

Konvention *die:* Vertrag, Abkommen, Übereinkunft.

Konzentrationslager *das:* Ein Konzentrationslager ist eine Einrichtung, um politische Gegner oder missliebige Menschen aus bestimmten → ethnischen, religiösen oder sozialen Gruppen festzuhalten und zu isolieren. Dies geschieht meist ohne Gerichtsurteil und ohne die Möglichkeit einer Verteidigung. Am bekanntesten sind die Konzentrationslager (KZ), die die → Nationalsozialisten errichteten. Sie deportierten Juden, Sinti und Roma, russische Kriegsgefangene und andere Menschen, die ihnen nicht genehm waren, in die Konzentrationslager. Wer in einem KZ war, hatte keine Möglichkeit, sich dagegen zu wehren, und war den Aufsehern ausgeliefert. Die Gefangenen versuchten dort unter schlimmsten Bedingungen zu überleben. Sie litten unter Hunger und Folter und mussten schwerste Zwangsarbeit leisten. Viele Menschen, auch viele Kinder, wurden in den Lagern getötet. Ab 1941 gab es in Deutschland und in von den Nationalsozialisten besetzten Gebieten eine besonders schlimme Form von Konzentrationslagern: Vernichtungslager, in denen Menschen systematisch ermordet wurden. Man schätzt heute, dass insgesamt sechs Millionen Menschen in den Lagern des Dritten Reiches ermordet oder an Folgen von Misshandlungen und Krankheiten gestorben sind. Der weitaus grösste Teil der Opfer waren Juden. Das bekannteste Vernichtungslager war in Auschwitz, dem heutigen Oswiecim (Polen). Die Menschenverachtung der Nationalsozialisten wurde bereits am Eingangstor des Lagers sichtbar. Dort war die Aufschrift «Arbeit macht frei» angebracht. Doch die Arbeit, die die Häftlinge in den Lagern leisten mussten, machte nicht frei, sondern bedeutete für viele den Tod. Es hat sowohl vor dem Nationalsozialismus als auch danach in anderen Ländern der Welt Konzentrationslager gegeben, in denen diktatorische Regierungen ihre Gegner gefangen hielten, quälten und töteten.

Kooperative *die:* Arbeitsgemeinschaft, Genossenschaft; daher stammt auch der Name des Grossverteilers Coop.

koscher: eigentlich: nach den jüdischen Speisegesetzen zubereitet; in der Umgangssprache: einwandfrei, in Ordnung.

Kriegskommunismus *der:* Verstaatlichung von Industrie, Handel und Gewerbe während des russischen Bürgerkriegs 1918 bis 1921. Die → Bolschewiki zwangen die Bauern, ihre Erzeugnisse bis auf den Eigenbedarf der Regierung abzugeben. Diese Nahrungsmittel sollten die Arbeiter in den Städten versorgen. Die Bauern lehnten sich gegen den Kriegskommunismus auf. Sie produzierten nicht mehr, als sie selbst zum Leben brauchten.

L

Länder des Nordens *die:* industrialisierte, wirtschaftlich starke Länder, Gegensatz zu → Länder des Südens.

Länder des Südens *die:* So werden die armen Länder, vor allem ehemalige Kolonien, bezeichnet (früher «Entwicklungsländer» oder während des Kalten Krieges → «Dritte Welt»), obwohl es auch im Norden arme (z. B. Albanien, Moldawien) und im Süden reiche (z. B. Australien, Singapur) Länder gibt.

Lebensraum *der:* Die → nationalsozialistische → Ideologie behauptete, die Deutschen hätten zu wenig Raum, um sich gemäss ihren Ansprüchen als «Herrenrasse» zu entwickeln. Daraus glaubten die Nationalsozialisten das Recht ableiten zu können, die Nationen im Osten Europas anzugreifen und die Menschen dort zu vertreiben, um mehr «Lebensraum» zu erlangen.

liberalisieren: von Einschränkungen frei machen, an das Wirtschaftssystem des → Liberalismus anpassen.

Liberalismus *der:* im 19. Jahrhundert prägende politische, wirtschaftliche und gesellschaftliche Denkrichtung, die die Freiheit, Selbstbestimmung und Selbstverantwortung des einzelnen Menschen betont und staatliche Eingriffe auf ein Minimum beschränken will (→ Neoliberalismus).

Lizenz *die:* Genehmigung, Erlaubnis, z. B. etwas zu benützen oder ausschliesslich herzustellen.

M

Maiensäss *das:* Frühlingsbergweide, auch die Alphütte, die darauf steht.

manipulieren: etwas (z. B. einen Text oder ein Bild) mit Absicht verändern, ohne dass die Veränderung bemerkt wird.

Marianne *die:* Symbolfigur für die französische Republik; junge Frau im weissen Kleid, oft mit einer Jakobinermütze, einer Kopfbedeckung, die die Revolutionäre während der französischen Revolution trugen.

marktwirtschaftlich: Vorstellung, dass im Mittelpunkt einer Gesellschaft ein Markt besteht, auf dem alle Menschen ihre Arbeitskraft, ihr Geld, ihre Waren und Dienstleistungen gleichberechtigt austauschen. Die freie Marktwirtschaft, der ungehinderte, von keinen staatlichen Regeln eingeschränkte Wettbewerb, soll Voraussetzung für eine gerechte Gesellschaft sein. Wer sich anstrengt, kann erfolgreich sein («vom Tellerwäscher zum Millionär»). Der → Kapitalismus beruht auf diesem klassischen Konzept der Marktwirtschaft und gilt als Kennzeichen «westlicher» Wirtschaft. Der Gegensatz dazu ist → planwirtschaftlich.

Marshallplan *der:* Wiederaufbauprogramm der USA zwischen 1948 und 1957 für die im Krieg zerstörten Länder in Westeuropa, auf Anregung des US-Aussenministers George C. Marshall entstanden. Die Hilfslieferungen bestanden in erster Linie aus Lebensmitteln und Rohstoffen aus den USA. Die Bundesrepublik Deutschland erhielt ausserordentlich grosse Hilfeleistungen im Gegenwert von 1,4 Milliarden Dollar, die sie später teilweise zurückzahlen musste.

Marx, Karl (Heinrich): geboren 1818 in Trier, gestorben 1883 in London, Begründer des Marxismus. In seinem Buch «Das kommunistische Manifest», das er gemeinsam mit Friedrich Engels schrieb, forderte er das Ende der «Ausbeutung des Menschen durch den Menschen». Das Privateigentum sollte abgeschafft werden und der technische Fortschritt allen zugute kommen. Auf diese Weise sollte eine klassenlose Gesellschaft entstehen, in der alle Menschen gleich sind. Keine bestimmte Gruppe in der Gesellschaft würde bevorzugt.

Marxismus *der,* **marxistisch**: von → Marx und Engels entwickelte Lehre.

Massenkonsum *der:* Verbrauch von immer mehr günstig hergestellten Gütern durch immer breitere Schichten von Konsumenten zur Befriedigung von persönlichen Bedürfnissen.

Mentalität *die:* vorherrschendes Denkmuster, besondere Art des Denkens und Fühlens, z. B. in einer Bevölkerungs- oder Berufsgruppe.

Metapher *die:* bildhafter Vergleich. Ein Sprachbild umschreibt oder veranschaulicht einen Sachverhalt, z. B. «Datenautobahn» für Internet.

Michel, deutscher *der:* sinnbildliche, meist karikaturistische Darstellung des Deutschen in Schlafmütze und Kniehose; seit dem 16. Jahrhundert verwendet, um durch dieses Gegenbild zum Erzengel Michael, dem Schutzpatron der christlichen Heere und der Deutschen, das Volk politisch wachzurütteln.

Migration *die,* **Migrant** *der,* **migrieren**: Migration bezeichnet im weitesten Sinne jeden längerfristigen Wohnortswechsel eines Menschen. Seit es Menschen gibt, haben sie sich einzeln oder in Gruppen auf Wanderung begeben. Die Gründe waren und sind vielfältig. Der Oberbegriff für alle Wanderungen, ob sie nun innerhalb eines Landes stattfinden (Binnenwanderung) oder Landesgrenzen überschreiten (internationale Wanderung), ist Migration. «Migrare» heisst auf Lateinisch wandern, sich bewegen. Das Einwandern in die neue Heimat wird als Immigration bezeichnet, das Auswandern aus der alten Heimat als Emigration.

Mittelstand *der,* **mittelständisch**: gesellschaftliche Schicht in der Mitte zwischen der armen Unterschicht (Arbeiterschicht) und der reichen Oberschicht. Zum Mittelstand gehören in der Regel Gewerbetreibende (Handwerker mit eigenem Betrieb) oder mittlere Angestellte.

Mobilität *die* (von lateinisch «mobilitas»): 1. körperliche und geistige Beweglichkeit. 2. räumlich-regionale Beweglichkeit (z. B. Binnen-, Ein- und Auswanderung); 3. soziale Beweglichkeit (z. B. beruflicher und sozialer Aufstieg).

Mobilmachung *die:* Vorbereitung der Armee eines Landes auf einen bevorstehenden Einsatz, meistens einen Krieg.

Moratorium *das:* vorläufiger Stopp, Aufschub.

multinationaler Konzern *der:* grosses Unternehmen, das in vielen Ländern tätig ist.

N

Napalm *das:* Brandbombenfüllung, die Benzin enthält. Bereits kleine Spritzer verursachen sehr starke, schlecht heilende Verbrennungen auf der Haut.

narkotisieren: betäuben.

Nationalismus *der,* **nationalistisch**: Hingabe an die eigene Nation und das eigene Volk. Das eigene Volk wird dabei idealisiert und über andere Nationen gestellt.

Nationalsozialismus *der,* **Nationalsozialist** *der,* **nationalsozialistisch**: Nationalsozialismus ist die Bezeichnung für eine politische Bewegung, die in Deutschland nach dem Ersten Weltkrieg entstand. Die Nationalsozialisten errichteten 1933 eine Diktatur in Deutschland, das so genannte Dritte Reich. Es gab nur noch eine einzige Partei, die Nationalsozialistische Deutsche Arbeiterpartei (→ NSDAP) mit ihrem «Führer» Adolf Hitler. Der Nationalsozialismus verfolgte extreme nationalistische, → antisemitische und fremdenfeindliche Ziele. Fremde Länder sollten durch Krieg erobert werden, damit die Deutschen mehr → «Lebensraum» bekamen. Deshalb begannen die Nationalsozialisten den Zweiten Weltkrieg. Für sie galten viele andere Völker im Vergleich zur «deutschen Rasse» als minderwertig (→ Rassismus). Ihre Menschenverachtung zeigten sie vor allem in der technisierten Tötung von Millionen wehrloser Opfer in den → Konzentrationslagern. Verfolgt und ermordet wurden politisch Andersdenkende, Homosexuelle, Sinti und Roma und vor allem Juden, die Hitler und den Nationalsozialisten als Hauptfeind galten. Das Zeichen der Nationalsozialisten war das Hakenkreuz.

NATO *die:* North Atlantic Treaty Organization, Organisation der Unterzeichner des Nordatlantikpakts (Verteidigungsbündnis). Die NATO wurde 1949 von zehn westeuropäischen Staaten und den USA gegründet. Sie war als Abwehrbündnis gegen einen möglichen Angriff der Sowjetunion und ihrer Verbündeten gedacht. Nach dem Ende des Kalten Krieges traten fast alle osteuropäischen Länder der NATO bei. Frankreich und Spanien sind zwar Mitglieder, haben ihre Armeen der NATO aber nicht unterstellt.

Nazi *der:* Kurzform von → Nationalsozialist (abwertend).

Neoliberalismus *der,* **neoliberal**: Bewegung, die an den → Liberalismus des 19. Jahrhunderts anknüpft und sich für einen ungehinderten internationalen Handel und möglichst wenig staatliche Reglementierungen und Eingriffe in die Wirtschaft einsetzt (→ Kapitalismus).

Neonazi *der:* Anhänger des → nationalsozialistischen Gedankengutes am Ende des 20. Jahrhunderts. Es handelt sich meist um junge Männer, die nicht selbst die Zeit des Nationalsozialismus miterlebt oder aktiv am Nationalsozialismus mitgewirkt haben.

Neutralität *die:* Unparteilichkeit eines Staates in bewaffneten Auseinandersetzungen zwischen anderen Krieg führenden Staaten. Die Neutralität ist völkerrechtlich geregelt. Auch allgemein: unparteiische Haltung, Nichteinmischung.

NSDAP *die:* Nationalsozialistische Deutsche Arbeiterpartei. Seit 1920 die politische Plattform des → Nationalsozialismus. Darin fungierte Adolf Hitler ab 1921 als «Führer». Nach dem Zweiten Weltkrieg wurden die NSDAP und ihre Organisationen verboten, die Parteimitglieder zu grossen Teilen aus dem politischen Leben ausgeschlossen und teilweise als Kriegsverbrecher verurteilt.

NSDAP/AO *die:* NSDAP-Auslandsorganisation. Ursprünglich handelte es sich um einen Teil der → NSDAP, die alle Parteimitglieder ausserhalb des Deutschen Reiches umfasste. 1972 gründete der Deutsch-Amerikaner Gary Rex (Gerhard) Lauck eine Partei mit gleichem Namen. Diese neue Organisation unterhielt in der Bundesrepublik Deutschland mehrere Stützpunkte von Einzelpersonen und Kleingruppen, die ihre Aktivitäten weitgehend im Geheimen abwickelten.

O

Objektivität *die:* strenge Sachlichkeit. Gegenteil: → Subjektivität.

OECD *die:* Organization for Economic Cooperation and Development, Organisation für wirtschaftliche Zusammenarbeit und Entwicklung. Die OECD entstand 1961 als Nachfolgerin der → OEEC. Zur OECD gehören die europäischen Mitgliedstaaten der OEEC sowie Kanada, die USA, Japan und Finnland. Die Ziele der OECD sind eine optimale Wirtschaftsentwicklung, der steigende Lebensstandard in den Mitgliedstaaten, die Förderung des weltweiten Wirtschaftswachstums und die Ausweitung des Welthandels.

OEEC *die:* Organization for European Economic Cooperation, Organisation für europäische wirtschaftliche Zusammenarbeit. Sie wurde 1948 von verschiedenen europäischen Ländern und den drei westlichen Besatzungszonen Deutschlands gegründet. Angeschlossen waren auch die USA und Kanada. Die OEEC führte unter anderem den → Marshallplan durch (Planung des Wiederaufbaus, Kontrolle der gewährten Mittel) und hatte den Abbau von Handelshindernissen zum Ziel. 1961 wurde die OEEC zur → OECD erweitert.

orthodox (von griechisch «Orthodoxie», richtige Lehre): oft benutzt als Oberbegriff für die christlichen Religionen in Osteuropa, die sich im Mittelalter von der katholischen Religion abgespalten haben. Es gibt je nach Region unterschiedliche Ausprägungen, z. B. griechisch-orthodoxe, russisch-orthodoxe, serbisch-orthodoxe Kirchen.

Ozonloch *das:* geografisch begrenzte Abnahme der Ozonschicht in den oberen Regionen der Erdatmosphäre. Das Ozonloch befindet sich über den Polargebieten im Süden und im Norden der Erde. Es wurde Ende der 1970er Jahre entdeckt. Es entstand aus einer chemischen Reaktion von Sonneneinstrahlung mit chemischen Stoffen, die beispielsweise als Kühlmittel oder als Treibgase in Spraydosen verwendet wurden. 1990 wurde auf einer internationalen Konferenz in London die Verwendung dieser Mittel ab dem Jahr 2000 verboten. Die Ozonschicht schützt vor der UV-Strahlung der Sonne, die bei Menschen zu Hautverbrennungen und zur Erblindung führen kann.

P

Pamphlet *das:* (politische) Streit- und Schmähschrift, verunglimpfende Flugschrift.

Parlament *das:* Das Wort Parlament kommt aus dem Französischen («parler» = sprechen) und bedeutet Volksvertretung. Das Parlament ist wichtiger Bestandteil der → Demokratie. Im Parlament sitzen die Abgeordneten (Volksvertreter). In Demokratien werden sie von den Stimmberechtigten gewählt. Im Parlament werden neue Gesetze diskutiert und beschlossen. Deshalb heisst das Parlament auch Legislative oder gesetzgebende Versammlung. Das kommt vom lateinischen «legislatio», was Gesetzgebung heisst. Die Volksvertretung kontrolliert die Regierung. In der Schweiz gibt es Parlamente in einigen Gemeinden und in allen Kantonen. Der Nationalrat und der Ständerat bilden zusammen die Nationalversammlung, das Parlament für das ganze Land. Es gibt auch Schülerparlamente.

parlamentarische Demokratie *die:* Demokratieform, in der das → Parlament die Gesetze beschliesst, die Regierung kontrolliert und die Regierung wählt.

Pazifismus *der,* **pazifistisch:** die Ablehnung von kriegerischen Handlungen und das Bestreben, einen Krieg zu vermeiden und den Frieden unter allen Umständen zu erhalten.

pharmazeutisch: die Herstellung von Arzneimitteln betreffend.

Pillenknick *der:* Knick in der Kurve der Geburtenrate. Nach dem → Babyboom der Nachkriegsjahre sank die Geburtenrate in den 1960er und 1970er Jahren markant. Gründe dafür waren das Aufkommen der Antibaby-Pille als beliebtestes Verhütungsmittel, aber auch die vermehrte Erwerbstätigkeit der Frauen.

planwirtschaftlich: Eine zentrale Behörde, in der Regel der Staat, plant alle Wirtschaftsvorgänge und entscheidet, was, wie viel, wo und wann produziert werden soll. Die Planwirtschaft galt als Voraussetzung für eine gerechte Gesellschaft, in der alle Arbeit haben. Denn der Staat könne allfällige Krisen vorhersehen oder ausgleichen. Die → sozialistischen und → kommunistischen Staaten haben ihre Wirtschaft nach diesem Modell organisiert. Der Gegensatz dazu ist → marktwirtschaftlich.

Portfolio *das:* Mappe oder Ordner mit einer Sammlung von Arbeiten und Materialien.

präventiv: vorsorglich, vorbeugend, verhütend.

privatisieren: staatlich geführte Unternehmen wie Post, Bahn, Versicherungen, Energieproduzenten usw. werden an private (also nicht staatliche), zum Teil auch ausländische Unternehmen verkauft. Häufig wird (irreführend) auch von Privatisierung gesprochen, wenn staatliche Unternehmen in Aktiengesellschaften umgewandelt werden, bei denen der Staat die Aktienmehrheit behält.

Proletariat *das:* im → Marxismus Bezeichnung für die Arbeiterklasse. Das Proletariat steht nach dieser Auffassung der herrschenden Klasse der Bourgeoisie gegenüber. Diese ist im Besitz der Produktionsmittel und beutet die abhängigen Lohnarbeiter aus. Um leben zu können, sind die Proletarier gezwungen, ihre Arbeitskraft zu verkaufen. Am Gewinn der Produkte, die sie herstellen, haben sie nicht teil. Nach marxistischer Auffassung ist das Proletariat der Träger der antikapitalistischen Revolution.

Propaganda *die:* wichtiges politisches Mittel zur Beeinflussung der Öffentlichkeit. Politische Parteien, soziale Bewegungen und andere Interessengruppen werben in demokratischen Staaten auf diese Weise für ihre Ziele. In einer → Diktatur wird die Propaganda zentral gesteuert.

Proportion *die:* Grössenverhältnis.

Protektorat *das* (deutsch: Schutzgebiet): Gebiet, dessen Verwaltung, auswärtige Vertretung und Landesverteidigung durch einen anderen Staat wahrgenommen wird. Im Gegensatz zu einer Kolonie hat ein Protektorat gewisse, aber eingeschränkte Selbstbestimmungsmöglichkeiten.

Psychose *die:* krankhafter Zustand mit erheblicher Beeinträchtigung der psychischen Funktionen und gestörtem Realitätsbezug.

PUK *die:* parlamentarische Untersuchungskommission. Die PUK EJPD wurde 1989 eingesetzt, um die «Fichenaffäre» zu untersuchen. Die PUK EMD deckte anschliessend die Existenz der geheimen Armee-Einheit P-26 und des geheimen Nachrichtendienstes P-27 auf.

Q

Quantität *die:* zahlenmässige Grösse; Menge.

R

radikal: grundsätzlich; in der Politik bezeichnet «radikal» eine extreme und kompromisslose Einstellung.

radioaktiv: Unter Radioaktivität oder radioaktivem Zerfall versteht man die Umwandlung von Atomkernen, die dabei Energie abgeben. Die frei werdende Energie wird in Form elektrisch geladener Strahlung abgegeben. Jeder Mensch ist natürlicher Strahlenbelastung ausgesetzt. Die künstliche Strahlenbelastung stammt fast ausschliesslich aus der Medizin. Alle Formen der Radioaktivität können für Lebewesen gesundheitsschädigend sein. Die Kurzzeitfolgen einer zu hohen Dosis Radioaktivität sind ein geschwächtes Immunsystem und Verbrennungen oder sogar der Tod. Die Langzeitfolgen der Radioaktivität sind Veränderungen des Erbguts und Krebs.

Ranking *das:* Einordnung in eine Rangliste, eine Reihenfolge.

Rassismus *der,* **Rassist** *der,* **rassistisch:** Das Wort «Rasse» stammt aus der Tierwelt. Unter «Rasse» versteht man eine «Unterart» von Lebewesen. Der Begriff Rassismus ist von «Rasse» abgeleitet. Der Rassismus entstand mit der Vorstellung, dass Menschen mit bestimmten körperlichen Merkmalen, zum Beispiel der weissen Hautfarbe, eine «Rasse» bilden und zu grösseren Leistungen fähig seien als andere Menschen. Anhänger des Rassismus beabsichtigen, den eigenen Stellenwert zu erhöhen und andere Menschen und Völker abzuwerten und auszuschliessen. Der → Nationalsozialismus begründete die Judenverfolgung und andere Verbrechen mit rassistischen Theorien. Der Begriff Rassismus wird auch gebraucht, wenn Menschen in Verbindung mit ihrer nationalen oder kulturellen Zugehörigkeit oder wegen ihres Glaubens als minderwertig bezeichnet und benachteiligt oder verfolgt werden. Die Verbreitung und öffentliche Kundgebung rassistischer Vorstellungen ist in der Schweiz wie in anderen Ländern verboten.

rational: vernünftig, zweckmässig, verhältnismässig.

Rationalisierung *die* (von lateinisch «ratio», Vernunft, Verstand): vom amerikanischen Ingenieur F. W. Taylor zu Beginn des 20. Jahrhunderts entwickelte Produktionsmethode, um das Verhältnis zwischen Aufwand und Ertrag so optimal wie möglich zu gestalten. Dazu werden die Arbeitsabläufe zweckmässig («rational») gestaltet, indem vor allem an menschlicher Arbeitskraft gespart wird.

Reaktor *der:* Anlage, in der → Kernkraft gewonnen wird.

recherchieren: nachforschen, ermitteln, untersuchen, sich genau über etwas informieren.

Rechte *der:* Angehöriger der politischen «Rechten». Im politischen Spektrum werden Parteien, Gruppierungen und Strömungen mit überwiegend → konservativen, nationalistischen und elitären Ideen als «rechts» bezeichnet. Mit dem politischen Spektrum ist eine unscharfe Untergliederung von politischen Parteien gemeint. Meist wird grob unterteilt in rechts (bürgerlich-konservativ), Mitte und links (sozialdemokratisch, sozialistisch). Diese Einteilung des politischen Spektrums stammt von der Sitzordnung der Abgeordneten im → Parlament der französischen Restaurationszeit, die nach Parteien gegliedert war. Rechts vom Präsidenten sassen die konservativen Parteien, links die sozialdemokratischen und → sozialistischen Parteien.

Referendum *das:* ein Volksentscheid, bei dem das Volk über einen Parlamentsentscheid im Nachhinein befindet und ihn dabei entweder annehmen oder verwerfen kann. In der Schweiz können 50 000 Stimmberechtigte eine Volksabstimmung über ein Gesetz verlangen, das vom Parlament verabschiedet wurde.

Rehabilitierung oder **Rehabilitation** *die:* Wiederherstellung, beispielsweise der Ehre oder der Gesundheit.

rekrutieren: Rekruten ausheben, mustern; zusammenstellen, beschaffen.

Rekurs *der:* Einspruch, Beschwerde gegen den Entscheid eines Gerichts oder einer Verwaltung.

Relevanz *die,* **relevant**: Wichtigkeit, Bedeutsamkeit.

Reparationen *die:* Geldzahlungen und Warenlieferungen, die ein besiegter Staat zur Behebung der Kriegsschäden den Siegerstaaten zahlen muss. Die Reparationen dienen der «Wiedergutmachung» sowie der Schwächung von Wirtschaft und Militär des besiegten Staates.

Repressalie *die:* Druckmittel, Vergeltungsmassnahme.

Repression *die:* Unterdrückung, auch gewaltsam.

Republik *die* (von lateinisch «res publica», öffentliche Angelegenheit, Sache des Volkes): Staatsform, bei der die Regierenden, die die Ansichten der allgemeinen Öffentlichkeit vertreten, von den Bürgern oder ihren Vertretern auf Zeit gewählt werden. Staatsoberhaupt ist der Präsident.

Resolution *die:* Beschluss, Entschliessung als Ergebnis einer Debatte oder Verhandlung.

Ressource *die (meist Plural):* die Mittel, die vorhanden sind, um eine bestimmte Aufgabe zu lösen. Meist werden darunter Betriebsmittel, Geldmittel, Rohstoffe, Boden, Energie oder Personen verstanden.

Rezession *die:* Die Wirtschaft eines Landes lebt vom Wachstum. Gibt es zeitweise keinen Zuwachs mehr, spricht man von Stagnation, das heisst Stillstand. Wenn sich die wirtschaftliche Lage verschlechtert und die Wirtschaft schrumpft, befindet sich ein Land im Abschwung. Das wird auch Rezession (= Rückgang) genannt. Das heisst zum Beispiel, dass die Unternehmen weniger produzieren und Mitarbeiter entlassen. Der Staat muss dann mehr Menschen unterstützen, die kein Geld mehr haben. Zugleich nimmt der Staat weniger Steuern ein und verschuldet sich. Um die Schulden zu bremsen, muss er sparen und kann sich nicht mehr gleichermassen um alle öffentlichen Aufgaben kümmern, zum Beispiel den Bau von Verkehrswegen oder die Bildung. Die Regierung versucht dann, die Wirtschaft wieder anzukurbeln. Zum Beispiel kann sie die Steuern senken, damit die Unternehmen billiger produzieren können und die Menschen wieder mehr Geld in der Tasche haben, um einzukaufen. Manchmal versucht der Staat auch, eine Rezession zu bekämpfen, indem er Leute einstellt oder Aufträge an Unternehmen erteilt.

Rote *der:* Kommunist, Sozialist, Sozialdemokrat (abwertend).

S

SA *die:* Sturmabteilung; uniformierte und bewaffnete politische Kampf- und Propagandatruppe der → NSDAP. Sie wurde 1920 als Versammlungsschutz der Partei gegründet und seit 1921 von ehemaligen Freikorpsoffizieren zu einer paramilitärischen Kampforganisation umgeformt. Nach 1925 wurde sie als Massenheer Jugendlicher im Strassenkampf und zur Terrorisierung politischer Gegner und der Staatsgewalt eingesetzt (1931 etwa 77 000, 1933 etwa 700 000 Mitglieder).

Schlapphüte, *die (Plural):* So werden die Mitarbeiter der Geheimdienste abschätzig genannt, weil Spione in Filmen häufig Hüte mit weichen Krempen tragen.

Schoah *die* (hebräisch): Sturm, plötzlicher Untergang, Verderben, Katastrophe. In Israel offizieller Begriff für den Völkermord an den Juden während der nationalsozialistischen Diktatur. Der häufiger verwendete englische Begriff → Holocaust hat sich in Israel nicht durchgesetzt.

Schupo *der:* Kurzwort für Schutzpolizist.

Service public *der:* öffentliche Dienstleistung, die der Staat für die Gesamtheit der Bevölkerung erbringt.

Sinti und Roma *die (Plural):* Nachkommen von Einwanderern, die ursprünglich aus Indien stammen. Vor mehreren hundert Jahren wanderten sie während verschiedener Etappen nach Europa. Der Volksmund nennt sie Zigeuner.

S-Laden *der:* Abkürzung für Selbstbedienungsladen.

Slum *der:* Elendsviertel in einer Grossstadt.

solidarisch: für einander einstehend, gemeinsam.

Souveränität *die,* **souverän**: Überlegenheit; Eigenständigkeit, Selbstbestimmtheit.

Soweto (kurz für «Southwestern Townships»): eine Millionenvorstadt im Südwesten der südafrikanischen Stadt Johannesburg. Während der → Apartheid diente Soweto zur Unterbringung der schwarzen Bevölkerung. 1976 kam es in Soweto zu Schüler- und Studentenprotesten. Sie richteten sich gegen eine Entscheidung der Regierung, in den höheren Schulklassen nur noch auf Afrikaans und nicht mehr auf Englisch zu unterrichten. Die Polizei schoss auf die Demonstrierenden und tötete zahlreiche Schwarze. Dies führte zu weltweiter Empörung über die Apartheid.

Sowjet *der* (russisch): Rat. Bezeichnung für die Arbeiter- und Soldatenausschüsse, die seit der Februarrevolution überall in Russland gewählt wurden. Die Sowjets vertraten vor allem die Interessen der Arbeiterklasse. Ihre Mitglieder konnten zu Beginn der Revolution jederzeit von der Bevölkerung durch Wahlen abgesetzt werden. Nach der Machtergreifung der → Bolschewisten war die Wahl in die Sowjets nicht mehr frei.

Sozi *der:* Kurzform von Sozialdemokrat (abwertend).

Sozialismus *der,* **Sozialist** *der,* **sozialistisch**: Die Französische Revolution forderte Freiheit, Gleichheit, Brüderlichkeit. Dies bezog sich vor allem auf die politischen Rechte. Was die Verteilung der materiellen Güter betraf, fand der Anspruch auf Freiheit vor allem im → Liberalismus Ausdruck. Aus der Forderung nach Gleichheit und Brüderlichkeit, die man heute eher mit Solidarität umschreibt, entstanden die Idee und die Bewegung des Sozialismus. Der Sozialismus war eine Reaktion auf die enormen Unterschiede zwischen Arm und Reich, die → Kapitalismus und Industrialisierung erzeugten. Der Sozialismus strebte eine gerechtere Verteilung des Wohlstands an. Zu diesem Zweck sollte das Privateigentum an den Produktionsmitteln (Arbeitskraft, Rohstoffe, Maschinen) aufgehoben werden und an seine Stelle das genossenschaftliche Eigentum der Arbeiter oder das Staatseigentum treten. Der Staat sollte die Produktion lenken (Planwirtschaft).

Der Sozialismus hatte eine revolutionäre und eine reformerische Ausprägung. Der revolutionäre Sozialismus wollte mit einem radikalen politischen Umsturz den Weg zur klassenlosen Gesellschaft des → Kommunismus einschlagen. Die russische Revolution und die Gründung der Sowjetunion sind Beispiele für den revolutionären Sozialismus. Beispiele für den reformerischen Sozialismus sind die politischen Aktivitäten der Gewerkschaften, die schrittweise Verbesserungen der Arbeitsbedingungen forderten, oder der sozialdemokratischen Parteien, die eine sozial gerechtere Gesellschaft (→ Sozialstaat) im System des Kapitalismus einforderten.

Sozialstaat *der:* Der Begriff sozial kommt aus dem Lateinischen und heisst «allgemein». Der Sozialstaat sieht es als seine Aufgabe, niemanden allein zu lassen, wenn er durch schwierige Umstände wie zum Beispiel Krankheit oder Arbeitslosigkeit in Not geraten ist. Wichtige Instrumente des Staates sind obligatorische, gesetzlich geregelte Versicherungen, wie in der Schweiz die → AHV, die Arbeitslosenversicherung oder die Krankenversicherung. Die bedürftigsten Menschen unterstützt der Staat mit Fürsorge- oder Sozialhilfegeldern. Da die Leistungen des Sozialstaates sehr viel Geld kosten, sind sie politisch umstritten. Einige Politiker wollen die Leistungen kürzen oder nach anderen Regeln ausbezahlen.

SS *die:* Schutzstaffel; 1925 zum Schutz Adolf Hitlers und anderer → NSDAP-Führer geschaffene Organisation. Nach 1933 entwickelte sie sich zum wichtigsten politischen Sicherheits- und Terrorinstrument der nationalsozialistischen Diktatur. Ihr unterstanden die → Konzentrationslager. Die SS hatte auch eigene Kampftruppen, «Waffen-SS» genannt.

Stellvertreterkrieg *der:* Krieg, bei dem sich zwei Mächte bekämpfen, indem sie beispielsweise Armeen von verbündeten Staaten gegeneinander kämpfen lassen. Dies war vor allem während des Kalten Krieges der Fall, weil die USA und die UdSSR keine direkte militärische Auseinandersetzung wollten. Die Gefahr eines Atomkrieges war zu gross.

Stoiber, Edmund: bayerischer Ministerpräsident seit 1993, Parteivorsitzender der Christlich Sozialen Union CSU Deutschland seit 1999, war 2002 Kandidat der CDU/CSU für das Amt des deutschen Bundeskanzlers. Er unterlag Gerhard Schröder von der Koalition SPD und Bündnis 90/Die Grünen.

Strategie *die:* genauer Plan des eigenen Vorgehens, der dazu dient, ein militärisches, politisches, wirtschaftliches, psychologisches oder ähnliches Ziel zu erreichen, und in dem man diejenigen Faktoren, die in die eigene Aktion hineinspielen könnten, von vornherein einzukalkulieren versucht.

Stuka *der:* Abkürzung von Sturzkampfflugzeug.

subjektiv: persönlich, voreingenommen.

subtil: fein gegliedert und daher schwer zu entdecken, zu verstehen; mit viel Feingefühl, grosser Genauigkeit.

Sweatshop *der* (wörtlich: Schwitzladen): Ausbeuterbetrieb.

T

Taliban *die (Plural)* (von arabisch «talib», Student): eine Gruppe streng islamischer Milizen, deren Handeln und Ideologie massiv vom radikal-orthodoxen Islam beeinflusst werden. Sie formierten sich um 1993, nach dem Ende der sowjetischen Besatzung Afghanistans. Während der Kämpfe um die Macht in Afghanistan entwickelten sich die Taliban ab 1995 zur vorherrschenden Gruppe. Seit 1997 kontrollierten sie drei Viertel des Landes. Den Taliban wurde seit 1999 vorgeworfen, Terroristen Unterschlupf zu gewähren. 2002 wurden sie mit Hilfe der USA entmachtet, aber nicht vollständig aufgelöst.

Tamil Tigers (kurz für: Liberation Tigers of Tamil Eelam): in den 1970er Jahren gegründete, verbotene Partei der tamilischen Unabhängigkeitskämpfer in Sri Lanka. Sie will für die vorwiegend im Norden und Osten der Insel lebende tamilische Minderheit einen von der singhalesischen Mehrheit unabhängigen Staat «Tamil Eelam». Seit der Zunahme der Attentate und Kämpfe zu Beginn der 1980er Jahre flüchtete etwa ein Drittel der tamilischen Bevölkerung Sri Lankas ins Ausland.

Tauwetter *das*: während des Kalten Krieges Bezeichnung für Entspannung in den politischen Beziehungen zwischen der Sowjetunion und den USA.

Technologie *die*: Methoden und Verfahren in einem bestimmten Forschungsgebiet; Wissenschaft von der Umwandlung von Rohstoffen in Fertigprodukte.

Telekommunikation *die*: technisch unterstützter Austausch von Informationen über eine weite Entfernung, z. B. Telefon, Fax, Internet.

Terminologie *die*: Wortschatz eines bestimmten Fachgebiets.

Totalitarismus *der*, **totalitär**: politisches System, das allumfassend in jeden Bereich des Lebens seiner Bürger eingreift, detaillierte Regeln erlässt, Widerspruch untersagt und mit Gewalt unterdrückt.

Tradition *die*, **traditionell**: Übernahme und Weitergabe von Sitte, Brauchtum und Wissen.

Trauma *das*: seelischer Schock, starke seelische Erschütterung.

Tyrannis oder **Tyrannei** *die*: Gewaltherrschaft, Willkürherrschaft, Unterdrückung.

U

UdSSR *die*: Union der Sozialistischen Sowjetrepubliken, auch: Sowjetunion. Sie bestand von 1922 bis 1991 als Zusammenschluss von Teilstaaten, die nach der russischen Oktoberrevolution auf dem Gebiet des ehemaligen russischen Reiches sowie später in von den Nachbarstaaten Finnland, Estland, Lettland, Litauen, Deutschland, Rumänien und Polen dazueroberten Gebieten errichtet wurden. Das Territorium der UdSSR umfasste mit 22,4 Millionen Quadratkilometern fast ein Sechstel des Festlandes der Erde.

Ultimatum *das*: Aufforderung, binnen einer Frist eine schwebende Angelegenheit befriedigend zu lösen (unter der Androhung harter Massnahmen, falls der Aufforderung nicht entsprochen wird).

UNESCO *die*: United Nations Educational, Scientific and Cultural Organization. Die Organisation der Vereinten Nationen für Bildung, Wissenschaft, Kultur und Kommunikation wurde 1945 gegründet und hat ihren Sitz in Paris. Sie ist eine der 16 rechtlich eigenständigen Sonderorganisationen der Vereinten Nationen und zählt 188 Mitgliedstaaten.

UNHCR *das*: United Nations High Commissioner for Refugees, der Hohe Flüchtlingskommissar der Vereinten Nationen.

UNO *die*: Nach dem Zweiten Weltkrieg, am 26. Juni 1945, gründeten 51 Staaten in San Francisco die «United Nations Organization» (deutsch: Vereinte Nationen, abgekürzt UNO oder UN) mit Sitz in New York. Sie gründeten die UNO mit der Absicht, die Wiederholung eines solchen Weltkrieges zu verhindern. Fast alle Staaten der Erde sind Mitglied der UNO, seit 2002 auch die Schweiz. Wenn es Probleme zwischen Staaten gibt, versucht die UNO zu vermitteln und somit einen Krieg zu verhindern. Die Ziele der UNO sind: die Erhaltung des Weltfriedens und die internationale Sicherheit, die Förderung der Zusammenarbeit der Mitglieder sowie der Schutz der Menschenrechte. Die UNO hat viele Unterorganisationen gegründet. Eine davon ist das Weltkinderhilfswerk UNICEF, das sich um Kinder in der ganzen Welt kümmert. Eine der wichtigsten Einrichtungen der UNO ist der Sicherheitsrat. Er trägt die Hauptverantwortung, wenn es darum geht, dass Streitigkeiten zwischen Ländern beigelegt werden sollen. Im Sicherheitsrat sind immer die USA, Russland, China, Frankreich und England vertreten. Sie sind ständige Mitglieder. Andere Länder gehören nur zeitweise zum Sicherheitsrat.

Uran *das*: radioaktives Schwermetall, das in Kernkraftwerken zur Stromgewinnung eingesetzt wird. Bei der Kernspaltung des Urans im Kernkraftwerk kann eine grosse Menge Wärme erzeugt werden. Damit wird Dampf erzeugt, der mittels Turbinen zu Strom verarbeitet wird.

Utopie *die*: als unausführbar geltender Plan ohne reale Grundlage.

V

VBS *das*: Eidgenössisches Departement für Verteidigung, Bevölkerungsschutz und Sport.

Vehemenz *die*: Leidenschaft, Heftigkeit, Ungestüm.

Veteran *der*: ehemaliger Soldat.

Vetorecht *das*: das Recht, offiziell Einspruch zu erheben, durch den das Zustandekommen oder die Durchführung eines Beschlusses verhindert oder verzögert wird.

Volksgemeinschaft *die:* Schlagwort der → nationalsozialistischen → Ideologie. An die Stelle der gesellschaftlichen Vielfalt tritt die «Volksgemeinschaft». Das Wohl der Gemeinschaft ist das höchste Ziel. Die Rechte des einzelnen Menschen sind diesem Ziel unterzuordnen.

W

Warschauer Pakt *der:* militärisches Bündnis der Sowjetunion und der meisten kommunistischen osteuropäischen Staaten. Das Bündnis wurde 1955 von der Sowjetunion eingerichtet als Reaktion auf die Eingliederung Westdeutschlands in die → NATO. Jugoslawien gehörte dem Bündnis nicht an, Albanien trat 1968 aus. Nach dem Ende des Kalten Krieges löste sich 1991 der Warschauer Pakt auf.

Weltanschauung *die:* Summe bestimmter Meinungen darüber, wie die Welt funktioniert oder funktionieren sollte.

Z

Zensur *die,* **zensieren**: Versuch eines Staates oder einer Gemeinschaft, Informationen oder Meinungen zu unterdrücken oder im eigenen Sinn zu steuern.

Bildnachweis

Die Zahlen bezeichnen das Kapitel und die Nummer der Abbildung.

Umschlag: Corbis Sygma (Regis Bossu). Fall der Berliner Mauer, 12. November 1989
Illustrationen Portfolios: Brigitte Gubler, Zürich
Hinteres Vorsatz: Konferenz der kantonalen Erziehungsdirektoren (EDK): Schweizer Weltatlas 2010 © EDK

- 1-0: Friedrich Kappeler, Winterthur. Die letzten Bewohner der Wänteleburg, Frauenfeld 1972
- 1-1: Lehrmittelverlag des Kantons Aargau (Stephanie Tremp)
- 1-5: RDB/SI (Siegfried Kuhn)
- 1-6: Keystone (Martin Rütschi)
- 1-10: Coop-Zeitung, Basel
- 1-13: Migros-Genossenschafts-Bund, Zürich
- 1-15: Emmen Center, Emmenbrücke
- 1-18: Corbis (Hulton-Deutsch Collection)
- 1-19: Keystone/AP NY (Eduardo di Baia)
- 1-20: Corbis Sygma (Regis Bossu)
- 1-21: Stiftung FFV, KMB Dep. GKS © Gottfried Keller-Stiftung, Bern
- 1-23: Scherl/Süddeutsche Zeitung Photo
- 1-24: Keystone/Photopress-Archiv
- 1-25: Georgi Petrussow
- 1-26: Ullstein Bild/AP (Nr. 448745)
- 1-27: Keystone/AP (Greg English)
- 1-28: Keystone/EPA AFP/NASA (Neil Armstrong)
- 1-29: Keystone/Photopress-Archiv (Str)
- 1-30: Reuters/Corbis (Sean Adair)
- 1-31: RDB (Pfändler)
- 1-32: Corbis (Ted Streshinsky)
- 1-35: Schweizer Schulfernsehen SF DRS
- 1-36: Schweizer Schulfernsehen SF DRS
- 2-0: ullstein bild – ullstein bild (Nr. 3925). Öffentliche Verbrennung von Büchern anti-nationalsozialistischer Schriftsteller, Berlin, 10. Mai 1933
- 2-2: Bundesarchiv Koblenz (146-1970-050-13)
- 2-3: Keystone (Sigi Tischler)
- 2-6: Ramona Germann, St. Gallen
- 2-13: akg-images
- 2-14: akg-images
- 2-16: RDB/SI
- 2-18: Sammlung Herzog, Basel (Viktor Bulla)
- 2-19: Arkadij Šajchet
- 2-20: Karl Dietz Verlag, Berlin
- 2-21: Kunstmuseum Stuttgart, Foto: Kunstmuseum Stuttgart / © Gernd Arntz Estate/2016, ProLitteris, Zurich)
- 2-23: Landesarchiv Berlin (Nr. II, 5094)
- 2-24: Bundesarchiv Koblenz (Plak 003-002-040)
- 2-25: NS Dokumentationszentrum, Köln 2016, ProLitteris, Zurich)
- 2-26: Bundesarchiv Koblenz (Plak 003-002-046)
- 2-27: Bundesarchiv Koblenz (Plak 003-020-021)
- 2-30: bpk
- 2-31: RDB
- 2-32: RDB/RDZ/United Press Europix (W 0085430)
- 2-34: RDB/ATP
- 2-38: RDB/ATP (Grisel)
- 2-40: PapyRossa Verlag, Köln
- 2-43: Bundesarchiv Koblenz (Plak 001-011-018)
- 2-46: bpk
- 2-48: Anne Frank-Fonds, Basel/Anne Frank Stichting, Amsterdam
- 2-52: Eidg. Kommission gegen Rassismus (Venzago, Impuls)
- 2-55: Reuters/Corbis (Jean-Paul Pelissier)
- 3-0: RDB (S. Kuhn). Einweihung der Autobahn N1 bei Kölliken, 10. Mai 1967
- 3-1: Walt Disney
- 3-2: Walt Disney
- 3-6: Zscheile / Süddeutsche Zeitung Photo
- 3-7: akg-images
- 3-8: RDB
- 3-10: Schweizerische Gesellschaft für Volkskunde, Basel (Ernst Brunner)
- 3-11: Deutsches Historisches Museum, Berlin (ICN 42 F BA 005429)
- 3-15: Staatsarchiv Basel-Stadt, Hö A 20230 (Fotoarchiv Höflinger)
- 3-18: Museum für Gestaltung Zürich, Plakatsammlung
- 3-19: Museum für Gestaltung Zürich, Plakatsammlung
- 3-22: Brigitt Risch, Schaan
- 3-26: Hortensia von Roten, Zürich
- 3-27: Keystone/AP (Jörg Sarbach)
- 3-28: Rob Gnant, Zürich
- 3-30: RDB
- 3-31: Werbearchiv Köln (© M. Kriegeskorte, Bergisch Gladbach)
- 3-32: Cinémathèque Suisse, Penthaz
- 3-34: RDB
- 3-35: Adriano Cimarosti, Frauenkappelen (Walter Nydegger)
- 3-36: Hier und jetzt Verlag, Baden (Richard Grell)
- 3-38: Hier und jetzt Verlag, Baden (Richard Grell)
- 3-40: Hier und jetzt Verlag, Baden (Charlotte Klein)
- 3-42: Hier und jetzt Verlag, Baden (Richard Groll)
- 3-44: Aus: Ingrid Loschek: Mode im 20. Jahrhundert. Brückmann, München, 1995
- 3-45: Zscheile / Süddeutsche Zeitung Photo
- 3-46: Gerd Pfeiffer / Süddeutsche Zeitung Photo
- 3-47: Münchner Stadtmuseum, Sammlung Fotografie, Archiv Flöter
- 3-48: Süddeutsche Zeitung Photo
- 3-49: Süddeutsche Zeitung Photo
- 3-50: dpa / Süddeutsche Zeitung Photo
- 3-51: Jürgen Schneck / Süddeutsche Zeitung Photo
- 3-52: ullstein bild – Wolfgang Albrecht (84873)
- 4-0: Keystone/DPA (Wolfgang Weihsa). Eine Familie blickt auf die Mauer und einen Wachturm auf dem Gebiet der DDR, undatiert
- 4-1: Westermann Schulbuchverlag, Braunschweig
- 4-2: Corbis Sygma (Jacques Langevin)
- 4-7: CCC, München (Horst Haitzinger)
- 4-11: EMI Electrola, Zürich
- 4-13: Universal Music, www.universalmusic.ch
- 4-16: Corbis (Hulton-Deutsch Collection)
- 4-18: Deutsches Historisches Museum, Berlin (ICN 61 B 2 BA 111551)
- 4-19: Corbis (Paul Almasy)
- 4-22: Doug Niven (Mai Nam)
- 4-23: Keystone/AP (Nick Ut)
- 4-24: Keystone/AP (Ramon Espinosa)
- 4-25: Corbis (Lester Cole)
- 4-26: Keystone/DPA
- 4-27: Bettmann/Corbis
- 4-28: Bettmann/Corbis (bearbeitet)
- 4-30: ÖNB/Wien, HW vp 3152-1956/730-23
- 4-31: RDB/ATP
- 4-33: Bettmann/Corbis
- 4-35: Corbis Sygma (John Van Hasselt)
- 4-39: Ropi (Antonio Pisacreta)
- 4-40: Hans Walter Emmert, Eppstein
- 4-43: ullstein bild/AP (429996)
- 4-45: Corbis Sygma (Jacques Langevin)
- 4-46: Imperial War Museum, Photograph Archive, London (Crown ©)
- 4-47: Marc Riboud, Paris
- 4-50: The National Archives, The Public Record Office, Kew
- 4-51: The National Archives, The Public Record Office, Kew
- 5-0: Corbis (Danny Lehman). Mexikanische Emigranten durchqueren den Rio Grande, 1983
- 5-1: Lehrmittelverlag des Kantons Aargau (Stephanie Tremp)
- 5-4: Laif (Wim Klerkx)
- 5-5: Keystone (Gaetan Bally)
- 5-17: Corbis (Peter Turnley)
- 5-19: HEKS (Pia Zanetti)
- 5-22: HEKS (Pia Zanetti)
- 5-25: Corbis
- 5-29: SJW Schweiz. Jugendschriftenwerk, Zürich (Margrit R. Schmid)
- 5-30: Lookat (Andreas Seibert)
- 5-32: Grazia Neri, Milano (Ziyo Gafic)
- 5-34: Nebelspalter (Jean Leffel)
- 5-35: Nebelspalter (Orlando Eisenmann)
- 5-38: Photo Plüss Productions, Birsfelden
- 5-42: Felix Boller, Hägendorf
- 5-46: RTN, Radio-Tele-Nord, Brunsbek
- 5-49: Donghua Li International Promotion, Adlingenswil
- 5-50: Donghua Li International Promotion, Adlingenswil
- 5-51: Corbis
- 5-53: Keystone/Interfoto MIT (T. Fényes)
- 6-0: Corbis (Kaveh Kazemi). Iranische Frauen in einem Internetcafé, Teheran, 16. Oktober 2003
- 6-1: Corbis/NASA
- 6-5: Editions Gallimard (Jacques Sassier)
- 6-7: Keystone/AP (Richard Drew)
- 6-13: Basler Zeitung, Basel (Foto: Keystone, Khaled L. Fiqi)
- 6-16: Corbis (Paul A. Souders)
- 6-18: RDB/Blick (Toini Lindroos)
- 6-22: Corbis (Peter Turnley)
- 6-23: Agence France Presse (Pedro Ugarte)
- 6-24: Corbis Sygma (John Van Hasselt)
- 6-26: Siggi Bucher, Zürich
- 6-28: Aura, Luzern (Emanuel Ammon)
- 6-30: RDB/SI (Hervé Le Cunff)
- 6-32: Trigon-Film, Wettingen
- 6-34: Corbis Sygma (Alberto Pizzoli)
- 6-35: Universal Music, www.universalmusic.ch
- 6-36: Yes Music, DJ BoBo Management, Stans
- 6-39: Keystone/AP NY (Randi Lynn Beach)
- 6-40: TeleGeography Research, A Division of PriMetrica, Washington DC (bearbeitet)
- 6-43: Keystone/Greenpeace
- 6-48: Greenpeace (Cunningham)
- 6-51: Corbis (Alison Wright)
- 6-54: Agence France Presse

Nicht in allen Fällen war es dem Verlag möglich, den Rechteinhaber ausfindig zu machen. Berechtigte Ansprüche werden im Rahmen der üblichen Vereinbarungen abgegolten.

Bevölkerungsdichte

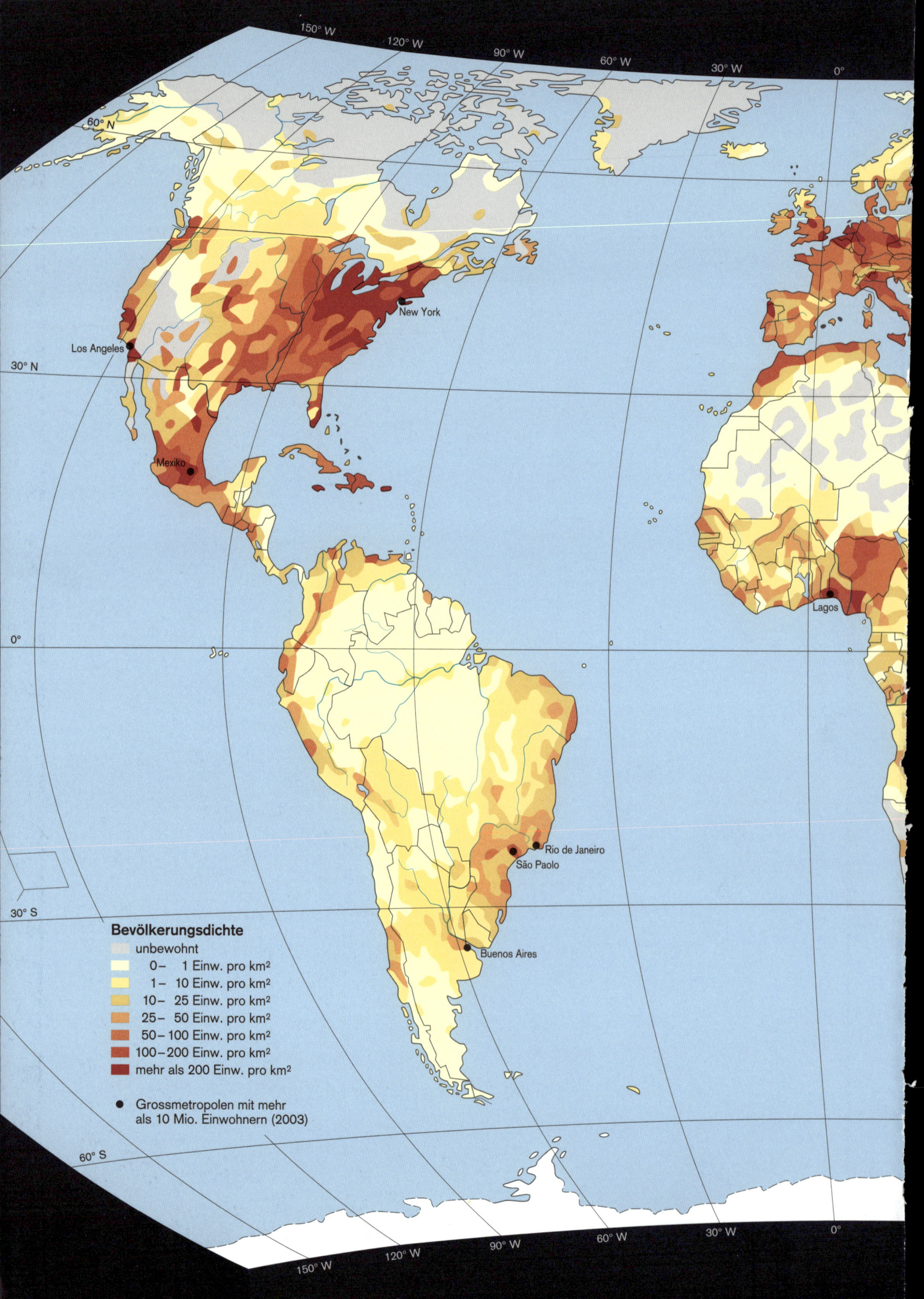

- unbewohnt
- 0– 1 Einw. pro km²
- 1– 10 Einw. pro km²
- 10– 25 Einw. pro km²
- 25– 50 Einw. pro km²
- 50– 100 Einw. pro km²
- 100– 200 Einw. pro km²
- mehr als 200 Einw. pro km²

• Grossmetropolen mit mehr als 10 Mio. Einwohnern (2003)